LA HAUTE-NORMANDIE

Direction éditoriale : Alexandre Grenier - **Direction de collection :** Estelle Ditta
Mise en forme et textes additionnels : Estelle Ditta et Anne Sladovic
Conception graphique : bsd - **Réalisation graphique :** Compotext et bsd

© Éditions Atlas 2007 - 1 186, rue de Cocherel - 27000 Evreux - Imprimé en Chine - Dépôt légal 2e semestre 2008 - ISBN : 978-2-7312-3882-2
© Textes et cartographie Michelin et Cie (hors plans de villes), propriétaires-éditeurs - Ouvrage réalisé à partir des données appartenant à MICHELIN® et concédées en licence.

MES LIVRES VOYAGES

LA HAUTE-NORMANDIE

EDITIONS ATLAS

Les plus beaux sites

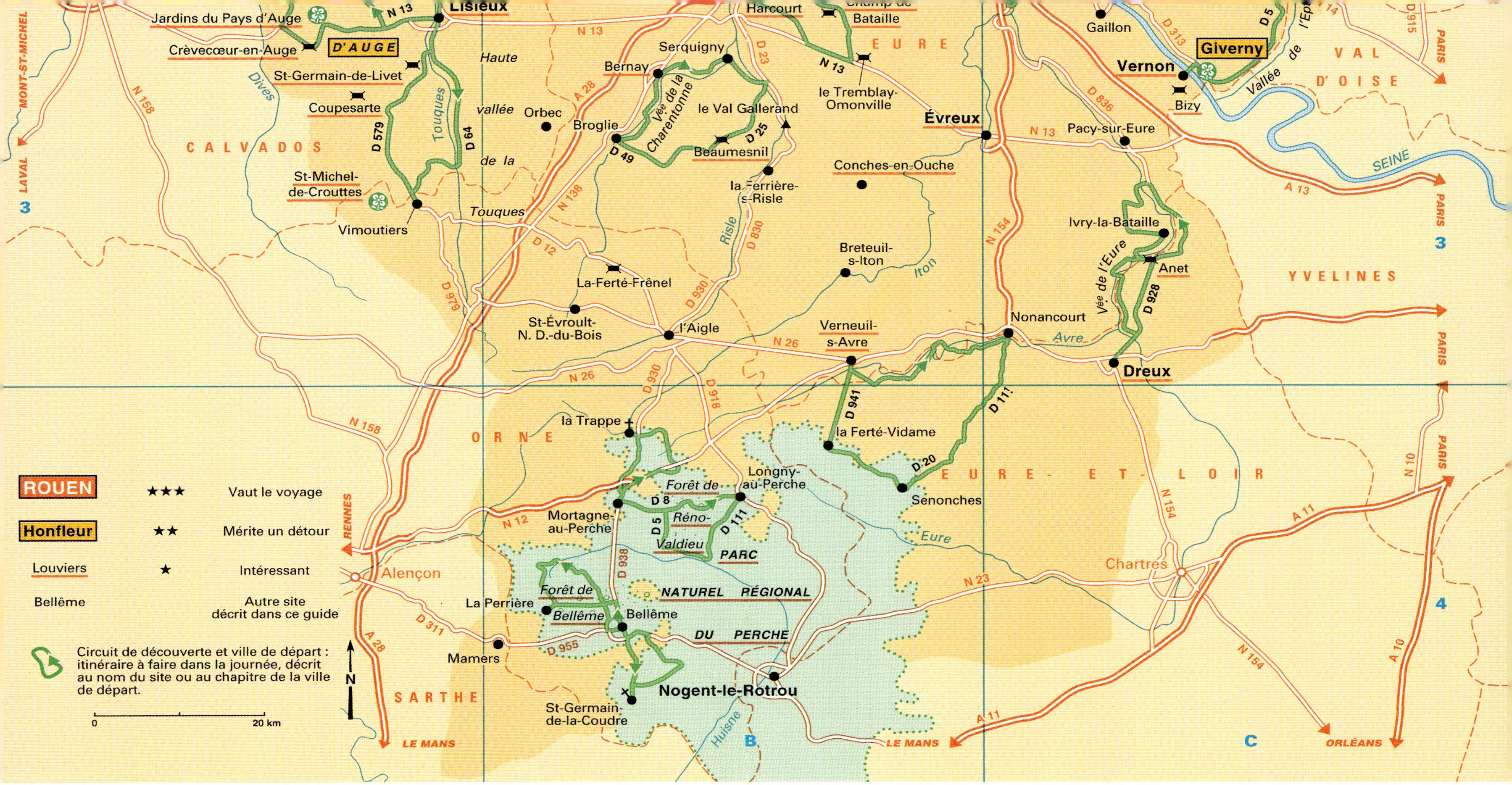

Lisieux
Jardins du Pays d'Auge
Crèvecœur-en-Auge
D'AUGE
St-Germain-de-Livet
Coupesarte
St-Michel-de-Crouttes
Vimoutiers
CALVADOS
Haute vallée de la Touques
Orbec
Broglie
Bernay
Serquigny
Vée de la Charentonne
le Val Gallerand
Beaumesnil
la Ferrière-s-Risle
Harcourt
Champ de Bataille
le Tremblay-Omonville
EURE
Évreux
Conches-en-Ouche
Breteuil-s-Iton
La Ferté-Frênel
St-Évroult-N. D.-du-Bois
l'Aigle
Verneuil-s-Avre
Nonancourt
Dreux
Ivry-la-Bataille
Anet
Vée de l'Eure
Pacy-sur-Eure
Gaillon
Vernon
Giverny
Bizy
Vallée de l'Epte
VAL D'OISE
YVELINES
SEINE
PARIS
MONT-ST-MICHEL
LAVAL
ORNE
la Trappe
Longny-au-Perche
Forêt de Réno-Valdieu
Mortagne-au-Perche
la Ferté-Vidame
Senonches
EURE-ET-LOIR
PARC NATUREL RÉGIONAL DU PERCHE
Forêt de Bellême
Bellême
La Perrière
Mamers
Nogent-le-Rotrou
St-Germain-de-la-Coudre
Alençon
SARTHE
Chartres
LE MANS
ORLÉANS
RENNES
N 13
N 158
D 579
D 64
A 28
N 138
D 12
D 979
D 49
D 25
D 23
D 830
D 930
N 26
D 918
D 941
D 11
D 20
N 154
D 928
D 836
D 313
D 5
D 915
A 13
N 12
D 8
D 5
D 111
D 938
D 955
D 311
N 23
A 11
A 10
N 10
Risle
Iton
Avre
Eure
Huisne
Dives
Touques
ROUEN
★★★ Vaut le voyage
Honfleur
★★ Mérite un détour
Louviers
★ Intéressant
Bellême
Autre site décrit dans ce guide
Circuit de découverte et ville de départ : itinéraire à faire dans la journée, décrit au nom du site ou au chapitre de la ville de départ.
0
20 km
N
3
4
B
C

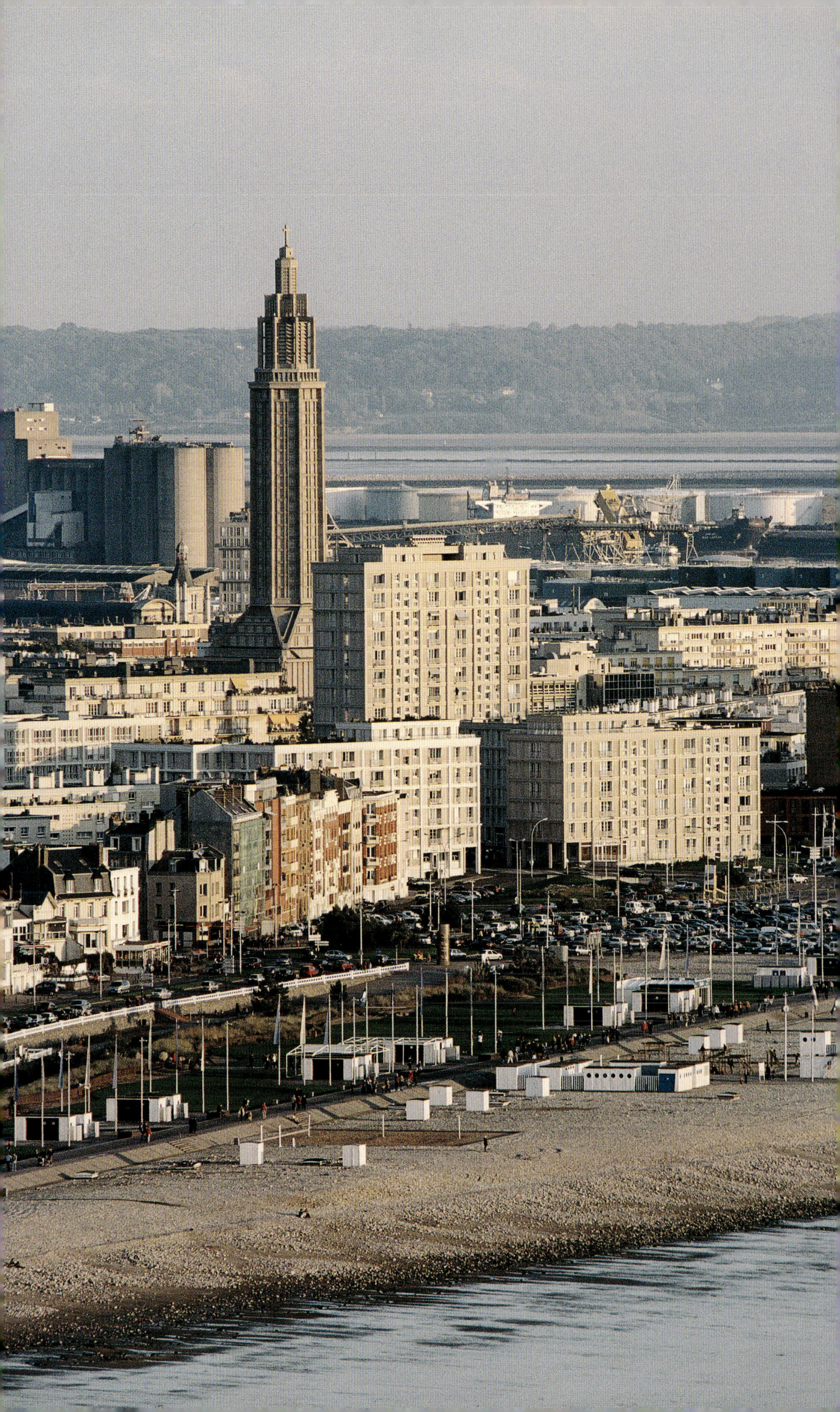

Des contrées bénies des dieux

Des raids vikings aux glorieux faits d'armes de Jeanne d'Arc, de l'invasion prussienne de 1870-1871 au débarquement du 6 juin 1944, la Haute-Normandie a connu une histoire particulièrement mouvementée en raison de sa situation stratégique. Ce territoire d'une beauté insolente, convoité par les puissances voisines depuis la nuit des temps, commande, en effet, l'accès à toute la France.

Dès le XIXe siècle, les paysages saisissants de cette région attirent de nombreux artistes. Corot, Boudin, Courbet, Monet et Pissarro, entre autres, immortalisent ces belles stations balnéaires, ces falaises déchiquetées, cette mer capricieuse et ces bocages verdoyants avec une passion contagieuse. Des écrivains et des poètes comme Proust, Alexandre Dumas, Flaubert, Baudelaire, Aragon ou Prévert renouvellent aussi leur inspiration lors de séjours en Normandie, en humant l'air du large. À partir des années 1850, le tout-Paris commence à s'afficher dans les élégantes stations de Deauville et de Cabourg, où courses hippiques, tournois de polo, promenades le long des plages et soirées mondaines qui finissent au casino sont toujours en vogue.

Les amateurs de vieilles pierres se passionnent aussi pour la patrie de Guillaume le Conquérant : la magnifique cathédrale Notre-Dame de Rouen, qui a inspiré une série de toiles sublimes à Monet, les ruines imposantes de Château-Gaillard, érigé par le roi Richard Cœur de Lion, la majestueuse basilique Sainte-Thérèse de Lisieux, une des plus grandes églises du XXe siècle, et les somptueuses abbayes du Le Bec-Hellouin, de Fécamp, de Jumièges et de Saint-Wandrille, sanctuaires du monachisme médiéval, laissent un souvenir émerveillé à des milliers de visiteurs du monde entier.

L'Éditeur

La faible déclivité de la Seine a entraîné la formation de profonds méandres.

VOYAGE EN HAUTE-NORMANDIE

Le littoral

■ Terre et mer se complètent idéalement, partagés entre un littoral aux multiples visages et un arrière-pays composé de deux fortes entités bien distinctes: le pays de Caux et le pays d'Auge. L'estuaire de la Seine sépare les falaises de craie de la Côte d'Albâtre au nord et les plages de sable de la Côte Fleurie au sud. Le tracé actuel du bord de mer résulte de la dernière offensive de la mer après les grandes oscillations du quaternaire. Ce phénomène toujours efficient continue de provoquer l'envasement de l'estuaire et l'encombrement de certains ports cauchois.

La Côte d'Albâtre

Un paysage de falaises

Formée au crétacé supérieur, il y a près de 80 millions d'années, la Côte d'Albâtre doit son nom à la blancheur de ses hautes falaises de craie. Ces murailles immaculées qui atteignent parfois plus de 100 m de hauteur s'étalent sur près de 140 km entre Le Tréport et Le Havre. Ce front, quasi ininterrompu, fait alterner portes (sortes de passages étroits), aiguilles, vallées et valleuses. Ces vallées sans rivières, souvent suspendues, sont caractéristiques du pays de Caux. Elles permettent d'accéder aux ports de pêche et à la mer quand elles sont aménagées de rampes, d'échelles ou d'escaliers (c'est le cas à Senneville, Életot et Grainval).
La plupart des plages de la Côte d'Albâtre sont des plages de galets. Le phénomène d'érosion explique cette caractéristique. Durant des millénaires, les couches de craie ont au cours de leur formation piégé des carapaces d'animaux, de crustacés et des coquilles, qui se sont transformées en silex au moment de la sédimentation. Les stries foncées qui parcourent la falaise en témoignent. Libérés de la craie au moment de l'érosion, ces silex s'accumulent sur les plages. En six mois ou un an, l'action des vagues les transforme en galets. Commence alors pour eux une longue dérive. Emportés par la houle, les galets du sud du cap d'Antifer rejoignent Le Havre, ceux du nord s'acheminent vers l'estuaire de la Somme. Ils s'accumulent au pied des falaises orientées vers la houle et les protègent de l'érosion en atténuant l'effet du ressac.

Au nord de l'estuaire de la Seine, les falaises de craie s'élèvent, majestueuses.

Un écosystème exceptionnel

Située sur un axe de migration, la Côte d'Albâtre abrite une faune très riche. Elle accueille de nombreuses espèces d'oiseaux, attirés pour la nidification par les cavités des falaises. Celles d'Antifer, qui

VOYAGE...

constituent sans doute la réserve ornithologique la plus exceptionnelle du littoral cauchois, abritent ainsi la mouette tridactyle, le cormoran huppé, le fulmar boréal, le faucon pèlerin et le goéland argenté. Poissons, coquillages et crustacés abondent également : soles, limandes, turbots, huîtres, moules et Saint-Jacques complètent ainsi la faune du littoral.

Une flore étonnante se développe aussi dans les anfractuosités de la craie. Ainsi la betterave maritime est-elle l'ancêtre de la betterave, et le *Brassica oleracea*, qui colonise le littoral cauchois, celui des choux. Carotte, céleri et oseille trouvent aussi leur origine sur les côtes cauchoises. Ces promontoires sont recouverts des giroflées des murailles (aux tons jaunes et orange), du gazon d'Olympe et de la cinéraire maritime dont les racines vont chercher l'humidité dans les fissures de la roche. Enfin, une grande diversité de bruyères, ajonc de Le Gall, troscart des marais et chêne sessile se développent sur les falaises normandes.

La Côte Fleurie

C'est un autre visage du littoral normand qu'offrent, juste de l'autre côté de l'estuaire de la Seine, les plages de la Côte Fleurie. Cette appellation viendrait d'un discours prononcé à Deauville en 1903 par le comte Raymond Coustant d'Yanville, alors conseiller général du Calvados, dans lequel il rend hommage au travail des paysagistes de l'époque. De Honfleur à Cabourg, le paysage se caractérise par de longues étendues de sable fin. L'estran, cet espace qui sépare le niveau des plus hautes mers et celui des plus basses mers, peut ici atteindre 1 km.

Entre Villers-sur-Mer et Houlgate, la côte dévoile ses falaises, les fameuses Vaches Noires. Recouvertes de varech, aussi noires que sont blanches leurs voisines d'Albâtre, elles atteignent parfois 100 m de hauteur. Gisement paléontologique classé, cette muraille n'est plus accessible au public. La découverte du site peut cependant se faire à marée basse, depuis la plage.

Un biotope original

La faune de la Côte Fleurie évolue pour l'essentiel dans des massifs dunaires bordés d'un estran très large. On y trouve une population très diversifiée : mollusques (patelle, crépidule, littorine, gibbule, oursin), crustacés (balane, buccin et dormeur) et d'autres espèces complètent ce tableau riche en couleurs, comme les éponges, les anémones et les ascidies. Hormis les habituels mouettes et goélands, le littoral héberge en hiver de nombreux oiseaux (bécasseau, tournepierre, guêpier d'Europe, petit pingouin et guillemot de Troïl). C'est aussi une grande zone de pêche.

La flore est spécifique à chaque milieu de la Côte Fleurie. Les dunes accueillent surtout l'oyat – qui permet de fixer le sable et d'assurer le maintien de l'écosystème –, la mousse, le liseron, le chardon bleu et la fétuque à feuilles de jonc. L'estran et la frange littorale sont recouverts d'algues de plusieurs types : algues brunes (*pelvetiae, fucus spiralis, fucus serratus*), herbiers de phanérogames, et laminaires, qui composent parfois de véritables forêts subaquatiques.

Le marais de Villers

Cet espace de 30 ha constitue un autre trésor de ce petit bout de côte. Formé par la rencontre des eaux des plateaux augerons, autrefois retenues par un cordon de dunes, et celles de la mer, il est aujourd'hui protégé par une digue qui limite les échanges avec la Manche aux grandes marées.

Le marais accueille une faune nombreuse. Au cours des migrations pré- et postnuptiales, les oiseaux y viennent en nombre : bergeron-

La Côte d'Albâtre accueille de nombreuses espèces d'oiseaux, dont ces cormorans huppés.

Phénomène d'érosion

L'aspect spectaculaire des falaises cauchoises résulte d'un lent processus d'érosion. Le calcaire qui les compose subit en effet l'action dissolvante de l'eau de pluie qui s'infiltre dans les fissures du sol. Chaque fente, chaque trou est inexorablement agrandi jusqu'à provoquer l'effondrement de pans entiers de roche. On estime ainsi que les côtes normandes reculent en moyenne de 10 à 20 cm par an. Dans les endroits où la craie est concentrée, comme entre Veules-les-Roses et Puys, ce recul peut atteindre 51 cm. À l'inverse, là où elle est moins présente, comme entre Bénouville et Veulettes-sur-Mer, le recul se limite à 14 ou 17 cm. Ce phénomène d'érosion se double parfois de l'action du ressac, qui attaque les falaises en précipitant eau et galets contre les parois crayeuses.

... EN HAUTE-NORMANDIE

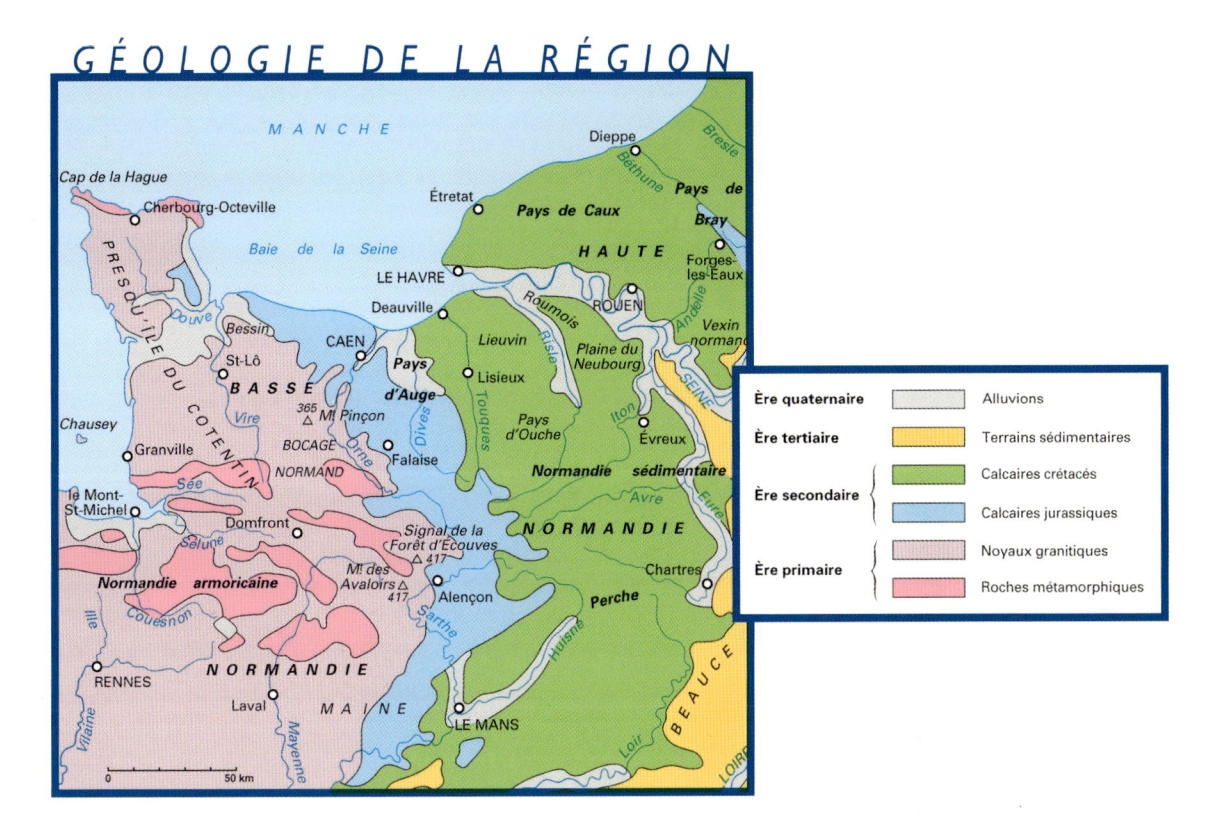

GÉOLOGIE DE LA RÉGION

nette printanière, locustelle tachetée, phragmite des joncs, vanneau huppé, marouette ponctuée. On trouve aussi la fauvette grisette, le rossignol, le rouge-gorge, le troglodyte mignon, le cygne... En été, le marais devient une zone de chasse où trois espèces d'hirondelles sont visibles. En hiver, le plan d'eau abrite colverts, canards siffleurs, sarcelles d'hiver et foulques noires. Passereaux, mouettes et goélands y viennent aussi. Toute l'année, le héron cendré et l'aigrette garzette arpentent la zone humide à la recherche de nourriture.

Les eaux du marais rassemblent aussi perches, brochets, carpes et tanches. Dans ce vaste espace cohabitent grenouilles vertes et rousses, petits carnivores (hermine, putois), serpents (vipère péliade, couleuvre à collier) et micromammifères (campagnol, musaraigne).

La flore est aussi riche que la diversité animale qu'elle accueille. Dans le marais se développent plusieurs espèces de laîches, d'orchidées et de plantes carnivores (*drosera intermedia*, grassette du Portugal).

Dans quelques secteurs tourbeux apparaissent également les comarets des marais, les trèfles d'eau et les rossolis à feuilles longues. Souvent, lors de précipitations abondantes, plusieurs types de sphaignes se développent.

L'estuaire

Certains font dériver le nom latin de la Seine, *Sequana,* du celtique *squan* : « tortueux », qui évoque les méandres décrits par le fleuve à la façon d'un immense reptile. La faible déclivité de la vallée et le débit puissant ont été, pendant près de deux millions d'années, la cause d'une lente érosion qui explique ce parcours sinueux.

Le cours d'eau a creusé dans la partie concave des berges, où le courant est rapide, et déposé les sédiments récoltés sur la rive convexe, où le flux est beaucoup plus lent. La vallée montre ainsi deux visages avec des falaises abruptes sur l'une de ses berges et de plates terrasses sur l'autre. Ce contraste s'estompe aux abords de l'estuaire, les falaises se réduisent à partir du pont de Tancarville, puis s'écartent des bords de Seine.

Le rossolis (« drosera intermedia ») est une petite plante discrète et carnivore qui se développe dans les marais.

VOYAGE...

> ### Une zone de transition
> À la confluence des milieux marins et continentaux, l'estuaire de la Seine correspond à la zone comprise entre le pont de Tancarville et le pont de Normandie. La faible pente de la vallée explique le phénomène du mascaret qui se produit dans l'embouchure lorsque le courant est contrarié par le flux de la marée montante. On observe alors la brusque surélévation du niveau de l'eau de l'estuaire. L'aménagement des berges atténue aujourd'hui considérablement ce phénomène.
>
> Zone tampon entre la Manche et la terre, l'estuaire est reconnu pour l'étonnante diversité de ses paysages et de son écosystème. L'embouchure présente une rare variété de milieux : dunes, vasières et bancs de sable, lagunes, marais salants, prairies semi-naturelles humides, tourbières. Cet intérêt écologique a justifié la notification de l'estuaire en Zone de protection spéciale par l'Union européenne et la création d'une Réserve naturelle sur une partie des terrains de la rive nord.

À Caudebec-en-Caux, le phénomène du mascaret apparaît lors des grandes marées.

Une grande diversité biologique
Partagé entre marais, canaux, prairies, coteaux et bois, l'estuaire abrite une flore très bigarrée. Cette étonnante richesse se fonde sur un équilibre fragile, mis à mal par les constructions humaines. Le roseau tend à prendre une place prépondérante dans l'estuaire au détriment d'autres plantes comme le sureau, le saule ou l'argousier. Cet écosystème souffre également de quelques cas de pollution de plantes exogènes : spartine maritime, renouée du Japon ou peuplier d'Italie.

La faune répertoriée dans l'estuaire répond elle aussi de cette grande biodiversité. Au total, ce sont plus de 270 espèces d'oiseaux qui cohabitent dans le parc ornithologique de l'estuaire de la Seine au rythme des migrations. La faune piscicole est d'une tout aussi grande richesse (lamproie, truite de mer ou encore espèces aquatiques très rares comme le flûteau-fausse-renoncule ou la pesse d'eau). Les vasières abritent des nourriceries pour poissons et crustacés. Le damier de la succise et l'écaille chinée, deux papillons très rares, et une libellule, l'agrion de Mercure, sont protégés par la directive Habitat de 1995. Mammifères (sanglier, blaireau, renard et écureuil) et reptiles (couleuvre à collier, lézard des murailles, vipère péliade) ajoutent à cette richesse biologique.

Les espèces animales sauvages et domestiquées (telle cette vache écossaise) peuplent le marais Vernier.

Le marais Vernier
C'est le trésor naturel de l'estuaire : il abrite la plus grande tourbière de France et le seul grand étang naturel de Haute-Normandie, la Grand'Mare. Il ne porte pas de traces d'activités humaines anciennes et contemporaines. Situé dans un ancien méandre abandonné par la Seine, il est en effet séparé du fleuve par une digue, qui en a permis l'assèchement à partir du XVIIe siècle, d'où son étonnant paysage de polder. L'élevage bovin en constitue la principale ressource agricole. À lui seul, le marais Vernier concentre néanmoins une incroyable biodiversité, tant botanique (aulne, saule têtard, rubanier, iris jaune, menthe aquatique, drosera carnivore, sphaigne...) qu'animale (balbuzard pêcheur, busard des roseaux, héron cendré, râle des genêts). À ces espèces sauvages viennent s'ajouter des specimens domestiqués : vergers (pomme, poire, cerise, prune...), chevaux de Camargue et bœufs d'Écosse.

... EN HAUTE-NORMANDIE

13

La Grand'Mare est le seul grand étang naturel de Haute-Normandie.

L'intérieur des terres

■ L'arrière-pays normand, au relief apaisant, se déroule en basses collines et en courtes vallées. Bocages, campagnes et forêts le caractérisent, se répartissant sur le territoire en fonction de la composition des sols. Vous serez séduit par toute la gamme de verts déployée par ses paysages où l'eau ne manque pas.

Le bocage

Le bocage se caractérise par un quadrillage de haies dressées sur des talus qui cernent les prés et les champs. C'est au nord et à l'ouest, là où les sols se révèlent les plus argileux, qu'il se développe. La diversité géologique de la région compose néanmoins une grande variété de paysages bocagers.

Des bocages multiples

Au nord de la Seine, à deux pas de la Somme, la « boutonnière » du pays de Bray, fait figure d'exception. Les couches d'argile mises au jour par l'érosion font de cette vaste dépression un endroit particulièrement propice au développement de haies et d'herbages plantés de pommiers et de poiriers. Elle se distingue d'autant plus qu'elle est cernée par des côtes crayeuses, recouvertes d'un paysage de campagne. Ses parcelles se juxtaposent donc à la forêt ou à la campagne.

Au sud de la Seine, le pays d'Auge présente un visage plus uniforme. Cette région, qui comprend les célèbres bourgs de Livarot, Pont-l'Évêque et Camembert, est l'essence même du bocage normand.

Au pays d'Auge, les herbages sont notamment consacrés à l'élevage.

VOYAGE...

Ses plateaux fertiles, recouverts d'argile à silex et de limon, sont parcourus de vallées où les herbages consacrés à l'élevage et les plantations de pommiers sont ceints de haies vives. On retrouve ces caractéristiques dans un périmètre comprenant le Roumois, le Lieuvin, le pays d'Ouche et le Perche. Ces massifs touffus font office de barrières certes naturelles, mais bel et bien instaurées, entretenues, par et pour l'homme.

Un pays façonné par l'homme

Le Code civil napoléonien a pendant plus d'un siècle conduit à la division des terrains en obligeant les propriétaires terriens à répartir égalitairement leur patrimoine entre leurs héritiers directs. Les haies servaient à délimiter les propriétés, tout en fournissant du bois de chauffage. Elles se révélaient par la même occasion bien utiles en protégeant les cultures et le bétail du vent, tout en évitant les glissements de terrain pendant les pluies.

Ce système a été remis en cause par la politique de remembrement, encouragée pendant plusieurs décennies. Celle-ci a néanmoins montré ses limites, et depuis le début des années 1990, les haies sont replantées.

Un riche écosystème

Les haies bocagères se divisent en trois types principaux. Les haies basses comprennent noisetiers, aubépines et fusains. Les haies bocagères hautes, qui font office de brise-vent, se composent de peupliers, de cyprès, de chênes, de châtaigniers, de charmes et d'ormes pouvant atteindre 15 m de hauteur !

D'un autre genre, les haies défensives peuvent, quant à elles, mesurer plus de 4 m. Elles sont constituées d'aubépine, d'églantier et de prunellier, sans oublier le chèvrefeuille, qui vient aussi parfumer ce tableau bucolique. Ces haies sont une niche idéale pour la faune et la flore normande. Alouettes, perdrix, grives et merles y trouvent refuge lorsqu'elles ne sont pas délogées par les chouettes, les hiboux et les faucons. Petits rongeurs, lapins et batraciens nichés au pied de ces haies font aussi partie de la chaîne alimentaire de cet écosystème.

Cet environnement fait la joie des amateurs de champignons en automne et réjouit le regard du promeneur au printemps lorsque se déploie au pied des massifs un parterre de primevères et de violettes.

La campagne

Elle prend souvent place sur des terrains calcaires, surtout localisés au sud et à l'est. Il s'agit de plaines plates, presque sans arbres, dont les grands champs ouverts sont dominés par l'élevage et la culture de blé, de colza, de lin et de betterave à sucre. La population se rassemble en de gros villages aux solides maisons de pierre.

Au nord de la Seine, la campagne couvre le pays de Caux et l'ouest du pays de Bray. Ce vaste plateau crayeux, tapissé de limons très fertiles, est caractérisé par le clos-masure, espace entouré de haies qui abritent des bâtiments d'exploitation et d'habitation, des vergers et parfois des mares. Ces haies sont formées d'arbres (traditionnellement des hêtres ou des chênes, mais aussi des peupliers) plantés sur les talus. Ces derniers, constitués d'argile et de silex, assurent aux arbres un degré d'humidité suffisant pour favoriser leur croissance.

Le paysage offre un autre visage au sud de la Seine, dans la région de Neubourg.

Outre les pâturages consacrés à l'élevage de bovins, on y pratique aussi l'horticulture et les cultures maraîchères.

Quant au pays d'Ouche, il privilégie les herbages, laissant le blé et la betterave au Vexin normand.

Le pays d'Auge est l'essence même du bocage normand.

La politique de remembrement

Le remembrement consiste à regrouper les terres agricoles divisées en parcelles trop petites ou trop dispersées. Après la Seconde Guerre mondiale, la mécanisation de l'agriculture et le souci de productivité ont été à l'origine d'une politique de remembrement visant à rationaliser les exploitations agricoles en les adaptant aux techniques modernes.

Arrachage des haies et des arbres jugés inutiles, drainage des terres, comblement des mares et des fossés ont profondément modifié le visage de la Normandie. En 1995, 62 % de la surface de la Haute-Normandie avait été remembrée.

Mais les travaux d'aménagement accompagnant le remembrement n'ont pas suffi à supprimer le risque d'inondation, de ruissellement et d'érosion des sols.

Face à ce constat, la tendance est aujourd'hui au démembrement et à la reconstruction du bocage. Malgré tout, il semble que les 2 500 km de haies replantées chaque année peinent à compenser celles qui sont encore arrachées.

... EN HAUTE-NORMANDIE

La forêt

Terre de bocages et de campagne, la Normandie compte néanmoins quelques belles forêts de tailles diverses, depuis les 10 700 ha de celle de Lyons jusqu'aux 1 600 ha de celle du Perche, en passant par les massifs d'Eu, de Brotonne, d'Eawy et de Bellême. Le hêtre et le chêne sont les rois de ces espaces, qui ont souffert des dernières tempêtes. Celle de 1987 a dévasté la hêtraie de Lyons qui figurait alors parmi les plus belles de France. Cette année-là, la région a dû gérer 820 000 m³ de chablis (chutes d'arbres déracinés par un agent naturel : pluie, vent, grêle, neige). En 1999, les forêts qui avaient été épargnées douze ans plus tôt sont largement touchées : 42 000 m³ d'arbres sont abattus dans celle de la Brotonne et 50 000 m³ dans celle de Roumare. Ces catastrophes ont laissé néanmoins intactes quelques curiosités. Dans la forêt d'Eu, un hêtre et un chêne ont des fûts si proches qu'on les dirait soudés. À Allouville-Bellefosse, près d'Yvetot, un arbre âgé de plus de treize siècles et de 18 m de haut abrite dans son fût deux chapelles accessibles par un escalier. Dans le Perche, près de Bellême, le chêne de la Lambonnière surprend par sa taille en têtard et son énorme tronc creux (7,2 m de circonférence). Les forêts normandes servent de refuges à de nombreuses espèces d'oiseaux : roitelets, fauvettes, mésanges huppées et pics épeiches. Elles abritent aussi renards, biches, cerfs, chevreuils et sangliers. À l'ombre des arbres poussent des champignons, des baies et des fleurs, parmi lesquelles on trouve des jacinthes et des clochettes.

À Allouville-Bellefosse, un arbre âgé de treize siècles abrite deux chapelles.

L'environnement

■ **Région très agricole et industrialisée, la Haute-Normandie est confrontée à d'importants problèmes de pollution. La création de multiples zones sensibles et de parcs naturels témoigne d'une prise de conscience des problèmes environnementaux.**

Un enjeu : l'eau

Près de 6 t de métaux, 1 200 t de boues industrielles et 3 000 t de déchets dangereux partent chaque jour dans le milieu naturel. Les rejets les plus polluants proviennent pour l'essentiel de l'industrie électronique, de la sidérurgie, la métallurgie, du traitement des déchets et de l'imprimerie.

La pollution de la Seine

Les industries postées à proximité du fleuve ont durant de nombreuses années souillé la Seine et les autres cours d'eau en évacuant des produits polluants non traités. L'industrie rejette en effet près de 90 % des métaux toxiques et des matières organiques consommatrices d'oxygène qui asphyxient les poissons. Suite à la création, en 1973, de deux réserves de chasse, et de la réserve naturelle de l'estuaire de la Seine en 1997, l'établissement de normes pour les entreprises et les agriculteurs (limitation des engrais, surveillance de la pollution, contrôle de l'entretien hydraulique des sols) a fait baisser le taux d'oxydes et les rejets de matières en suspension. La plupart des établissements industriels de la région sont aujourd'hui équipés d'installations de traitement des eaux performantes, mais la qualité des fleuves et rivières n'en est pas pour autant devenue satisfaisante. Les sources de pollution industrielle, agricole et domestique subsistent, qu'il s'agisse des hydrocarbures rejetés par le secteur pétrochimique, des gaz d'échappement, des pesticides et des eaux usées. De plus, certains polluants se sont accumulés depuis trop longtemps dans le lit des cours d'eau pour disparaître rapidement.

Malgré quelques efforts, la pollution des fleuves et des rivières est toujours élevée, et préoccupante.

V O Y A G E ...

Un estuaire fragile

La domestication de la Seine a mis à mal le milieu naturel. Les aménagements pour adapter le fleuve à des navires de plus en plus gros (barrages, berges bétonnées) ont endommagé l'écosystème. Le pont de Normandie a aussi perturbé le milieu naturel. En détournant l'écoulement de l'eau, il a ralenti le dépôt des sédiments, accéléré l'assèchement des marais et accentué la perte en salinité des eaux de l'estuaire. Les aménagements actuels essaient de prendre en compte la fragilité du milieu. Ainsi le projet Port 2000 a-t-il intégré la création d'une Zone de protection spéciale « oiseaux » afin d'offrir un nouvel espace de nidification aux oiseaux, délogés par les travaux. Cette disposition n'a toutefois pas compensé la dispersion des colonies, chassées par la nouvelle infrastructure. Certains oiseaux ont déserté l'estuaire, et le cycle de reproduction de la crevette grise, de la sole et du bar s'en trouve ralenti.

Des nappes phréatiques menacées

Si la situation est moins préoccupante que dans d'autres régions et si les réserves d'eau sont loin d'être épuisées, l'enjeu reste de taille. En vingt ans, l'industrie a divisé par trois sa consommation en eau. Mais, plus que la quantité, c'est surtout la qualité de l'eau qui est au cœur des enjeux. Les sols crayeux de la région facilitent l'infiltration des précipitations dans le sous-sol, mais l'action de l'agriculture intensive au cours du siècle dernier (engrais, pesticides, suppression des haies, labours des prairies et remembrement) ainsi que l'accroissement des surfaces imperméables (routes, parkings, etc.) ont perturbé ce phénomène. Les pluies ruissellent et pénètrent beaucoup moins dans le sous-sol. Cette imperméabilité conduit à la formation de coulées de boue qui polluent les nappes... Le pays de Caux, le sud-est du Vexin normand et le sud de l'Eure ont aussi été pointés comme zones sensibles en nitrates. Malgré les normes en vigueur sur la restriction de l'emploi des pesticides, il n'existe pas de statistiques sur les conséquences à long terme de l'accumulation de ces produits à la dégradation très lente.

L'érosion

Entre le remembrement et l'exploitation des galets, la région doit faire face à différents types d'érosion des sols et des paysages.

Les mesures de protection

Face à ces problèmes écologiques, la Haute-Normandie s'intéresse de près à l'énergie renouvelable. Une vingtaine de projets de création de parcs éoliens sont à l'étude, deux ont vu le jour début 2006 à Fécamp et à Assigny. La région désire aussi œuvrer pour la création d'un parc d'éoliennes offshore à Veulette-sur-Mer. Ayant reçu l'aval du gouvernement en septembre 2005, ce projet, accompagné d'une analyse précise du milieu naturel, constituerait une première nationale.

Les sites Natura 2000

Ces sites correspondent à des espaces européens identifiés pour la rareté ou la fragilité de leurs écosystèmes. Une vingtaine de sites de la région ont été inclus dans le plan Natura 2000 : le littoral cauchois, la forêt d'Eawy, l'estuaire de la Seine, la vallée de la Bresle, le marais Vernier et la basse vallée de la Risle... Des efforts ont été entrepris pour concilier la sauvegarde de l'écosystème de l'estuaire de la Seine et le développement économique nécessaire à la région. Le projet Port 2000 mené au Havre en témoigne. Ces aménagements risquaient d'empiéter sur l'embouchure de la Seine et d'entraîner la destruction des vasières. Face à l'opposition des défenseurs de la nature, des pêcheurs et de Bruxelles, l'estuaire a été classé « Zone de protection spéciale » pour faciliter le passage d'animaux migrateurs et permettre le maintien et la création de vasières.

Suite à un hiver pluvieux, la nappe phréatique remonte à la surface.

La Haute-Normandie s'intéresse de près à l'énergie renouvelable, comme ici, à Assigny.

... EN HAUTE-NORMANDIE

Le Parc naturel régional du Perche œuvre à la sauvegarde de l'identité de cette région.

Les Parcs naturels régionaux

La Haute-Normandie compte deux Parcs naturels régionaux : celui du Perche, dans l'Orne, et celui des Boucles de la Seine normande, en Seine-Maritime. Le premier permet de se sauvegarder l'identité de cette région façonnée autour de ses forêts de chênes et de hêtres, de ses champs et de ses manoirs, de son artisanat (briquetiers, potiers, verriers), des produits de son terroir (cidre, rillettes, miel) et de l'élevage avec notamment celui du cheval percheron.

Quant au Parc naturel régional des Boucles de la Seine normande, il maintient une coupure verte entre les deux grands pôles urbains et industriels de Rouen et du Havre. La Seine s'y écoule sur 180 km et traverse des paysages contrastés : le pays de Caux, le val de Seine, le Roumois, le marais Vernier et la vallée de la Risle.

Une action citoyenne

L'État et les associations essayent d'encadrer et de susciter à toutes les échelles des initiatives pour la sauvegarde de l'environnement. Près de 40 millions d'euros sont ainsi dépensés chaque année en Seine-Maritime pour préserver les sites et les rendre accessibles au public. La Région tente d'inciter les agriculteurs à travailler sans produits chimiques, à développer les sentiers de randonnée, et à préserver le patrimoine local. Grâce à la Ligue pour la protection des oiseaux, une vingtaine de couples de faucons, des fulmars, des hiboux moyen duc et d'autres espèces ont été sauvés dans la vallée du Dun. De son côté, l'association Aquacaux a mis un terme au problème de décharge sauvage entre Le Havre et le cap d'Antifer.

Protection du littoral

Les côtes sont l'objet de toutes les attentions. Depuis 1985, il est ainsi interdit de ramasser les galets qui protègent les falaises de l'érosion. Ils étaient en effet utilisés dans les additifs pour la porcelaine, les peintures routières ou le dentifrice.

La protection de la nature et du littoral est une priorité régionale à laquelle le promeneur doit être sensibilisé.

VOYAGE...

Un peu d'histoire

■ Placée à la confluence de deux mondes, la Normandie possède une histoire riche et mouvementée. La mer lui a apporté les invasions vikings, mais l'a aussi ouverte sur le Nouveau Monde ; la terre et la Seine l'ont ancrée dans la chrétienté et le continent, favorisant les échanges. Cette position stratégique a été source de déboires mais surtout d'une grande prospérité, dont témoignent encore ports, abbayes et stations balnéaires.

Chronologie

Des raids vikings aux larmes de Jeanne d'Arc, du chantier éclair de Château-Gaillard – la forteresse de Richard Cœur de Lion – à la construction du pont de Normandie, la dense histoire de la région navigue entre accents tragiques et épiques.

Celtes, Romains, Francs

AVANT J.-C.

La région est peuplée de Celtes. La Seine est à cette époque la « route de l'étain » (voie obligée des embarcations partant outre-Manche quérir l'étain de Cornouailles, métal qui donne le bronze lorsqu'il est allié au cuivre).

APRÈS J.-C.

Ier siècle – Conquête romaine. Naissance et essor des villes : Rouen, Lisieux, Lillebonne, Évreux...

IIe siècle – Christianisation du pays.

IIIe siècle – Saint Nicaise fonde l'évêché de Rouen. Incursion nordique (284).

IVe siècle – Incursion nordique (364).

497 – Clovis occupe Rouen et Évreux. La Neustrie revient à son fils, Clotaire.

Saint Nicaise fonda l'évêché de Rouen.

VIe siècle – Fondation des premiers monastères.

INVASIONS NORMANDES

Vers 800 – Venus de Scandinavie par la mer à bord de leurs drakkars, les Northmen, ou Vikings, d'origine danoise ou norvégienne, harcèlent les côtes de la Manche.

820 – Les Normands (Northmen) ravagent la vallée de la Seine.

841 – Rouen, Jumièges, Saint-Wandrille sont pillés et incendiés.

860-870 – Pour barrer la route aux Vikings, Charles le Chauve jette des ponts fortifiés sur la Seine ; le plus puissant se trouvait à Pont-de-l'Arche.

875 – Nouvelles persécutions dans l'Ouest.

... EN HAUTE-NORMANDIE

885 – Siège de Paris par les Normands.

911 – Rollon, chef des Normands, rencontre Charles le Simple à Saint-Clair-sur-Epte. Dudon de Saint-Quentin, premier historien de Normandie, rapporte que, pour sceller l'accord créant le duché de Normandie, le Viking mit ses mains entre celles du roi de France. Ce geste valait un solennel échange de sceaux et de signatures : il n'y eut jamais de traité écrit. L'Epte forme la frontière au nord de la Seine, l'Avre au sud. Malgré cet accord, la frontière normande fera l'enjeu de luttes entre les rois de France et les ducs de Normandie lors des trois siècles suivants.

Le duché indépendant

X^e-XIe siècle – Consolidation du pouvoir des ducs. Restauration des abbayes, nouveaux monastères.

1027 – Naissance à Falaise de Guillaume, duc de Normandie, le futur Conquérant.

1066 – Apprenant l'avènement de Harold au trône d'Angleterre, Guillaume en appelle au jugement du pape qui lui ordonne de châtier l'Angleterre et excommunie Harold. Consultés, les barons, réunis à Lillebonne en assemblée extraordinaire, se rallient au duc qui s'assure de la neutralité de la France. Le port de Dives-sur-Mer se prépare à la conquête de l'Angleterre. Le 12 septembre, 1 000 vaisseaux cinglent vers Saint-Valery-sur-Somme où attendent des renforts. Le grand départ a lieu le 27 septembre, et l'assaut final le 14 octobre. Après sa victoire, le duc accepte la couronne royale qu'on lui offre : Guillaume le Conquérant est sacré roi d'Angleterre le 25 décembre à Westminster.

1087 – Mort du Conquérant.

1114 – Création du comté du Perche.

1154-1189 – Henri II roi d'Angleterre.

1196-1197 – Richard Cœur de Lion fait construire Château-Gaillard, en une seule année !

1202 – Jean sans Terre condamné à la perte de ses biens français.

1204 – La Normandie est réunie à la Couronne de France.

Construction de la flotte de Guillaume le Conquérant pour aller conquérir l'Angleterre ; tapisserie du XIe siècle, Bayeux.

Du duché français à la province normande

1315 – Charte aux Normands, symbole du particularisme du pays jusqu'en 1789.

1346 – Débarquement d'Édouard III d'Angleterre.

1348 – Propagation de la peste bubonique en Normandie.

1364-1384 – Cocherel marque le début des campagnes victorieuses de Du Guesclin.

1417 – Henri V, roi d'Angleterre, envahit la Normandie. Siège de Rouen.

1431 – Procès et supplice de Jeanne d'Arc à Rouen.

1440 – Évreux et Louviers sont repris aux Anglais.

VOYAGE...

1447 – Charles VII entre dans Rouen.

1469 – Fin de la guerre de Cent Ans.

1469 – Charles de France, dernier duc de Normandie, est dépossédé de son duché.

1514 – L'Échiquier de Rouen devient le Parlement de Normandie.

1517 – Fondation du Havre.

1589 – Henri de Navarre, futur Henri IV, vainqueur à Arques, puis l'année suivante à Ivry-la-Bataille.

1771-1775 – Suppression du Parlement de Rouen.

« Henri IV à la bataille d'Arques » (détail) ; Versailles, musée du château.

La Normandie contemporaine

1785 – Voyage de Louis XVI en Normandie.

1789 – La Grande Peur : rumeur d'un complot aristocratique contre la nation.

1790 – Division de la province normande en cinq départements.

1793 – Le 11 juillet, assassinat de Marat par la royaliste normande Charlotte Corday ; le 13 juillet, échec à Vernon du soulèvement fédéraliste de quelques Girondins réfugiés en Normandie contre la Convention.

1795 – Les députés de Rouen sont admis au sein de la Convention. La pétition dans laquelle ils décrivent l'extrême misère de la ville est envoyée au Comité de salut public.

1806 – Naissance des bains de mer à Dieppe.

1843 – Chemin de fer Paris-Rouen.

1870-1871 – Guerre franco-allemande. Occupation de la Haute-Normandie.

1928 – La basse Seine, fleuve du pétrole.

1936 – L'usine Bréguet, au Havre, est la première du pays à être occupée par les grévistes du Front populaire.

« Le Chemin de fer de Paris à Rouen », vers 1860 ; lithographie de Victor Adam, Paris, B. N.

Juin 1940 – Rupture du front de la Bresle. Les cités de Haute-Normandie sont ravagées.

Juin 1944 – Frappé par les combats de juin 1940, puis les bombardements alliés de 1942 et 1943, Rouen est sinistré. La semaine rouge, du 30 mai au 4 juin, fait 20 000 victimes et 40 000 sans-abri.

Juillet 1944 – Le 19, Caen est libéré par les alliés, aidés par la résistance locale.

Août 1944 – Le 22, fin de la Bataille de Normandie. Le bilan est lourd : 37 000 alliés et 20 000 civils sont tués. Rouen est libéré par les Canadiens le 30.

Septembre 1944 – Dieppe est livré sans combat le 1er. Le 12, Le Havre est libéré après le déclenchement de l'opération *Astonia* entre le 5 et le 10 septembre. Au total, 5 000 civils ont péri, 80 % de la ville sont rasés.

... EN HAUTE-NORMANDIE   21

À Rouen, le succès de l'Armada ne faiblit pas depuis sa création.

1954 – Le Havrais René Coty, président de la République. Pierre Mendès France (maire de Louviers, député de l'Eure), président du Conseil (accords de Genève, fin de la guerre d'Indochine).

1955 – La Seine-Inférieure devient la Seine-Maritime.

1959 – Pont de Tancarville.

1973 – Deux régions administratives : Haute-Normandie et Basse-Normandie ; fermeture des chantiers navals de Rouen.

1974 – Création du Parc naturel régional des Boucles de la Seine normande.

1977 – Autoroute de Normandie.

1995 – Pont de Normandie.

1997 – Sainte Thérèse est proclamée docteur de l'Église par le pape Jean-Paul II.

1998 – Création du Parc naturel régional du Perche.

1999 – Ultime éclipse totale du soleil au XXe siècle, Fécamp est la première ville du Vieux Continent plongée dans l'obscurité.

2003 – Armada de vieux gréements à Rouen.

2004 – 60e anniversaire du Débarquement.

2005 – Le Centre Perret du Havre est inscrit au Patrimoine mondial de l'Unesco.

2006 – Inauguration de Port 2000 au Havre.

VOYAGE...

Le monachisme

■ À partir du VIe siècle, le monachisme normand rayonne rapidement sur toute l'Europe. Au-delà de la sphère spirituelle, il exerce une large emprise intellectuelle et culturelle sur la société et s'impose comme un véritable acteur politique du monde médiéval grâce à ses richesses. Il représente à ce titre un pouvoir considérable, qui attire les convoitises des ducs de Normandie et du roi de France lui-même. Cela lui sera fatal à l'époque moderne, comme à la plupart des monastères et des abbayes.

Aux origines du monachisme normand

Les premiers monastères

Au IIIe siècle, les premiers chrétiens arrivent en Normandie. Trois siècles plus tard, des fondations religieuses apparaissent. Au VIIe siècle, saint Philibert fonde le monastère de Jumièges, les établissements de Fécamp et de Saint-Wandrille. Tous suivent la règle de saint Benoît. Le rôle politique des abbayes apparaît dès cette époque, lorsque Jumièges sert de refuge à certains Mérovingiens pourchassés par les Carolingiens, au pouvoir depuis le renversement de Childéric III par Pépin le Bref, en 751.

Les raids vikings

Au IXe siècle, le monachisme normand, déjà affaibli par la mainmise d'abbés laïcs attirés par les bénéfices des abbayes, subit de plein fouet les invasions vikings. En 841, l'abbaye de Jumièges est elle-même détruite et pillée. Saint-Wandrille connaît le même sort en 858. Les Vikings remontent jusqu'à Rouen, qu'ils mettent à sac. La ville deviendra leur camp de base vers 876. Ces raids normands appauvrissent les communautés religieuses en détruisant leurs lieux de vie et en les privant de leurs sources de revenus : dîme, taxes et reliques. Ces dernières attiraient en effet les pèlerins et les dons. Or, en s'éparpillant, les moines prennent avec eux leurs trésors (les moines survivants de Jumièges emportent dans le Cambrésis les reliques de saint Hugues et de saint Achaire).

Au IXe siècle, les raids vikings affaiblirent sensiblement les communautés religieuses de Normandie.

La paix et la reconstruction

Impuissant face aux hordes de Rollon, le roi carolingien Charles le Simple conclut avec le chef viking le traité de Saint-Clair-sur-Epte, en 911. Les évêchés de Rouen, Évreux et Lisieux passent aux mains des « hommes du Nord ». Le baptême de Rollon l'année suivante marque la naissance de la Normandie. Cet acte constitue un serment d'allégeance à sa nouvelle terre et à l'Église, qui va lui permettre d'asseoir son autorité. Son règne et celui de ses descendants donnent un nouvel élan au monachisme normand qui profite des échanges avec le monde nordique, des finances du nouveau pouvoir ducal et d'une sécurité retrouvée. Dès le lendemain du baptême de Rollon, l'archevêque de Rouen réintègre sa ville, l'activité monastique reprend très vite à Saint-Ouen de Rouen. Saint-Pierre de Jumièges est reconstruite vers 940. C'est le début d'un véritable âge d'or.

Portrait de Rollon, chef normand.

Le monachisme médiéval à son apogée

Sous l'autorité des ducs normands, la relative stabilité politique permet au monachisme normand de connaître une époque florissante.

... EN HAUTE-NORMANDIE

L'abbaye de Jumièges porte les stigmates de ses destructions et reconstructions successives.

L'affermissement du monachisme bénédictin

L'une des étapes majeures du relèvement des abbayes normandes correspond à la venue en 1001 du réformateur bénédictin italien Guillaume de Volpiano (960?-1031). Ce dernier arrive, à la requête du duc Richard II (996-1026), pour restaurer l'abbaye de Fécamp et impulser une réforme fondée sur le retour à la stricte observance de la règle de saint Benoît. Ce renouveau s'étend à Jumièges et à Bernay. Une vingtaine d'abbayes, dont celle du Bec-Hellouin, sont alors construites. Deux siècles plus tard, la Normandie accueille toujours de nouvelles communautés. Sous les Plantagenêts, des ordres nouveaux s'implantent en effet dans la région, et notamment des cisterciens à Bonport ou à Fontaine-Guérard. Ils professent une orthodoxie pure à l'égard de la règle bénédictine.

Le rayonnement culturel

La paix revenue, les clercs peuvent reprendre leurs activités. L'une des principales consistait à copier ou à recopier parchemins, livres et manuscrits enluminés dans le scriptorium. Fécamp, Jumièges et Le Bec en avaient fait leur spécialité. La plupart de ces livres manuscrits sont diffusés dans toute la chrétienté et assurent le prestige des abbayes normandes. Celles-ci deviennent de formidables centres intellectuels où se concentrent tous les savoirs.

Dès le IXe siècle, Éginhard, abbé de Saint-Wandrille, se fait chroniqueur de son époque en retraçant la vie de Charlemagne. À la même époque, l'un de ses condisciples compose les *Geste de l'abbé Fontenelle*. Les abbayes normandes participent activement à la vie intellectuelle et théologique de leur temps, en accueillant notamment au Bec, Lanfranc (1005-1089), qui y fonda une école, et saint Anselme, le plus grand théologien du XIe siècle. Elles enseignent aussi toutes sortes de disciplines scientifiques : Fécamp, sous la férule de Guillaume de Volpiano, se spécialise dans les sciences naturelles et médicales, et à Saint-Évroult, au XIe siècle, Raoul Giroie rend compte

Fécamp, Jumièges et Le Bec avaient fait de la copie de manuscrits leur spécialité.

VOYAGE...

des préceptes d'Hippocrate. Cette prééminence tend néanmoins à s'essouffler, et lorsque Robert de Torigny rédige au XIIe siècle, à l'abbaye du Bec-Hellouin, une première histoire de la Normandie, le pouvoir intellectuel se déplace déjà vers les écoles de Paris.

Un pouvoir temporel de taille

Ce rayonnement intellectuel donne aux abbayes toute légitimité pour conseiller les princes ou diriger eux-mêmes des États. Aussi, fait archevêque de Cantorbéry par Guillaume le Conquérant en 1070, ce même Lanfranc préside-t-il aux destinées du royaume d'Angleterre avec le roi. Il meurt à Rome en 1089, après avoir rendu visite à son ancien élève au Bec, le pape Alexandre II (1061-1073). De telles collaborations renforcent les liens entre pouvoirs temporel et spirituel, déjà très étroits. Le baptême de Rollon avait lié le duché à l'Église. Ses descendants s'appuient sur cette dernière et résident d'ailleurs jusqu'en 1204, date de l'intégration du duché au royaume de France, à Fécamp, à proximité immédiate de l'abbaye et de son conseil. Le poids des abbayes normandes vis-à-vis du pouvoir temporel est renforcé par leur propre pouvoir financier. Elles jouissent en effet de multiples sources de revenus : domaines fonciers, dons de seigneurs, des ducs, des rois, prélèvement de la dîme et parfois récolte mensuelle des vivres nécessaires à la communauté dans les villages alentour. Elles vivent aussi de droits perçus sur le fleuve, tel le contrôle des bacs. Les passages d'eau étant le plus souvent l'apanage des seigneurs, c'est dire leur importance sur le plan temporel. Leurs trésors (draps, étoffes précieuses, orfèvrerie) témoignent de leur richesse, souvent due aussi à la présence de reliques, qui continuent à drainer nombre de fidèles. Dès sa reconstruction en 1001, l'abbaye de Fécamp devient ainsi l'un des principaux lieux de pèlerinage normand grâce à la relique du Précieux Sang.
Mais le signe le plus évident de leur puissance, pour ne pas dire le plus durable, demeure les édifices.

Une école d'architecture

Dans cette période faste, la Normandie impose un style roman propre au duché, qui se distingue par des caractéristiques bien définies. Les Normands sont ainsi les premiers à bâtir une voûte sur croisées d'ogives en 1100. Aux XIIe et XIIIe siècles, le gothique normand assimile l'art français, d'autant plus prégnant que le duché est rattaché au royaume de France depuis 1204. Arcs brisés très aigus, tympans ajourés de trèfles, voussures et absence de statues caractérisent les édifices, qui inspirent plus que jamais les architectes venus d'ailleurs. Dès le XIe siècle, l'architecture normande exerce en effet une influence qui s'étend en Angleterre, en Norvège et jusque dans le sud de l'Italie. En France, l'école normande essaime jusqu'aux portes de Paris, en Bretagne, Picardie et Artois.

Le déclin

Avec la Grande Peste (1348) et les famines, la guerre de Cent Ans (1346-1469) contraint les abbayes normandes à se replier sur elles-mêmes, leur rayonnement s'affaiblit. Une tendance que précipitent les bouleversements du XVIe siècle.

La commende

Le recul du monachisme s'accentue avec l'instauration de la commende décidée lors du concordat de Bologne en 1516. Les élections canoniques sont supprimées, et le roi, qui veut diminuer le contre-pouvoir que représente le monachisme, nomme lui-même les abbés. Les émissaires du pouvoir ne voient la plupart du temps dans cette charge qu'un intérêt matériel, ne résident pas dans leur monastère

Les abbayes normandes bénéficiaient autrefois du prélèvement de la dîme.

Dans le scriptorium

Bréviaire : livre d'heures abrégé que doivent lire tous les jours ceux qui sont dans les ordres.
Codex : livre formé de feuilles pliées et assemblées en cahier.
Enluminure : nommée par la suite miniature (XVIe siècle) ; image en couleur illustrant les manuscrits.
Évangéliaire : livre liturgique contenant les Évangiles des messes de l'année.
Manuscrit : livre écrit à la main, aussi bien par un copiste que par l'auteur lui-même.
Martyrologe : recueil quotidien des saints dont on célèbre la fête.
Missel : livre où sont réunis toutes les prières et lectures de la messe et le rituel des cérémonies. Ce livre remplace l'antiphonaire, l'évangéliaire, le lectionnaire et le sacramentaire.
Oncial (adj.) : lettre onciale, lettre majuscule d'un pouce de haut (once), utilisée du Xe au XIIe siècle.
Palimpseste : manuscrit sur parchemin effacé, puis réutilisé.
Psautier : livre liturgique contenant 150 psaumes chantés aux offices.
Rituel : livre contenant le détail du cérémonial (sacrements, offices…).
Vélin : parchemin fait avec la peau d'un veau mort-né.

...EN HAUTE-NORMANDIE

et restent indifférents aux intérêts des moines. Cette mesure entraîne le déclin de nombreuses abbayes, la paupérisation de la communauté et l'abandon progressif de la vocation religieuse.

Réforme et guerres de Religion
Un an après le concordat de Bologne, Luther initie le mouvement de la Réforme. Commence alors un siècle de débat théologique et de guerres de Religion. Les hostilités les plus sanglantes débutent à partir de 1562 dans la région. Les protestants détruisent de nombreuses abbayes, les couvents et les églises sont pillés, les statues cassées.

La congrégation de Saint-Maur
Après le concile de Trente (1545-1563), qui confirme les dogmes de la religion catholique face à l'iconoclasme protestant, les XVIIe et XVIIIe siècles voient renaître un élan du monachisme. La congrégation de Saint-Maur (1618), à la tête d'une action réformatrice nationale, réunit les abbayes bénédictines, dont Saint-Ouen de Rouen, Jumièges, Le Bec et Fécamp. Le corps religieux choisit à présent les abbés. La congrégation s'attache aussi à apporter une ferveur et une vitalité spirituelle nouvelle à la vie monacale, les abbayes sont rénovées, reconstruites par de jeunes moines mauristes, comme à Saint-Georges-de-Boscherville. Une vie studieuse et réglée reprend son cours.

Dévastation d'une église en 1561, lors des guerres de Religion.

La période contemporaine

La fin du XVIIIe siècle se caractérise par une relative prospérité financière acquise grâce au travail acharné initié par les mauristes. Cette aisance côtoie un certain relâchement dans l'austérité de la vie dû

L'abbaye Saint-Georges de Boscherville fut reconstruite par des moines de la congrégation de Saint-Maur.

VOYAGE...

à l'introduction des idées philosophiques et à l'affiliation de moines aux loges maçonniques. À la Révolution, les biens de l'Église sont confisqués. La vie monacale ne reprendra qu'un siècle plus tard. Les moines reviennent à Saint-Wandrille en 1894. La communauté du Bec-Hellouin, elle, rassemblée d'abord dans l'Aube, ne retrouve ses murs qu'en 1948.

La législation de 1901 sur les associations, la suppression des congrégations religieuses en 1903 et la séparation de l'Église et de l'État en 1905, portent un autre coup sévère aux communautés qui avaient pu se réinstaller. Les moines de Saint-Wandrille s'exilent alors en Belgique et ne rentrent en France qu'en 1924.

Au XXe siècle, le champ d'action des abbayes se cantonne dorénavant au spirituel. Les communautés s'investissent dans diverses activités pour assurer leur subsistance : tourisme, hôtellerie, chants grégoriens, faïence du Bec-Hellouin, et même composants électroniques à Saint-Wandrille.

Après plusieurs exils, les moines sont revenus à l'abbaye Saint-Wandrille.

Terre d'échanges

■ La Normandie se trouve à l'intersection de plusieurs voies d'échanges, dont les plus importantes sont le fleuve et la mer. De fait, ce sont les bords de Seine et le littoral qui ont en priorité bénéficié du dynamisme lié à cette position stratégique.

En 1959, avec le pont de Tancarville, le transport routier surpasse le transport fluvial et ferroviaire.

... EN HAUTE-NORMANDIE

La Seine, un axe de communication incontournable

Jusqu'au XXe siècle, la Seine reste une voie indispensable au transport des hommes et des marchandises, assurant par là même le développement et souvent la prospérité de la région. Mais l'ère industrielle change la donne.

Les débuts romains

Le cabotage sur la Seine est attesté dès la fin du néolithique. Il y a près de 2 000 ans, l'historien grec Strabon (57 av. J.-C. – 21-25 apr. J.-C.) donne le premier témoignage écrit de cette importante activité. Une fois la Manche pacifiée par les troupes de Claude (-10 av. J.-C. – 54 apr. J.-C.), le commerce peut se développer autour de Lillebonne. Rouen prend son essor au IIIe siècle. Le fleuve est l'un des principaux axes logistiques de la Gaule romaine en permettant de relier la Manche à la Saône et au Rhône. Les produits venus de tout l'Empire transitent par Rouen et Lillebonne : vins, marbre, miel et poteries d'Italie, de Provence et d'Espagne, plomb de Bretagne, étain. Le commerce impose à chaque village bordant le fleuve d'avoir un port ou une zone de mouillage. La voie fluviale est l'option la plus rapide. Le commerce régional périclite toutefois dès les premières invasions germaines et saxonnes à la fin du IIIe siècle.

À l'ère romaine, la voie fluviale est l'option la plus rapide pour le transport des produits de l'Empire.

L'expansion médiévale

Jusqu'à l'établissement définitif des Vikings en Normandie au Xe siècle, le commerce fluvial ne conserve que des proportions médiocres, la Seine n'est pas sûre : l'abbaye de Jumièges est ravagée en 841, Rouen attaqué en 843. Les envahisseurs, qu'ils soient Germains, Saxons ou Vikings empruntent cette voie d'eau idéale pour pénétrer à l'intérieur des terres. Une fois le traité de Saint-Clair-sur-Epte conclu entre Rollon et le roi de France (911), la région retrouve sécurité et stabilité. Le fleuve s'impose à nouveau comme le principal axe de communication, et donc de commerce, du duché.

Les abbayes situées au bord de la Seine reprennent une part essentielle dans l'économie fluviale en profitant de leur position stratégique. Pour la plupart elles perçoivent le tonlieu (taxe sur le commerce) et des droits sur la pêche. Jumièges contrôle en plus, jusqu'à la Révolution, les bacs de Jumièges, du Trait, d'Yainville, d'Yville-sur-Seine, de la Roche et du Gouffre.

À cette époque, la Seine permet de relier le nord au sud de l'Europe. Les marchandises venues de la Baltique, de la mer d'Irlande, les draps produits dans la vallée de la Seine, le miel et les poteries de Méditerranée, le vin d'Île-de-France et de l'Auxerrois transitent par ses ports, dont Rouen est la perle.

Une source de richesses et de conflits

Rouen tirait toute sa richesse de la Seine déjà à l'époque romaine. Par la suite, les Vikings l'exploitent comme un espace de transit entre l'étranger et le Bassin parisien. La ville exporte surtout du sel, du poisson et du vin vers l'Angleterre et toute l'Europe du Nord. C'est une cité d'envergure internationale qui depuis 1079 abrite la célèbre foire Saint-Romain à laquelle affluent les marchands de tout le continent. Forte de sa position stratégique, sur un fleuve qui ne l'est pas moins, la cité normande fait ombrage à Paris et, signe de sa puissance, s'érige même en Commune indépendante en 1150. Lors du rattachement de la région à la France en 1204, Philippe Auguste lui accorde le monopole du commerce sur la basse Seine. De ce fait, la Guilde des marchands de l'eau de Paris demeure tributaire des marchands rouennais pour le commerce du vin et du sel. Ces mêmes marchands les doublent dans le commerce de drap, puisqu'ils vont chercher la laine en Angleterre et vendent directe-

Forte de sa position stratégique sur un fleuve qui ne l'est pas moins, la cité normande de Rouen a longtemps fait ombrage à Paris.

VOYAGE...

ment leurs produits aux foires de Champagne et de Belgique. La draperie normande connaît ainsi un véritable âge d'or à l'embouchure de la Seine, où les quelque 200 artisans répartis entre Harfleur et Montivilliers concurrencent fortement ceux de Paris.

Les famines, les épidémies du XIVe siècle et les difficultés liées à la guerre de Cent Ans mettent cependant un frein au développement économique de la vallée de la Seine et de Rouen. L'influence de la ville décline dès 1382, quand éclate une grave révolte urbaine contre l'oppression fiscale, la Harelle. La répression royale est très dure : les impôts sont augmentés, une amende est imposée et les privilèges des Rouennais sur la basse Seine sont supprimés. Depuis cette date, les Normands doivent payer des impôts pour leur trafic fluvial et faire face à la concurrence des marchands de la capitale. À la même époque, le trafic commence déjà à se déplacer vers le littoral, favorisant les ports comme Harfleur où Castillans et Portugais embarquent le sel normand, et d'où l'on exporte blé et vin de Paris ainsi que de Rouen jusqu'aux Pays-Bas, la Flandre et l'Angleterre.

Le déclin dû aux guerres modernes

Si les rivalités entre provinces ou villes pour le contrôle de la Seine ne freinent pas le trafic et les échanges, en revanche, la guerre de Cent Ans puis les guerres de Religion vont notablement ralentir l'expansion économique de la vallée de la Seine au profit du littoral. Certes, à la Renaissance, les morutiers rouennais accompagnent les bateaux havrais et honfleurais jusqu'aux bancs de Terre-Neuve et en Baltique, et les drapiers normands vont jusqu'en Espagne, mais l'insécurité pèse sur le trafic, et, dès le milieu du XVIIe siècle, le port de Rouen, comme l'ensemble de l'économie fluviale, perd de son dynamisme. Les grands marchands du fleuve se font distancer par leurs homologues du Havre, plus dynamiques et volontiers tournés vers le commerce international.

La Seine, une vocation industrielle

En 1500, Rouen compte déjà une dizaine d'imprimeries. L'eau du fleuve indispensable au processus de fabrication des livres rend possible une production à grande échelle. C'est pour la même raison que les manufactures de drap viennent s'installer non loin de la capitale fluviale au XVIIIe siècle, et initier ainsi le développement industriel de la région. Plus récemment, les rives de la Seine ont accueilli entre 1930 et 1970 des usines pétrochimiques et sidérurgiques, elles aussi fort demandeuses en eau pour le refroidissement de leurs machines. En s'implantant près de ports comme Rouen ou Le Havre, elles profitent en plus d'un approvisionnement rapide en matières premières. Au XXe siècle, pour les industries, l'eau de la Seine devient plus précieuse que le transport fluvial traditionnel, définitivement détrôné par le rail et la route à partir de la Seconde Guerre mondiale. Le train relie en effet la côte à Paris dès la Belle-Époque, et avec les ponts de Tancarville (1959) et de Brotonne (1977), le transport routier surpasse tous ses concurrents en mettant Le Havre et Rouen à respectivement 2 heures et 1 h 15 de Paris.

Un littoral tourné vers le monde

Les ports de guerre

Plusieurs ports normands ont servi de bases à des flottes de guerre. Au XIe siècle, Guillaume le Bâtard part du port de Dives à la conquête de l'Angleterre. Point de transit entre Rouen et l'outre-Manche, Honfleur bénéficie d'une position stratégique exploitée lors de la guerre de Cent Ans. La ville, alors fortifiée par Charles V pour fermer l'estuaire de la Seine aux Anglais, est à deux reprises occupée. Le port sert de base de départ à de multiples expéditions françaises vers

En 1500, Rouen compte déjà une dizaine d'imprimeries.

En s'implantant près des ports de la Seine, les usines pétrochimiques profitent d'un approvisionnement rapide en matières premières.

...EN HAUTE-NORMANDIE

« Vue du port de Dieppe en 1765 », (détail) par C.-J. Vernet ; Paris, musée de la Marine.

l'Angleterre. En 1517, François Ier crée le port du Havre, nouveau point de rassemblement de la flotte militaire française. Dès le XVIIe siècle pourtant, contre sa vocation première, la cité devient un port de négoce de marchandises à haute valeur ajoutée comme le café.

Les grands navigateurs

À la suite des Espagnols et des Portugais lancés dès XVe siècle dans l'aventure des Grandes Découvertes, les marins normands regardent dès le début du XVIe siècle vers le Nouveau Monde. Les navires de l'armateur dieppois Jean Ango (1480-1551) atteignent Sumatra, le Brésil et le Canada. Petit port de pêche depuis plus de cinq siècles, Dieppe devient au XVe siècle le point de départ de multiples expéditions maritimes : celle de Jehan de Béthencourt (1362-1425), qui fonde le royaume des Canaries dès 1402, ou celle du flibustier Belain d'Esnambuc (1588-1637), qui part en 1625 pour fonder les premières colonies françaises aux Antilles. Beaucoup de navigateurs font aussi de Honfleur leur port d'attache : Binot Paulmier de Gonneville (XVe siècle ?-1669), qui atteint les côtes du Brésil en 1503, Jean Denis (fin XVe-début XVIe siècle), qui explore l'embouchure du Saint-Laurent et Terre-Neuve en 1506 et, un siècle plus tard, Samuel de Champlain (1567 ?-1635), qui crée en 1608 la ville de Québec.

Le navigateur Samuel de Champlain fit de Honfleur son port d'attache.

Le Nouveau Monde

Du XVIIe au XVIIIe siècle, les Normands assurèrent pour une très grande part le peuplement du Québec. La fondation de Québec (1608) coïncidant avec la fin des guerres de Religion, de nombreux protestants de Rouen, Caen, Honfleur, Le Havre, partent peupler les terres américaines. Au milieu du XVIIe siècle, les Normands représentent près de la moitié de la population du Canada. Ce mouvement dura jusqu'au XVIIIe siècle. La Normandie est sans doute la région française qui, au XXIe siècle, entretient encore le lien le plus étroit avec le Québec. Cette relation particulière est consolidée par une

VOYAGE...

autre aventure commune : l'épopée des Terre-Neuvas. Les découvertes des explorateurs partis de Normandie obligent rapidement les pêcheurs de la région à partir vers les pays lointains. La majorité des équipages français traversant l'Atlantique pour aller pêcher la morue au large de Terre-Neuve sont composés de marins normands.
L'épopée de ces premiers « forçats de la mer » est évoquée de façon très émouvante au musée des Terre-Neuvas à Fécamp.

Le commerce avec l'outre-mer

Dès la fin du XVIe siècle, le potentiel commercial des contrées lointaines apparaît. Le bois-brésil intéresse les drapiers de Rouen, qui s'en servent pour la coloration. Des navires de plus en plus nombreux partent aux quatre coins du globe et ramènent des produits d'Asie (tissus précieux, épices, thé), d'Afrique (cacao, bois précieux, épices), des Amériques (tabac, café, pierres et bois précieux, cacao, coton) et des Antilles (sucre). Aux XVIIe et XVIIIe siècles, le commerce triangulaire enrichit les négociants du Havre, de Rouen et de Honfleur. Entre 1789 et 1793, Le Havre est le deuxième port négrier en France, après Nantes. Aboli en 1796, l'esclavage est rétabli par Napoléon en 1802 et le commerce triangulaire se poursuit dès lors dans toutes les zones d'influence françaises (Antilles, Afrique) jusqu'à l'abolition de l'esclavage en 1848.

Les voyages transatlantiques

Dans la seconde moitié du XIXe siècle, les voyages transatlantiques sur les paquebots du Havre se multiplient. L'émigration européenne vers l'Amérique transite par ces bateaux sur lesquels les classes aisées du Vieux Continent occupent les premières classes pour le seul plaisir du voyage. Fondée en 1855 par les frères Pereire, la Compagnie générale transatlantique établit pour une clientèle aisée des lignes régulières entre Le Havre, le Mexique, la Guyane, les Antilles et la Louisiane. En 1886 est créée la mythique ligne Le Havre à New York, qui accueillit les grands de ce monde jusque dans les années 1970. L'aventure prend fin en 1974, avec le désarmement de son plus beau fleuron, le *France*.

Les bains de mer

Le voyage d'agrément naît au XIXe siècle sous l'impulsion des aristocrates anglais. La mer est désormais recherchée pour ses vertus curatives et le bon air qu'on y respire. Le littoral normand est très rapidement prisé. Cela se passe d'abord à Dieppe où la duchesse de Berry se baigne en 1824. À Trouville, l'année suivante, les peintres Mozin, Huet, Isabey, Boudin, Monet, Pissarro et d'autres plantent leur chevalet. Ce n'est pourtant que sous le Second Empire que la pratique des bains de mer, impulsée par le couple impérial, se généralise au sein des classes aisées. Deauville, Houlgate, Cabourg émergent dans les années 1860. L'histoire de chaque station est souvent liée à celle d'un personnage important qui l'a fréquentée. Deauville est lancée par le duc de Morny, Dieppe par la reine Hortense de Hollande, et Trouville par Louis-Philippe. Leur succès est soutenu par la mise en place d'un service régulier de bateaux à vapeur sur la Seine et par l'ouverture de lignes ferroviaires. Il est alors de bon ton pour les nantis de posséder une villa sur la côte normande. Chaque été, un petit Paris se recrée sur la Côte Fleurie, qui accueillera pendant plus d'un siècle la fine fleur du monde des arts et des lettres. Baudelaire, Proust, Sarah Bernhardt et Coco Chanel y ont tour à tour leurs habitudes. Les congés payés lanceront dans les années 1920 un second mouvement dans l'histoire du tourisme balnéaire normand avec l'émergence de stations plus populaires comme Étretat à Fécamp et Le Tréport.

Départ d'un transatlantique dans le port du Havre, au XIXe siècle.

Train et bains de mer

La Normandie est l'une des premières régions françaises à se lancer dans l'aventure ferroviaire. En 1843, la ligne Paris-Rouen est inaugurée en grande pompe par les deux fils de Louis-Philippe, à la gare Saint-Lazare. Elle répond à la demande de voyageurs aisés qui se rendent sur la côte normande pour s'adonner à la nouvelle mode des bains de mer, venue d'Angleterre. Il faut alors 4 heures pour parcourir les 140 km séparant la capitale de Rouen. Avec la ligne Paris-Orléans achevée la même année, il s'agit de la première liaison ferroviaire construite en France. Mais ce n'est qu'un début : en 1847, c'est au tour de la toute nouvelle gare du Havre de se voir reliée à Paris, Dieppe est connectée à la capitale en 1848 et Lisieux en 1855. Le train répond aux besoins de sa clientèle. Or, avec le lancement des stations balnéaires de Deauville et de Trouville, c'est au tour de la rive gauche de l'estuaire de la Seine de se développer. La gare de Deauville-Trouville est inaugurée en 1863, mettant la Côte Fleurie à 5 heures de Paris.

… EN HAUTE-NORMANDIE

Depuis le XIXᵉ siècle, la mer est recherchée pour ses vertus curatives et le bon air qu'on y respire ; le littoral normand est de ce fait très prisé.

VOYAGE...

L'architecture

Une longue tradition religieuse

Les bénédictins et l'art roman

Au XIe siècle, après les invasions vikings, les bénédictins se mettent à l'œuvre pour rebâtir les établissements détruits. Tout en conservant l'héritage carolingien, ils réutilisent la voûte en berceau et la coupole orientale, créant un style neuf, d'une admirable diversité dans sa simplicité. L'archéologue normand Arcisse de Caumont (1802-1873) lui donnera le nom de « roman ».

L'école normande et ses abbatiales

Soutenus par les ducs, les bénédictins joueront un rôle capital en Normandie où les premiers édifices d'envergure sont les églises des abbayes. Si les monastères primitifs ont disparu ou évolué, de splendides abbatiales témoignent encore de la « floraison bénédictine » (Jumièges, Saint-Martin-de-Boscherville). Pureté des lignes, proportions audacieuses, sobriété du décor, appareil harmonieux, tels sont les traits de l'école normande, qui ouvre la voie au style gothique.
Deux puissantes tours encadrent la façade des abbatiales, et une tour-lanterne de plan carré s'ajoute à la croisée du transept. Nues ou parées d'arcatures aux étages inférieurs, les tours s'allègent et s'ajourent de baies à mesure qu'elles s'élèvent. Au XIIIe siècle, beaucoup sont surmontées de flèches cantonnées de clochetons. La clarté intérieure étonne autant que l'ampleur des dimensions. La nef superpose deux étages d'ouvertures au-dessus des grandes arcades en plein cintre. Les moines renonceront à la lourde voûte en berceau, adoptant une toiture de charpente pour la nef et les tribunes, et une voûte d'arêtes dans les bas-côtés. Au niveau des fenêtres hautes, une galerie de circulation est ménagée dans les murs.
De charmantes églises rurales conservent leurs clochers romans, couverts d'un toit en bâtière ou coiffés d'une courte pyramide à quatre pans, en charpente ou en pierre, préfigurant la flèche gothique.

Le décor normand

Entre environ 1060 et 1150, les églises et les abbatiales normandes furent ornées de sculptures que l'on ne retrouve nulle part ailleurs en France. Les artistes s'inspirèrent de l'orfèvrerie, de la sculpture sur ivoire et surtout de l'enluminure. Les motifs végétaux et animaliers de ces travaux rappellent en effet les ouvrages écrits et décorés dans les abbayes de Jumièges, Saint-Ouen de Rouen et Fécamp.
Exploitant les thèmes de l'iconographie byzantine, les sculpteurs reprennent aussi le style corinthien amené par les moines italiens qui jouèrent un rôle essentiel dans les grandes constructions de l'époque (notamment l'abbaye de Bernay au XIe siècle). Les contacts avec les artistes du sud de l'Angleterre furent aussi nombreux dès lors que l'abbé Robert est devenu archevêque de Cantorbéry (1051).
Le décor sculpté est surtout géométrique ; les motifs, parfois agrémentés de moulures, de têtes plates d'hommes ou d'animaux, soulignent voussures, archivoltes, corniches. Les entrelacs et le bestiaire fantastique composé de serpents et de dragons qui apparaissent aussi dans ces œuvres posent aux experts la question d'une éventuelle influence scandinave.

L'art gothique (XIIe-XVe siècle)

Jusqu'au XVIe siècle, le style né en Île-de-France, à partir de la croisée d'ogives, s'appelle « travail à la française ». Réfractaires à cet art, les Italiens de la Renaissance le baptisent « gothique », terme péjoratif

Deux puissantes tours encadraient la façade de la splendide abbaye de Jumièges.

Les matériaux normands

Les villes de la Seine normande sont construites avec la pierre des falaises crayeuses bordant le fleuve. Dans le pays de Caux, les galets sont noyés dans un mortier. L'argile a servi pour le torchis ou le pisé des chaumières que le colombage retient dans sa résille, et pour la fabrication des briques, dont l'appareil polychrome produit de rares effets.

... EN HAUTE-NORMANDIE

dans leur esprit et synonyme de « barbare ». Giorgio Vasari est le premier à l'employer en 1550. Ces esthètes font ainsi référence aux Goths, la peuplade qui envahit l'Italie et pilla Rome en 410. Le nom s'est maintenu, aujourd'hui totalement dépourvu de son sens méprisant. Le gothique est, par excellence, l'art des cathédrales, symbole de la foi du peuple et de la prospérité des villes. Dès la fin du XIIe siècle, il rayonne en Normandie : tour Saint-Romain de la cathédrale de Rouen, cathédrale de Lisieux. Sous la direction des évêques et des maîtres d'œuvre, toutes les corporations contribuent à l'embellissement de ces édifices : verriers, peintres, huchiers, sculpteurs...

L'ère des grandes cathédrales s'achève au XIVe siècle ; la guerre de Cent Ans ralentit l'essor architectural, mais la tourmente passée, le goût de la virtuosité ressurgit, avec le gothique flamboyant. Ici, le remplage des baies et des roses peut être comparé à des flammes ondoyantes, origine du terme « flamboyant ». Ce style a produit quelques chefs-d'œuvre : l'église Saint-Maclou et la tour de Beurre à Rouen, les clochers de Notre-Dame à Caudebec et de la Madeleine à Verneuil ; de ravissantes décorations (cloîtres, chapelles, clôtures) et une brillante statuaire (thème de la Mise au tombeau).

L'église Notre-Dame à Caudebec.

Dès la fin du XIIe siècle, le gothique rayonne en Normandie, comme en témoigne la tour Saint-Romain de la cathédrale de Rouen.

L'art de la Renaissance (XVIe siècle)
La région ne comprend que peu d'œuvres religieuses marquantes de cette époque. On peut néanmoins citer le portail de la cathédrale de Rouen, muni d'un gâble remarquable, l'église de Caudebec-en-Caux et celle de Gisors.

Le style dit « jésuite » (XVIIe-XVIIIe siècle)
Les premières décennies du XVIIe siècle coïncident avec la réaction catholique de la Contre-Réforme. Les jésuites construisent de nombreux collèges et chapelles : ce sont des édifices corrects et froids, dont la façade se caractérise par la superposition des colonnes, un fronton et des consoles renversées ou ailerons raccordant l'avant-corps central aux corps latéraux. La chapelle du collège à Eu illustre très bien cette période. Le style dit « jésuite » assurera la transition entre l'art de la Renaissance et l'art baroque.

L'art classique
Les abbayes bénédictines, qui ont adopté la réforme de saint Maur, retrouvent leur rayonnement. Au début du XVIIIe siècle, les bâtiments monastiques de l'abbaye du Bec-Hellouin sont refaits par un frère architecte et sculpteur, Guillaume de la Tremblaye. Le plan traditionnel est conservé, mais l'architecture et la décoration sont empreintes de noblesse et d'austérité.

Châteaux et manoirs

L'architecture gothique (XIIe-XVe siècle)
Dans cette période de troubles s'élabore l'architecture féodale. Les ducs encouragent la construction de châteaux forts aux frontières du duché. Richard Cœur de Lion verrouille la Seine avec l'imprenable Château-Gaillard. Pour surveiller l'horizon et défier l'escalade, ces forteresses se dressent sur une position dominante. Le sombre donjon est à l'origine la seule partie habitée, mais à partir du XIVe siècle, on construit sur la cour, à l'intérieur des fortifications, un corps de

logis plus hospitalier. Le château de Dieppe et certains manoirs du Perche montrent cette évolution.

Même souci du confort et du décor dans l'architecture civile : riches marchands et bourgeois se font construire de hautes maisons à colombages, en encorbellement sur un rez-de-chaussée de pierre, que protègent des toits débordants. Poteaux d'angle, corbeaux, consoles et poutres s'animent de sujets sculptés, pleins de verve et de fantaisie. Les annexes incluaient porteries (porches monumentaux avec passage pour voitures et piétons) et granges. Les porteries principales comportaient un étage habitable et une salle de justice où se réglaient divers conflits et délits. Des distributions d'aumône s'y déroulaient.

La Renaissance (XVIe siècle)

Cardinal-archevêque et mécène de Rouen, Premier ministre du roi de France et vice-roi du Milanais, Georges Ier d'Amboise est considéré comme l'importateur des « usages et modes d'Italie » en Normandie. Pour son château de Gaillon, il fait plaquer, par des artistes italiens, une décoration italianisante sur une structure féodale. Les nouveaux motifs – arabesques, rinceaux, médaillons, coquilles, vases… – s'intègrent à l'art flamboyant avec lequel ils cohabiteront souvent.

C'est à travers l'architecture civile et privée que le style Renaissance offrira les plus belles réalisations. Le Gros-Horloge, le palais de justice et la Fierté Saint-Romain à Rouen, les châteaux de Martainville (première Renaissance), de Tilly, de Mesnières-en-Bray et d'Anet, le manoir d'Ango à Varengeville-sur-Mer et bien d'autres édifices en témoignent encore.

Dans un premier temps, on habille au goût du jour les édifices hérités de l'époque médiévale ; on y ajoute un corps de logis délicatement décoré, tandis que parcs et jardins se substituent à l'enceinte fortifiée. Tous les types de construction sont concernés, châteaux, manoirs, hôtels et maisons. Par l'intermédiaire des humanistes, l'emprise classique se précise et gagne du terrain. On cherche la justesse des proportions et la superposition des trois ordres antiques. Insensiblement, le souci de la symétrie et de la correction dessèche l'architecture : la pompe l'emporte bientôt sur la fantaisie.

Les villes normandes abritent de nombreux hôtels Renaissance, vastes demeures seigneuriales construites en pierre. La façade est toujours sobre ; il faut entrer dans la cour pour admirer l'ordonnance de l'architecture et la richesse de la décoration. L'hôtel de Bourgtheroulde à Rouen en est un bon exemple. Le décor des demeures bourgeoises s'enrichit au XVIe siècle et devient moins primesautier, mais les principes de construction des maisons à pans de bois ne sont pas modifiés. La plupart de ces vieilles demeures ont disparu au cours de la Seconde Guerre mondiale ; toutefois, des villes ou villages telles que Rouen, Honfleur, Bernay, Lyons-la-Forêt, Pont-Audemer, Verneuil-sur-Avre, etc., en conservent de fort jolies, brillamment restaurées.

En Normandie, la sève gothique survit. Elle rejaillit sous des aspects charmants, dans de petits manoirs et d'innombrables « châteaux d'herbage », qui se donnent une allure féodale avec fossés, tourelles et créneaux, adoptant soit la construction à colombages, soit un petit appareil de pierres et de briques de couleur.

L'âge classique (XVIIe-XVIIIe siècle)

Au cours de cette période, l'art français, issu d'une conception d'ensemble et non plus de techniques particulières, va imposer son « rationalisme ». De magnifiques palais épiscopaux, des hôtels de ville aux longues façades, de vastes hôtels particuliers donnent aux villes une physionomie nouvelle. Après les guerres civiles, le règne d'Henri IV marque un renouveau sur le plan artistique avec le style Louis XIII. On adopte un mode de construction plus économique en

---

L'abbaye médiévale

Le bâtiment s'organise autour d'un cloître central délimité par quatre galeries. L'on y trouve les logements des convers (moines chargés de l'entretien domestique), et surtout le réfectoire. Cette pièce fait office de lieu de prière avant les travaux journaliers. Les problèmes de la vie spirituelle ou temporelle du monastère se règlent ici. Salle de réunion des moines, la salle capitulaire, qui donne aussi sur le cloître, est un lieu de prière avant les travaux journaliers, ils y écoutent aussi la lecture d'un court fragment ou chapitre de la règle. Non loin, se trouve le scriptorium ou salle de travail, pièce réservée au travail intellectuel. Le chauffoir, seule pièce chauffée de l'abbaye, permet d'adoucir le confort spartiate des dortoirs généralement communs.

Bernay conserve de fort jolies demeures, brillamment restaurées.

... EN HAUTE-NORMANDIE

faisant une place importante à la brique. C'est une floraison de jolis châteaux aux simples façades rose et blanc, coiffés de hauts toits d'ardoise gris-bleu, comme celui de Bizy. Ces châteaux sont parfois entourés de jardins à la française comme à Beaumesnil, qui permettent d'accentuer les effets d'optique sur lesquels mise cette architecture « libre ».

Avec ses façades régulières et symétriques, l'art classique qui règne sur le Grand Siècle a besoin d'espace pour que l'œil saisisse l'unité de ses ensembles. C'est le cas des châteaux de Cany-Barville, du Champ de Bataille, de Boury-en-Vexin, du Tremblay-Omonville et d'autres bâtisses dans la région.

À l'époque classique, de jolis châteaux aux façades rose et blanc, tel celui de Cany-Barville, se construisent.

L'architecture balnéaire

Au XIXe siècle, la mode des bains de mer donne aux architectes l'occasion d'exprimer leur talent. Sobres ou exubérantes, traditionnelles ou éclectiques, les résidences de villégiature se multiplient, et des stations balnéaires fleurissent tout le long du littoral : Cabourg, Houlgate, Villers, Deauville, Trouville, Villerville, Sainte-Adresse, Étretat, Dieppe, Le Tréport, Mers-les-Bains... La majorité de ces stations se développe à partir de petits villages de pêcheurs, mais certaines sont créées de toutes pièces.

Pour la plupart, les habitations de plaisance, qui colonisent les côtes normandes dès la fin du XIXe siècle, composent une variation à partir d'un module cubique. Les plus répandues, d'allure élancée, se caractérisent par leurs façades polychromes qui s'animent de balcons, d'escaliers, de bow-windows (fenêtres en saillie) et d'élégantes balustrades, simples ou savamment ouvragées. Les toitures, en forte pente, sont quelquefois très mouvementées ; elles s'égaient souvent de lucarnes, d'épis de faîtage en faïence et de cheminées hautes et étroites. D'autres traits distinctifs se dégagent, comme l'asymétrie, la délicatesse et l'ornementation des appareils polychromes (qua-

L'architecte s'en est donné à cœur joie pour orner d'un appareil polychrome cette villa de Trouville.

VOYAGE...

drillages réguliers, croix, losanges, superposition de bandes colorées, incrustation de pavés en céramique...), la mise en valeur du pignon et le choix de la ferme (pièces de charpente assemblées dans un plan vertical, transversal à la longueur du toit) dite débordante.
Parmi les formes principales de l'architecture de villégiature, on distingue entre autres la villa classique, symétrique, couramment surmontée d'un comble brisé, à lucarnes Renaissance, hérissé d'épis de faîtage et de crêtes de toit ; le chalet, ouvert sur la nature, dont il existe de très nombreux modèles (suisse, espagnol, persan...), plus ou moins sophistiqués ; l'exubérante villa-chalet, à mi-chemin entre les deux précédents types ; la villa régionaliste, inspirée des constructions locales à pans de bois. La villa Strassburger (début du XXe siècle) à Deauville illustre une forme de compromis entre l'architecture traditionnelle normande et d'autres influences, notamment alsaciennes.

L'architecture moderne

L'ampleur des destructions causées par la Seconde Guerre mondiale, ainsi que les impératifs actuels de l'urbanisme (hygiène, confort, standardisation, économie, etc.) ont conduit à remodeler, entièrement ou partiellement, bon nombre de localités normandes, de toutes tailles, de toutes importances.
Parmi les artisans de ce renouveau se détache le nom d'Auguste Perret (1874-1954), un des maîtres du béton armé, l'architecte du quartier moderne du Havre (1945-1963). On lui doit aussi l'église Saint-Joseph, également au Havre, commencée avec Raymond Audigier et achevée en 1957 par leur adjoint Georges Brochard. Le style de Perret, à la fois simple et dépouillé, porte l'empreinte d'un (néo) classicisme mesuré. Il décline toutes les textures de béton, et la lumière est au centre de ses préoccupations urbanistiques ; la plupart de ses créations visent ainsi un ensoleillement maximal.

Au Havre, l'espace Oscar-Niemeyer est abrité par un surprenant édifice blanc, en forme de volcan.

Avec la mode des bains de mer, les résidences de villégiature se sont multipliées le long du littoral.

... EN HAUTE-NORMANDIE

D'autres réalisations plus récentes ont vu le jour, encore au Havre, comme l'espace Oscar-Niemeyer en 1982 (du nom de son concepteur brésilien, architecte de Brasilia) : deux surprenants édifices blancs, en forme de volcan, dont les courbes et l'asymétrie contrastent avec les éléments dus à Perret. Juste à côté, de la même couleur, la grande passerelle métallique suspendue au-dessus du bassin du Commerce (1972), œuvre des architectes Gillet et Du Pasquier, dynamise l'ensemble. Citons enfin, pour en terminer avec Le Havre, le nouveau bâtiment du musée des Beaux-Arts André-Malraux (1961), comparable à un paquebot de verre ancré face à la mer. Le réaménagement de la place du Vieux-Marché à Rouen, dans les années 1970, a permis la construction d'une église moderne dédiée à Jeanne d'Arc, conçue sur les plans de Louis Arretche. La toiture de cette église affecte la forme d'un bateau renversé.

Le panorama de l'architecture contemporaine en Haute-Normandie resterait incomplet sans évoquer le pont de Tancarville inauguré en 1959, le pont de Brotonne, en 1977, et, surtout, le pont de Normandie, encore plus colossal et aérien, qui relie depuis 1995 la Côte d'Albâtre à la Côte Fleurie. Cette dernière réalisation constitue sans doute l'ouvrage d'art le plus spectaculaire de la région pour la fin du XXe siècle. Conçu par Michel Virlojeux et orchestré par Bertrand Deroubaix, il se classe dans la catégorie des ponts à haubans, nettement plus avantageuse (solidité, facilité d'entretien, esthétique...) que la génération précédente des ponts suspendus (dont celui de Tancarville fait partie). Il a été harmonieusement mis en lumière (éclairage bleu et blanc) par Yann Kersalé, à qui l'on doit, entre autres, l'illumination des Champs-Élysées à Paris et celle de l'Opéra de Lyon.

Le pont de Normandie constitue sans doute l'ouvrage d'art le plus spectaculaire de la région pour la fin du XXe siècle.

Les colombiers

■ **Plantés au bord des routes du pays de Caux, ces formes pointues intriguent le voyageur depuis l'Antiquité... C'est en s'arrêtant au pied de ces édifices que l'on admirera toute la finesse et leur diversité, reflets prestigieux du pouvoir seigneurial au Moyen Âge.**

Colombier, colombophilie

Le terme colombier est l'ancien nom pour désigner le pigeonnier (le mot « pigeonnier » ne s'utilise que depuis le XVIIe siècle) et s'applique à l'habitation des pigeons domestiques. L'art d'élever ou d'employer des pigeons voyageurs s'appelle la colombophilie. Le colombin, ou « gorge-de-pigeon », désigne une couleur, dont la nuance se situe entre le rouge et le violet. Quant à la colombine, n'en déplaise à Arlequin, il s'agit de la fiente du pigeon, engrais naturel très riche en azote et en acide phosphorique... un fumier de luxe !

Le droit de colombier

Figure familière de la campagne normande et notamment du pays de Caux, le colombier remonte à l'époque romaine. Aucune loi ne le réglementait alors. Ce n'est qu'au Moyen Âge qu'une législation vit le jour. En Normandie, la possession d'un « colombier à pied » était l'apanage d'un propriétaire de fief. Le raffinement et la richesse de l'architecture des colombiers

Le colombier reste une figure familière de la campagne normande.

exprimant d'ailleurs le statut de leurs anciens possesseurs. Le nombre de pigeons n'était pas limité et les chasser était interdit. Le seigneur se régalait souvent de leur chair. La Révolution abolit le droit de colombier.

Un colombier, à quoi ça ressemble ?

Le colombier peut être carré, polygonal ou, plus couramment, circulaire. La porte, souvent rectangulaire, se situe au ras du sol ; elle est parfois arrondie vers le haut ; dans la plupart des cas, elle est surmontée des armoiries du propriétaire.

À mi-hauteur, un cordon de pierre en saillie, le larmier, ceinture l'édifice. Il est destiné à décourager les rongeurs et à écarter l'eau ruisselante du bas des murs. Les pigeons peuvent s'envoler librement du colombier – sauf au moment des semailles ou des moissons – par des lucarnes ou lanternons aménagés en hauteur autour de l'ouvrage. La corniche assure la transition avec le toit. Celui-ci, conique sur les colombiers circulaires, à pans sur les colombiers carrés ou polygonaux, est souvent revêtu d'ardoises. Au sommet, l'épi de faîtage en plomb ou en céramique représente fréquemment un pigeon, parfois une girouette. À l'intérieur, les parois sont couvertes d'alvéoles ou boulins, niches superposées régulièrement dans le mur du colombier et qui servent de nids aux pigeons. Chaque couple a son boulin, dont le nombre varie suivant la richesse du propriétaire. Ces nids mesurent souvent 25 cm de diamètre pour que le couple d'oiseaux tienne à l'aise avec deux petits. Deux à six fois par an, les pigeons pondent deux œufs, rarement trois. Le blanc étant la couleur préférée des pigeons, murs et boulins sont enduits de lait de chaux. Une ou plusieurs échelles tournantes fixées à des bras, eux-mêmes rattachés à une poutre verticale centrale qui pivote sur une pierre dure (ou foire), permettent d'accéder aux boulins pour nettoyer les nids. La charpente du toit est souvent splendide.

Types de colombiers

Le colombier entièrement réservé aux pigeons est appelé colombier à pied ; les boulins occupent ici toute la hauteur des parois internes. Le colombier dont l'étage est réservé aux pigeons et le niveau inférieur utilisé comme poulailler, remise, bergerie, etc., est dit colombier bifonctionnel ou d'étage. Un plancher sépare alors les deux parties et l'accès à l'étage se fait au moyen d'une échelle mobile, par une porte située à l'extérieur, à hauteur du larmier. On distingue différentes sortes de colombiers dits classiques. Parmi eux, le colombier en brique et pierre est un type très répandu, au contraire du colombier en pierre de taille. Au nord et au nord-est du Havre, le colombier en silex noir et pierre blanche tire toute son élégance du contraste des matériaux. On trouve aussi des colombiers en brique, silex noir et pierre de taille (la brique, qui fait son apparition au XVIIe siècle, tend à remplacer le silex noir). Parmi les colombiers dits secondaires : le colombier en silex clair, matériau dont la couleur rappelle la pierre de taille, le colombier en silex et pierre, et le colombier en silex, brique et grès, comme celui du manoir d'Ango à Varengeville, véritable marqueterie de pierres blanches ou grises et de briques rouges ou noires. La fuie, terme abusivement employé pour « colombier », est une sorte de petit colombier construit sur un pilier de bois ou sur une maçonnerie.

Le type de colombier le plus courant est le circulaire, tel celui d'Offranville.

Cette marqueterie de pierres blanches et de briques rouges compose le colombier du manoir d'Ango, à Varengeville.

... EN HAUTE-NORMANDIE

Le raffinement de l'architecture des colombiers exprimait autrefois le statut de leurs possesseurs.

VOYAGE...

ABC d'architecture

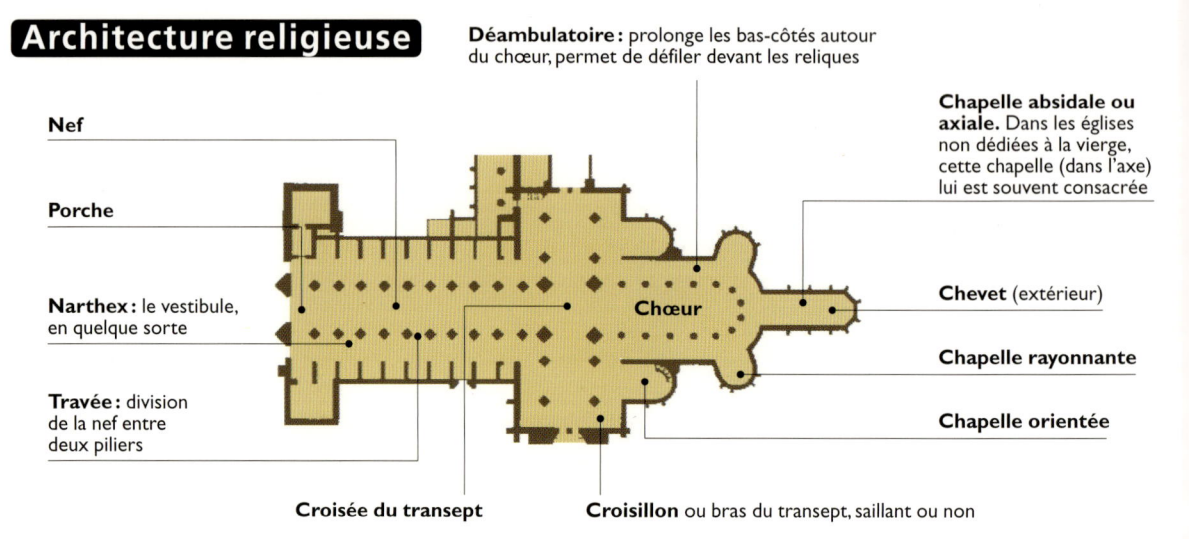

Architecture religieuse

Déambulatoire : prolonge les bas-côtés autour du chœur, permet de défiler devant les reliques

Nef

Porche

Narthex : le vestibule, en quelque sorte

Travée : division de la nef entre deux piliers

Chapelle absidale ou axiale. Dans les églises non dédiées à la vierge, cette chapelle (dans l'axe) lui est souvent consacrée

Chœur

Chevet (extérieur)

Chapelle rayonnante

Chapelle orientée

Croisée du transept

Croisillon ou bras du transept, saillant ou non

ROUEN – Plan de la cathédrale Notre-Dame (XIIe au XVe siècle)

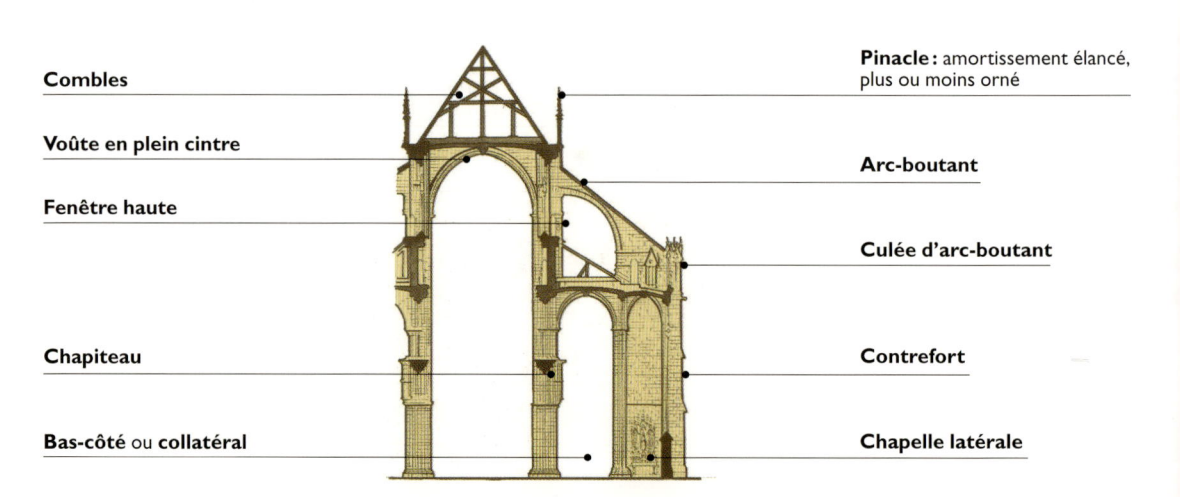

Combles

Voûte en plein cintre

Fenêtre haute

Chapiteau

Bas-côté ou **collatéral**

Pinacle : amortissement élancé, plus ou moins orné

Arc-boutant

Culée d'arc-boutant

Contrefort

Chapelle latérale

ROUEN – Coupe transversale de la cathédrale Notre-Dame (XIIe au XVe siècle)

Clef de voûte

Voûtain ou **quartier**

Lierne : nervure auxiliaire d'une voûte d'ogive

Tierceron : division d'une lierne

Retombée pendante, caractéristique du gothique tardif

CAUDEBEC-EN-CAUX – Voûtes de la chapelle de la Vierge dans l'église Notre-Dame (XIVe siècle)

... EN HAUTE-NORMANDIE

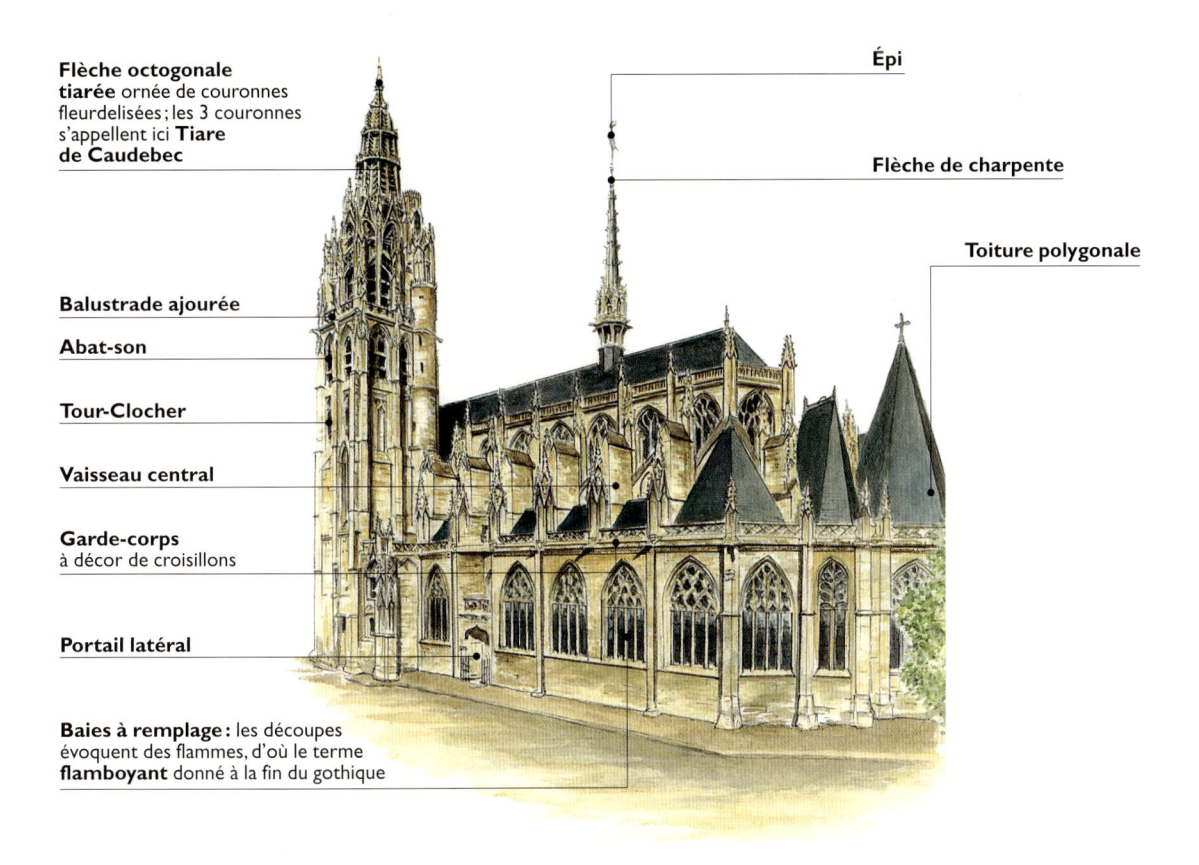

41

Flèche octogonale tiarée ornée de couronnes fleurdelisées ; les 3 couronnes s'appellent ici **Tiare de Caudebec**

Épi

Flèche de charpente

Toiture polygonale

Balustrade ajourée

Abat-son

Tour-Clocher

Vaisseau central

Garde-corps à décor de croisillons

Portail latéral

Baies à remplage : les découpes évoquent des flammes, d'où le terme **flamboyant** donné à la fin du gothique

CAUDEBEC-EN-CAUX – Église Notre-Dame (XIVᵉ siècle)

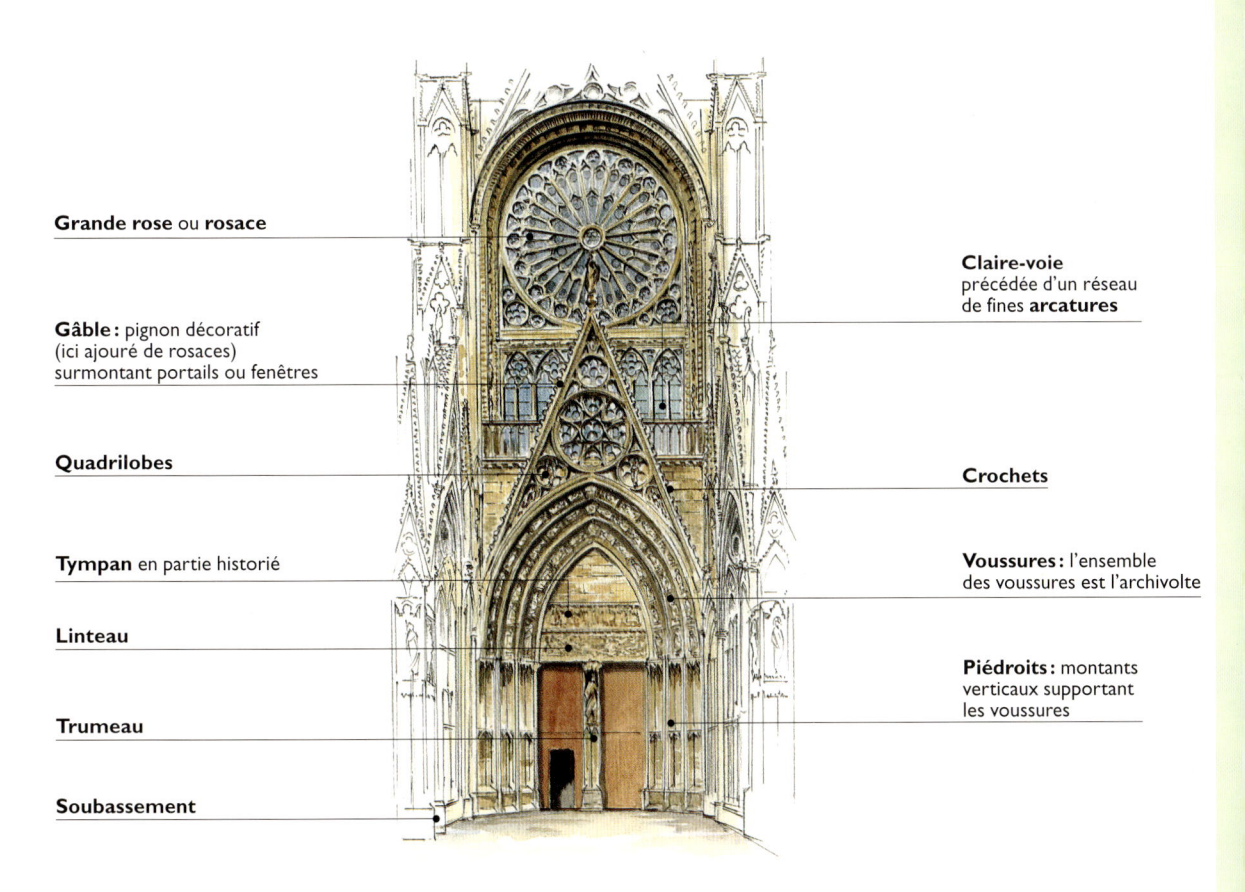

Grande rose ou **rosace**

Claire-voie précédée d'un réseau de fines **arcatures**

Gâble : pignon décoratif (ici ajouré de rosaces) surmontant portails ou fenêtres

Quadrilobes

Crochets

Tympan en partie historié

Voussures : l'ensemble des voussures est l'archivolte

Linteau

Piédroits : montants verticaux supportant les voussures

Trumeau

Soubassement

ROUEN – Portail des Libraires, cathédrale Notre-Dame (1482)

VOYAGE...

Architecture religieuse (suite)

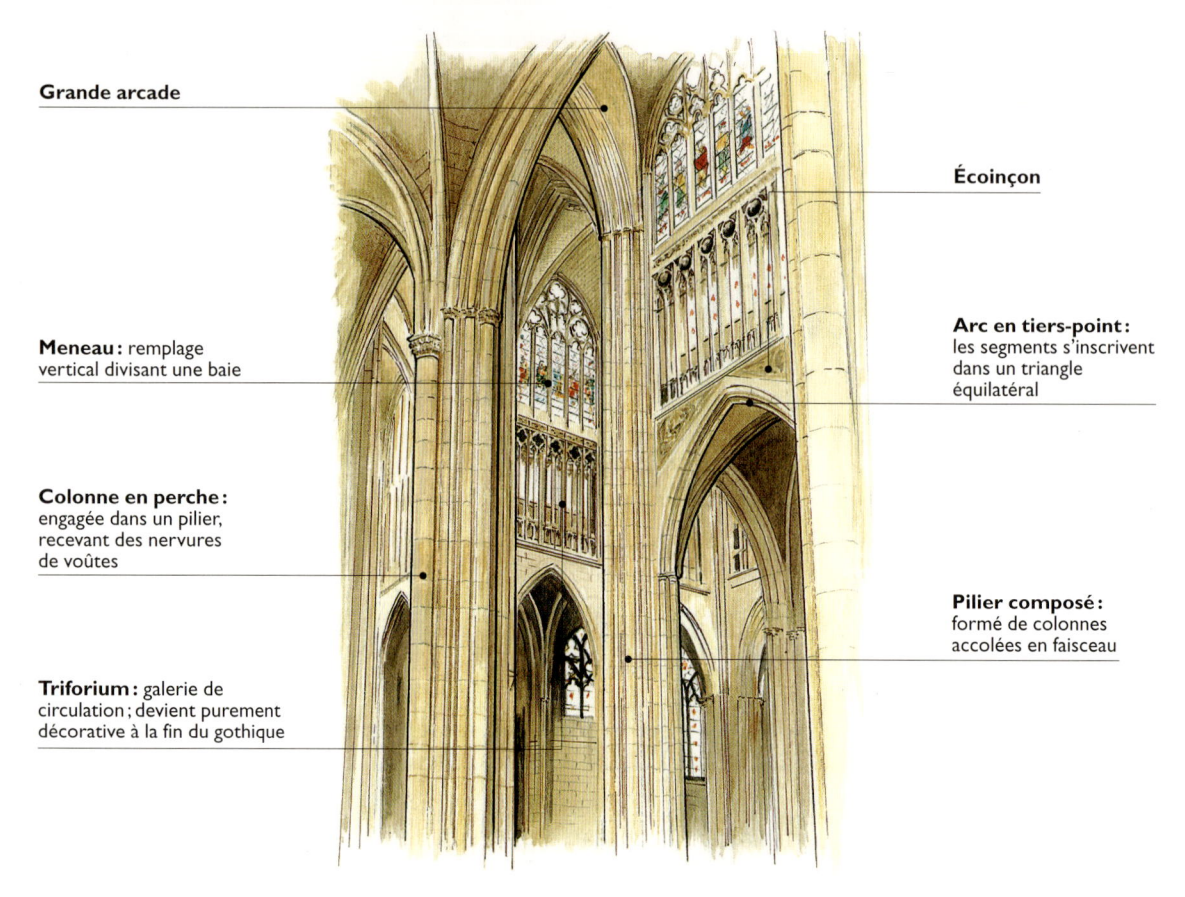

Grande arcade

Écoinçon

Meneau : remplage vertical divisant une baie

Arc en tiers-point : les segments s'inscrivent dans un triangle équilatéral

Colonne en perche : engagée dans un pilier, recevant des nervures de voûtes

Pilier composé : formé de colonnes accolées en faisceau

Triforium : galerie de circulation ; devient purement décorative à la fin du gothique

ROUEN – Chœur et croisée du transept de l'abbatiale Saint-Ouen (XIVe siècle)

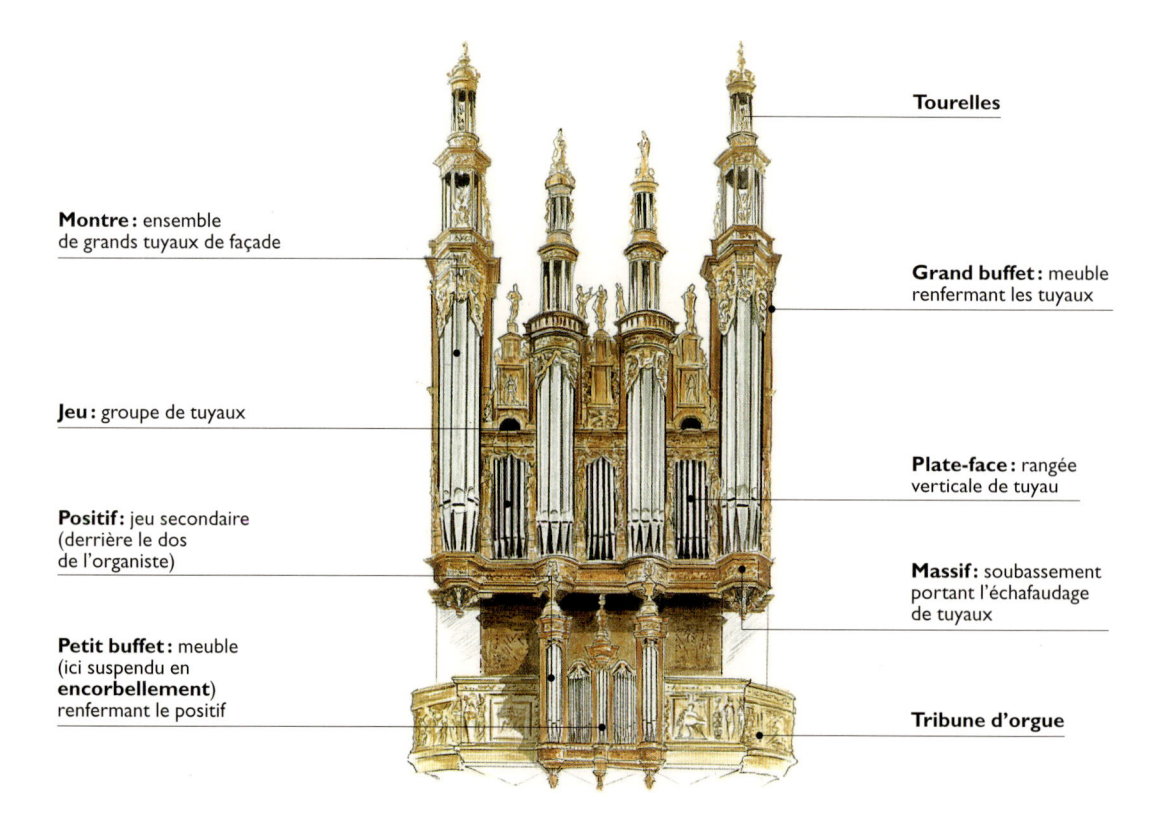

Tourelles

Montre : ensemble de grands tuyaux de façade

Grand buffet : meuble renfermant les tuyaux

Jeu : groupe de tuyaux

Plate-face : rangée verticale de tuyau

Positif : jeu secondaire (derrière le dos de l'organiste)

Massif : soubassement portant l'échafaudage de tuyaux

Petit buffet : meuble (ici suspendu en **encorbellement**) renfermant le positif

Tribune d'orgue

CAUDEBEC-EN-CAUX – Grandes orgues de l'église Notre-Dame (1541-1542)

... EN HAUTE-NORMANDIE

Plomb : sertit et maintient entre elles les plaques de verre

Barlotières : fixées dans la maçonnerie des fenêtres, elles soutiennent chaque panneau du vitrail

Filet ou **liseré :** bordure de verre qui entoure souvent le vitrail

Feuillard : bande de fer maintenant les panneaux sur les barlotières

Jaune d'argent : peinture à base de sulfure d'argent et de terre ocre ; donne un très beau jaune après cuisson

Grisaille : peinture à base d'oxyde de fer ; donne du noir ou du gris, selon la densité après cuisson

ÉVREUX – Cathédrale Notre-Dame, vitrail (début du XIVe siècle)
« Les vitraux du chœur d'Évreux sont les plus beaux du XIVe siècle. Ils sont d'une limpidité délicieuse :
ce ne sont qu'ors légers, bleus aériens, rouges transparents, blancs argentins…
ils s'harmonisent avec le chœur lumineux, largement éclairé de blanc », affirmait Émile Mâle.

Accoudoir

Jouée : cloison fermant la rangée des stalles

Parclose : cloison séparant 2 stalles

Miséricorde : petite console pour prendre appui une fois le siège relevé (*per misericordiam*, par compassion)

ÉCOUIS – Stalles du chœur de la collégiale Notre-Dame, vitrail (XIVe siècle)
Les stalles sont souvent sculptées (XVe siècle et XVIe siècle) de petites scènes grotesques et familières, les drôleries.

VOYAGE...

Architecture rurale

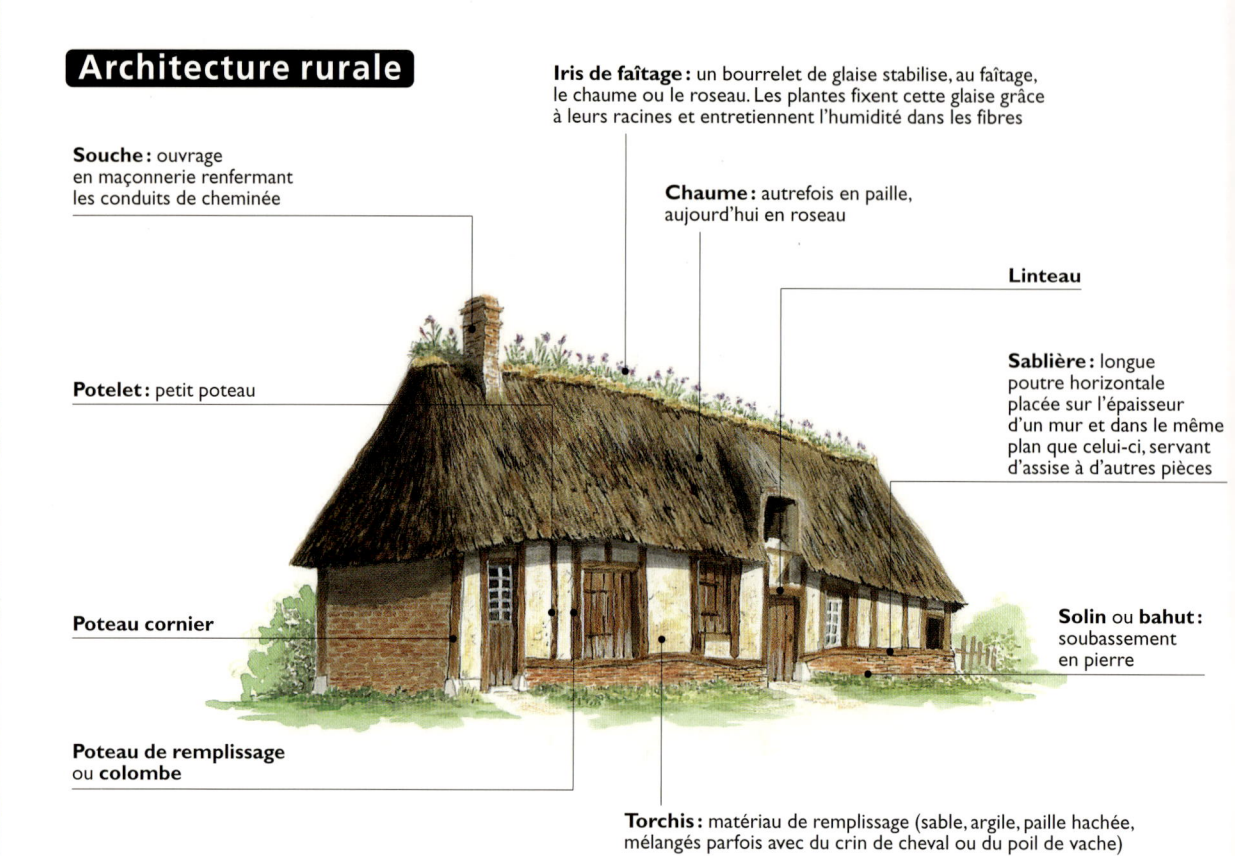

Souche : ouvrage en maçonnerie renfermant les conduits de cheminée

Iris de faîtage : un bourrelet de glaise stabilise, au faîtage, le chaume ou le roseau. Les plantes fixent cette glaise grâce à leurs racines et entretiennent l'humidité dans les fibres

Chaume : autrefois en paille, aujourd'hui en roseau

Linteau

Sablière : longue poutre horizontale placée sur l'épaisseur d'un mur et dans le même plan que celui-ci, servant d'assise à d'autres pièces

Potelet : petit poteau

Poteau cornier

Solin ou bahut : soubassement en pierre

Poteau de remplissage ou colombe

Torchis : matériau de remplissage (sable, argile, paille hachée, mélangés parfois avec du crin de cheval ou du poil de vache)

Chaumière du pays de LYONS-LA-FÔRET

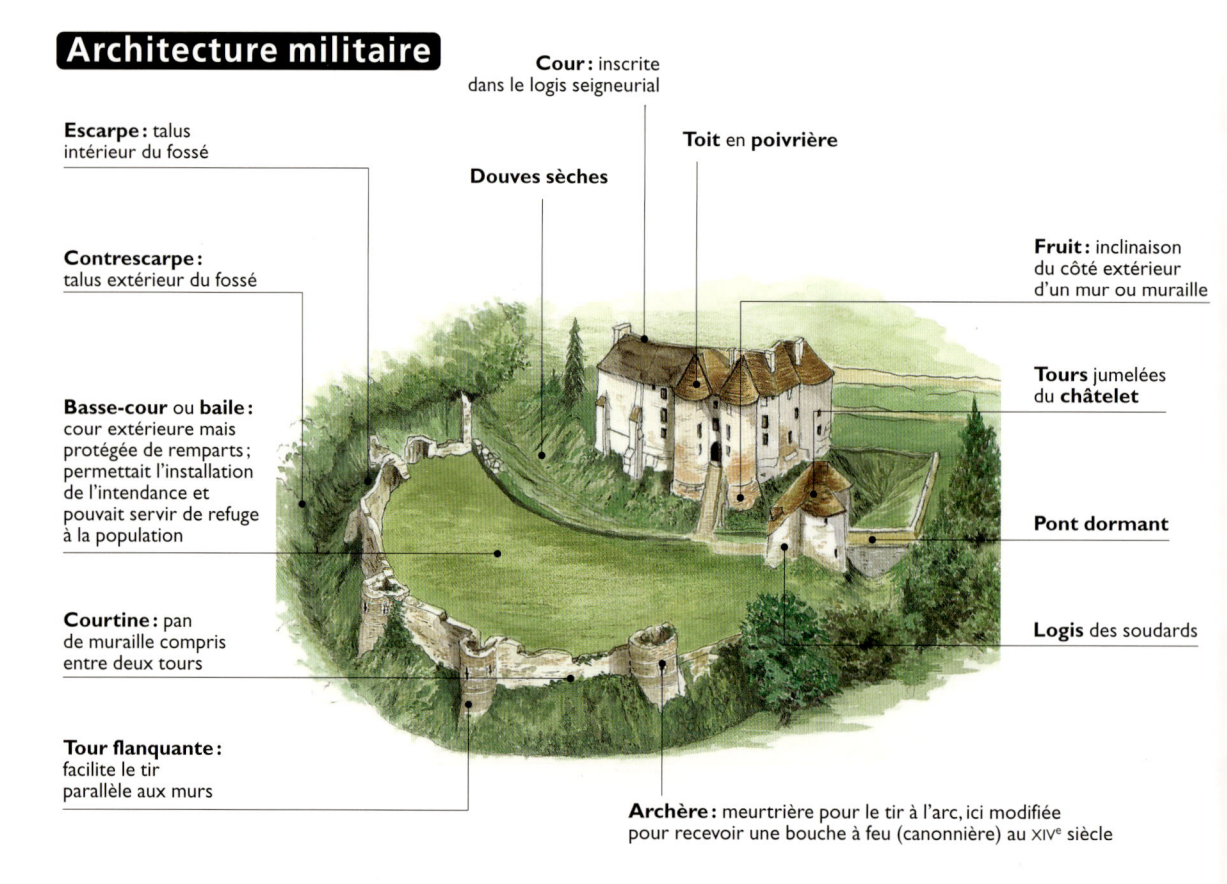

Architecture militaire

Escarpe : talus intérieur du fossé

Cour : inscrite dans le logis seigneurial

Toit en poivrière

Douves sèches

Contrescarpe : talus extérieur du fossé

Fruit : inclinaison du côté extérieur d'un mur ou muraille

Basse-cour ou baile : cour extérieure mais protégée de remparts ; permettait l'installation de l'intendance et pouvait servir de refuge à la population

Tours jumelées du châtelet

Pont dormant

Logis des soudards

Courtine : pan de muraille compris entre deux tours

Tour flanquante : facilite le tir parallèle aux murs

Archère : meurtrière pour le tir à l'arc, ici modifiée pour recevoir une bouche à feu (canonnière) au XIVe siècle

Château d'HARCOURT (XIIIe siècle)
Le château d'Harcourt résume l'art de construire une forteresse au Moyen Âge.

... EN HAUTE-NORMANDIE

Architecture balnéaire

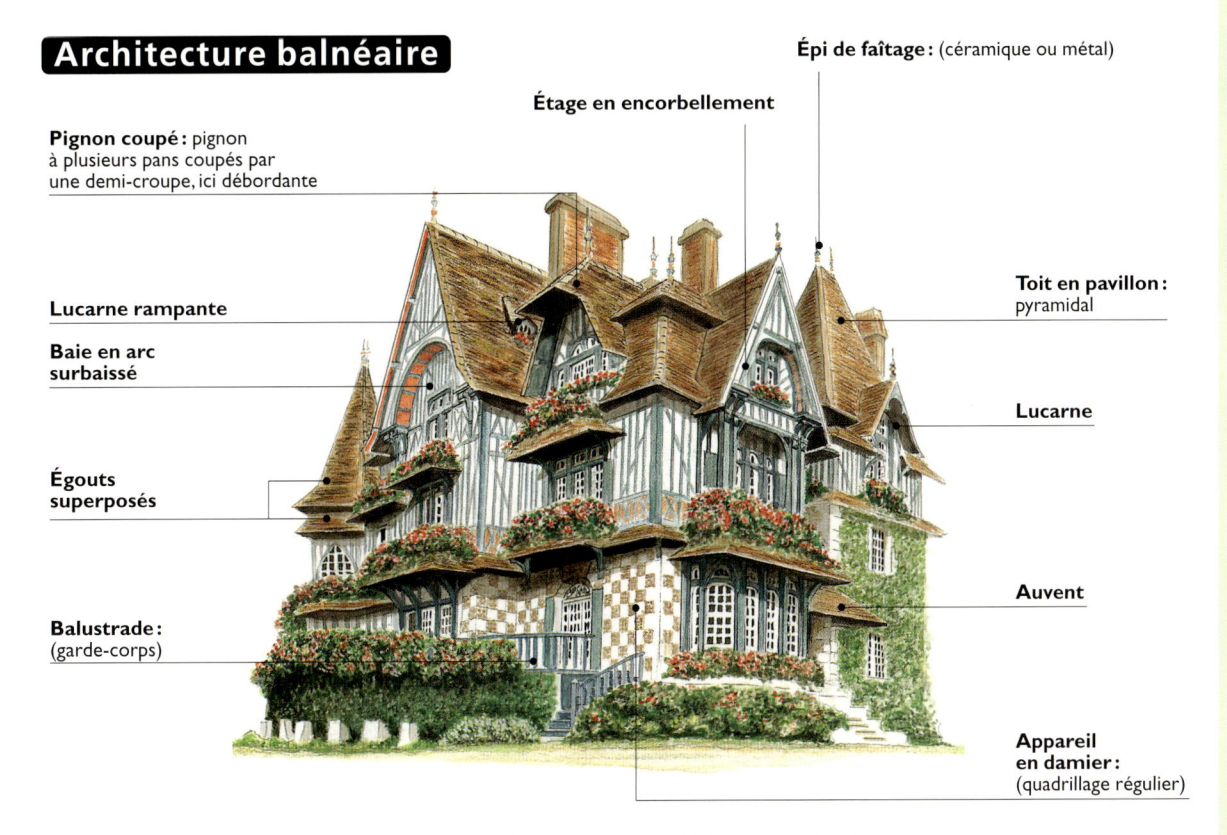

Pignon coupé : pignon à plusieurs pans coupés par une demi-croupe, ici débordante

Étage en encorbellement

Épi de faîtage : (céramique ou métal)

Lucarne rampante

Baie en arc surbaissé

Toit en pavillon : pyramidal

Lucarne

Égouts superposés

Auvent

Balustrade : (garde-corps)

Appareil en damier : (quadrillage régulier)

DEAUVILLE – Villa Strassburger (début XXᵉ siècle)
Pastiche de l'architecture traditionnelle à colombage : aux influences proprement normandes s'ajoutent celles de l'Alsace, d'autres régions de France et quelques excentricités nées de l'imagination de l'architecte G. Pichereau. Jeux des toitures asymétriques, multiplication des lucarnes, fermes débordantes.

Génie civil

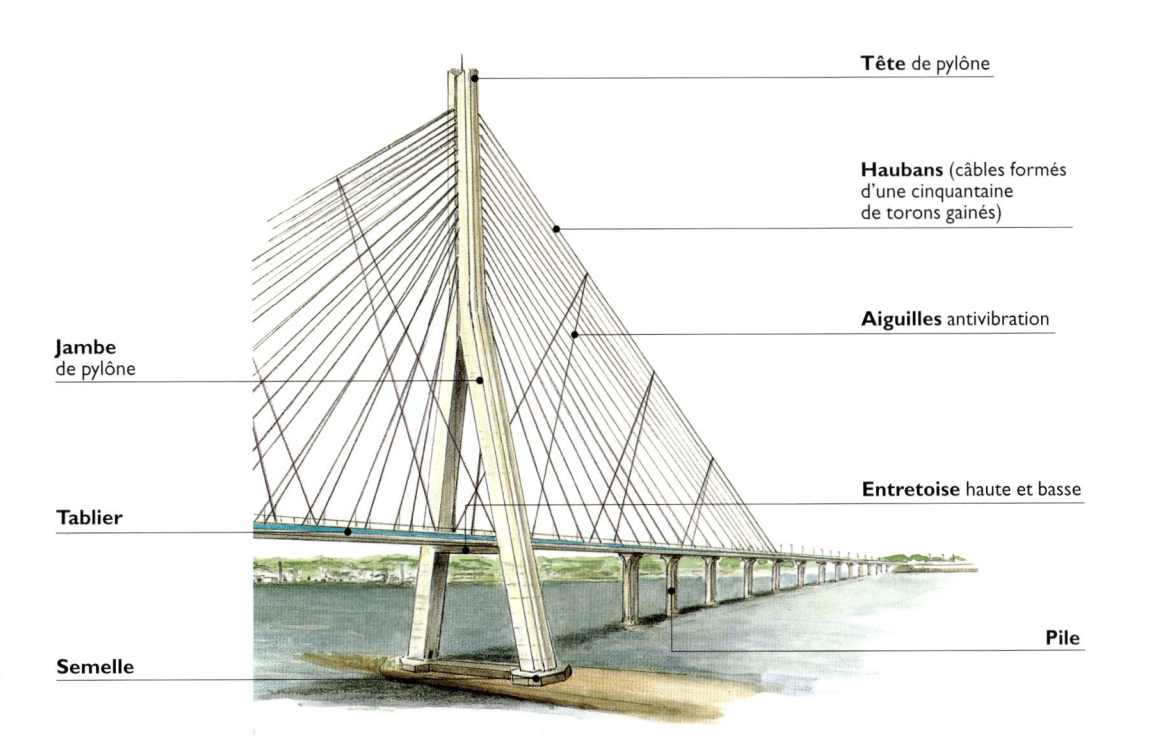

Tête de pylône

Haubans (câbles formés d'une cinquantaine de torons gainés)

Jambe de pylône

Aiguilles antivibration

Tablier

Entretoise haute et basse

Pile

Semelle

Le pont de NORMANDIE (1988-1994)

VOYAGE...

Les arts décoratifs

■ Qui n'a pas le souvenir d'une vieille et robuste armoire normande qui siégeait dans la chambre d'un aïeul. De la faïence rouennaise à la terre cuite du Pré-d'Auge, en passant par les éternels meubles normands, l'artisanat régional puise son authenticité dans les ressources d'une terre ancestrale.

La céramique et la faïence

Vers 1550, Masséot Abaquesne, premier faïencier français connu, fabrique à Rouen des pavés décoratifs très appréciés. Son art avait été introduit à la cour de François Ier par des Italiens. À la même époque, les ateliers du Pré-d'Auge et de Manerbe (près de Lisieux) fabriquent, en plus des pavés vernissés, de la « vaisselle de terre plus belle qu'ailleurs ».

Le terme céramique concerne tous les aspects de la terre cuite, alors que la faïence est une céramique faite d'une argile composée, recouverte d'un émail à base d'étain. La faïence blanche peut recevoir un décor peint. Plus récente en France (XVIIIe siècle), la porcelaine est un autre produit céramique contenant du kaolin, à pâte fine, translucide et vitrifié, couvert d'une glaçure incolore.

Deux sortes de terre composaient la faïence de Rouen : un tiers de terre de Saint-Aubin (plateau de Boos), grasse, rouge vif, et deux tiers de terre des Quatre-Mares (entre Sotteville et Saint-Étienne-du-Rouvray), terre d'alluvions, légère et sablonneuse. Elles étaient mélangées, pilées, lavées, séchées, moulues, tamisées et déposées dans des bassins de décantation afin d'être clarifiées. Une fois devenu assez consistant, le mélange était transporté dans des greniers près d'un four pour achever l'évaporation. Dans les mûrissoirs, on piétinait le mélange pour extraire les gaz de fermentation et mêler le sable nécessaire à la composition de la terre céramique. Puis venaient le façonnage (tournage, moulage), l'application de l'émail et des couleurs et la cuisson.

En 1644, la faïence de Rouen entre dans l'histoire avec son décor bleu sur blanc ou blanc sur bleu. À la fin du siècle, la production s'intensifie et, pour remplacer la vaisselle plate (d'or ou d'argent) sacrifiée et fondue au profit du Trésor, toute la Cour, écrit Saint-Simon, « se met en huit jours en faïence ». Dans le style dit « rayonnant », le décor rappelle le travail des ferronniers et brodeurs si réputés de la ville.

Le rouge apparaît sur le « vieux Rouen » à la fin du XVIIe siècle et la mode sera au décor bleu et rouge jusqu'au milieu du XVIIIe siècle. La vogue des « chinoiseries » s'impose parallèlement puis, vers 1750, le style rocaille avec son décor « au carquois » et le fameux « Rouen à la corne » où fleurs, oiseaux, insectes s'échappent d'une corne d'abondance. C'est le grand siècle des faïenceries rouennaises (surtout rive gauche), mais la concurrence de la porcelaine et le traité de Commerce de 1786, autorisant l'entrée en France des faïences anglaises, provoquent bientôt la ruine de cette industrie. Les objets en terre cuite émaillée du Pré-d'Auge se caractérisent le plus souvent par une glaçure verte ou jaune, teinte obtenue en utilisant des oxydes colorants. On peut classer ces poteries vernissées selon leur destination : utilitaire (pots, pichets, assiettes, braseros, chaufferettes, repassoirs à braises...), architecturale ou symbolique (croix de cimetières, pavés, épis de faîtage et autres productions décoratives). Le pays de Bray, dont le nom

L'industrie de la faïence a longtemps connu la prospérité à Rouen.

Un décor bleu sur blanc caractérise la faïence de Rouen du XVIIe siècle.

... EN HAUTE-NORMANDIE

signifierait « boue » en celte, perpétue aussi une tradition de la poterie et de la faïence. Forges-les-Eaux a produit jusqu'à la fin du XIXe siècle des pièces très recherchées. On distingue, parmi le « vieux Forges », des faïences épaisses, les « culs noirs » ou « culs bruns », et de la vaisselle blanche aux motifs simples et élégants, où dominent des associations de vert et bleu. L'industrie de la faïence est introduite dans cette ville en 1797 par un Anglais, Georges Wood.

Le verre

L'activité est attestée en Normandie dès le Moyen Âge (XVe siècle). Dans la vallée de la Bresle, à la frontière avec ce qui n'est pas encore le département de la Somme, les maîtres verriers fabriquent des fenêtres pour les riches demeures et de la verroterie pour les usages courants. Le site fournit du bois de chauffe pour les fours et des fougères dont les cendres composent la potasse nécessaire à la fusion du sable. Tenants d'un savoir-faire élaboré, les verriers sont annoblis grâce à leur art et vivent parfois dans de véritables petits châteaux. Jusqu'au XVIIIe siècle, la vallée de la Bresle voit l'activité verrière poursuivre son développement. L'avènement de l'ère industrielle au XIXe siècle scelle son destin, la plus grande part de la production de la vallée se convertit au flaconnage pour la parfumerie et la cosmétique. Dans les années 1930, les machines font leur apparition, les verreries traditionnelles disparaissent, le souffle de l'homme est remplacé par l'air comprimé de la machine. L'automatisation est achevée dans la décennie 1950. Les Verreries de la Bresle sont les premières à fabriquer des flacons de haute parfumerie de façon entièrement automatique. Aujourd'hui, le pôle verrier de la Bresle conserve toute sa compétitivité, 80 % de la production mondiale des flacons de parfums de luxe en est issu. La structure rassemble encore des savoir-faire et des métiers uniques : maquettistes, modeleurs, moulistes, verriers, paracheveurs.

L'activité des maîtres verriers est attestée en Normandie dès le Moyen Âge (XVe siècle).

Les meubles normands

Buffet normand, horloge ou armoire normandes... Qui ne connaît, au moins de réputation, ces trois éléments majeurs du mobilier traditionnel ? Leur taille imposante, leur robustesse – le chêne est le matériau privilégié – et leur élégance en font des objets très prisés. L'armoire apparaît en Normandie dès le XIIIe siècle, remplaçant le coffre à habits médiéval. Le buffet existe déjà au début du XVIIe siècle, tandis que l'horloge se répand au XVIIIe siècle. C'est l'âge d'or du mobilier normand : buffet ou vaisselier aux belles proportions, délicatement ouvragés ; haute horloge à balancier, au cadran de bronze doré finement ciselé, de cuivre, d'étain ou d'émail, parfois rétrécie en son milieu (dans le pays de Caen) et alors appelée « demoiselle », mais le meuble roi des intérieurs normands demeure l'armoire.

Un meuble de tradition : l'armoire

Chêne massif, jolies ferrures, médaillons, corniche sculptée d'oiseaux, d'épis de blé, de paniers de fleurs, de chutes de fruits, de carquois de Cupidon... Rien n'est trop beau pour une armoire normande. Parmi les motifs Louis XVI, récurrents, des corniches, figuraient le couple ou le nid de colombes et les bouquets de roses, symboles d'amour.
Élément majeur du mobilier, l'armoire constituait en effet la « corbeille » de noces de la jeune mariée, contenant son trousseau. À chaque naissance d'une fille, la tradition voulait que son père abatte un chêne. L'arbre était laissé sur place un an ou deux, le temps de détanner, puis on l'abritait pour qu'il sèche avant de le transformer en armoire dotale en vue du mariage. Cette tâche était souvent confiée

Médaillons, chêne massif... rien n'est trop beau pour une armoire normande !

VOYAGE...

à un artisan, sédentaire ou itinérant. Ces sculpteurs possédaient leurs propres gabarits, poncifs et modèles de décors qu'ils présentaient à leurs clients, à la manière d'échantillons. Ils aménageaient parfois de petites variantes pour personnaliser la commande. Quelques jours avant le mariage se déroulait un étrange cérémonial : le transport du meuble chez les futurs époux, acheminé ostensiblement sur une charrette enrubannée. Le promis offrait une bonnetière assortie à l'armoire, et les époux pouvaient s'installer en ménage...

La peinture

■ Bien qu'elle ait vu naître très tôt des artistes exceptionnels, la région n'acquit ses lettres de noblesse auprès des peintres qu'au XIXe siècle, grâce aux impressionnistes. Depuis cette époque, son prestige, ses paysages, et la lumière si particulière qui en émane, font de la Normandie une place forte de la peinture.

Les précurseurs des XVIIe et XVIIIe siècles

Quelques peintres locaux marquent l'âge classique et sa transition avec le baroque, mais leurs origines normandes transparaissent fort peu dans leurs œuvres, le plus souvent inspirées de scènes bibliques, mythologiques ou historiques. L'Andelysien Nicolas Poussin (1694-1665) travaille quarante ans à Rome et devient l'un des chefs de file de l'école italienne. Ses dernières toiles, où la nature prend le dessus sur la représentation humaine, annoncent le travail des paysagistes. Les Rouennais Jean Jouvenet (1664-1717) et Jean Restout (1692-1768) perpétuent l'esprit baroque romain dans la grande peinture religieuse, avec des influences du Nord. Un peu plus tard, le fougueux Théodore Géricault (1791-1824), peintre néoclassique passionné par les chevaux, lui aussi natif de Rouen, ouvre la voie du romantisme. Ces quatre maîtres sont bien représentés au musée des Beaux-Arts de Rouen.

Un XIXe siècle foisonnant

À cette époque, la peinture passe au premier plan de l'art français et connaît une émancipation rapide. Ce siècle marque la victoire du paysage sur les sujets historiques ou la scène de genre. L'art académique, solennel et conventionnel – ce que l'on appelle le « style pompier » (à cause des personnages casqués de certaines compositions) – est remis en question par une série d'artistes privilégiant une vision plus authentique, oscillant entre réalisme et naturalisme. Dans certaines sphères, on cesse de plagier l'art antique, et l'on quitte l'espace clos des ateliers pour aller s'exercer sur le motif. La Normandie va bientôt devenir le rendez-vous des peintres en plein air et le berceau de l'impressionnisme.

Plein air, mer, plage !
Au début du XIXe siècle, quand les romantiques découvrent la Normandie, quelques paysagistes amoureux de la mer travaillent déjà sur la côte encore déserte. C'est le cas d'Eugène Isabey (1804-1886), qui popularise en France un genre neuf : la « marine », dont les pionniers sont des peintres hollandais et anglais des XVIIe et XVIIIe siècles. Inspiré par la force sauvage et inquiétante de la nature, le paysagiste lyrique P. Huet (1803-1869) débarque à Honfleur en 1820, où il brosse

« Autoportrait » de Nicolas Poussin, natif des Andelys ; Paris, musée du Louvre.

Eugène Isabey popularisa la marine au XIXe siècle. « Après la tempête », Saint-Pétersbourg, musée de l'Hermitage.

... EN HAUTE-NORMANDIE

*« La Plage de Trouville »,
par Eugène Boudin ;
Paris, musée d'Orsay.*

notamment le phénomène des grandes marées d'équinoxe. Il est rejoint l'année suivante par l'Anglais R. P. Bonington (1801-1828), qui traduit dans ses aquarelles la fraîcheur humide des plages. D'autres leur emboîtent le pas, de Trouville à Dieppe. Ils oscillent entre romantisme et réalisme, tels C. Corot (1796-1877) ou C. Daubigny (1817-1878), rattachés à l'école de Barbizon, ou évoluent du réalisme vers le naturalisme, comme G. Courbet (1819-1877).
Tous ces maîtres ont voulu voir Honfleur, la lumière de l'estuaire, les falaises cauchoises, l'aiguille d'Étretat... Et tous annoncent l'impressionnisme : leurs sujets sont des paysages exécutés en plein air ou des scènes de la vie quotidienne ; leur touche, libre et juxtaposée, non plus lisse et régulière, traduit une vision réelle, moins idéalisée.

Le « roi des ciels » sur la Côte de Grâce

Dans la seconde moitié du XIXe siècle – la mode est alors aux bains de mer –, les artistes posent leurs chevalets aussi bien sur la Côte Fleurie que la Côte d'Albâtre. De grandes avancées sont notamment accomplies autour de la Côte de Grâce, où le Honfleurais E. Boudin (1824-1898) se met à peindre dès les années 1840 (sur les conseils de Millet, un autre peintre normand). La petite librairie-papeterie qu'il tient au Havre lui servira de premier lieu d'exposition.
Sacré « roi des ciels » par Baudelaire, Boudin encourage à son tour un jeune Havrais de 15 ans, C. Monet (1840-1926), à délaisser la caricature pour les joies de la peinture en plein air. L'été, il incite aussi d'autres camarades, dont L.-A. Dubourg, J.-B. Jongkind, A.-F. Cals, C. Troyon... à prendre pension à la « ferme de Saint-Siméon » chez « la mère Toutain ».

*« La Falaise d'Étretat après l'orage »,
par Gustave Courbet, 1870 ;
Paris, musée d'Orsay.*

Les impressionnistes

Les plus jeunes dépasseront leurs aînés dans leur quête de la luminosité picturale. Ils veulent exprimer la vibration de la lumière des

VOYAGE…

brumes, le frémissement des reflets et des nuances, la profondeur du ciel et l'adoucissement, la décoloration même des teintes sous l'éclat du soleil.

Méprisés par l'Institut qui régente alors les milieux académiques, invariablement refusés au Salon – seule possibilité alors pour se faire connaître –, ces peintres, Monet, Sisley, Bazille, et leurs amis parisiens, Renoir, Pissarro, Cézanne, Guillaumin notamment, vont former un cercle d'artistes « indépendants », organisés en société anonyme, d'abord connu sous le nom de groupe des « intransigeants » ou des « révoltés ».

De 1862 à 1869, ces artistes restent fidèles à la côte normande et à l'estuaire de la Seine.

Lors de l'occupation allemande (1870-1871), ils se réfugient en Angleterre, où les œuvres des paysagistes anglais, tels que Constable ou Turner, suscitent leur enthousiasme et leur apportent de riches enseignements, surtout dans la façon de traiter la lumière. Après la guerre franco-allemande, les impressionnistes ne reviennent qu'occasionnellement dans la région.

Toutefois, c'est aux confins de la Normandie, à Giverny, que Monet s'installe en 1883, où il peint surtout dans son magnifique jardin. Il y exécute, entre autres, ses fameuses séries des meules de foin et ses *Nymphéas*.

En 1883-1884, Pissarro travaille à Rouen, puis se fixe près de Gisors. De 1878 à 1885, Renoir est un hôte régulier de Wargemont, aux alentours de Dieppe, où il portraiture les Bérard. Au début des années 1890, Monet réalise à Rouen une série consacrée à la façade de la cathédrale, qu'il immortalise à différentes heures du jour.

Les descendants (fin XIXe-début XXe siècle)

L'afflux incessant d'artistes contribue à faire de la région l'un des berceaux du pointillisme, ou divisionnisme. Né de l'impressionnisme, il divise les teintes en petites touches de couleur pure pour donner une plus grande impression de luminosité, en application du principe de la division de la lumière blanche en sept couleurs fondamentales. Seurat (1859-1891) et Signac (1863-1935), pionniers de la méthode, vont en Normandie étudier des paysages ; leur technique séduira également Pissarro. Tout aussi brillamment illustré entre Dieppe et Deauville, le fauvisme, où la primauté va à la couleur sous sa forme la plus éclatante, marquera le début du XXe siècle.

Au-dehors de ces grands courants, pour cette période, épinglons en vrac Vallotton (1865-1925), suisse d'origine, lié aux nabis ; Gernez (1888-1948), qui finit ses jours à Honfleur ; le paysagiste Marquet (1875-1947) ; O. Friesz (1879-1949), Havrais attaché à Honfleur qu'il brosse sous divers aspects ; Van Dongen (1877-1968), peintre des élégances et des mondanités, habitué de Deauville.

Si Marquet, Friesz et Van Dongen se rapprocheront du fauvisme, le Havrais R. Dufy (1877-1953) s'en dégagera, associant au trait et au dessin la richesse du coloris, dans l'expression du mouvement. Leur camarade G. Braque (1882-1963), qui repose à Varengeville, adhère aussi au groupe des fauves avant d'évoluer vers le cubisme et d'en constituer une figure marquante.

Il sera suivi un temps par M. Duchamp (1887-1968), natif de Blainville. Ce dernier vient ensuite au futurisme, puis jette ses pinceaux pour se consacrer, en bon dadaïste, à ses « ready-made ». Dérisoires ou déconcertantes, ses œuvres ouvrent la voie aux mouvements artistiques d'après-guerre : pop'art, happening, art conceptuel…

Pour voir les grands artistes normands ou proches de la Normandie, le rendez-vous est donné dans les musées de Rouen, du Havre et, bien sûr, de Giverny.

L'acte de naissance

Lors de la première exposition officielle du groupe, en 1874, dans l'atelier du photographe Nadar à Paris, Monet avait envoyé une petite toile brossée depuis sa fenêtre au Havre : « du soleil dans la buée et au premier plan quelques mâts de navires pointant… », confessera plus tard le maître ; on me demande le titre pour le catalogue, ça ne pouvait vraiment pas passer pour une vue du Havre ; je répondis : « Mettez "Impression, Soleil levant". »
Par dérision, un critique au journal Le Charivari retiendra le terme « impressionniste » pour stigmatiser l'ensemble des œuvres présentées.
Il écrira : « Impression, j'en étais sûr. Je me disais aussi, puisque je suis impressionné, il doit y avoir de l'impression là-dedans… »

Monet s'installa à Giverny en 1883, où il exécuta, entre autres, ses fameuses séries des meules de foin.

… EN HAUTE-NORMANDIE

Lettres, musique et cinéma

■ Du chant grégorien aux morceaux insolites de Satie, de la chanson de geste au réalisme de Flaubert via le dilemme cornélien, des naufragés médusés de Géricault au jardin de Monet, des aphorismes d'Allais aux tirades de Bourvil... les muses n'ont jamais quitté la Haute-Normandie.

La musique

Camille Saint-Saëns (1835-1921), pianiste virtuose et précoce, né à Paris de père normand, compose symphonies, opéras, œuvres religieuses, concertos, etc. : *La Danse macabre* (1875), *Samson et Dalila* (1877). Né au Havre, suisse d'origine, Arthur Honegger (1892-1955) est un compositeur prolifique. Il laisse des mélodies sur des poèmes de Cocteau, Apollinaire, et Claudel, des poèmes symphoniques et un oratorio, *Le Roi David* (1924). Son œuvre la plus célèbre est créée en 1923, il s'agit de *Pacific 231*. Le Honfleurais Erik Satie (1866-1925), qui débute comme pianiste de cabaret à Montmartre, a influencé Ravel, Debussy, Stravinski... Sarcasme et ironie émaillent des œuvres comme *Morceaux en forme de poire*, *Airs à faire fuir*... Sa pièce maîtresse est *Socrate* (1918), drame symphonique sur des textes de Platon.

Né au Havre, Arthur Honegger (1892-1955) fut un compositeur prolifique.

Les lettres

La littérature, comme l'architecture, est une « fleur monastique ». Transmis par les moines et les pèlerins, les récits historiques et légendaires inspireront aux poètes des épopées merveilleuses, notamment *La Chanson de Roland*. Sage moine copiste ou trouvère saltimbanque, bien qu'il reste un personnage mystérieux, citons aussi Béroul, qui transcrivit au XIIe siècle les 3 000 vers de la légende de *Tristan et Iseut* en dialecte anglo-normand.

XVIIe siècle – Né à Rouen, Corneille (1606-1684) porte à la scène des débats de conscience et fait prévaloir la souveraineté de la raison, sans méconnaître les élans du cœur. Son goût pour la grandeur et la vérité humaine s'allie toujours au sens, bien normand, de la mesure. *Le Cid* (1637) est sans doute sa plus grande pièce, elle lui assure toujours un très grand succès. Madame de Scudéry (1607-1701), havraise de naissance, reste dans les annales pour avoir composé le plus long roman de la littérature française, *Cyrus*, dont les 10 volumes sont publiés entre 1649 et 1653. Elle a aussi inspiré Molière, qui tourna en dérision son cercle dans sa célèbre pièce, *Les Précieuses ridicules* (1659).

XVIIIe siècle – Le Rouennais Fontenelle (1657-1757) est un disciple spirituel de Gassendi et de Descartes. Il est aussi le neveu de Corneille par sa mère, qui était la sœur du dramaturge. Sa nature positive incarne le tempérament normand ; son œuvre, habilement subversive, ouvre la voie des Lumières. Parmi ses nombreuses œuvres on retiendra ses *Entretiens sur la pluralité des mondes* (1686).
Le grand voyageur havrais, Bernardin de Saint-Pierre (1737-1814), reste célèbre pour ses *Études de la nature* (1784) et *Paul et Virginie* (1787), qui fit pleurer madame Bovary. Poussé par ses rêves, il parcourt le monde et séjourne à l'île Maurice. De retour à Paris, nommé intendant du Jardin des Plantes à la place de Buffon en 1791, il se fait le disciple de Rousseau.

Madeleine de Scudéry (1607-1701), havraise de naissance, a composé le plus long roman de la littérature française, « Cyrus ».

VOYAGE...

XIXᵉ siècle – Un peu oublié de nos jours, Casimir Delavigne (1793-1843) est néanmoins considéré comme le plus grand dramaturge français à son époque. Fils d'armateur havrais, il se fait connaître au moment du désastre de Waterloo et goûte à la consécration grâce au théâtre à la fin des années 1820.

La Normandie s'illustre toutefois véritablement avec un écrivain originaire de Rouen, romantique assagi, qui décrit avec réalisme la province et ses mœurs : Gustave Flaubert (1821-1880). Il conçoit l'art comme un moyen de connaissance et un sacerdoce. Malgré la richesse et la dualité de sa nature normande, l'ermite de Croisset se dit *« épris de gueulade, de lyrisme »* et pourtant acharné à *« creuser »*, *« fouiller le vrai tant qu'il peut »*. *Madame Bovary* (1857) le place parmi les plus grands auteurs de la littérature française.

Flaubert soumet à la rude discipline du style Guy de Maupassant (1850-1893). L'élève est un observateur non moins minutieux dont la popularité ne fléchit pas. Né au château de Miromesnil à Tourville-sur-Arques, il déménage avec sa mère et son frère à Étretat mais revient régulièrement jusqu'en 1863 dans la maison de sa grand-mère maternelle, à Fécamp. Il situe d'ailleurs *La Maison Tellier* dans la ville portuaire. Dans les *Contes de la bécasse* (1883) également, *Une Vie* (1883), *Pierre et Jean* (1888) et ses quelque 300 nouvelles, il évoque la Normandie, ses classes sociales et les sombres histoires de familles bourgeoises, animé d'une verve âpre et sarcastique.

L'œuvre du Honfleurais Alphonse Allais (1854-1905) se distingue par un humour aigu. On lui doit *Vive la vie* (1892), *On n'est pas des bœufs* (1896) et quelques épigrammes où se mêlent esprit, clairvoyance et humour.

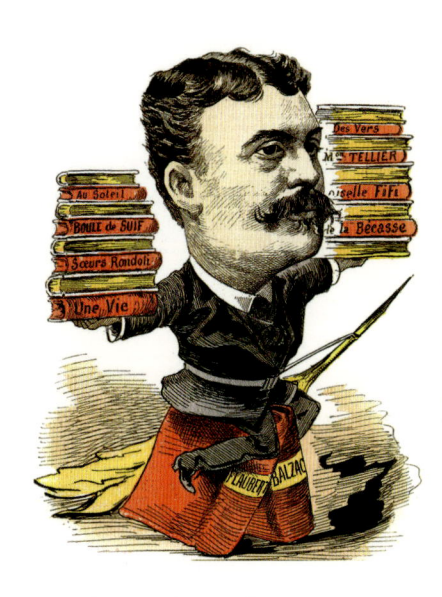

Caricature de Guy de Maupassant, né au château de Miromesnil, à Tourville-sur-Arques, à cheval sur les œuvres de ses maîtres Flaubert et Balzac.

XXᵉ siècle – Le philosophe essayiste Émile Chartier, dit Alain (1868-1951), de Mortagne-au-Perche, s'est élevé contre toutes les formes de tyrannie. Ses *Propos sur le bonheur* (1928), *Sur l'éducation* (1932) restent des œuvres marquantes.

L'Elbeuvien André Maurois (1885-1967) a brillé dans plusieurs genres : souvenirs de guerre, romans (*Climats*, 1928), biographies, études historiques. Jean Mallard, vicomte de La Varende (1887-1959), auteur du pays d'Ouche, évoque la Normandie d'hier et de toujours : *Par monts et merveilles de Normandie*.

Natif de Rouen, spécialiste du roman policier, Maurice Leblanc (1864-1941) est le père du « gentleman cambrioleur » (Arsène Lupin). Raymond Queneau (1903-1976), né au Havre, est l'auteur de poèmes et romans dont le célèbre *Zazie dans le métro* (1959), et dirigea aussi *L'Encyclopédie de la Pléiade*.

Jean-Paul Sartre (1905-1988), philosophe et écrivain parisien, théoricien de l'existentialisme, vit et travaille au Havre de 1931 à 1936. Il s'est grandement inspiré de cette expérience pour écrire *La Nausée* (1938).

A. Salacrou (1899-1989), Rouennais, voit l'œuvre dramatique comme *« une méditation sur la condition humaine »*. Son théâtre illustre tous les genres : *Un homme comme les autres* (1926), *Boulevard Durand* (1961).

Le cinéma

La Normandie est indissociablement liée au cinéma. Dès 1895, la région accueille les essais de George Méliès (1861-1938), l'un des premiers grands réalisateurs français. Un an plus tard, le cinéma connaît ses premiers succès dans les salles obscures de Rouen.

La Normandie séduit les réalisateurs tout au long du XXᵉ siècle, un certain nombre des plus grands films sont tournés dans la région. Dieppe sert ainsi de décor au film de Luis Buñuel (1900-1983) *Le Journal d'une femme de chambre* avec Jeanne Moreau, Évreux

Le Havre a abrité le tournage du célèbre « Quai des brumes » (1938) de Marcel Carné.

... EN HAUTE-NORMANDIE

L'équipe du film « Un homme et une femme » de Claude Lelouch, remporta en 1966 la Palme d'or au Festival de Cannes.

constitue la toile de fond du *Voleur* (1961) de Louis Malle, tandis qu'Étretat a tout récemment accueilli Romain Duris dans *Arsène Lupin* (2004).

Les deux principales villes de la région ne sont pas en reste. Le Havre a ainsi abrité le tournage du célèbre *Quai des brumes* (1938) de Carné, avec Gabin et Morgan, et celui de *La Bête humaine* de Renoir la même année, toujours avec Gabin. En 1968, Gérard Oury y tourne *Le Cerveau*, l'un de ses plus grands succès, avec Belmondo et l'enfant du pays, Bourvil (1917-1970). Rouen, elle aussi, a vu défiler du beau monde : l'équipe de la *Bête humaine* en 1938, Truffaut pour *Jules et Jim* (1962), Ventura et Dewaere dans *Adieu poulet* (1975) et Chabrol, réalisateur de *Madame Bovary* (1991). Depuis 1988, la ville aux cent clochers ne se contente toutefois plus de faire office de décor. Elle s'est dotée d'un festival annuel du film nordique qui se déroule fin mars et dont le prestige est dorénavant établi.

Deauville demeure cependant le site phare du cinéma en Normandie. La ville a séduit les plus grands : Claude Lelouch y tourne son film le plus célèbre, *Un homme et une femme* (1966), Gérard Blain (1930-2000) y réalise *Les Amis* (1981) et Patrice Leconte *Tandem* (1987). Mais la station est surtout réputée pour son Festival du film américain. Depuis 1975, les plus grandes stars du cinéma mondial paradent en effet sur les planches le mois de septembre venu : Robert de Niro, Clint Eastwood, Steven Spielberg, Tom Cruise, Harrison Ford, Sharon Stone, Angelina Jolie, Julia Roberts... Pendant dix jours la ville vibre à l'heure américaine et des films sont programmés 24 heures/24, de tous styles, depuis les superproductions jusqu'aux films indépendants.

La création en 1999 du Festival du film asiatique a conforté Deauville dans son statut de capitale internationale du cinéma en révélant quelques grands réalisateurs asiatiques. En parallèle, un village Asia est aménagé pour faire découvrir au grand public, pendant cinq jours, tous les aspects de la culture asiatique.

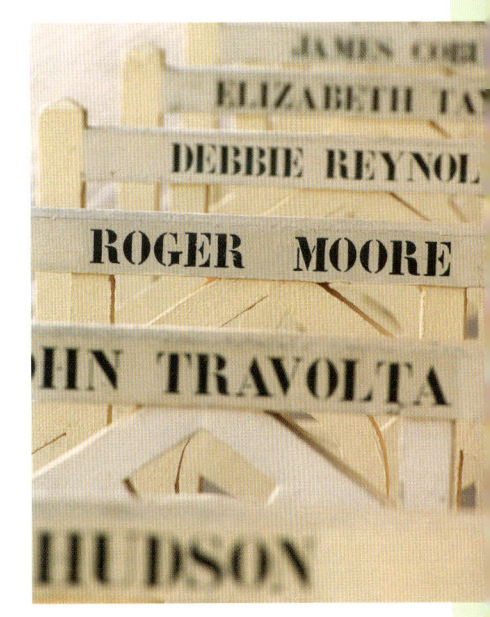

Depuis 1975, les plus grandes stars du cinéma mondial paradent sur les planches de Deauville lors du Festival du film américain.

VOYAGE...

Normandie, terre d'abondance

■ La variété et la qualité des produits normands ne pouvaient que donner naissance à une gastronomie authentique, où la crème joue un rôle éminent. Cet habit couleur ivoire, velouté et moelleux, convient autant pour les volailles que pour les poissons, viandes blanches ou gibiers.

Des talents dans tous les domaines

La Normandie séduit par sa richesse culinaire incomparable. Issus de la terre ou de la mer, ses produits démontrent une qualité sans pareille qui leur permet d'entrer dans les plus originales et les plus savoureuses compositions.
Productrice de viande de bœuf de race normande, de volaille et de charcuterie, la région étend son panel à la marée, où la coquille Saint-Jacques figure en bonne place, sans oublier les petites douceurs...

Les viandes

Très célèbre, le bœuf de race normande donne une viande savoureuse que les puristes apprécient nature, ou poêlée au beurre. L'autre classique dans toute la région, reste la côte de veau à la normande. Poêlée, puis flambée au calvados, la viande est déglacée à la crème. Le plat se décline aux petits oignons et/ou aux champignons, accompagnés de tranches de pommes rôties. Le jarret de veau à la normande mijote dans une cocotte avec les mêmes ingrédients, hormis la crème, remplacée par un litre de cidre fermier.

La volaille

Pour cuisiner la volaille, une dinde ou un poulet à la normande, la voie royale consiste à tomber dans les mains d'un chef augeron et se faire mitonner à la mode « vallée d'Auge », avec ses petits oignons. Ici encore, une flambée de calva, de la crème fraîche et de copieuses rasades de cidre font tout le secret de la sauce. Le canard, sauvage et de basse-cour, dont il existe de nombreuses espèces en Normandie, reste un pilier de la gastronomie régionale. Il s'accommode au cidre ou au vinaigre de cidre, ou encore à la façon « bonhomme normand ». La tradition du canard au sang se perpétue à Rouen. À Duclair, la victime est le caneton local (le palmipède est étouffé, non pas saigné).
La volaille est aussi très présente dans la charcuterie locale, et permet de composer toutes sortes de terrines. En Haute-Normandie, Mortagne-au-Perche et Bernay se singularisent respectivement par le boudin noir et l'andouillette. Pour les tripes à toutes les modes et l'andouille, il faut passer en Basse-Normandie, à Vire ou à Caen.

La marée

La Haute-Normandie jouit d'une double identité terrienne et maritime, qui se retrouve inévitablement dans sa gastronomie. Soles et turbots tiennent le haut du pavé dans les restaurants du littoral. La morue, que les marins fécampois pêchaient jadis au large de l'Islande ou sur les bancs de Terre-Neuve, est encore préparée sous la forme de célèbres galettes, mélange de poisson et de purée de pommes de terre recouvert de panure. L'amateur de fruits de mer et de crustacés craque pour les coques et les crevettes grises de Honfleur, les coquilles Saint-Jacques de Dieppe, les crabes, moules et

Soles et fruits de mer tiennent le haut du pavé dans les restaurants du littoral.

La teurgoule

Cette recette traditionnelle du pays d'Auge date de l'époque florissante du commerce des épices à Honfleur. Les épouses des navigateurs ont l'idée de parfumer à la cannelle les jattes de riz au lait qu'elles laissent mijoter des heures dans le four à pain du boulanger.
Mélanger 2 l de lait entier, 125 g de riz, 85 g de sucre en poudre, 1 cuil. à café de cannelle, 1 pincée de sel. Verser dans une terrine tous ces ingrédients. Laisser cuire 5 heures à four doux. Ce dessert se déguste froid ou chaud et s'accompagne idéalement de falues, sortes de galettes briochées, plates et longues.

... EN HAUTE-NORMANDIE

palourdes de toute la côte. Signalons aussi la sole normande, préparée avec des moules, des huîtres et des champignons, puis nappée d'une sauce au vin blanc et à la crème. Cette recette connaît quelques variantes entre Le Tréport et Cabourg. La marmite dieppoise réunit aussi le meilleur de la Normandie : poissons (turbot, sole, rouget grondin, lotte), crustacés (coquilles Saint-Jacques, moules), légumes (oignon, céleri, poireau), aromates (persil, thym, laurier, sel, poivre) cuits dans le beurre, crème d'Isigny et cidre sec...

Quelques douceurs ?
Les amateurs de plaisirs sucrés sauront faire un sort à quelques spécialités au beurre (galettes, chaussons sablés, brioches...), souvent associées au plus normand des fruits. La tarte normande, dont les pommes sont parfois cuites au cidre, occupe une place de choix ; la variante yportaise, également composée de pommes, s'appelle pourtant « tarte au sucre ». Ceux qui voudront goûter les meilleures brioches se rendront à Gisors et à Gournay pour croquer les bourdelots, pommes enrobées de pâte à pain, aussi appelés douillons quand il s'agit de pâte feuilletée. Les enfants sages supplieront leurs parents de leur laisser goûter au sucre de pomme de Rouen.

Le pays des fromages
Quatre fortes personnalités
Si la crème est reine, les fromages sont rois. Le pavé d'Auge est, pense-t-on, l'ancêtre de la plupart des fromages normands. Il est l'illustre aïeul du pont-l'évêque (pâte molle à croûte fleurie), du livarot (pâte molle à croûte lavée) et du camembert (pâte molle à croûte fleurie).

Le camembert
D'après la légende, Marie Harel (1761-1812), née à la ferme de Beaumoncel près de Camembert, fabrique du fromage qu'elle vend au village. En 1790, elle cache un prêtre originaire de la Brie, fuyant la Terreur. En remerciement de son hospitalité, il lui confie le secret de l'affinage d'un fromage de sa composition. Le camembert voit le jour. À l'origine, sa croûte était bleuâtre, mais au début du XXe siècle, l'usage de souches de *pénicillium* lui donnera son teint actuel.
Son histoire débute réellement au XIXe siècle. En 1863, lors de l'inauguration de la ligne de chemin de fer Alençon-Paris, un descendant de Marie Harel réussit à faire goûter son produit à Napoléon III. L'Empereur en exige désormais tous les jours sur sa table : c'est la consécration ! Le camembert quitte sa Normandie natale et arrive dans la capitale par le premier train. Mais le produit ne tolère que de courtes distances jusqu'à ce qu'un inventeur découvre la célèbre boîte de bois ronde. Elle va lui permettre d'être conservé plus longtemps et de voyager à travers le monde. La Grande Guerre renforce la popularité du camembert, bientôt symbole de la France entière. Dès 1914, sa saveur devient fédératrice : il apparaît dans la ration de tous les soldats du pays.

Sa fabrication – Elle s'accomplit selon des étapes bien précises. Tout commence par la collecte du lait et la préparation, le lait est chauffé entre 30 °C et 37 °C, puis versé dans des bacs contenant de la présure où il coagule : c'est l'emprésurage. À ce stade la température du lait doit être maintenue entre 30 °C à 32 °C, et son acidité entre 24° à 28 °C. L'acidification dépend des conditions atmosphériques et des animaux

La tarte normande occupe une place de choix dans la gastronomie locale.

Que serait la Normandie sans son camembert !

producteurs. La caille obtenue est sabrée en lanières pour aider le sérum à s'écouler lors du tranchage. Viennent ensuite le moulage et le rabattage : des louches sont versées dans chaque moule, puis la surface des moulages est égalisée. Le soir même, le fromage est retourné. Ces six premières phases ont lieu dans la première journée de fabrication. Le lendemain, on pratique le démoulage et le séchage. La pâte molle obtenue est ôtée des moules et placée au séchoir, pour achever l'égouttage à une température de 18 °C à 20 °C. Puis c'est l'étape décisive du salage : on sale d'abord une face et le tour du fromage. La pièce est retournée et l'autre face est salée le lendemain. Le 4e jour, les fromages sont transportés dans des hâloirs (séchoirs). La production est divisée en deux parties, l'une réservée à l'affinage ; l'autre à la vente. Pendant l'affinage, les camemberts reposent dans des caves et sont retournés chaque jour. Enfin, triés par qualité, ils sont emballés et refroidis avant expédition.

AOC, l'exigence de qualité

Le camembert a reçu en 1983 l'appellation d'origine contrôlée (AOC). Les trois terroirs les plus réputés sont le pays d'Auge – sa terre natale –, le bocage ornais et le Cotentin. L'AOC, réservée aux meilleurs produits, exige l'utilisation d'un lait cru et un moulage à la louche. Le pont-l'évêque et le livarot ont aussi leur AOC. L'élite des pont-l'évêque vient du pays d'Auge, mais il peut être produit dans une zone plus vaste : Eure, Calvados, Manche, Orne, Seine-Maritime, Mayenne. Le livarot, dont la puissance alarme à tort l'odorat des non-initiés, s'élabore avec du lait « reposé » ; son territoire est plus restreint : sud-ouest du Calvados et nord-ouest de l'Orne.

Des plaisirs moins connus…

Un peu dans l'ombre du pont-l'évêque, du livarot et du camembert se distinguent les fromages frais du pays de Bray. « Suisse », demi-sel, double-crème, ils jouissent d'une réputation solidement établie. Enfin, le neufchâtel, fromage fermier (AOC) en forme de briquette, carré, bonde, double bonde ou cœur, possède aussi ses adeptes.

Les boissons

Le lait

C'est l'or blanc de la Normandie. La majeure partie de la production régionale se destine aux filières beurrières, crémières et fromagères. C'est au mois de mai qu'on produit le lait le plus savoureux, et le cru le plus réputé reste celui d'Isigny, en Basse-Normandie.

La pomme dans tous ses états

Le cidre est la boisson normande phare, sans doute parce qu'il est issu du fruit le plus chargé de symboles et le plus croqué en France : la pomme, indissociable de l'image de la région. Les variétés à cidre, beaucoup plus chétives, se taillent la part du lion en Normandie. La culture du pommier à cidre s'est répandue à partir de la Biscaye (l'une des provinces basques d'Espagne) vers le pays d'Auge entre les XIe et XIIe siècles. Elle

---

Le cidre, un mode d'emploi

Pour profiter au mieux du fruité de cette boisson, il convient de la conserver dans une cave fraîche où la température ne dépasse pas 15 °C, et de la consommer, avec sagesse, dans les mois qui suivent l'achat. Les bouteilles se stockent couchées, et celles qui ont subi un long transport doivent reposer debout quelques jours (les produits de type mousseux garderont cette position). Brut ou doux, ce breuvage se sert toujours frais, entre 8 °C et 12 °C.

Pommes et cidre sont indissociables de l'image de la région.

... EN HAUTE-NORMANDIE

traverse la Seine à partir du XVe siècle ; la bière et le vin se voient alors détrônés par le cidre dans toute la Normandie. Aujourd'hui, la majorité des pommes à cidre provient d'arbres « basses tiges » dont les branches taillées en candélabre se prêtent bien à la mécanisation. La récolte des fruits commence fin octobre et dure environ un mois. Les arbres sont « hochés » (gaulés manuellement ou secoués à l'aide de machines) et les fruits sont ramassés à terre quand ils ne tombent pas directement dans des filets. Les pommes terminent leur maturation sous la paille, dans des greniers aérés, pendant quinze jours ou un mois selon la saveur désirée (douce, amère, acide). Elles sont ensuite broyées, puis pressées pour obtenir le « moût ». La fermentation alcoolique de ce jus donne le cidre, et sa distillation fournit le calvados dont le pays d'Auge perpétue la grande tradition. Le cidre véritable, le « bon bère », ou « gros bère », comme l'appellent les Normands, est du pur jus de pomme. La bouteille débouchée, le « bère » doit rester « muet » ; dans le verre, il pétille mais mousse à peine. Qu'il soit brut (peu sucré, au goût de pomme bien typé, titrant entre 4 ° et 5 ° d'alcool), demi-sec ou doux (obtenu artificiellement en arrêtant la fermentation à 2,5 ° et 3 ° d'alcool), le cidre accompagne aussi bien les repas gastronomiques que les crêpes ou les desserts à base de pommes. Le cidre de la vallée d'Auge, le plus fameux, bénéficie aussi de l'AOC. Il subit un examen gustatif et un contrôle analytique rigoureux avant sa commercialisation. On distingue cinq crus augerons : blangy-le-château-pont-l'évêque, cambremer, lisieux-orbec, livarot et vimoutiers, mais il en est d'excellents ailleurs.

Tout aussi célèbre mais consommé avec plus de modération, le calvados est un autre produit emblématique de la région. Il naît de la distillation de cidres âgés d'environ un an ; plus que tout autre alcool, cette eau-de-vie de cidre (50 ° à 55 °) ne demande qu'à vieillir (obligatoirement dans ses fûts de chêne) pour s'assouplir : 12 ou 15 ans, le début de l'âge d'or. En cuisine, on pourra se satisfaire d'un calvados encore vert. De plus en plus éblouissant dès l'âge de 20 ans, il peut alors dignement prétendre à la mention « hors d'âge », qu'usurpent fréquemment des calvados âgés de 6 ans à peine (hélas, la loi autorise l'appellation dès ce stade.) Au-delà de 40 ans, le vénérable calva des grands-pères resplendit ; la richesse de ses arômes en fait le plus précieux des breuvages. L'AOC date de 1942 et s'applique à deux appellations : « calvados » et « calvados du pays d'Auge ». Il existe en outre une dizaine d'appellations réglementées qui concernent notamment les produits du pays de Bray, du pays de la Risle, du Perche, de la vallée de l'Orne, du Calvados, etc.

Enfin, n'oublions pas de mentionner une autre de ces boissons confectionnées à partir du roi des fruits normands : le pommeau. Cet apéritif se compose de 2/3 de jus de pomme (du moût non fermenté) pour 1/3 de calvados, et titre entre 16 ° et 18 ° d'alcool. Le vieillissement s'effectue également en fût de chêne, pendant près de dix-huit mois. Il a été reconnu en AOC en 1991. Il se consomme frais, sans glace, accompagné de pommes séchées ; servi à température ambiante, il valorise les huîtres, le foie gras, le melon ou la tarte aux pommes.

Les autres breuvages

Le poiré, tout aussi délicat que le cidre, est issu de la fermentation du jus de poires fraîches ; c'est un cidre de poires, en quelque sorte.
Signalons par ailleurs la célèbre bénédictine, liqueur qui naquit dans la tête d'un moine herboriste à Fécamp vers 1510. La boisson est alors conçue à des fins médicinales à partir d'herbes cauchoises et d'épices exotiques. Les troubles de la Révolution firent disparaître la recette de l'élixir, qui ne fut retrouvée qu'en 1863 par Alexandre le Grand (curieuse homonymie), dans un grimoire venu de l'abbaye de Fécamp... Dix ans plus tard, la production atteignait déjà 150 000 bouteilles !

Le pommeau, un apéritif normand, se consomme frais, sans glace, accompagné de pommes séchées.

Le trou normand, un rituel vieux de quatre siècles

Au milieu du repas, le Normand avale un petit verre de calvados : c'est le rituel du « trou normand ». Cette coutume a l'avantage de hâter la digestion. L'explication la plus courante, c'est que l'alcool dissout les graisses, mais les nutritionnistes affirment qu'il ne fait que dilater les parois de l'estomac et estompe ainsi l'impression de satiété. De nos jours, un sorbet à la pomme arrosé de calvados le supplante souvent. Pourtant, rien ne vous empêche, à la fin du repas, de « coiffer » puis « recoiffer » votre café d'un verre de calvados. Selon une hiérarchie savante et nuancée, celui-ci peut être « nif » (clair), « gouleyant », « dret en goût », « cœru », « justificatif », ou « ben amoureux à boire » !

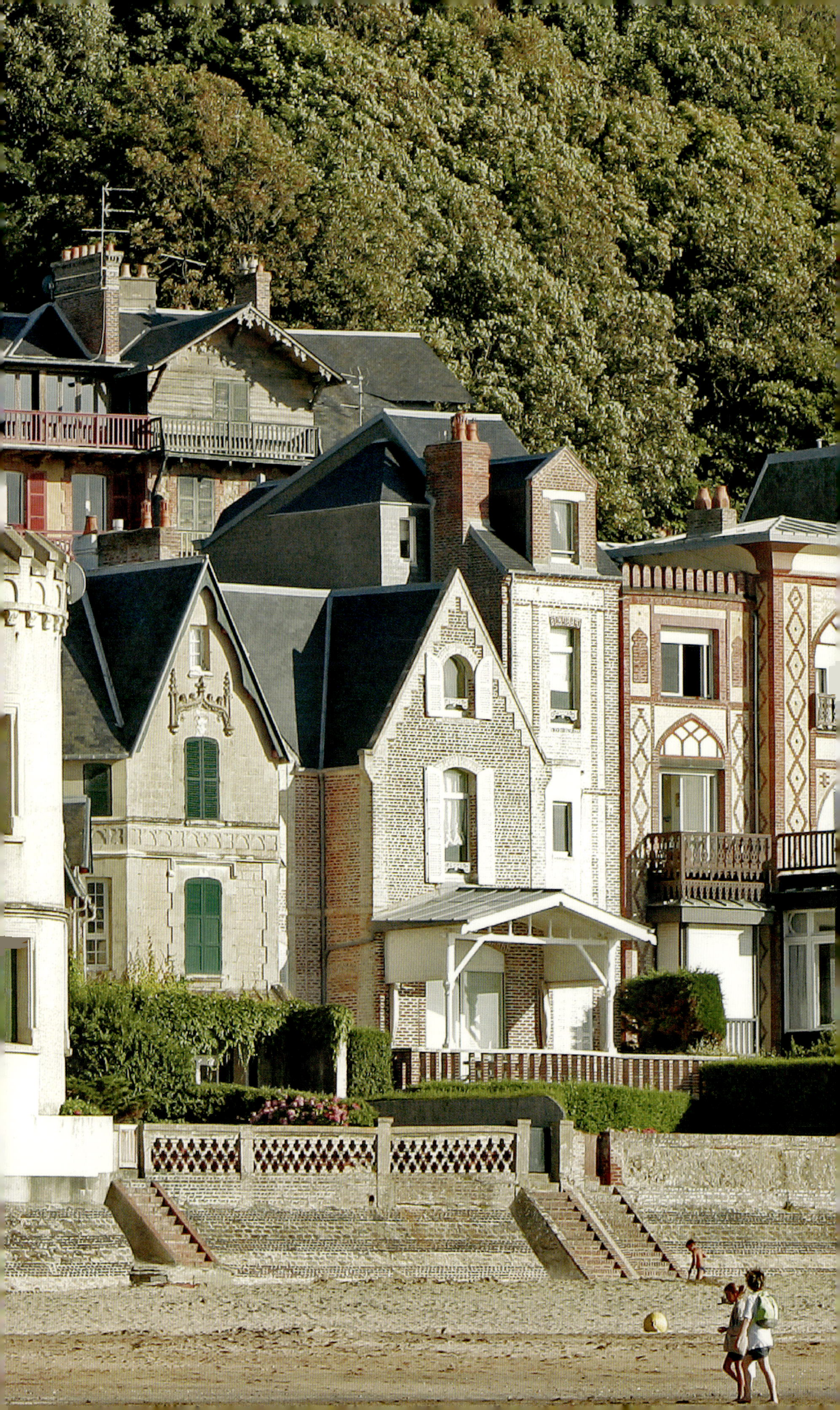

VILLES ET VILLAGES DE HAUTE-NORMANDIE

On ne peut manquer, en arrivant au Bec-Hellouin, la haute silhouette de la tour St-Nicolas.

L'AIGLE

AB

L'AIGLE

■ Les tours de l'église Saint-Martin dominent le cœur historique de la cité aiglonne qui se déploie sur la Risle. Ses berges ombragées conservent le souvenir d'une célèbre comtesse, auteur des « Petites Filles modèles » et du « Bon petit diable ». Le mardi, jour de grand marché – le troisième de France –, on peut acheter et déguster quelques-unes des spécialités locales comme le cervelas.

Le nom
D'après une légende du XIe siècle, le seigneur des lieux, un certain Fulbert de Beina, vassal des ducs de Normandie, aurait érigé sa forteresse sur l'emplacement d'un nid d'aigle. La cité se serait alors appelée *Aquila*, qui aurait donné « L'Aigle ».
Le nom de la ville est aussi celui d'une constellation. Or, coïncidence ? Une météorite est tombée sur L'Aigle le 26 avril 1803 !
Des morceaux de cette météorite ont intégré les musées du monde entier.

se promener

Rue Thiers
Son extrémité franchit un bras de la Risle. Beau porche en grison au n° 17. À droite, le long du cours d'eau, une vieille maison en grison (XIIe siècle) a été restaurée ; les lieux d'aisance subsistent, suspendus à la façade, au-dessus de la rivière.

Quai Catel
Au n° 8, le bel hôtel (XVIIIe siècle) était la demeure du conventionnel Colombel qui vota la mort de Louis XVI.

Rue Saint-Jean
Au n° 868, maison du Second Empire ; au n° 55, édifice de 1789 ; au n° 52, ancien relais de poste. Jolies demeures également aux n°s 34, 48 et 50.

Rue Romain-Darchis
Au n° 24, façade typiquement normande ornée de quatre figurines sculptées (ancienne boutique d'apothicaire).

LES GENS
8 972 Aiglons. Beaucoup travaillent dans les tréfileries de la haute vallée de la Risle, maintenant vivante une tradition métallurgique des plus anciennes.

Armoiries
« D'or à l'aigle à deux têtes de sable, au chef d'azur chargé de trois fleurs de lys d'or. »

Les tours de l'église Saint-Martin dominent le cœur historique de la cité aiglonne.

Installé dans les communs du château (XVIIe siècle), le musée « Juin 44 : bataille de Normandie » est consacré à ce pan de l'histoire normande.

La comtesse de Ségur séjourna longtemps au château des Nouettes, devenu un centre médico-pédagogique.

visiter

Église Saint-Martin

Une tour carrée (fin du XVe siècle), très ouvragée, contraste avec la tour (XIIe siècle), plus petite, bâtie en grison et surmontée d'une flèche plus récente. À l'intérieur subsistent deux verrières du XVIe siècle (à droite du chœur et à la première fenêtre du bas-côté gauche) que complète un bel ensemble de vitraux modernes. Jolies clés pendantes aux voûtes du bas-côté (Renaissance).

Le maître-autel (1656) est surmonté d'un beau retable en bois sculpté : quatre colonnes à vis coiffées de chapiteaux corinthiens sont décorées de feuilles de vigne, de grappes de raisin et de génies. La Descente de croix, au centre, est attribuée à Lebrun. On remarque aussi les statues des niches extérieures encadrant les fenêtres de la nef sud, elles sont l'œuvre de sculpteurs contemporains (R. Martin, P. Belmondo, P. Cornet, Yencesse, Lambert-Rucky).

Château

Construit en 1690 sur l'emplacement de l'ancienne forteresse (XIe siècle) et sur les plans de Mansart, il abrite la mairie et deux musées.

Musée des Instruments de musique – Un escalier à double révolution conduit au 1er étage. On traverse la salle du conseil municipal avant d'accéder à une pièce qui contient divers instruments de musique : instruments à cordes, à vent, dont un « serpent » utilisé dans les musiques militaires, instruments exotiques.

Musée « Juin 44 : bataille de Normandie » – Ce musée de cire, installé dans les communs du château (XVIIe siècle), présente des personnages célèbres (De Gaulle, Leclerc, Churchill, Roosevelt, Staline...) dont on peut écouter les voix enregistrées. Reconstitution de scènes de guerre telles que le sabotage d'une voie ferrée par des maquisards. Carte en relief et dioramas retracent les principales phases de la bataille de Normandie.

Un petit musée d'archéologie et une exposition sur la météorite qui tomba au-dessus de L'Aigle le 26 mars 1803 complètent le musée.

alentours

Saint-Sulpice-sur-Risle

Quelques œuvres d'art décorent l'église attenante à un ancien prieuré du XIIIe siècle, refait en partie au XVIe siècle : une tapisserie du XVIe siècle, une toile du XVIIe siècle (sainte Cécile) et une statue de sainte Anne. Deux vitraux datent des XIIIe et XIVe siècles.

À 2 km de Saint-Sulpice-sur-Risle s'étend un étonnant champ de mégalithes.

Aube

C'est au château des Nouettes, à l'entrée de la ville, devenu un centre médico-pédagogique, que séjournait la comtesse de Ségur (1799-1874), née Rostopchine. Un circuit pédestre de 9 km, « La Comtesse de Ségur », part de la place centrale d'Aube.

Musée de la Comtesse-de-Ségur – Dans l'ancien presbytère, au pied de l'église, le musée de la Comtesse-de-Ségur présente portraits, souvenirs et documents rappelant la vie et l'œuvre du célèbre écrivain, et de sa famille. Les personnages de ses romans sont évoqués par différents objets (jeux, poupées et autres jouets, mannequins, livres, meubles...). À ne pas manquer : la reconstitution du « Goûter chez Sophie ».

Musée de la Grosse Forge d'Aube – À la sortie de la ville, sur la Risle, en direction de L'Aigle, ce musée retrace cinq siècles d'histoire de la métallurgie. Pratiquement inchangée depuis le XVIIe siècle, la

LES ANDELYS

forge est l'une des mieux conservées de l'époque. Le four d'affinerie, l'énorme arbre à cames du marteau et les soufflets en bois (reconstitution de 1995) autrefois actionnés par une roue à aubes attirent le regard. Belles maquettes permettant de mieux comprendre l'histoire de la métallurgie.

Saint-Évroult-Notre-Dame-du-Bois
Les restes d'une abbaye fondée au VIe siècle et qui comptait parmi les grands centres intellectuels normands aux XIe et XIIe siècles s'étalent dans un paysage harmonieux. On peut piquer une tête devant le monastère ou bien se ressourcer en forêt de Saint-Évroult, là où jaillit la Charentonne.

Vestiges de l'abbaye – Dévastée au Xe siècle par les guerres, l'abbaye romane d'Ouche attend le XIe siècle pour connaître son nouvel élan. Elle sera reconstruite au XIIIe siècle dans le style gothique, mais l'ensemble ne subsiste aujourd'hui qu'à l'état de vague ruine.
Sur la place, devant l'entrée principale, un monument a été élevé à la mémoire d'Orderic Vital. Ce moine historien et chroniqueur de la Normandie (1075-1142) laisse une description enthousiaste du monastère, sans laquelle l'imagination suffit difficilement à reconstituer l'ensemble. Derrière le monument, au-delà du porche (fin du XIIIe siècle), se dressent les restes de l'imposante abbatiale qui bénéficie d'importants travaux de restauration.

Les forges d'Aube n'ont pratiquement pas changé d'aspect depuis le XVIIe siècle.

Château de la Ferté-Fresnel
Ancien fief des barons de la Ferté-Frênel, le site a déjà connu trois châteaux différents lorsqu'en 1860, le marquis de Montault demande à l'architecte parisien Storès de lui en construire un.
À l'intérieur, les volumes impressionnants du hall d'entrée, ses trois grandes loges en anse de panier et son escalier à double révolution, adaptés d'un projet conçu pour l'Opéra de Paris, suscitent l'attention. Le grand lustre Viollet-le-Duc est de toute beauté. La visite se poursuit dans la salle à manger au parquet du XVIIIe siècle et au plafond à caissons Second Empire. La cheminée est d'époque Louis XIV, de même que les boiseries de l'immense salle de réception qui mène au salon des Arts, décoré par des peintures de Godon.
Le parc offre quant à lui deux visages avec, d'un côté, une partie d'inspiration anglaise et, de l'autre, un parc à la française dessiné par Duchêne en 1920, avec allées de tilleuls, topiaires, douves, pont, balustres et serpentine d'eau.

À Saint-Évroult, les restes d'une abbaye s'étalent dans un paysage harmonieux.

LES ANDELYS ★★

■ Défendus par les ruines splendides de Château-Gaillard, Les Andelys – le grand et le petit sont deux – se partagent l'un des plus beaux sites de la vallée de la Seine. Panorama grandiose et frisson garanti depuis le point de vue battu par les vents qui domine la vallée et les vestiges de la forteresse médiévale.

Le nom
D'origine celtique, Andely dériverait de *And* et *Leg*, qui pourraient signifier « pierre obscure, couverte et entourée de bois ». D'autres interprètent *And* comme « frontière » – celle qui séparait deux tribus anciennes. Au XIIIe siècle, on a mention de *Andeleium novum* « Andely le nouveau » (Petit-Andely) et de *Andeleium vetus* (Grand-Andely).

LES GENS
9 047 Andelysiens.
C'est au Grand-Andely que Clotilde, l'épouse de Clovis – connue pour avoir convaincu son mari de se convertir au catholicisme –, fonde un monastère au VIe siècle.

LA HAUTE-NORMANDIE

❯ *comprendre*

Une si belle fille d'un an ! – Pour barrer au roi de France la route de Rouen par la vallée de la Seine, Richard Cœur de Lion, duc de Normandie et roi d'Angleterre, fait construire en 1196 une solide forteresse sur la falaise qui domine le fleuve près d'Andely. Les travaux sont vivement menés.
L'année suivante, Château-Gaillard est debout et Richard peut s'écrier : *« Qu'elle est belle, ma fille d'un an ! »*
Malgré son audace, Philippe Auguste n'ose d'abord s'attaquer à la forteresse, tant celle-ci lui paraît redoutable. La mort de Richard Cœur de Lion, à qui succède l'hésitant Jean sans Terre, le décide à tenter sa chance. Cherchant à obtenir la reddition de la place par la famine, il l'isole, fin 1203, par un double fossé, renforcé par des tours de bois. Mais apprenant, en février 1204, que les assiégés ont encore des vivres pour un an, il décide de donner l'assaut. Le seul accès possible est un isthme étroit. Il relie le promontoire sur lequel est bâtie la forteresse aux collines où le roi de France a établi son camp. C'est là que portera l'attaque.
Premier obstacle : le châtelet, redoute triangulaire gardant le point vulnérable. Sous la protection de claies, un chemin est établi jusqu'au fossé profond de 15 m. De la terre et des arbres y sont précipités pour le combler et, quand les échelles permettent d'y descendre, l'assaut est donné. Une sape provoque l'effondrement partiel de la tour d'angle et ouvre une brèche dans le châtelet dont les défenseurs se retirent dans le fort principal. Le 6 mars, quelques assaillants pénètrent par les latrines dans l'enceinte du château : ils abaissent le pont-levis qui relie basse cour et châtelet. Le gros des Français s'y précipite. Sous les coups répétés des machines, la dernière enceinte se lézarde, les attaquants s'engouffrent dans une brèche et forcent la garnison à se rendre. Trois mois plus tard, Rouen tombe aux mains du roi de France.

siège de Château-Gaillard par Philippe Auguste, en 1204.

LES ANDELYS

visiter

Un itinéraire pédestre de 10 km fait le tour des Andelys à partir de l'office de tourisme.

CHÂTEAU-GAILLARD★★

Il se compose d'un ouvrage avancé, le châtelet, ainsi que d'un édifice principal protégé par deux enceintes.

Le châtelet

De forme triangulaire, un fossé très profond le séparait du fort principal. Des cinq tours qui le défendaient, il ne reste que la plus haute, celle qu'attaquèrent les soldats de Philippe Auguste. Un sentier étroit le contourne.

Le fort principal

Une fois passée l'esplanade dite basse cour, située entre le bastion avancé (barbacane) et le fort principal, le visiteur longe le mur d'enceinte, puis passe devant la chapelle et les soubassements du donjon : celui-ci a habilement tiré parti de la forme naturelle du roc. À l'extrémité des murailles, joli point de vue à pic.

En revenant sur ses pas (en longeant le fond du fossé), on passe devant les celliers creusés dans le roc et destinés à abriter les réserves de vivres de la garnison. On pénètre dans l'enceinte du fort par la passerelle qui a remplacé le pont-levis de l'entrée principale.

On peut alors admirer le donjon de 8 m de diamètre intérieur avec des murailles de 5 m d'épaisseur. Il comptait trois étages reliés par des escaliers de bois mobiles.

À droite, attenant au donjon, on distingue les ruines du logis du gouverneur. En ressortant de l'enceinte, il est possible de prolonger la promenade jusqu'au bord de l'escarpement rocheux : vue très étendue sur la vallée de la Seine.

Le donjon du fort a habilement tiré parti de la forme naturelle du roc et s'intègre parfaitement au paysage.

Les Andelys se partagent l'un des plus beaux sites de la vallée de la Seine.

LA HAUTE-NORMANDIE

LE GRAND-ANDELY

Église Notre-Dame★

Deux tours flanquées d'une tourelle d'escalier carrée rythment la façade. Flanc droit (XVIe siècle) : bel exemple du style flamboyant. Le flanc gauche (XVIe-XVIIe siècle) contraste par son ordonnance Renaissance : arcs en plein cintre, pilastres ioniques, toits à balustrade, cariatides, statues à l'antique.

Intérieur – La nef (XIIIe siècle) est de proportions harmonieuses. Le triforium, finement orné, a été refait au XVIe siècle et les fenêtres hautes agrandies. Croisillon gauche et chapelle voisine : deux belles toiles de Quentin Varin, qui fut sans doute le maître de Nicolas Poussin. Sous la tour, Mise au tombeau, groupe de pierre (XVIe siècle), et Christ au tombeau (XIVe siècle). Le buffet d'orgue de style Renaissance est somptueux.

Musée Nicolas-Poussin

Il se trouve près de la fontaine Sainte-Clotilde, dans la rue du même nom. Le célèbre peintre classique (1594-1665) était originaire de Villiers, non loin des Andelys. Le musée qui lui est dédié occupe une demeure du XVIIIe siècle. Il abrite, outre les fac-similés, une toile du maître, *Coriolan fléchi par les larmes de sa mère*.
Autres pièces maîtresses : une étonnante mosaïque du IVe siècle, quelques objets d'art religieux dont une belle vierge à l'enfant en pierre polychrome (XIVe siècle) et quelques meubles traditionnels des XVIIe et XVIIIe siècles.

Le flanc droit de l'église Notre-Dame est un bel exemple du style flamboyant.

LE PETIT-ANDELY

Église Saint-Sauveur

Il s'agit d'une église gothique, en forme de croix grecque. Le chœur est de la fin du XIIe siècle et la nef du début du XIIIe siècle. Un porche en bois la précède, dont le soubassement en pierre est du début du XVe siècle. À l'intérieur, orgues de 1674.

Mémorial Normandie-Niémen

« *Sur la terre russe martyrisée comme la terre française et par le même ennemi, le régiment Normandie, mon compagnon, soutient, démontre, accroît la gloire de la France !* » déclare Charles de Gaulle, le 9 décembre 1944. Vidéo, panneaux photographiques, objets, cartes, uniformes et maquettes perpétuent le souvenir de cette glorieuse escadrille. Deux salles sont dédiées au pilote andelysien Marcel Lefèvre, et une autre évoque les missions Normandie-Niémen depuis 1945.

alentours

Gaillon

Dans le bourg, une jolie maison de bois construite au XVIe siècle se dresse près de l'église, dans la rue principale.
Château – Propriété des archevêques de Rouen depuis Saint Louis, Gaillon s'est illustré par l'initiative de Georges Ier d'Amboise, premier des grands cardinaux-ministres. Au retour de l'expédition conduite en Italie par Louis XII, ce prélat fait remodeler le château de Gaillon dans le nouveau goût italien (1497-1510). L'édifice s'impose alors comme un monument d'avant-garde. Il inaugure ainsi le mouvement de la Renaissance en Normandie.
Le pavillon d'entrée, cantonné de tours, conserve son décor Renaissance. Ses richesses intérieures d'origine ont été dispersées dès la Révolution.

Sur un méandre de la Seine, le Petit et le Grand Andely se sont rapprochés au fil du temps pour former une seule et même bourgade.

ARQUES-LA-BATAILLE

ARQUES-LA-BATAILLE

■ Cette petite ville de l'arrière-pays dieppois tire son agrément de la forêt environnante, avant-garde du grand massif d'Eawy (futaie normande la plus proche de la mer), et de la présence de deux beaux châteaux. La forteresse médiévale d'Arques est liée à une victoire du futur Henri IV, dont l'artillerie écrivit une belle page d'histoire. Quant au château de Miromesnil, il date du lendemain de la bataille d'Arques (1589) et vit naître en 1850 un certain Guy de Maupassant.

Le nom
Arques, d'origine latine, désignerait les « arches » d'un pont (dont il ne reste aucune trace) qui enjambait la Varenne au VIIe siècle. Ce même nom renvoie aussi à la rivière formée par la réunion de la Varenne, de la Béthune et de l'Eaulne. Comme l'indique la seconde partie du nom, la ville conserve le souvenir de la victoire du premier Bourbon contre les Ligueurs.

LES GENS
2 535 Arquais. C'est du port d'Arques que Guillaume le Conquérant s'embarqua pour l'Angleterre lors de son second périple outre-Manche.

comprendre

La bataille d'Arques – Henri IV, alors roi sans royaume, dispose de la forteresse d'Arques *« capable d'endurer le canon »*. Il place à l'intérieur des remparts toutes les pièces d'artillerie qu'il peut réunir et se retranche, avec 7 000 hommes, à hauteur du confluent de l'Eaulne et de la Béthune, pour attendre les 30 000 ligueurs du duc de Mayenne, frère du défunt duc de Guise, Henri le Balafré.
La rencontre a lieu le 21 septembre 1589. Le brouillard, fréquent dans la région, retarde l'entrée en action de l'artillerie. Les troupes du roi de Navarre sont en fort mauvaise posture, mais à la première éclaircie les canons tonnent et, selon Sully, *« creusent quatre belles rues »* dans les rangs des ligueurs. Mayenne, qui avait promis de ramener le Béarnais *« lié et garrotté »*, bat en retraite.
Son souvenir – Aujourd'hui, un monument élevé au pied de la forêt d'Arques commémore cette bataille qui contribua, avec celle d'Ivry, à l'accession des Bourbons au trône de France. La ville conserve aussi dans son nom le souvenir de cette victoire. On l'a accolée au mot Arques, d'origine latine, qui évoquerait donc les « arches » d'un pont aujourd'hui disparu.
En revanche, plus rien ne rappelle dans l'étymologie le fait que Guillaume le Conquérant embarqua d'Arques pour son second périple outre-Manche.

visiter

Château
Il s'agit d'une intéressante ruine féodale sur un promontoire rocheux dont le point le plus élevé porte le donjon (XIIe siècle). Construit entre 1038 et 1043, le château subit en 1053 l'assaut de Guillaume le Bâtard. Henri Ier Beauclerc le reconstruit en 1123. Au XIVe siècle, il est renforcé par l'adjonction de nouvelles tours, et, au début du XVIe siècle, aménagé pour recevoir des pièces d'artillerie. En 1584, il est repris aux ligueurs qui s'en étaient rendus maîtres.

Église Notre-Dame-de-l'Assomption
Érigée à partir de 1515, elle n'a reçu son clocher qu'au XVIIe siècle. Après avoir admiré la façade avec ses deux tourelles et son arc-boutant

La forteresse médiévale d'Arques est liée à une victoire du futur Henri IV.

LA HAUTE-NORMANDIE

ajouré, on contourne l'édifice par la droite et on remarque la galerie qui entoure la nef. Les vitraux de l'abside (XVIe siècle), restaurés, ont été reposés. Dans la chapelle à droite du chœur figurent un petit buste d'Henri IV et l'inscription commémorative de la bataille ; les boiseries sont du XVIe siècle.

La chapelle à droite du transept abrite une Pietà (XVe siècle).

La chapelle de la Vierge, à gauche du chœur, est ornée de boiseries (1613) signées à droite : « Raudin, ton amy ».

alentours

Château de Miromesnil★

Il date du lendemain de la bataille d'Arques (1589). Le corps de logis, couvert d'un grand toit d'ardoises, présente, sur la cour d'honneur, une façade Louis XIII monumentale, rythmée de pilastres surmontés de vases sculptés et encadrée de minces tourelles et d'ailes ajoutées au XIXe siècle.

Intérieur – Le marquis de Miromesnil, garde des Sceaux de Louis XVI, y meurt en 1796.

Quelques souvenirs de Guy de Maupassant, né en 1850 dans ce château que ses parents ont loué pendant les trois premières années de sa vie, ne manquent pas d'intérêt. Dans une des tours, sous le cabinet de toilette où naquit Guy de Maupassant, le petit salon de Laure de Maupassant présente des objets datant de 1850 (berceau, piano, etc.). Le salon du marquis de Miromesnil est orné du portrait du marquis Armand Thomas Hue de Miromesnil et de celui de sa seconde épouse, née Bignon. La chambre à coucher du marquis de Miromesnil abrite sa collection de livres marqués de ses armoiries. Quant au cabinet de travail, il expose le terrier du marquisat, registre recensant terres et domaines.

Façade sud – Encadrée de deux tourelles cylindriques coiffées de toits en poivrière, elle diffère fort de la façade nord. La brique y domine, la pierre n'apparaît qu'autour des fenêtres et aux angles de l'avant-corps. Époque Henri IV.

Jardins et potager fleuri★ – Des allées fleuries bordent des carrés de fruits, de légumes et de fleurs à couper sagement ordonnés. Le jardin potager, clos de murs de briques roses sur lesquels s'épanouissent arbres fruitiers, roses et clématites, joint à sa vocation « nourricière » à celle d'un jardin « de plaisir ».

Chapelle – Au-delà d'une magnifique futaie de hêtres se dresse la chapelle du XVIe siècle, seul vestige de la forteresse détruite en 1589 par les troupes du duc de Mayenne. La sobriété des murs en grès et silex contraste avec la richesse de la décoration intérieure (XVIe et XVIIIe siècles).

circuit

À TRAVERS LA FORÊT D'ARQUES

Cette forêt de hêtres couronne un éperon cerné par l'Eaulne et la Béthune qui s'unissent à ses pieds pour former l'Arques. La route départementale traverse la rivière puis le sud du massif en longeant une ancienne voie romaine.

Saint-Nicolas-d'Aliermont

Comme les autres communes qui s'étirent sur le plateau étroit d'Aliermont, cette localité est un exemple de « villages-rues », typiques d'une colonisation (XIIe et XIIIe siècles) développée suivant les axes de communication.

Érigée à partir de 1515, l'église d'Arques n'a reçu son clocher qu'au XVIIe siècle.

Le château de Miromesnil a vu naître, en 1850, un certain Guy de Maupassant.

Envermeu

L'église de ce village, de style gothique enrichi de motifs Renaissance, reste inachevée. Colonnes torses. Chaire en bois sculpté surmontée d'un dais. La majesté du chœur, les fines nervures de son abside, réussite de légèreté et d'élégance, suscitent l'admiration.

Martin-Église

Situé en lisière de forêt, ce village est renommé pour ses truites. Son église dédiée à saint Martin, du XIIe-XIIIe siècle, remaniée au XVIe siècle, renferme une statue de la Vierge datant du XVe siècle.

Aussitôt après une belle maison à pans de bois qui abrite un hôtel et un pont sur l'Eaulne, une route étroite sur la gauche mène à la route forestière du Bivouac, qui reste très proche de la lisière ; en suivant cette route, de belles échappées se révèlent sur la vallée d'Arques.

Monument commémoratif de la bataille d'Arques

Un sentier (15 min aller-retour) conduit à l'obélisque érigé sous la Restauration pour rappeler le succès remporté ici par Henri IV. La duchesse du Berry l'inaugura en 1827. De l'autre côté de la vallée apparaît Arques-la-Bataille, dominé par son château.

En retournant vers Arques, la route traverse une autre partie de la forêt où de belles futaies s'offrent à la vue.

Henri IV à la bataille d'Arques le 21 septembre 1589.

PAYS D'AUGE ★★

■ Tout en herbages, parsemé de chaumières et de manoirs à colombages, jalonné de saules et de pommiers, quadrillé de haies vives et sillonné de routes sinueuses – dont celle du cidre –, le pays d'Auge forme une transition admirable avec les plages de la Côte Fleurie. Par son aspect bucolique et la renommée de ses produits, cet arrière-pays reste l'un des meilleurs symboles de la plantureuse Normandie.

comprendre

Les fermes et les manoirs – Ces deux architectures font partie intégrante du pays d'Auge. Les fermes sont isolées dans leur clos comme celles du pays de Caux dans leur cour-masure. Les bâtiments à colombages, disséminés autour de la maison d'habitation, abritent le four, le pressoir, le grenier à pommes, le colombier et les étables. L'indispensable laiterie occupe une place de choix. De leur côté, les innombrables manoirs ajoutent un charme supplémentaire au pays. Plus ou moins rustiques, plus ou moins harmonieux, ils sont toujours parfaitement adaptés au paysage.

circuits

EN AUGE

La « côte d'Auge »

Ancienne abbaye du Val Richer

Abbaye cistercienne détruite en 1789, à l'exception du bâtiment des hôtes (XVIIe siècle). Le ministre Guizot, député de Lisieux à partir de 1830, l'acquiert en 1836 et – bien que méridional – s'attache au pays

Parsemé de chaumières et de manoirs à colombages, le pays d'Auge reste l'un des plus beaux symboles de la Normandie.

LA HAUTE-NORMANDIE

au point d'écrire : « Nous autres, Normands… » Il s'y retire après la révolution de 1848 et y meurt en 1874. Les frères et inventeurs Schlumberger, Conrad et Marcel, y ont aussi résidé et y ont mis au point certaines de leurs inventions *(voir Crèvecœur-en-Auge)*. Peu après, apparaît le château de Roque-Baignard dans un cadre agréable.

Clermont-en-Auge★

Du chevet de la chapelle, magnifique panorama sur les vallées de la Dives et de la Vie, si bien nommée. Parmi les nombreuses statues décorant l'intérieur de l'église, saint Marcouf et saint Thibeault, en pierre polychrome (XVIe siècle), veillent sur le chœur tandis que saint Jean-Baptiste et saint Michel encadrent l'autel.

L'intérieur de l'église de Clermont-en-Auge vaut le détour.

Beuvron-en-Auge★

Le nom vient des castors (*biber* en latin) dont le ruisseau du Doigt était le repaire. Aujourd'hui, il évoque un ravissant bourg, membre du club très fermé des Cent plus beaux villages de France. Autour de sa place centrale, une quarantaine de très belles maisons à colombages illustrent à elles seules la technique du pan de bois. Les anciennes halles, deux fois détruites et aujourd'hui transformées, ajoutent une note pittoresque à l'ensemble. On peut flâner à travers ses venelles ou prendre un verre, accompagné d'une *teurgoule* (sorte de riz au lait) ou de *falues* (brioches).

Crèvecœur-en-Auge★ *(voir ce nom)*

Jardins du pays d'Auge★

A Cambremer, très beaux jardins thématiques, plantés sur près de 3 ha de vivaces, de plantes de collection et de bambous. Les noms sont évocateurs : jardins des senteurs, jardin du soleil et jardin de la lune, jardin des anges et jardin d'eau… Au total, une trentaine d'espaces coexistent ici, rythmés par de belles constructions typiquement augeronnes, transposées une à une dans les lieux par les propriétaires.

Beuvron-en-Auge mérite amplement le label des « Plus beaux villages de France ».

VALLÉE DE LA TOUQUES

La Normandie traditionnelle

Fierté augeronne depuis le XVIIIe siècle, l'élevage des pur-sang se perpétue dans toute la région, qui compte plus de 200 haras. Ces chevaux de selle, taillés pour la course, se négocient en août à Deauville. Ils sont alors âgés d'un an et demi environ, d'où leur nom : « yearlings ».

Rocques

L'église campagnarde au milieu de son vieux cimetière est précédée de deux porches en bois juxtaposés. Le chœur et la tour datent du XIIIe siècle. À l'intérieur, tableau et torchères de la confrérie de la charité locale ; statues en bois polychrome.

Pont-l'Évêque *(voir ce nom)*

Canapville

Manoir des Évêques de Lisieux (XIIIe-XVe siècle) – Ce bel édifice en pans de bois est un des plus charmants du pays d'Auge. Il comprend le grand manoir, corps de logis principal qui regroupe autour de la tourelle d'escalier trois belles cheminées monumentales en pierre, et le petit manoir, dont le poteau d'entrée est sculpté d'une tête d'évêque. À l'intérieur, les salles du rez-de-chaussée, meublées (XVIIIe siècle), présentent des collections de porcelaines de Chine. On visite également le vieux pressoir à cidre.

Le manoir des Évêques de Lisieux, avec ses pans de bois, est un charmant édifice du pays d'Auge.

PAYS D'AUGE

Beaumont-en-Auge
Ce petit bourg, perché sur un éperon dominant la vallée de la Touques, est la patrie du mathématicien et physicien Pierre Simon, marquis de Laplace (1749-1827), dont la statue et la maison natale se dressent sur la place de Verdun.

Saint-Hymer
Ce village est agréablement situé au creux d'un vallon. L'église du XIVe siècle, avec quelques vestiges romans, appartenait au prieuré qui fut l'un des derniers centres d'activité janséniste au XVIIIe siècle. Son clocher est une réplique de celui de Port-Royal-des-Champs, célèbre abbaye au sud-ouest de Paris.
L'intérieur abrite un bel ensemble de boiseries des XVIIe et XVIIIe siècles, des vitraux du XIVe siècle et quelques toiles de Jean Restout. Pour ceux qui s'en souviennent, la célèbre mère Denis repose dans le cimetière adjacent.

Pierrefitte-en-Auge
Dans l'église du XIIIe siècle, les voûtes lambrissées de la nef sont ornées de peintures en camaïeu bleu et violet représentant des paysages. Belle poutre de gloire du XVIe siècle.

Coquainvilliers
Distillerie Boulard – Une visite guidée invite à la découverte des principaux secrets de la distillation en alambics à « repasse » pour la fabrication du calvados. On voit aussi les chais où le précieux distillat vieillit lentement dans des fûts de chêne.

Ouilly-le-Vicomte
L'église, au bord de la route reliant les deux rives de la Touques, est l'une des plus anciennes de Normandie (vestiges des Xe et XIe siècles). Elle possède un autel Renaissance en bois sculpté, un lutrin de même époque, des vitraux modernes de Grüber et une crucifixion (3 statues) du XVIIe siècle.
Parc du château de Boutemont – Joli parc à la française dessiné autour d'un château construit entre les XIVe et XVIe siècles. Tous deux sont inscrits à l'Inventaire des monuments historiques. Le château est entouré de douves sèches et est constitué d'une poterne, d'un pont-levis et de quatre tours d'angle.
Topiaires d'ifs, buis taillés, arbres séculaires et large bassin contribuent au charme du parc. Jolie chapelle sur les hauteurs à l'arrière du château qui offrent une belle vue sur l'ensemble. Dans l'ancien potager, charmant jardin italien planté de magnolias palissés, d'arbres fruitiers et de lauriers nobles.

HAUTE VALLÉE DE LA TOUQUES

Au départ de Lisieux

Une grande partie de ce circuit remonte la grasse vallée de la Touques.

Fervaques
Comme le manoir et la poterne, le château (XVIe et XVIIe siècles), vaste construction en brique et en pierre, est baigné par la Touques. Fervaques a été pendant vingt-deux ans la retraite de Delphine de Custine, l'amie de Chateaubriand, qui y a lui-même séjourné.

Bellou
Au centre du village se dresse le manoir de Bellou, harmonieuse construction à pans de bois du XVIe siècle.

Le château d'Ouilly-le-Vicomte et son parc figurent à l'Inventaire des Monuments historiques.

Au cœur du village de Bellou se dresse ce beau manoir.

LA HAUTE-NORMANDIE

Quelques célébrités gourmandes

Si la région ne manque pas de figures connues, comme la truculente mère Denis, il convient de rappeler que sa réputation doit beaucoup aux « grands noms » de la crémerie : le camembert pour commencer, star incontestée du plateau de fromages, le pont-l'évêque et le livarot ensuite. Le pavé d'Auge a aussi ses adeptes. Côté pressoir, il faut citer le père Jules (calvados, pommeau, cidre), qui ne manque pas non plus de caractère.

Livarot
Ce village, qui conserve de belles maisons anciennes, est la patrie du fromage AOC du même nom, affectueusement surnommé « le colonel » pour sa puissance et les 3 à 5 lanières qui l'entourent, figurant les galons de ce grade.

Saint-Germain-de-Livet
Château★ – Château du XVIe siècle au bel appareil en damier de pierres et de briques vernissées. Dans la cour intérieure, l'aile à colombages (XVe siècle) contraste avec la galerie à l'italienne composée de quatre arcades en anse de panier. La visite commence par la salle des Gardes, qui a conservé des fresques du XVIe siècle en partie dégagées (scène de bataille ; Judith portant la tête d'Holopherne). Après la salle à manger, ornée d'un mobilier d'époque Empire, le hall permet d'apercevoir les anciennes cuisines et d'accéder à l'étage.
Le mobilier de la chambre est typique du XIXe siècle, tandis que les deux pièces suivantes ont été aménagées en salons Louis XV et Louis XVI ; leur charme est renforcé par le beau carrelage en terre cuite du Pré-d'Auge. Après la chambre dite d'Eugène Delacroix (mobilier du peintre, photos), la grande galerie est décorée d'œuvres des peintres de la famille Riesener (XIXe siècle) ; elle se termine par un petit salon rond Louis XVI logé dans la gracieuse tourelle sud (armoire Louis XIV en ébène incrustée de cuivre).
Jardins de l'abbé Marie – Juste en face du château, la jolie église Saint-Germain est entourée d'un charmant petit jardin traversé par une rivière.

À Saint-Germain-de-Livet, le château est doté d'un bel appareil en damier de pierres et de briques vernissées.

LE BEC-HELLOUIN ★★

■ Malgré les mutilations qu'elle a subies, l'abbaye du Bec témoigne de son importance au Moyen Âge en tant que foyer de culture et centre religieux. Le Bec-Hellouin, c'est aussi un petit village typiquement normand, blotti au fond d'une vallée. Tous les clichés locaux s'y sont donné rendez-vous : maisons à pans de bois, lambeaux de bocage, ruisseaux, prairies, vaches grasses à l'ombre des pommiers…

Le nom
Bec, dérivé du mot *Bekkr*, d'origine scandinave, signifie « ruisseau », « cours d'eau », celui-là même qui abreuve les vaches en lisière du village avant de rejoindre la Risle. *Hellouin*, quant à lui, est la déformation de *Herluin*, nom du fondateur de l'abbaye du Bec.

comprendre

La fondation – En 1034, l'élégant chevalier Herluin abandonne son destrier, se laisse pousser la barbe comme un pénitent et demande à son maître, le comte de Brionne, l'autorisation de se consacrer à Dieu. Gagnés par cet exemple et une semblable vocation, neuf candidats anachorètes prennent la même initiative. En 1041, le monastère du « Bec » compte 32 moines.
L'année suivante, un étranger se présente : clerc italien du nom de Lanfranc, venu pour enseigner à Avranches, il en est reparti, lassé de son succès et attiré par la réputation de pauvreté du monastère de Herluin. Pendant trois ans, Lanfranc reste un moine obscur, mais, en 1045, Herluin lui demande de reprendre son enseignement.
Une aura intellectuelle et politique certaine – Lorsque le jeune duc Guillaume assiège Brionne, il apprécie particulièrement les entretiens de Lanfranc qui devient son meilleur conseiller. Envoyé à Rome pour obtenir la levée de l'interdit qui pèse sur la Normandie depuis le mariage de Guillaume et Mathilde, Lanfranc réussit pleinement dans cette délicate mission. Vers 1060, Herluin réinstalle sa communauté un peu en amont du vallon. Quelques années plus tard, le duc demande à Lanfranc de devenir le bâtisseur et le premier abbé de l'abbaye aux Hommes à Caen, dont il a promis d'être le fondateur. Le pape Alexandre II, qui avait été l'élève de Lanfranc au « Bec », choisit son ancien maître pour le siège archiépiscopal de Canterbury. Quand Guillaume le Conquérant regagne la Normandie, Lanfranc, primat d'Angleterre, devient le véritable régent des îles Britanniques. À sa mort, Anselme, abbé du « Bec », grand philosophe et théologien venu d'Aoste, lui succède à ce poste (1093) et l'abbaye devient l'un des foyers intellectuels de l'Occident.
La réforme mauriste et la Révolution – Au XVIIe siècle, le « Bec », qui est la douzième abbaye à accepter la réforme de saint Maur, retrouve un lustre nouveau. En 1669, le frère Guillaume de la Tremblaye (1644-1715), grand maître d'œuvre de la congrégation, l'un des meilleurs sculpteurs et architectes de son époque à qui l'on doit les bâtiments conventuels de l'abbaye aux Hommes à Caen, y fait profession. Plus d'un siècle après, la Révolution chasse la congrégation du site. Sous l'Empire, l'église abbatiale, dont le chœur long de 42 m était un des plus vastes de la chrétienté, est abattue. Les bâtiments dévastés sont transformés en dépôt de remonte pour la cavalerie.

LES GENS

Les bénédictins « olivétains » occupent les lieux depuis 1948. Cette congrégation a été fondée en 1319 par Bernard Tolomei. L'abbaye mère se trouve au Monte Oliveto en Toscane, au sud-est de Sienne. En 1949, les moniales-oblates de sainte Françoise Romaine rejoignent leurs frères au Bec et construisent leur monastère près de l'abbaye.

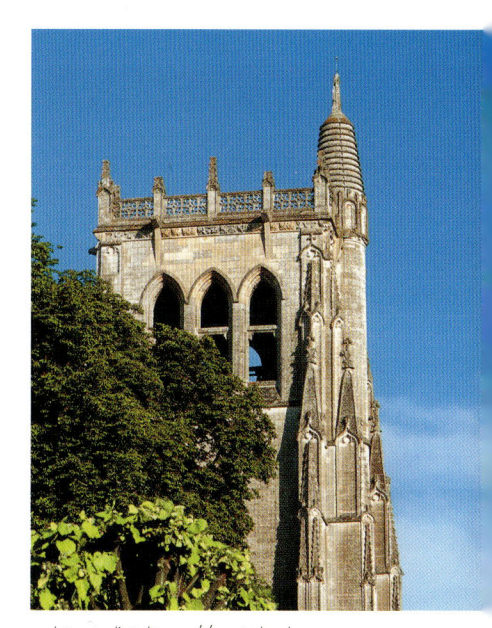

Isolée de l'église abbatiale, la tour Saint-Nicolas a perdu sa flèche.

LA HAUTE-NORMANDIE

> ## visiter

L'ABBAYE★★

Tour Saint-Nicolas
Du XVe siècle, elle reste le vestige le plus important de l'ancienne église abbatiale, dont elle était d'ailleurs isolée. La flèche a disparu. Une plaque rappelle les rapports étroits qui unissaient l'Église d'Angleterre à l'abbaye aux XIe et XIIe siècles. Derrière les murs figure l'ancien logis abbatial.

Ancienne abbatiale
Elle fut démolie au XIXe siècle, et seuls des restes de piliers et les vestiges du bras sud du transept permettent d'en imaginer la disposition. La nef, aujourd'hui disparue, conduit aux grands bâtiments classiques.

Nouvelle abbatiale
Elle est aménagée dans l'ancien réfectoire mauriste, salle voûtée aux proportions majestueuses. L'autel, en marbre des Alpes, a été offert en 1959 par la région d'Aoste, patrie de saint Anselme. Le sarcophage (XIe siècle) devant le maître-autel renferme le corps de Herluin, le fondateur de l'abbaye. À la sortie à gauche se dresse un corps de bâtiment en retour d'angle dont l'ordonnance classique, calmement rythmée, œuvre caractéristique du style mauriste, est rehaussée par le cadre de verdure environnant.

Cloître
Le monumental escalier d'honneur (XVIIIe siècle, rampe moderne) mène au cloître, construit entre 1640 et 1660. C'est l'un des premiers cloîtres classiques de France avec terrasses à l'italienne. Il s'inspire du cloître

La nouvelle abbatiale a été aménagée dans l'ancien réfectoire mauriste.

LE BEC-HELLOUIN

du Mont-Cassin (Italie), œuvre de Bramante. À l'angle nord-est du cloître, belle porte gothique (XIVe siècle) au tympan orné d'une Vierge en majesté.

circuits

La plaine du Neubourg, au sud de la Seine, et le plateau du Roumois, qui la prolonge au nord, se caractérisent par un sous-sol crayeux recouvert de limon, tout ce dont raffolent les cultures céréalières. Au charme des petites églises rurales émergeant des ombrages touffus de leur cimetière répond la noblesse de certains châteaux.

LE ROUMOIS

Château de Tilly
Il fut construit vers 1500 par Guillaume le Roux, seigneur de Bourgtheroulde, qui fit élever à Rouen l'hôtel du même nom. Appareillé en losanges de pierres et briques vernissées, ce château Renaissance a gardé son mur d'enceinte cantonné de tourelles pointues. La riche décoration des lucarnes et, dans la tour arrière coiffée d'un élégant campanile, l'escalier à vis dont l'exceptionnel assemblage des briques rappelle celui du palais Rihour à Lille, attirent l'œil.

Le château de Tilly, de style Renaissance, a gardé son mur d'enceinte cantonné de tourelles.

Écaquelon
Joli village en bordure de la forêt de Montfort. Dans l'église, belles boiseries du XVIe siècle.

Routot
L'église possède un clocher roman aux arcatures entrecroisées. La maison du Lin évoque l'histoire, la culture, le travail artisanal et industriel du lin.

Tous les clichés locaux se sont donné rendez-vous au Bec-Hellouin : maisons à pans de bois, lambeaux de bocage, ruisseaux, vaches grasses à l'ombre des pommiers...

LA HAUTE-NORMANDIE

Bouquetot
L'église, des XIe et XIIe siècles, renferme de belles statues en pierre et en bois ainsi que trois tableaux restaurés du XVIIIe siècle. À côté de l'église, une grille protège une aubépine géante, vieille de 700 ans. Très beaux ifs dans le cimetière.

Bourg-Achard
L'église a conservé, dans le chœur et dans le croisillon gauche, de beaux vitraux du XVIe siècle et, surtout, un ensemble de boiseries des XVe et XVIe siècles comportant, outre les stalles, un siège de célébrant sculpté avec une fantaisie délicieuse et, dans le croisillon droit, quatre panneaux de bois sculpté représentant des scènes de la vie de saint Eustache et de saint Placide. À l'entrée de ce même chœur, Vierge à l'oiseau en pierre polychrome du XVe siècle. L'autel central, restauré, s'harmonise avec l'ensemble de ce décor.

Bourgtheroulde
Intéressants vitraux Renaissance dans le chœur de l'église.
Du château, démantelé en 1789, il ne reste que le pavillon d'entrée et le colombier (XVIe siècle).

Infreville
Dans l'église, grand retable (XVIIIe siècle) de style rocaille.

LE NEUBOURG

Château du Champ-de-Bataille★
Selon la légende, ce palais se trouve sur le site de la bataille qui opposa en 935 l'armée du comte de Cotentin à celle de Guillaume Longue Épée, emmenée par Bernard le Danois. D'autres soutiennent simplement qu'un brave paysan nommé Bataille possédait un champ à cet endroit.
Le château a été construit par Alexandre de Créqui, puis habité par la famille d'Harcourt avant son pillage en 1795. Au XXe siècle, il sert successivement d'hospice, de camp de prisonniers de guerre et de prison pour femmes. Le duc d'Harcourt le rachète en 1947 et commence les restaurations. Elles se poursuivent avec M. Garcia, propriétaire depuis 1992, à qui l'on doit les nouveaux aménagements des intérieurs et des jardins.
Intérieur – Les grandes salles d'apparat, superbement meublées, présentent les collections de mobilier et d'objets d'art du propriétaire.

Parc★
Il est assez rare de voir naître aujourd'hui un jardin de cette importance et chaque année apporte son lot de nouveautés à cette entreprise titanesque. Les spectaculaires perspectives de ce vaste jardin à la française ne sauraient faire oublier une organisation plus subtile qui reprend les sept degrés de la création. Minéral, végétal, animal… le parcours dévoile des bosquets, des kiosques, des pièces d'eaux, un charmant théâtre de verdure, avant la montée des marches qui conduit au canal (lumière) et à la Sphère (esprit).
Parcours de découverte du massif du Champ-de-Bataille – Le parcours de découverte (1,5 km) propose un circuit balisé pour mieux connaître les espèces végétales du bois.

Le Neubourg
C'est la capitale de la plaine du même nom. L'église conserve un maître-autel (XVIIe siècle) orné de jolies statues.
Musée de l'Écorché d'anatomie – Au début du XIXe siècle, le docteur Auzoux, enfant du pays, invente pour les étudiants en médecine un modèle d'anatomie démontable à volonté – 96 pièces en

L'église de Bourg-Achard est éclairée par de magnifiques vitraux du XVIe siècle.

Selon la légende, ce palais du Neubourg se trouve sur le site de la bataille qui opposa en 935 l'armée du comte de Cotentin à celle de Guillaume Longue Épée.

moyenne, pour visualiser les muscles, les membranes et les nerfs. Le musée en présente les procédés de fabrication. Sont dorénavant également exposés des écorchés d'animaux et de végétaux, puisque Auzoux étend son étude à ces espèces. Intéressante collection de dessins du docteur et film retraçant son aventure.

Le Tremblay-Omonville
Le château, caractérisé par un curieux avant-corps (milieu du XVIIIe siècle), est doté de terrasses et d'imposants communs.

Harcourt★
Le bourg se situe au carrefour d'un réseau de routes vers les rives de la Risle et de la Charentonne, et vers la forêt de Beaumont.
À deux pas de l'église (XIIIe siècle), qui conserve une élégante abside, vieilles halles à pans de bois.

Château★ – Berceau de la famille d'Harcourt, ce château et son parc boisé (100 ha) appartiennent depuis 1827 à l'Académie d'agriculture de France. Le château a été construit à la fin du XIIe siècle par Robert II d'Harcourt, compagnon de Richard Cœur de Lion. Au XIVe siècle, Jean VI d'Harcourt le renforce et le modernise. Françoise de Brancas, princesse de Lorraine et comtesse d'Harcourt, le convertit en confortable logis au XVIIe siècle. Au bout de l'allée d'entrée : la masse imposante du château et de son enceinte. À gauche, un sentier longe les fossés (20 m de large) ceinturant l'enceinte flanquée de tours en ruine : il dévoile de belles vues sur l'ensemble fortifié. Par le châtelet de l'entrée sud, on accède à la basse cour, séparée du donjon par un fossé intérieur. L'entrée médiévale et son pont ont été rétablis. Du côté de la façade du XVIIe siècle se trouve un puits (XIIe siècle) dont la margelle est une pierre taillée d'un seul tenant. À l'intérieur, une exposition retrace l'histoire du domaine à travers les siècles.

Attenant à la cour d'honneur, l'arboretum s'étend sur 11 ha et possède plus de 500 espèces d'arbres, en majorité des conifères. Parmi celles-ci, deux cèdres du Liban, plantés vers 1810 et aujourd'hui hauts de 30 m (à l'entrée), de nombreux épicéas (pleureur drageonnant) ; un étonnant hêtre tortillard, des chênes majestueux et bien d'autres essences... Un sentier balisé parcourt le « clos » qui est l'arboretum de « collection » (nombreuses essences, mais représentées par quelques sujets seulement) ; plus à l'ouest, l'arboretum de « peuplement » (moins d'essences, mais cultivées en bouquets plus importants). Le domaine s'entoure d'une forêt (95 ha) peuplée d'arbres rares et superbes venus de tous les coins du monde (mélèzes de Pologne, hêtres du Chili, sapins du Caucase, séquoias, thuyas de l'Oregon...), et d'essences exotiques d'intérêt ornemental et forestier.

Un curieux avant-corps caractérise l'élégant château d'Omonville.

Berceau de la famille d'Harcourt, ce château et son parc appartiennent depuis 1827 à l'Académie d'agriculture de France.

BELLÊME

■ **Bourgade percheronne s'il en est, Bellême regroupe ses maisons au-dessus des rives de la Même, au sommet d'un petit éperon de 225 m qui domine un joli paysage verdoyant. À l'orée d'une magnifique forêt faisant partie du Parc naturel régional, la ville fait office de station verte et de porte d'entrée pour tous ceux qui rêvent de découvrir le Perche et ses chemins de randonnée.**

Le nom
Vient-il du nom de la déesse celte *Belisama* ou du mot latin *Bellissima*, « la plus belle » ? Difficile de trancher.

LA HAUTE-NORMANDIE

LES GENS

1 774 Bellêmois. Aristide Boucicaut (1810-1877), créateur du Bon Marché, à Paris et, par là, initiateur du commerce moderne, compte parmi les plus illustres Bellêmois. Une plaque indique l'emplacement de son premier magasin au n° 1 de la place portant maintenant son nom. Chantre de la région, l'écrivain Roger Martin du Gard (1881-1958) a longtemps vécu au Tertre (à 2 km de Bellême). Il doit sa renommée à ses récits des grandes mutations sociales et intellectuelles dont il fut témoin (prix Nobel de littérature en 1937). Dans les années 1960, Françoise Mallet-Joris écrivait également près de Bellême, au Gué-de-la-Chaîne.

> ## se promener

La ville close

Le porche, flanqué de deux tours reconstruites, ainsi que d'autres tours, désormais encastrées derrière des maisons, sont les seuls vestiges des remparts du XIIIe siècle édifiés autour de l'ancienne forteresse du XIe siècle. En franchissant le porche, on remarque encore le passage de la herse. À proximité, plaque commémorative sur la prise de la ville par Blanche de Castille. L'épisode remonte à 1229, date à laquelle la régente, accompagnée du futur roi Saint Louis, prit d'assaut la forteresse tenue par Mauclerc, comte de Bretagne.

La rue Ville-Close, à l'emplacement de l'ancienne citadelle, est bordée de belles maisons classiques des XVIIe et XVIIIe siècles qui conservent souvent leur décoration extérieure : balcons harmonieux, balustrades en fer forgé, portail monumental. Bel exemple de cette architecture classique : l'élégante façade de l'hôtel Bansard-des-Bois (n° 26), qu'on aperçoit depuis les abords de l'abreuvoir qui occupe les douves de l'ancien château.

Église Saint-Sauveur

Du XVIIe siècle et de pur style classique. L'intérieur (nef lambrissée) est richement décoré. Le maître-autel à baldaquin (1712) en pierre et en marbre retient l'attention. Les boiseries du chœur viennent de l'ancienne abbaye de Valdieu. Les vitraux du chœur montrent six scènes de la vie du Christ. La cuve des fonts baptismaux, décorée de guirlandes, s'appuie contre un retable à trois panneaux.

alentours

Mamers

Blottie dans un creux de la vallée de la Dives, Mamers est la capitale du Saosnois, petite région de transition entre les collines boisées du Perche et le plat pays du Mans. L'industrie de l'électroménager et du matériel de camping y supplante celle du chanvre, mais la cité n'en oublie pas pour autant son passé, avec les filets et la passementerie. Chaque année, en mars, un concours récompense les meilleures rillettes mamertines.

Place de la République – Au n° 33, une plaque indique l'ancienne demeure du politicien Joseph Caillaux, mort à Mamers en 1944. Son nom reste associé à l'impôt sur le revenu et « aux affaires » : le meurtre de Calmette (directeur du *Figaro*), en 1914, par son épouse (pour le protéger), ou sa propre arrestation, en 1918, pour intelligence avec l'ennemi. Sur le toit de la maison du n° 26, réplique miniature de la tour Eiffel (échelle 1/100) qui trône là depuis 1889 !

Le couvent de la Visitation et le cloître (1685), restaurés, abritent les instances administratives de la ville.

Place Carnot – L'église Saint-Nicolas, qui s'ouvre par un joli portail flanqué de colonnes, est le plus ancien monument de Mamers ; juste en face, les halles datent de 1918 et accueillent d'importantes foires.

Église Notre-Dame – Fondée au XIIe siècle, elle est presque entièrement refaite au XVIe siècle. La nef principale montre un étrange triforium à larges baies à meneaux. Une jolie Dormition de la Vierge, terre cuite du XVIe siècle, orne un revers à gauche de la façade.

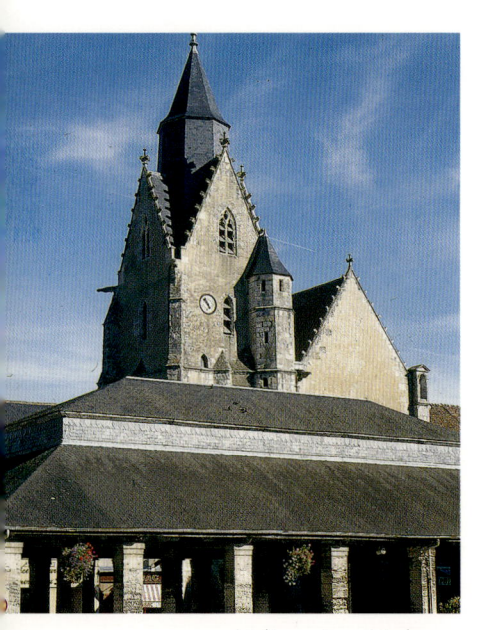

L'église Saint-Nicolas est le plus ancien monument de Mamers.

circuits

FORÊT DE BELLÊME★

La forêt domaniale de Bellême (2 400 ha) est une des plus belles du

BELLÊME

Perche. Elle doit sa réputation à ses majestueuses futaies de chênes autant qu'à la variété et à la beauté de ses sites. Une partie du massif sert désormais de forêt d'expérimentation.

Étang et fontaine de la Herse
Les eaux calmes de l'étang de la Herse reflètent l'agréable cadre de verdure qui l'entoure, assurant la fraîcheur du lieu, plutôt apprécié des touristes. De l'autre côté de la route, face à la maison forestière de l'Hermousset, se trouve une fontaine romaine. À proximité, deux blocs de pierre portent des inscriptions latines.
Dans la région, l'Office national des forêts procède, selon le « traitement en taillis », à la régénération des vieux peuplements tous les vingt à trente ans.
Chêne de l'École – Son fût de 22 m (environ 4,3 m de circonférence), pour une hauteur totale supérieure à 40 m et… un âge dépassant 300 ans, est parfaitement droit. Depuis 1927, il est dédié à l'École nationale des eaux et forêts.

Les eaux calmes de l'étang de la Herse reflètent l'agréable cadre de verdure qui l'entoure.

La Perrière
Son nom vient du latin *perreria*, carrière de pierre. Le village est, en effet, construit sur un promontoire calcaire, recouvert de sable. On trouve par endroits des blocs de grès de couleur rouge sombre, les grisons. De nombreuses maisons sont construites avec ces pierres. Connu au XIXe siècle pour la fabrication du filet (noué, brodé, perlé), ce village plein de charme est aujourd'hui très « tendance » et s'anime les week-ends avec l'afflux de nombreux Parisiens…
Le « sentier découverte » de La Perrière permet de repérer les ruelles aux noms surprenants, les logis anciens du XVe au XVIIe siècle, le site classé de l'Éperon. La Maison d'Horbé, par exemple, fait à la fois brocante et salon de thé.
Du chemin qui contourne le cimetière, près de l'église, joli panorama sur la campagne percheronne. On aperçoit, à l'ouest, la forêt de Perseigne et, au loin, celle d'Écouves.

Chêne de la Lambonnière
S'il manque de prestance – il est en effet taillé en têtard –, ce vénérable chêne de plus de cinq siècles impressionne avec son énorme tronc creux de 7,2 m de circonférence.

Saint-Martin-du-Vieux-Bellême
Ce village, aux maisonnettes coquettes groupées autour de l'église (XIVe-XVe siècle), a su conserver sa petite musique d'hier à travers l'industrie du bois.

BELLÊME ET SON PAYS
Le parcours débute dans une agréable campagne aux larges horizons où se découpe, çà et là, la silhouette de quelque tourelle.

Château des Feugerets
Deux pavillons carrés bordant les douves garnies d'une fine balustrade et un élégant corps de logis du XVIe siècle forment un bel ensemble. L'imposante silhouette du château se détache sur un fond de verdure où pousse la fougère qui lui a donné son nom.

Saint-Germain-de-la-Coudre
La crypte de l'église date du XIe siècle. Elle est dédiée à saint Blaise et contient une belle Vierge à l'Enfant en pierre.

L'Hermitière
Cidrerie traditionnelle du Perche – Le site de l'exploitation agricole

Roussard et grison

Le roussard est un grès composé de grains de silex reliés entre eux par une pâte ferrugineuse compacte. Au contact de l'humidité de l'air ambiant, le fer s'oxyde et la pierre prend une teinte de rouille plus ou moins accentuée. Cette pierre se retrouve sur de nombreux édifices civils ou religieux de l'Eure (tour Grise de Verneuil-sur-Avre), de l'Orne et de la Sarthe. Le grison, également fréquent dans la région, est un agglomérat de roches qui a tendance à s'effriter et que l'on retrouve notamment à Senonches.

L'Hermitière vous fera découvrir les procédés de fabrication du cidre.

LA HAUTE-NORMANDIE

permet de découvrir les procédés de fabrication du cidre grâce à une visite guidée et à une vidéo.

Préaux-du-Perche
Au Moyen Âge, la paroisse dépendait de l'abbaye de Saint-Germain-des-Prés à Paris.
Église – La très jolie église Saint-Germain associe des éléments architecturaux allant du XIIe (le clocher) au XVIIIe siècle.

Prieuré de Sainte-Gauburge
L'écomusée du Perche y est installé. Pressoir, grugeoir et alambic permettent d'expliquer les procédés de fabrication du cidre. Une importante collection d'outils agricoles complète cette présentation de l'agriculture traditionnelle percheronne. À l'étage, de vieux métiers reconstitués (maréchal-ferrant, bourrelier, charron, bûcheron, tonnelier, etc.) font revivre la vie artisanale d'hier. Fête de l'agriculture début juillet et fête du cheval percheron le 15 août.
L'église (XIIIe-XIVe siècle), d'un style gothique très pur, accueille des expositions temporaires sur un sujet percheron. Attenants à l'église subsistent les bâtiments de l'ancien prieuré qui dépendait de l'abbaye royale de Saint-Denis, du XIIe siècle à la Révolution. Cet ensemble monumental (XIIIe-XVIIIe siècle) ordonné autour de la cour traduit les aspects de la vie prieurale : église, logement des moines, du prieur, et dépendances agricoles (l'activité première du prieuré résidait précisément dans la production agricole).
À la sortie est du village se dresse la ferme des Chaponnières. Une tour ronde raccorde au corps de logis un pavillon carré de la fin du XVIe siècle.

La Pierre Procureuse
D'après la légende, la pierre de couverture de ce dolmen de la fin du néolithique (2 500 ans av. J.-C.) procurerait à ceux qui la touchent toutes sortes de bienfaits, de là ce nom de Pierre Procureuse.

Manoir de l'Angenardière
Au milieu d'une enceinte bien conservée, ce manoir du XVIe siècle, restauré, conserve un aspect féodal avec ses imposantes tours couronnées de mâchicoulis.

Saint-Cyr-la-Rosière
L'église de ce petit village conserve un joli portail roman à triple voussure. À l'intérieur, la chapelle de droite (en entrant) abrite une toile du XVIIe siècle représentant le martyre de saint Sébastien, ainsi qu'une Mise au tombeau en terre cuite polychrome, également du XVIIe siècle.

L'écomusée du Perche s'est installé dans les bâtiments du prieuré de Sainte-Gauburge.

Cette pierre de la fin du néolithique procurerait à ceux qui la touchent toutes sortes de bienfaits !

BERNAY

■ **Niché dans la vallée de la Charentonne, Bernay séduit par son ensemble d'anciennes demeures à pans de bois remises en valeur. Cette petite ville animée, qui vit naître l'alexandrin, s'est développée autour de l'abbaye fondée au XIe siècle par Judith de Bretagne, épouse du duc Richard II.**

La tradition
D'origine médiévale, la tradition des charitons subsiste dans la région de Bernay mieux qu'ailleurs. Chaque lundi de Pentecôte

BERNAY

se déroule dans la ville une grande assemblée des confréries de charité, l'occasion d'un défilé solennel et coloré.

se promener

Boulevard des Monts★
De cette belle allée à flanc de coteau dominant le nord de Bernay, vues sur la ville et la vallée de la Charentonne.

Hôtel de ville
C'est l'ancienne abbaye de Bernay. Les bâtiments du XVIIe siècle ont la noble ordonnance des conceptions architecturales des mauristes.

Rues intéressantes et vieilles demeures
Quelques rues du vieux Bernay, bordées de maisons typiques, suscitent l'intérêt.
« L'eau, la pierre, le bois » - Ce circuit balisé, qui traverse le vieux Bernay, permet de découvrir tout le charme de cette région.
Rue Gaston-Folloppe – Des antiquaires y ont pignon sur rue.
Rue du Général-de-Gaulle et rue Thiers – Artères commerçantes très animées. Au bout de la rue Thiers, l'église Sainte-Croix, commencée au XIVe siècle et très restaurée, renferme d'intéressantes œuvres d'art provenant en partie du Bec-Hellouin, dont la pierre tombale de Guillaume d'Auvillars, abbé du « Bec » (1418). Elle se trouve dans le croisillon droit du chœur, à l'entrée de la sacristie. Au revers du portail d'entrée, bas-relief en bois doré (XVIe siècle) : le Portement de croix. Seize grandes statues d'apôtres et d'évangélistes (fin XIVe siècle) sont adossées aux piliers de la nef et du chœur, orné des statues en terre cuite de saint Benoît et de saint Maur (XVIIe siècle). Sur le maître-autel, groupe de la Nativité (1683) d'après l'œuvre en marbre (1662) des frères Anguier, pour le Val-de-Grâce, à Paris.
Rue Gabriel-Vallée – On y accède par le passage du Grand-Bourg s'ouvrant rue du Général-de-Gaulle. Au n° 17, maison à colombages et en encorbellement.

visiter

Ancienne église abbatiale
Cette église a été commencée en 1013 par Guillaume de Volpiano, appelé de Fécamp par Judith de Bretagne, femme du duc de Normandie Richard II. À cette époque, le rôle d'un tel établissement était autant politique et économique que religieux et intellectuel.
Au XVe siècle, une abside polygonale remplace l'abside semi-circulaire. La nef s'élève sur de grandes arcades à chapiteaux corinthiens et la tribune se compose de baies géminées. Le bas-côté nord, refait au XVe siècle, est voûté d'ogives ; les coupoles surbaissées du bas-côté sud sont du XVIIe siècle.

Musée municipal
Il se tient dans l'ancien logis abbatial (fin du XVIe siècle), construction en damier de pierres et de briques.
Belle collection de peintures, du XVIIe siècle au XXe siècle. Écoles française (Girodet, Villon, importante collection de toiles d'Henri de Maistre, etc.), dont celle de Barbizon (Diaz de la Peña), flamande et hollandaise (R. Brakenburg, Van Goyen), italienne ; paysagistes et impressionnistes anglais (Constable). Faïences (Rouen, Nevers, Moustiers) et beaux meubles normands anciens (armoires et bahuts). Au 1er étage (classé aux Monuments historiques), le *Portrait du procurateur de Saint-Marc*, attribué au Tintoret, et le délicieux

LES GENS

11 024 Bernayens. Le plus illustre des enfants du pays reste le trouvère Alexandre de Bernay (XIIe-XIIIe siècle). Il est l'auteur, avec un certain Lambert le Tort, du *Roman d'Alexandre*, poème inaugurant l'usage des vers de 12 syllabes, ou pieds, appelés par la suite alexandrins. Cette œuvre s'inspirant de textes de l'Antiquité, à la gloire d'Alexandre le Grand, comprenait quelque 17 952 vers !

Bernay séduit par son ensemble d'anciennes demeures à pans de bois.

Moines et religieuses en goguette, par R. Brakenburg. Au sous-sol, collections d'archéologie et d'arts et traditions populaires.

Basilique Notre-Dame-de-la-Couture

Cette église du XVe siècle, érigée en basilique en 1950, est couverte de voûtes en bois ; la statue de Notre-Dame-de-la-Couture (XVIe siècle), objet de la dévotion des pèlerins, est placée sur un autel moderne, dans le transept gauche. L'église a conservé de beaux vitraux, habilement restaurés, représentant l'Ascension, l'Arbre de Jessé, la Résurrection...

circuit

LE LONG DE LA RISLE ET DE LA CHARENTONNE

Depuis les alentours de L'Aigle, la Risle et la Charentonne, jolies rivières rapides et poissonneuses, mènent des chemins presque parallèles. La seconde serpente dans les herbages humides d'une vallée aux aspects parfois solitaires avant de se jeter dans la Risle à la hauteur de Serquigny.

De nombreux petits moulins à eau captaient autrefois son énergie pour actionner meules et forges, puis alimenter les filatures qui occupaient une main-d'œuvre abondante. Certains de ces moulins subsistent, mais la rivière n'alimente plus guère que les rêveries des promeneurs.

Menneval

Le village à la sortie de Bernay s'étale dans un des replis les plus séduisants de la vallée. Charmante petite église rurale (façade refaite en 1971). La confrérie de charité locale, fondée en 1060, est la plus ancienne de la région.

Fontaine-l'Abbé

Joli village normand. Dans l'église, à côté du château Louis XIII, belles torchères de charité.

Serquigny

Le « grand château » (XVIIe siècle) est à l'écart du bourg, qui possède aussi un « petit château » (XVIIIe siècle). Comme la localité voisine de Courcelles et bien d'autres dans la région, Serquigny a longtemps vécu au rythme de sa forge et de sa grande filature dont le bâtiment de briques subsiste. L'église conserve un portail roman ; sa façade ouest est appareillée en damier de silex noir et de pierre blanche. À l'intérieur, des vitraux Renaissance éclairent une chapelle de la même époque (à gauche). Quatre gros piliers cylindriques soutiennent la tour du clocher. Petite chaire à prêcher faite de panneaux sculptés ; anciennes statues de bois (nef).

Beaumont-le-Roger

Les ruines de l'ancien prieuré de la Trinité (XIIIe siècle), dont les imposants contreforts sont visibles de la route, se dressent sur une terrasse. L'église Saint-Nicolas (XIVe-XVIe siècle), fort endommagée par les bombardements, a été restaurée. Elle abrite des vitraux anciens (XVe et XVIe siècles) et modernes.

Château de Beaumesnil★

Décrit par La Varende dans *Nez-de-Cuir*, sous le nom de Mesnil Royal et aujourd'hui surnommé le « Versailles normand », le château est un des rares chefs-d'œuvre de style Louis XIII baroque,

L'ancien logis abbatial, construit en damier de pierres et de briques, abrite le musée municipal de Bernay.

À Beaumont-le-Roger, les ruines de l'ancien prieuré du XIIIe siècle se dressent sur une terrasse.

BERNAY

avec l'hôtel de Sully à Paris. Édifié en pierre et brique, il arbore une façade richement décorée de motifs florentins. La visite des intérieurs meublés permet d'admirer une importante collection de livres reliés des XVIIe et XVIIIe siècles ainsi que de beaux exemples de reliures contemporaines.
Les jardins et le parc (près de 60 ha), qui garde intact son plan du XVIIe siècle, répondent à la richesse de l'ensemble. Comme émergeant de l'eau des douves, un étrange labyrinthe de buis d'époque baroque occupe l'emplacement de l'ancienne motte du donjon féodal.

Broglie
Le petit bourg de Chambrais, le long de la rivière, devient au XVIIIe siècle le fief de l'illustre famille piémontaise de Broglie dont il prend alors le nom. Les vastes bâtiments du château, ancienne forteresse médiévale reconstruite au XVIIIe siècle, occupent une position dominante.
Église – La partie centrale de la façade et la base du clocher sont en grison, le reste en grès du pays. La façade est percée d'une puissante porte en plein cintre. À l'intérieur, les lourds piliers (également en grison) du côté gauche et le chœur sont romans. Le reste de l'édifice date des XVe et XVIe siècles, comme les statues dans le bas-côté droit.
Jardin aquatique – Baigné par le cours de la Charentonne, cet agréable petit jardin accueille des végétaux des régions tempérées et des plantes exotiques.

Ferrières-Saint-Hilaire
Comme son nom l'indique, une ancienne industrie métallurgique s'est développée dans ce petit village. Vestiges de la forge et du château du maître de forge.

Saint-Quentin-des-Isles
En contrebas du château (XIXe siècle) figure une filature de coton. Le colombier de l'ancien manoir se dresse sur une île.

Le sympathique jardin aquatique de Broglie accueille notamment toutes sortes de végétaux des régions tempérées.

Surnommé le « Versailles normand », le château de Beaumesnil est un des rares chefs-d'œuvre de style Louis XIII baroque, avec l'hôtel de Sully à Paris.

LA HAUTE-NORMANDIE

PARC NATUREL RÉGIONAL DES BOUCLES DE LA SEINE NORMANDE

■ La vaste et belle forêt de Brotonne (7 400 ha), qu'enlace une large boucle de la Seine, contribue au charme de la rive gauche du fleuve. La création en 1974 du Parc naturel régional a permis de la mettre en valeur. La construction du pont de Brotonne, trois ans plus tard, l'a définitivement tirée de sa solitude. En lisière des frondaisons tentatrices, dans ces villages proprets, on entend la petite musique d'hier, celle du vieux pressoir, du moulin, du four à pain...

La situation
Comme son nom l'indique, le Parc s'étend de chaque côté des amples méandres de la Seine. Il y a bien sûr les ponts de Tancarville ou de Brotonne, mais les traversées en bac sont d'excellents et agréables moyens de changer de rive.

Les paysages des boucles de la Seine attirent les inconditionnels du tourisme vert autant que les passionnés d'histoire.

découvrir

PARC NATUREL RÉGIONAL DES BOUCLES DE LA SEINE NORMANDE

Ce parc, de près de 45 000 ha, s'étend de l'ouest de Rouen à partir de la boucle de Roumare jusqu'au marais Vernier, un peu avant le pont de Normandie. Dépassant largement les limites de la forêt de Brotonne, il couvre toute la vallée de la Basse-Seine, intégrant dans son espace une multitude de sites dont quelques-unes des plus imposantes abbayes de la région. Il attire ainsi les inconditionnels du tourisme vert et les amoureux d'histoire et d'art de vivre. C'est dans ce contexte que le rôle du parc prend toute son importance. Sa mission consiste en effet à superviser les aménagements et les activités propres à développer l'économie (coopératives, promotion de l'artisanat...) tout en préservant le patrimoine naturel et culturel. Un autre de ses objectifs vise à sensibiliser les gens à la nature et au patrimoine. Cela commence par les 65 000 habitants du parc, et continue auprès des visiteurs qui viennent nombreux profiter des multiples randonnées et des sites historiques exceptionnels des boucles de la Seine.

Maison du Parc
À la lisière de Notre-Dame-de-Bliquetuit, sur la route qui mène au pont de Brotonne, elle occupe le site d'une ancienne ferme et de ses dépendances. Outre une documentation fournie sur la forêt de Brotonne toute proche, elle offre

La maison du Parc occupe le site d'une ancienne ferme normande et de ses dépendances.

P.N.R. DES BOUCLES DE LA SEINE NORMANDE   85

une multitude d'informations sur le reste du parc en tenant notamment à la disposition du visiteur des brochures publiées par le Parc, la région ou encore l'Office national des forêts. Elles indiquent souvent les sentiers pédestres ou les itinéraires pour les vélos. Des circuits à thèmes sont proposés à partir de la maison du Parc.

« **Le sentier de la maison du Parc** » – Un sentier de découverte nature permet de découvrir un potager biologique, une haie plessée et une mare tout en apprenant à reconnaître différentes espèces d'arbres. Deux autres circuits de 8 à 12 km partent de la maison du Parc.

circuit

FORÊT DE BROTONNE ET BORDS DE SEINE

L'étymologie de Brotonne reste controversée. La petite histoire fait du massif de Brotonne la *silva Britonis* ou « forêt du Breton », ledit Breton pouvant être saint Condède, un ermite qui, vers 670, aurait reçu du roi mérovingien, Théodorique III, un morceau de la forêt d'Arelaune. Celle-ci aurait été rebaptisée au profit de son pays natal. Autre version, le nom est bien lié au bénéficiaire de la donation du domaine, mais il s'agirait d'un certain Burton, lequel n'a rien de breton. Toujours est-il qu'aujourd'hui, cette forêt se distingue surtout par ses routes forestières, dont les percées donnent de beaux aperçus sur le moutonnement des futaies de feuillus (hêtres et chênes) et sur les pinèdes (pins sylvestres).

Quatre troncs de chêne divergeant d'une même souche forment ce « chêne à la cuve », curiosité locale.

Chêne à la cuve
Quatre troncs de chêne, divergeant d'une même souche, délimitent une sorte de cuve naturelle de 7 m de circonférence.

Moulin de Hauville
Ce moulin du XIIIe siècle, qui appartenait à l'abbaye de Jumièges, est l'un des seuls en pierre subsistant en Haute-Normandie. Sa toiture tournante (orientée selon le sens des vents) en charpente de chêne couverte de roseaux, sa tour aux élégantes pierres, ses grandes ailes lui donnent fière allure. À l'intérieur, on peut apprécier le mécanisme et, si le vent est de la partie, le voir fonctionner.

Le moulin de Hauville est l'un des seuls en pierre subsistant en Haute-Normandie.

LA HAUTE-NORMANDIE

La Haye-de-Routot
Deux ifs millénaires colossaux (16 m et 14 m de circonférence) – l'un abrite une chapelle, l'autre un oratoire – offrent leur fraîcheur au cimetière entourant la petite église. Le four à pain, dans une construction du XVIII siècle, fait revivre la fabrication du pain à l'ancienne cuit au bois. Exposition d'outils de boulanger et de pains aux formes fantaisistes. Le rituel de la cuisson du pain se perpétue. Le musée du Sabot, installé dans une maison traditionnelle du Roumois (XVII siècle), présente les outils et les techniques autrefois utilisés. Importante collection de sabots.

Vieux-Port★
Charmant village aux chaumières traditionnelles lové dans un nid de verdure au bord de la Seine. Les toits rivalisent d'épaisseur et les haies admirablement taillées ressemblent à des murets délicats et parfumés.
« Parcours historique Portut tutus » et « Chemin des sources bleues » – Ces deux itinéraires partent de l'esplanade en bord de Seine. Le premier (2 km) explique les origines du village, le second (7,8 km) invite à découvrir de belles chaumières en traversant des paysages de bocage et en longeant la Seine.

Aizier
Le clocher de pierre de l'église romane (XII siècle) est d'allure très archaïque. Près de l'église, dalle à trou d'homme : vestige d'une allée couverte (2 000 ans av. J.-C.).

Vatteville-la-Rue
La nef Renaissance de l'église abrite une litre : bande armoriée de couleur noire, peinte sur les murs à l'occasion des funérailles d'un seigneur. Des verrières du XVI siècle illuminent le chœur flamboyant. De Saint-Nicolas-de-Bliquetuit s'égrènent de beaux jardins clos et de pittoresques maisons à colombages.

Pont de Brotonne★
Mis en service en 1977, ce pont routier à péage enjambe la Seine en amont de Caudebec-en-Caux. Ses caractéristiques : 1 280 m de long, un tablier suspendu à 50 m au-dessus des eaux et des pylônes hauts de 125 m.

Depuis 1977, le pont de Brotonne assure un lien permanent entre les deux rives de la Seine.

BRIONNE

■ Par sa situation idéale, proche tout à la fois de l'abbaye du Bec, des châteaux d'Harcourt et du Champ-de-Bataille – trois points forts de la région –, et grâce à son fier donjon carré, Brionne est devenu un agréable lieu de séjour. On ne peut trouver meilleur point de départ pour rayonner dans le Lieuvin.

Le nom
Au choix, il viendrait du gaulois *Brio Onno* ou du romain *Breviodurum* qui signifient « pont sur la rivière ».

se promener

De l'ancienne place forte ne subsistent que le donjon et quelques vestiges du château (rive droite). Dans le même axe s'alignent l'église Saint-Martin, la gare (rive gauche) et l'office de tourisme.

LES GENS
4 449 Brionnais. Le siège de la ville, où s'était retranché Guy de Bourgogne entre 1047 et 1050, donna l'occasion au duc Guillaume de Normandie d'entrer en contact avec le foyer de culture du Bec-Hellouin. Ce sera le point de départ d'une relation de confiance qui amènera le monastère à jouer un rôle dans l'organisation religieuse de l'Angleterre.

BRIONNE

Trois circuits balisés (15 à 22 km) partent de l'office de tourisme. Ils sont praticables à pied, à vélo ou à cheval.

Donjon
La « sente du Vieux-Château », en forte montée, mène aux ruines de l'un des rares et meilleurs types de donjon normand carré (XIe siècle). De puissants contreforts venaient épauler ses quatre étages.

Église Saint-Martin
La nef est du XVe siècle et le chœur à voûte gothique lambrissée du XIVe siècle. Vitraux modernes.

Jardin de Shaftesbury
Promenade agréable le long de la Risle dans un petit jardin portant le nom de la ville anglaise jumelée.

Ancien pressoir
Cet édifice du XVIIIe siècle, restauré, abrite l'office de tourisme.

Brionne constitue un point de départ idéal pour rayonner dans le Lieuvin.

circuit

LE LIEUVIN

Le Lieuvin est un plateau couvert d'argile à silex et de limons ; c'est aussi une région céréalière et herbagère. Avec le Roumois, séparé par la vallée de la Risle, il forme transition entre le pays de Caux et le pays d'Auge.

Saint-Grégoire-du-Vièvre
Le mur méridional de l'église présente une originale composition en damier, de silex noir et de pierre blanche avec, sur certaines pierres, des personnages et des sortes de rébus qui dateraient du XVIe siècle.

Saint-Georges-du-Vièvre
Situé au cœur du Lieuvin, cette commune est le point de départ du circuit des maquisards qui couvre le nord-est du canton, vers la Risle.

Château de Launay
De la grille d'honneur, on peut admirer cette construction d'époque Régence, aux ailes prolongées par des dépendances du XVIe siècle aux beaux colombages. Le parc comprend des jardins à la française et un magnifique hêtre pleureur. Le pigeonnier aux consoles sculptées de monstres et de personnages grotesques ne manque pas d'intérêt.

Saint-Benoît-des-Ombres
La chapelle est protégée par un rideau de verdure. Perché sur le porche en bois (XVe siècle), saint Benoît, également de bois, dévisage les visiteurs. À l'intérieur, belle voûte et fonts baptismaux (XVIe siècle).

Les jardins du clos Saint-François
Joli jardin à l'anglaise patiemment dessiné depuis 1985 autour d'une ancienne chaumière normande que les propriétaires ont d'abord restaurée. La succession d'ambiances végétales et animales (ânes, paons, oies, etc.) invite à la flânerie. Belle collection de roses anciennes (près de 150 espèces). Buissons en fleurs, pivoines arbustives, rhododendrons, cyprès chauves, arbre de Judée et séquoia.

Livet-sur-Authou
De charmantes maisons à colombages noir et blanc marquent l'entrée de la localité. Le château avec son parc et l'église de l'autre côté de la route composent un tableau pittoresque.

C'est depuis la grille d'honneur que le château de Launay, d'époque Régence, offre son meilleur point de vue.

La mythique Deauville ne désemplit pas lors des multiples manifestations qui égrènent son calendrier.

CD

CABOURG ★

■ Station balnéaire mondaine et animée, créée sous le Second Empire, Cabourg conserve un parfum d'antan et la faveur d'une élégante clientèle. Équipements et loisirs y sont nombreux pour toute la famille et tous les goûts. On y vient pour profiter d'un repos bien mérité. En prime, l'ombre de ses jeunes filles en fleurs...

comprendre

Du village de pêcheurs au Tout-Paris – En 1853, Henri Durand-Morimbau, promoteur et agent d'affaires parisien, travaille pour une société thermale dont le but est la création d'établissements de plaisance. Cette année-là, il découvre Cabourg, un petit hameau de pêcheurs qu'il décide de transformer en station balnéaire. Il s'entoure alors d'Achille Collin, un ancien directeur de théâtre, et d'un dramaturge, Adolphe Denenry, qui entraînent bientôt dans leur sillage tous les directeurs de théâtre dans le projet. Le monde du spectacle et de la littérature mise sur la création de la station.

Celle-ci voit le jour en 1855, dessinée selon un plan radiocentrique au cœur duquel trônent le casino et le jardin qui le borde. La ligne directrice est déjà donnée : Cabourg sera élégante et réunira la fine fleur parisienne ainsi que de nombreux hommes de théâtre. Son développement s'accélère après la création, en 1862, du Grand Hôtel de la Plage : 150 villas sont construites entre 1862 et 1875. Dès 1868, le casino est d'ailleurs reconstruit et un théâtre lui est adjoint.

Le Cabourg de Proust – En 1881, **Marcel Proust** se rend pour la première fois à Cabourg ; il a alors dix ans et le climat maritime apaise ses crises d'asthme. Attiré par le charme des lieux, qu'il revisite souvent, il finit par élire domicile au Grand Hôtel, renouant ainsi avec l'univers de son enfance.

La littérature française lui doit *À l'ombre des jeunes filles en fleurs*, peinture de la vie de plage au début du siècle et des mœurs de Cabourg – Balbec – à la Belle Époque.

LES GENS

3 520 Cabourgeais. À la fin du XXe siècle, la renommée artistique de Cabourg se perpétue grâce à des hommes comme Bruno Coquatrix, le père de l'Olympia de Paris, qui prend la direction des « grands établissements » cabourgeais en 1956. S'y succèdent alors : Piaf, Bécaud et Aznavour. À partir de 1971, il préside au destin de la station en étant élu maire de la ville. La restauration complète du Grand Hôtel est une de ses grandes réalisations.

On vient profiter sur la plage de Cabourg d'un repos bien mérité !

LA HAUTE-NORMANDIE

Au cœur de la ville trônent le casino et le Grand Hôtel.

séjourner

Face à la mer, le casino et le Grand Hôtel forment le pôle d'où rayonnent des rues en éventail reliées par des artères semi-circulaires. De belles villas cossues, aux jardins ombragés et souvent fleuris, donnent tout leur charme à ces avenues.

En terrasse, au-dessus de la plage de sable fin en pente douce, la promenade Marcel-Proust incite à la flânerie. La vue s'étend de Riva-Bella à Houlgate avec Trouville à l'arrière-plan et le cap de la Hève à l'horizon.

Le nouvel hippodrome, inauguré en 1991, se trouve à l'entrée sud de Cabourg. Un vaste plan d'eau, protégé par une longue digue, a été aménagé pour la navigation de plaisance à l'embouchure de la Dives : le Cap Cabourg.

alentours

Dives-sur-Mer★

La ville n'est séparée de Cabourg que par l'estuaire de la rivière Dives, dont elle porte le nom. C'est de l'ancien port de Dives-sur-Mer que Guillaume le Bâtard, duc de Normandie, s'embarqua pour la conquête de l'Angleterre au XIe siècle.

Dès 1855, la ligne directrice est donnée : Cabourg sera élégante...

CABOURG

Halles★ – XIVe et XVe siècles. Leur magnifique charpente en chêne, très bien conservée, s'harmonise parfaitement avec la toiture en tuile. Quelques enseignes en fer forgé caractérisent divers commerces.

Au fond de la place de la République se dressent les bâtiments (XVIe siècle) du manoir de Bois-Hibou. La demeure appelée Lieutenance a servi de gendarmerie au XIXe siècle.

Église Notre-Dame de Dives – Cette massive construction, sanctuaire de pèlerinage jusqu'aux guerres de Religion, date des XIVe et XIVe siècles, sauf la croisée du transept, vestige d'un premier sanctuaire édifié au XIe siècle. Au revers de la façade figure la liste (gravée en 1862) des 315 compagnons d'armes de Guillaume dans son expédition en Angleterre. À l'intérieur, l'élégance de la nef (XVe siècle) contraste avec l'aspect massif des piliers et les arcades sévères de la croisée du transept, romane. Les croisillons, le chœur et la belle chapelle de la Vierge ont été construits au XIVe siècle dans le style rayonnant.

Village Guillaume-le-Conquérant – Agréable quartier d'artisanat aménagé dans l'ancienne hostellerie du même nom (XVIe siècle), décorée au XIXe siècle de sculptures de bois et de statues des XVIIe et XVIIIe siècles. Parmi ses visiteurs de marque, Mme de Sévigné, Alexandre Dumas, Thiers, Poincaré, etc. Autour de la cour de l'ancienne auberge se rassemblent les boutiques aux façades décorées d'enseignes.

Merville-Franceville-Plage

Lors du Débarquement allié en juin 1944, le puissant et stratégique point de défense que constituait la batterie de Merville (4 abris bétonnés pourvus chacun d'une pièce de 150 mm d'une portée de 20 km) fut le centre de violents combats qui s'avérèrent décisifs pour la suite des opérations. Le musée de la Batterie occupe l'un des abris, et un parcours pédagogique permet de découvrir ce tragique lieu de mémoire.

Ranville

Pendant la Seconde Guerre mondiale, Ranville, pris d'assaut le 6 juin, à 2h30, par les parachutistes du 13e bataillon du Lancashire de la 6e division aéroportée britannique, a été le premier village libéré de France. Cimetière commémoratif.

Cricqueville-en-Auge

Le château, achevé en 1584, forme avec ses trois pavillons aux combles immenses une composition encore médiévale d'aspect. Son appareil en damier de pierres et briques lui donne tout son cachet normand. Dans la descente de Sarlabot à Dives, un beau panorama s'étend sur la côte du Calvados, de part et d'autre de l'embouchure de l'Orne.

Le Sauveur sans croix

En l'an mil et un de la grâce de Dieu, raconte la légende, des pêcheurs de Cabourg ramènent dans leurs filets un Christ sans croix. Tout l'équipage se jette à genoux, à l'exception d'un homme qui se refuse à adorer « un morceau de bois ». Pour prouver le bien-fondé de son attitude, d'un coup de hache il tranche net le genou droit de la statue. Or voici que la blessure se met à saigner. Ce signe divin suffit à convertir l'impie. Une querelle s'élève alors entre les habitants de Cabourg et ceux de Dives au sujet de la possession de ce Christ. En bons Normands, les uns plaident que c'est dans leurs filets qu'on a ramené le Sauveur, les autres arguent que le trésor a été pêché dans leurs eaux ; le juge ordonne que la « sainte image » soit remise à l'eau. C'est sur la grève de Dives qu'elle échoue et les Divois, enchantés, en prennent possession.

L'appareil en damier de pierres et briques donne au château de Cricqueville-en-Auge son cachet normand.

CAUDEBEC-EN-CAUX

LA HAUTE-NORMANDIE

■ Le fleuve, paisible et majestueux, donne un charme balnéaire à cette commune du Parc naturel régional des Boucles de la Seine normande, ceinturée de forêts. Ancienne capitale du pays de Caux, elle a perdu ses vieux quartiers – incendiés en 1940 –, mais sa belle église Notre-Dame et quelques jolies demeures ont pu être épargnées. Quant au mascaret, malicieuse vague déferlante qui attirait autrefois une foule d'intrépides sur les quais, un petit musée s'en souvient.

LES GENS

2 342 Caudebecquais. Modistes avertis, leurs ancêtres réussissent au XVIe siècle à imposer la mode du caudebec – un élégant chapeau de feutre – à la cour du roi.

Le nom
Le nom de Caudebec, d'origine scandinave (le « frais ruisseau » de *kald*, « froid », et *bekkr* ou *bec*, « cours d'eau »), est mentionné pour la première fois au XIe siècle sur une charte consentie aux moines de l'abbaye de Saint-Wandrille.

comprendre

Une prospérité passagère – Au XIIe siècle, la ville s'entoure de fortifications pour résister aux Anglais, qui s'en rendent maîtres en 1419. Charles VII visite la cité libérée en 1449. Les guerres de Religion apportent leur lot de malheurs. Caudebec se soumet à Henri IV en 1592 et devient un centre florissant grâce à la confection de gants et de chapeaux. La Révocation de l'édit de Nantes (1685) met fin à cette prospérité.

Le mascaret – Aux grandes marées de vives eaux, le flux marin qui pénètre dans l'estuaire se trouve étranglé entre les rives du fleuve et empêche l'écoulement normal des eaux fluviales au point de déterminer un renversement de courant donnant naissance à la barre appelée mascaret.
Ce phénomène naturel est considérablement atténué aujourd'hui par la correction des berges de la Seine. C'est de Caudebec que le mascaret s'observait sous son aspect le plus impressionnant, surtout lors des grandes marées d'équinoxe. Le rouleau écumeux remontait le fleuve « à la vitesse d'un cheval au galop », puis la vague colossale déferlait sur les rives, éclaboussant copieusement curieux et téméraires. Cette attraction n'amusait pas les marins, car le phénomène se faisait sentir autrefois à chaque marée.

se promener

L'ancienne prison est encastrée dans les remparts érigés sous Charles V (XIVe siècle).
Dans la rue Thomas-Basin se dresse une statue de l'ancien évêque de Lisieux, qui a œuvré à la réhabilitation de Jeanne d'Arc.

Maison des Templiers
Ce précieux spécimen de l'architecture civile du XIIIe siècle conserve intacts ses deux murs-pignons.
Les Amis du vieux Caudebec y ont reconstitué le musée (Biochet-Brechot) de la ville : histoire locale, lithographie, meubles normands et textiles anciens.
On longe la tour des Fascines et la tour d'Harfleur.

Église Notre-Dame★
Du parvis de l'église, vue sur trois belles demeures à l'angle de

La maison des Templiers, du XIIIe siècle, conserve intacts ses deux murs-pignons.

On apprécie aujourd'hui dans l'ancienne capitale du pays de Caux les promenades le long du fleuve.

CAUDEBEC-EN-CAUX

la Grand'Rue (côté gauche de l'église), dont la Maison normande et l'hôtel des Baillis de Caux (XVIIIe siècle). Elles rappellent le caractère de la ville avant la guerre.

Musée de la Marine de Seine
Il est consacré exclusivement à l'histoire de la navigation sur la Seine : les ports, les échanges commerciaux, la construction navale, les traversées. Il abrite notamment le *Joble*, bateau de transport de 1886. Coutumes et traditions sont également évoquées. À découvrir ou à redécouvrir : le souvenir du mascaret. La présentation d'embarcations en bois sert d'introduction à la visite.
Depuis la terrasse de l'hôtel de ville, agréable perspective sur la Seine qu'animent les allées et venues des bateaux.

visiter

ÉGLISE NOTRE-DAME★

Selon Henri IV, l'église Notre-Dame de Caudebec était *« la plus belle chapelle du royaume »*. Remarquable édifice flamboyant *(voir ABC d'architecture)*, elle a été construite de 1425 à 1539, en partie par Guillaume Le Tellier. Son portail a été achevé au début du XVIIe siècle.
Extérieur – Accolé au flanc sud se dresse le clocher dont la hauteur totale est de 53 m. Carré à la base, il est surmonté d'une balustrade délicatement ajourée, sur laquelle repose une pyramide octogonale, coiffée d'une flèche de pierre en forme de tiare.
La façade ouest s'ouvre par trois beaux portails flamboyants. Le plus grand compterait 333 personnages. Une remarquable rosace, entourée de statuettes, les surmonte.
Intérieur – Le vaisseau, de proportions harmonieuses, est dépourvu de transept. Le triforium et les fenestrages sont les parties les plus typiquement flamboyantes.
Les fonts baptismaux, du XVIIe siècle, situés dans la chapelle Saint-Jean-Baptiste, à gauche, sont ornés de panneaux sculptés d'une grande finesse de travail. Le couvercle de la cuve représente des scènes de l'Ancien Testament et de l'Évangile.
Les vitraux du XVIe siècle, notamment ceux représentant saint Pierre près du Christ en croix, au-dessus du maître-autel à gauche et, à droite, le Couronnement de la Vierge et saint Paul, sont de toute beauté. Dans les chapelles des bas-côtés, de jolies statues anciennes, dégagées de leur badigeon, ont retrouvé leur finesse et leurs couleurs d'origine. Ces chapelles, au nombre de 19, étaient autrefois affectées à diverses confréries.
Chapelle du Saint-Sépulcre – Elle a inspiré Fragonard, qui en laisse une esquisse. Sous le baldaquin très ouvragé (XVIe siècle) repose le Christ gisant, avec de grandes statues de pierre qui lui font face : le tout provient de l'abbaye de Jumièges. Belle Pietà du XVe siècle entre les deux fenêtres.
Chapelle de la Vierge (chapelle axiale) – De forme hexagonale, cette chapelle est célèbre par sa clé de voûte, monolithe de 7 tonnes soutenu uniquement par des arcs et formant un pendentif d'une retombée de 4,3 m. Cette prouesse est due à Guillaume Le Tellier, inhumé dans cette chapelle, dont la pierre tumulaire, sous le vitrail de droite, rappelle les travaux. Douze des 16 panneaux de ce vitrail retracent la vie de saint Nicolas ; celui du haut, le martyre de sainte Catherine.
Les grandes orgues, (début XVIe siècle) comptent 3 345 tuyaux en étain martelé, qui déploient une sonorité bien particulière, à la qualité reconnue. Ils prennent place dans un beau buffet en chêne sculpté. Anciennes boiseries de Saint-Wandrille dans la sacristie.

Pour Henri IV, l'église Notre-Dame de Caudebec était « la plus belle chapelle du royaume ».

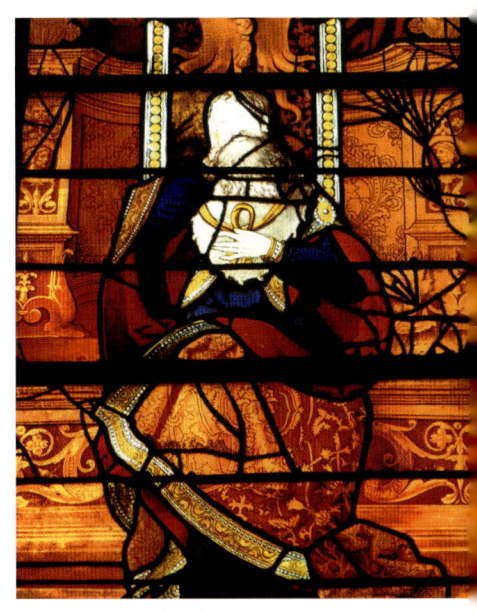

Les vitraux de l'église sont de toute beauté.

LA HAUTE-NORMANDIE

> *circuits*

« CEUX DU LATHAM »

La route de Rétival court au-dessus d'un petit escarpement, en offrant de jolies échappées sur la courbe du fleuve.

La route D 37, quant à elle, remonte un charmant vallon où sont disséminées des fermes aux toits de chaume, parfois transformées en habitations de plaisance.

Saint-Wandrille *(voir ce nom)*

Monument « À ceux du Latham-47 »

Élevé en 1931, il rappelle la généreuse expédition au cours de laquelle Guilbaud, Amundsen et leurs compagnons disparurent dans l'Arctique, en 1928, en portant secours à l'équipage du dirigeable *Italia* en perdition sur la banquise.

BARRE-Y-VA

Sainte-Gertrude

La petite église se dresse dans un cadre pittoresque. Consacrée en 1519, elle présente les caractéristiques du style flamboyant. À l'intérieur, à droite du maître-autel, un tabernacle de pierre, pièce rare du XVe siècle, ainsi que d'intéressantes statues, dont un Christ en pierre, attirent l'attention.

Villequier★

Dans un site admirable, en bord de Seine, Villequier s'étale au pied de l'abrupt boisé, couronné d'un château.

Des sentiers pédestres avec de magnifiques panoramas sur la Seine ont été aménagés dans la forêt avoisinante.

Autre parcours agréable à la sortie du bourg, une véloroute de 12 km est accessible à pied, à vélo ou en rollers et mène à Petitville en suivant le chemin de halage.

Musée Victor-Hugo★ – Installé dans l'ancienne maison des Vacquerie, riche famille d'armateurs havrais, le musée évoque la vie et l'entourage de Léopoldine Hugo. Lettres échangées entre Léopoldine et les siens, portraits et mobilier de famille, vues de la Normandie d'alors font revivre les temps paisibles jusqu'au jour funeste du 4 septembre 1843 où elle périt, noyée. On y (re)découvre aussi, outre les poèmes des *Contemplations* dans lesquels Victor Hugo exhale sa douleur, de nombreux dessins du poète.

À droite de l'église dans le petit cimetière, parmi les tombes de la famille Hugo, figure celle où sont réunis Charles Vacquerie et Léopoldine, dans un même cercueil, et celle d'Adèle Hugo, femme du poète.

Quais de la Seine – Ils offrent une vue sur le ballet des bateaux remontant et descendant le fleuve. La relève du pilote chargé du parcours proprement fluvial et de son collègue, responsable de la navigation à travers les passes de l'estuaire, s'effectuait autrefois à Villequier.

Sur cette route se dresse une statue de Victor Hugo, élevée non loin du lieu où sa fille, Léopoldine, et son mari, Charles Vacquerie, se noyèrent, à peine six mois après leur mariage en 1843.

Barre-y-va

Ce nom fait allusion à la « barre » (mascaret) qui remontait la Seine à grande vitesse. Un oratoire et une petite chapelle perpétuent le souvenir de pèlerinages et de témoignages de reconnaissance (ex-voto) des marins de la Seine.

Latham-47

Le nom fait allusion à l'hydravion employé pour la mission, un prototype mis au point par une entreprise caudebecquaise spécialiste de ce type d'appareils : Latham. Le gouvernement français avait réquisitionné ce spécimen-là car il avait été conçu en vue d'un raid Paris-Les Açores-New York. Les mauvaises conditions météorologiques, sans doute conjuguées à des problèmes techniques, semblent être à l'origine de la disparition de l'appareil, au large de la Norvège, le 18 juin 1928.

Le musée Victor-Hugo évoque surtout la vie et l'entourage de Léopoldine Hugo, la fille de l'écrivain décédée de façon tragique.

PAYS DE CAUX

PAYS DE CAUX ★

■ Le pays de Caux, si cher à Maupassant qui en était originaire, doit sa célébrité à son imposant front de mer, ses splendides falaises et ses stations balnéaires animées. Au pied des murailles crayeuses, dont un ciel léger et vaporeux atténue la brutalité des lignes, on entend le chant des galets à l'instant où la vague se retire de l'estran. L'intérieur des terres séduit surtout par son patrimoine architectural. De cours-masures en manoirs, d'églises en châteaux, et de colombiers en chaumières, colombages, torchis, briques, grès et silex s'agencent en murs polychromes.

Le nom
Il vient du latin *calx*, qui donnera aussi naissance aux termes « chaux », « calcaire » et « craie », désignant cette matière dont regorgent les falaises.

LES GENS
Né au château de Miromesnil, Guy de Maupassant (1850-1893), la plus belle plume cauchoise, nous laisse quelques pages savoureuses sur sa région natale.

comprendre

La « Côte d'Albâtre » en mouvement – La falaise de craie qui a donné son nom au pays de Caux (du latin *calx*) recule sans cesse. Ses couches alternées de silex foncé et de marnes jaunâtres subissent en effet les actions conjuguées des flots et des agents atmosphériques. Des témoins comme l'aiguille d'Étretat et quelques bancs sous-marins signalent, jusqu'à 2 km au large, une ancienne ligne de rivage. Au cap de la Hève, où la côte est très exposée, le recul peut atteindre 2 m par an. La marne et la craie se dissolvent rapidement, donnant une teinte laiteuse aux eaux bordières. Les silex, roulés par les vagues, sont transformés en galets que le flot brasse inlassablement.

Ce phénomène est à l'origine d'une autre caractéristique de la Côte d'Albâtre : les valleuses. Ces vallées sèches qui festonnent la crête des falaises ont été gagnées de vitesse par le recul de la côte et sont maintenant plus ou moins tronquées, restant en quelque sorte « suspendues ». Seuls les cours d'eau les plus abondants ont pu raccorder leur vallée à la ligne de rivage actuelle. Des ports ont profité de la légère échancrure ainsi créée pour se développer, tandis que les stations balnéaires ont tiré parti des moindres possibilités d'accès à la grève.

Les valleuses, comme celle d'Étigues, font partie des curiosités géologiques locales.

La saga des galets – Formés à partir des silex tombés des falaises et polis par la mer, les galets sont caractéristiques des rivages de la Côte d'Albâtre. Au début du XXe siècle, entrepreneurs et artisans se sont intéressés à ces pierres qui comptent, après le diamant, parmi les plus dures au monde. Le galet a servi de matériau de concassage, de pierre de construction et dans la fabrication du papier de verre. Composé de silice très pure, il servait aussi, après broyage, à la fabrication de porcelaines et céramiques. Il entre aujourd'hui dans la composition de peintures résistantes destinées au marquage routier.

En quelques décennies, du fait de cette exploitation intensive, le dépôt a diminué de moitié et joue moins bien son rôle de cordon protecteur des falaises. C'est pourquoi la collecte de galets sur l'estran est interdite depuis 1985.

La ferme cauchoise – Vue de loin, c'est une oasis de verdure. En approchant, on peut détailler sa structure : des talus, les « levées », de 1,5 à 2 m de hauteur et garnis d'une double rangée d'arbres, les « boqueteaux » (chênes, hêtres ou ormes), protègent du vent la cour-masure, vaste prairie de 2 à 3 ha plantée de pommiers où

Station balnéaire blottie dans un vallon, Yport a su tirer parti des possibilités d'accès à la grève.

se disséminent la maison d'habitation et les bâtiments d'exploitation aux murs de colombage. Une porte, souvent monumentale, donne accès à cet ensemble. Chaque ferme possède sa mare et sa citerne. Avec le développement des travaux, le château d'eau a également fait son apparition dans le paysage.

Le lait, principale source de revenus pour le paysan cauchois, est envoyé aux agglomérations urbaines de la basse Seine, ou remis aux beurreries et fromageries des vallées. Des pratiques originales subsistent : au printemps, les animaux sont mis au tière (piquet) à même les carrés de fourrage artificiel. Chaque bête – vache ou cheval – y marque rapidement son rayon d'action sous forme d'un cercle parfaitement géométrique.

La ferme cauchoise se situe toujours au sein d'une oasis de verdure.

circuits

LA CÔTE D'ALBÂTRE★

Entre la Béthune et la Durdent 1

La route dessert, au prix de multiples sinuosités, tout un chapelet de plages étalées à l'embouchure des petits fleuves côtiers ou terrées dans leur valleuse.

De belles échappées sur la mer et les falaises, des vues plongeantes sur le site de certaines stations ponctuent l'itinéraire.

Côté terre, calvaires et vieilles églises jalonnent les petites routes tranquilles. Les îlots de verdure composés par les fermes et les villages rompent la monotonie du vaste plateau cauchois.

Le pays de Caux doit sa célébrité à ses splendides falaises crayeuses formant murailles.

PAYS DE CAUX

Pourville-sur-Mer
Cette station balnéaire, située à l'embouchure de la Scie près d'une falaise découpée, s'est relevée des ruines provoquées par le raid amphibie allié du 19 août 1942. Un régiment canadien, le « South Saskatchewan », et les « Cameron Highlanders » – débarqués au son de la cornemuse – causèrent de sérieux dommages à l'ennemi avant de rembarquer, grâce au dévouement de la marine et au sacrifice de leur arrière-garde. Stèle commémorative sur le parking en front de mer.

Sainte-Marguerite-sur-Mer
L'église (XIIe siècle) de ce village a été très remaniée au XVIe siècle. L'édifice ne comporte pas de transept. À l'intérieur subsistent, au côté gauche de la nef, quatre arcades du sanctuaire primitif. Les arcades du côté droit datent de 1528. La deuxième colonne, à droite, colonne torse semée de coquilles attire le regard. Le maître-autel (1160) avec colonnettes à chapiteaux romans est un des rares spécimens qui subsistent de cette époque.

Saint-Aubin
La jolie église du XVIe siècle conserve de nombreuses traces romanes : portail et clocher en pierre de silex.
Le bourg, posté à l'embouchure de la rivière Dun, sert de porte d'entrée à la jolie vallée du même nom, longue de 10 à 12 km et inscrite à l'Inventaire des sites pittoresques de la Seine-Maritime. On l'appelle également la « vallée du Lin ».
Châteaux et manoirs, fermes et chaumières de tisserands participent à sa richesse patrimoniale.

Flainville
Belles fresques murales de la Renaissance à l'intérieur de la chapelle Saint-Julien du XVIe siècle. Le four à pain, récemment restauré, abrite tous les outils du boulanger d'autrefois.

Le Bourg-Dun
L'église Notre-Dame est un vaste édifice assez composite, remarquable par sa tour du XIIIe siècle à la puissante base carrée. Sa flèche en fer de hache remonte à Louis XIII. Du côté droit du cimetière, magnifique vue sur la tour de l'église de Bourg-Dun. La porte Renaissance dessert le bas-côté droit. Du jubé ne subsistent que les bases supportant les statues de saint Antoine et de saint Sébastien. Dans le croisillon droit couvert de voûtes flamboyantes, un enfeu et une piscine Renaissance. Le chœur ouvre largement à droite, par trois arcades, sur un bas-côté fort beau, ajouté au XIVe siècle. Dans le bas-côté gauche, fonts baptismaux Renaissance.

Saint-Pierre-le-Vieux
L'église des XIIe et XIIIe siècles conserve un clocher de style roman et des éléments gothiques et néogothiques des XIVe et XVIe siècles. Le cadran au pied de l'église servait autrefois au cantonnier pour donner la direction dans laquelle il était parti travailler.

La Gaillarde
La jolie chapelle Sainte-Marguerite est remarquable pour la finesse de sculpture de son porche roman,

---

Le point de vue de Maupassant

« De Dieppe au Havre, la côte présente une falaise ininterrompue, haute de cent mètres environ, et droite comme une muraille. De place en place, cette grande ligne de rochers blancs s'abaisse brusquement et une petite vallée étroite aux pentes rapides, couvertes de gazon ras et de joncs marins, descend du plateau cultivé vers une plage de galets où elle aboutit par un ravin semblable au lit du torrent. La nature a fait des vallées, les pluies d'orage les ont terminées par ces ravins, entaillant ce qui restait de la falaise, creusant jusqu'à la mer le lit des eaux qui sert de passage aux hommes. Quelquefois un village est blotti dans ces vallons, où s'engouffre le vent du large. » *(Guy de Maupassant, Contes divers. Le Saut du berger).*

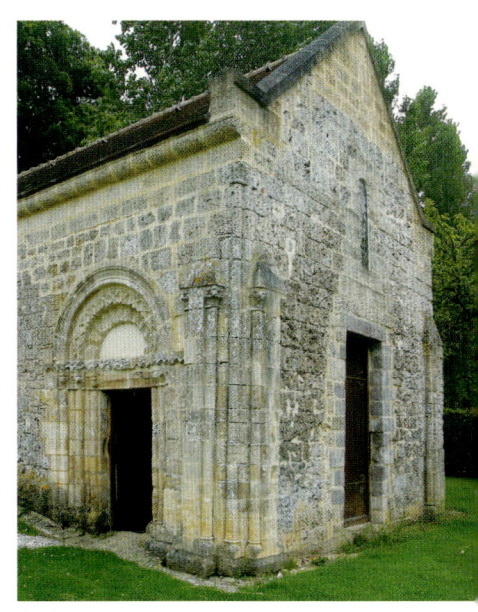

À La Gaillarde, la finesse de sculpture du porche roman fait tout l'attrait de la chapelle Sainte-Marguerite.

LA HAUTE-NORMANDIE

PAYS DE CAUX

Itinéraires de visite conseillés

Certains endroits de Veules-les-Roses sont vraiment séduisants, surtout le long du plus petit fleuve de France.

notamment les têtes formant chapiteaux en haut des colonnes. Un vieux four à pain trône en plein cœur du village.

Saint-Pierre-le-Viger

Deux vendredis après-midi par mois, on peut y visiter l'usine « Terre de lin », une des plus grandes coopératives linières de France.
Au bord du Dun, joli manoir en grès des XVIe et XVIIe siècles.

Crasville-la-Rocquefort

L'exploitation Saint-Cosme est implantée dans un clos-masure cerné de hêtres et entouré de champs de blé, de betterave et de lin. L'ensemble de la famille organise la visite de la ferme, dans une ambiance chaleureuse. L'occasion de découvrir la chèvrerie, les cochons, les dindons, les vaches et les lapins. Un film permet d'appréhender le travail de l'exploitation (fabrication du fromage et traitement du lin).

Veules-les-Roses★

Mise à la mode au début du XIXe siècle par une actrice de la Comédie-Française, Anaïs Aubert, cette agréable station balnéaire s'abrite dans le vallon de la Veules, le plus petit fleuve de France (1 194 m). Malgré le lourd tribut payé à la guerre, notamment la destruction du front de mer en juin 1940, la ville a gardé un patrimoine intéressant. Le circuit proposé par l'office de tourisme découvre quelques moulins, mais aussi une grande variété de villas et de maisons, souvent en brique et en silex.
Certains lieux sont vraiment séduisants, en particulier au niveau de l'abreuvoir et près des sources de la Veules où sont aménagées des cressonnières. Un point plage propose de nombreuses activités nautiques en saison.

PAYS DE CAUX

L'église Saint-Martin (XVIe-XVIIe siècle) est surmontée d'une tour-lanterne du XIIIe siècle. À l'intérieur, la nef et les bas-côtés sont couverts d'une charpente de bois. Plusieurs colonnes torses de grès surprennent par leur décor sculpté (XVIe siècle) : coquilles Saint-Jacques en souvenir d'un pèlerinage, bateau, poissons pour illustrer l'activité des pêcheurs…

Église de Blosseville – Coiffée d'un clocher du XIIe siècle, elle abrite de beaux vitraux Renaissance et des statues anciennes (verrière du chœur et bas-côté gauche).

Château du Mesnil-Geoffroy

Ce château privé des XVIIe et XVIIIe siècles conserve quelques beaux exemples de l'art de vivre sous Louis XV. Il est entouré d'un parc à la française de 9 ha, renommé pour sa magnifique roseraie classée dans la route des roseraies normandes. Cette dernière répertorie près de 2 500 espèces de roses, dont plus de 300 parfumées.

Jardin communal des Amouhoques

Blotti au cœur du charmant village de Mesnil-Durdent, ce joli jardin porte le nom d'une fleur que l'on offrait jadis aux jeunes couples afin que leur union soit prolifique. Appellation qui lui fut sans doute bénéfique, puisque le jardin compte aujourd'hui plus de 300 espèces de fleurs sauvages et d'herbes folles.

Saint-Valery-en-Caux★

Port de pêche et de cabotage, Saint-Valery est une station balnéaire fréquentée. Le port, bien abrité, s'enfonce à l'intérieur par un chenal et reçoit de nombreux plaisanciers. Une digue-promenade borde la longue plage de galets.

Falaise d'Aval★ – Le sentier des douaniers s'élève jusqu'au monument commémoratif des combats de juin 1940 (2e division de cavalerie). La vue s'étend à l'est jusqu'au phare d'Ailly et, par temps clair, jusqu'à Dieppe.

Maison Henri-IV – Cette belle demeure Renaissance, siège de l'office de tourisme, abrite au 1er étage un musée d'histoire locale.

Falaise d'Amont – Un grand escalier monte au monument de la 51e division écossaise, d'où l'on domine Saint-Valery, son port et sa plage. Un autre monument moderne a été érigé à la mémoire de Costes et Bellonte, qui réalisèrent, en 1930, la première traversée aérienne Paris-New York à bord du *Point d'interrogation*.

Centre nucléaire de production d'électricité

Le site de Paluel se compose de 4 tranches autonomes ayant chacune une puissance de 1 300 MW. De l'uranium enrichi est utilisé comme combustible, le refroidissement étant assuré par l'eau de mer pompée du rivage. L'énergie thermique libérée par le combustible y est transformée en énergie mécanique, puis électrique. Exposition sur les différentes sortes d'énergie, le choix du nucléaire, l'histoire de l'énergie en bandes dessinées et celle du fonctionnement de la centrale.

Veulettes-sur-Mer

La station balnéaire de Veulettes échelonne ses villas dans un vallon spacieux et verdoyant à l'embouchure de la Durdent. Non contente de

Veules-les-Roses allie tous les charmes de la mer et de la campagne.

À Saint-Valery-en-Caux, la maison Henri IV a gardé ses poutres sculptées du XVIe siècle.

posséder un petit casino, elle propose plusieurs possibilités de loisirs grâce à sa longue plage (2,5 km), son minigolf ou la piste cyclable qui la relie à Paluel. L'église (XIe-XIIIe siècle), à mi-pente dans la verdure, est surmontée d'une tour-lanterne.

La vallée de la Durdent 2

La Durdent, qui débouche paresseusement à Veulettes-sur-Mer, s'est creusé une vallée largement dessinée, tranchée de verdure au milieu des espaces découverts du plateau cauchois.
Chapelle de Janville – La chapelle Notre-Dame de Janville est dotée d'une belle grille de chœur sculptée à l'intérieur du sanctuaire.

Cany-Barville

Sur la rive gauche, l'église, reconstruite au XVIe siècle dans son caractère ogival primitif, conserve son clocher du XIIIe siècle. À l'intérieur, dominant le maître-autel (XVIIIe siècle), une « gloire » composée de plus de 80 anges en relief forme un immense ostensoir dont l'hostie est symbolisée par le vitrail du centre.

Barville

La petite église occupe un site délicieux entre deux bras de la Durdent. Le parcours de la D 268 est particulièrement attrayant entre Cany-Barville et sa jonction avec la D 131 ; il offre une vue rapprochée sur le château de Cany.

Château de Cany

Il est précédé d'une grande cour bordée de deux dépendances symétriques que prolongent deux pavillons. Entouré de douves qu'alimente la Durdent, le château se présente comme un imposant édifice en pierre et en brique, édifié à la fin de l'époque Louis XIII. Le corps de logis est flanqué de deux ailes faisant saillie, la façade s'ouvre par un escalier à double volée en forme de fer à cheval.
Les appartements ont conservé un beau mobilier des XVIIe et XVIIIe siècles. Au 2e étage, une suite de chambres révèle de belles tapisseries des Flandres. Au 1er étage, le salon d'apparat, ou salon vert, est décoré de boiseries Régence. Au sous-sol, les anciens offices et la cuisine rassemblent ustensiles, fourneaux, vaisselle et mannequins.

Le jardin d'Art et d'Essai★

Normanville – Un jardin à voir pour ses plantes aux mille vertus, ses superbes arbres, ses méandres et sa belle collection de bambous. Au cours de la promenade se fait parfois entendre le son d'un carillon perdu entre les feuillages et les chants d'oiseaux.
Autre attrait du lieu : on y fait sentir des plantes à l'odeur de curry ou de jambon à l'os, on les fait toucher et, plus inhabituel, on fait goûter leurs saveurs poivrées, piquantes, amères ou sucrées. Une promenade qui réveille les cinq sens !

Valmont

Le plus beau panorama du parcours se révèle entre Senneville et Fécamp, près de la chapelle Notre-Dame-du-Salut (pèlerinage des marins) : belvédère, table d'orientation.

De Fécamp à la vallée de la Lézarde 3

Yport

Station balnéaire blottie dans un vallon, Yport, bien que dépourvue de tout aménagement portuaire, avait sa communauté de marins pêchant avec des caïques (bateaux de plage conçus pour être tirés sur les galets) jusqu'en 1970.

La petite église de Barville occupe un site délicieux entre deux bras de la Durdent.

La façade du château de Cany s'ouvre par un escalier à double volée en forme de fer à cheval.

Les stations balnéaires s'égrènent le long du littoral cauchois.

PAYS DE CAUX

Cuverville
L'écrivain André Gide (1859-1951) repose dans le petit cimetière, sous une simple dalle de béton, au chevet de l'église. L'auteur des *Nourritures terrestres* fit de longs séjours à Cuverville dans la propriété de ses cousins Rondeaux.

Château du Bec
Bâti du XIIe au XVIe siècle, il est particulièrement bien mis en valeur par son cadre de verdure et d'eaux dormantes.

Manéglise
La petite église, au portail décoré de motifs géométriques, est l'une des plus gracieuses productions de l'art roman en Normandie. Malgré ses dimensions menues, sa nef, du XIIe siècle, est flanquée de collatéraux.

Montivilliers *(voir les alentours du Havre)*
La route s'échappe de la vallée de la Lézarde par le vallon du ruisseau de Rouelles, faubourg du Havre possédant un agréable parc de loisirs où se trouve un joli colombier de silex. La route longe ensuite la forêt de Montgeon, puis le tunnel Jenner mène dans le centre de la ville.

L'église Saint-Sauveur de Montivilliers se caractérise par son clocher roman surmonté d'une flèche.

LE PLATEAU CAUCHOIS*

Circuit autour d'Yvetot 4

Yvetot
Grosse ville-marché du plateau de Caux, Yvetot est aussi la capitale légendaire d'un royaume de fantaisie qu'une chanson célèbre de Béranger a popularisé : « *Il était un roi d'Yvetot, Peu connu dans l'histoire, Se levant tard, se couchant tôt, Dormant fort bien sans gloire…* »

Église Saint-Pierre – Cet édifice moderne (1956) en rotonde s'éclaire d'immenses verrières de Max Ingrand. Les couleurs, très douces à l'entrée, deviennent éclatantes au centre où, près du Christ en croix, se tiennent la Vierge et les Apôtres. Les saints de France, fondateurs d'ordres religieux, et grands saints du diocèse de Rouen apparaissent dans les autres panneaux. Les vitraux derrière l'autel de la chapelle de la Vierge évoquent les épisodes de sa vie.

Musée des Ivoires – Huit vitrines présentent des ivoires des XIXe et XXe siècles. Insolite vitrine de diptyques. Dans une salle annexe, plats et assiettes en terre cuite ou faïence, d'époques et d'origines diverses.

Manoir de Fay
Ce joli manoir du XVIIe siècle, tout en briques avec chaînages et harpes de pierres, aurait accueilli l'oncle de Pierre Corneille. En cours de restauration, la propriété abrite un immense verger et un potager clos où l'on peut flâner. Beaucoup de charme.

Autretot
Joli village typiquement cauchois qui tire une grande fierté de ses fleurs – près de 20 000 plantées chaque année pour égayer le bourg !

Allouville-Bellefosse
La localité a vu naître en 1585 le flibustier Pierre Belain-d'Esnambuc, colonisateur des Antilles et fondateur de la ville de Saint-Pierre à la Martinique. Un chêne vieux de plus de treize siècles, prétend-on, fait la fierté du village. Ce doyen des arbres français se dresse devant l'église. Un petit sanctuaire à Notre-Dame-de-la-Paix et une cellule d'ermite superposés, accessibles par un escalier et des galeries de circulation, sont logés dans le tronc évidé et gainé en partie pour le protéger des atteintes du temps.

Ce chêne, vieux de plus de treize siècles et abritant un petit sanctuaire, fait la fierté du village d'Allouville-Bellefosse.

À environ 1,5 km du village se trouve le musée de la Nature, aménagé dans une ferme cauchoise. Il présente surtout des dioramas : ornithologie, milieux naturels normands avec leur faune et leur flore (marais, plaine, forêt, cour de ferme, littoral marin).

Touffreville-la-Corbeline

Église du XVIIIe siècle flanquée d'un clocher qui date du XIIe siècle. Tombe des frères Bossières, pionniers des Terres australes.
Au-delà de Touffreville-la-Corbeline se dispersent de belles fermes cauchoises entourées de leur rideau d'arbres.

Mont de l'If

Deux manoirs se dressent dans ce bourg dont l'église compte quelques vestiges du XIe siècle.

Entrez voir les vestiges médiévaux.

CLÈRES

Dans un décor à faire pâlir les maharadjas, un troupeau d'antilopes indiennes de Clères évolue gracieusement. La vie est belle lorsque l'on naît « espèce en voie d'extinction » au zoo Jean-Delacour ! Avec son château décoré de motifs de brique et de silex, ce parc animalier, établi à Clères depuis 1920, compte parmi les attractions de qualité en Normandie.

LES GENS

1 266 Clérois qui vivent à proximité d'une véritable arche de Noé peuplée par les soins de Jean Delacour (1890-1985), ornithologue et botaniste de renom.

Le parc animalier Jean-Delacour compte parmi les attractions de qualité en Normandie.

comprendre

Le manoir et son village – Le château de Clères, ravissant manoir à pans de bois typiquement normand, construit du XIVe au XVIe siècle et fortement remanié au XIXe siècle, se compose de deux corps de bâtiments en grès. Le plus occidental est de style néogothique ; le plus oriental, du XVe siècle, a été remanié vers 1505. Sur la place du village, les halles en bois (XVIIIe siècle) recouvertes d'ardoises ont fière allure.

La mission du parc Jean-Delacour – Le zoo entoure le château. Il porte le nom de Jean Delacour (1890-1985), ornithologue et botaniste qui fut à l'origine du zoo. C'est l'un des quatre parcs zoologiques français associés au Muséum d'histoire naturelle, établissement public à caractère scientifique et culturel. Ces parcs poursuivent des recherches pointues sur la gestion et la conservation des espèces qu'ils abritent. Au-delà de son rôle attractif, Clères participe activement à une vingtaine de programmes européens de conservation et d'élevage d'espèces animales menacées.

visiter

Parc zoologique de Clères-Jean-Delacour★

Le cadre naturel exceptionnel du parc favorise la découverte des animaux. Rivières, pelouses, bosquets, arbres sont habités par oiseaux et mammifères (200 de 7 espèces différentes). Du jardin, qui regroupe flamants roses, canards et oies exotiques, on passe dans le parc proprement dit, où circulent en semi-liberté antilopes, kangourous, gibbons, cervidés, grues, paons. Plus de 300 couples de palmipèdes, de 120 espèces différentes, vivent et nichent autour du lac. En contre-haut, des parquets et volières sont peuplés pour la plupart d'espèces

CONCHES-EN-OUCHE

peu communes et menacées (environ 2 000 oiseaux, de 250 espèces). Une galerie du château héberge des oiseaux exotiques rares.

alentours

Parc du Bocasse
Il propose plus de 30 attractions pour les enfants : jeux et manèges nombreux (ruche géante qui explique de façon ludique la fabrication du miel, bateau viking, petit huit…).

Montville
Musée des Sapeurs-pompiers de France – Dans un cadre contemporain, voitures rouges, drapeaux et uniformes, casques brillants et grandes échelles retracent la glorieuse histoire de ce corps d'élite dont la devise est « *Courage et dévouement* » (pour les sapeurs-pompiers de province) et « *Sauver ou périr* » (pour ceux de Paris). Trois générations se dégagent de la soixantaine de gros engins présentés : engins à bras depuis la création des gardes-pompes au début du XVIIIe siècle jusqu'aux années 1910, véhicules hippomobiles de 1880 à 1930 et automobiles apparues aux alentours de la Grande Guerre. Gravures anciennes et matériel de sauvetage. Pièces maîtresses : la très rare pompe à bras dite des échevins de Rouen (1721), la pompe à vapeur hippomobile (1886), le fourgon-pompe Somua (1937) et la grande échelle mécanique (30 m) sur châssis Delahaye de 1938, également rarissimes.

Les voitures rouges sont reines au musée des Sapeurs-pompiers de France.

CONCHES-EN-OUCHE ★

■ Cette petite ville avenante, à mi-chemin entre Paris et la mer, est la capitale très fréquentée du mystérieux pays d'Ouche, autrefois redouté pour ses sorciers. Son patrimoine architectural, bien mis en valeur, mérite l'étape. Les amateurs d'artisanat verrier y font d'autant plus volontiers halte que la ville est devenue, grâce à son musée, l'une des vitrines contemporaines de l'art du verre.

Le nom
De retour d'une campagne contre les Maures d'Espagne aux côtés de Don Sanche d'Aragon (1034), Roger de Tosny, seigneur du lieu et descendant de Rollon Ier, rapporte d'un pèlerinage à *Conques* (qui signifie « coquille bivalve »), en Rouergue, des reliques de sainte Foy. La cité naissante, d'abord nommée Castello puis Châtillon, sera rebaptisée d'après le célèbre sanctuaire.

LES GENS
4 280 Conchois, fiers de leur artisanat local, le travail du verre.

se promener

Jardin de l'hôtel de ville
Au-delà de la porte gothique de l'hôtel de ville – entrée de l'ancienne enceinte du château – s'étend un jardin, le square Jean-de-La-Varende, où se dresse le donjon ruiné des seigneurs de Tosny, entouré de tours circulaires (XIIe siècle). De la terrasse de l'hôtel de ville, où trône un sanglier en pierre, vue sur la vallée du Rouloir et sur

l'élégante abside flamboyante de l'église Sainte-Foy. Vue similaire, en contrebas, de la terrasse ornée d'une balustrade à décor flamboyant. La Maison des richesses de l'Eure, à côté du château, est une demeure à pans de bois qui abrite des expositions.

Rue du Val

Deux édifices notables s'élèvent dans cette rue accessible par la place Carnot : la maison Corneille – foyer de la famille de l'illustre écrivain –, demeure du XVIe siècle à pans de bois et au bout de la rue, l'hôpital, établi sur le site de l'ancienne abbaye, qui conserve quelques pierres vénérables ; on visite également les caves voûtées.

visiter

Église Sainte-Foy★

L'église actuelle remplace, depuis la fin du XVe siècle, celle que Roger de Tosny avait dédiée à la jeune martyre sainte Foy.

Une haute flèche légèrement inclinée, en bois et plomb, domine la tour méridionale. C'est la copie de celle effondrée lors d'un ouragan en 1842. Beaux vantaux sculptés (début XVIe siècle) aux portes de la façade et nombreuses gargouilles.

L'intérieur conserve d'intéressantes statues, dont celle de sainte Suzanne (XIIIe siècle) à l'entrée de la chapelle Saint-Michel, ou celle de saint Pierre coiffé d'une tiare (XVIe siècle) à l'entrée de la chapelle de la Vierge. Pietà polychrome (XVIe siècle) dans le bas-côté gauche et Christ ressuscité en pierre (XVIe siècle) au chevet. La statue du grand pèlerin saint Roch (XVIIe siècle) dans le bas-côté droit, à la hauteur du grand orgue suscite l'intérêt.

Vitraux★ – L'homogénéité de cet ensemble de la Renaissance (première moitié du XVIe siècle) n'a pas été altérée par les restaurations consécutives à la chute de la flèche.

Les verrières du bas-côté gauche illustrent la vie de la Vierge.

Les sept verrières du chœur, hautes de 10,5 m, se divisent en deux parties par une traverse trilobée.

Au niveau supérieur figurent des scènes de la vie du Christ, au niveau inférieur des épisodes de la vie et du martyre de sainte Foy, ainsi que les portraits des donateurs.

Les vitraux du bas-côté droit, œuvres d'ateliers de l'Île-de-France ou de Fontainebleau, retracent des scènes bibliques et évangéliques préfigurant l'Eucharistie ou liées à son institution. Le pressoir mystique de la cinquième fenêtre retient l'attention.

En face de l'église, rue Sainte-Foy, le Saint-Jacques est un ensemble de maisons à pans de bois (XVe-XVIe siècle). Leurs belles caves à étages voûtées (XIe-XIIe siècle) peuvent se visiter.

Musée du Terroir normand

Présentation de vieux outils et de machines anciennes dans une grange démontée, transportée et reconstituée sur le site actuel. Reconstitutions d'ateliers d'artisans. Si la mise en scène n'est pas des plus originales, elle permet de se replonger dans des savoir-faire oubliés. On peut s'amuser à repérer, dans la grande salle, des objets insolites comme le peigne à myrtilles ou les ustensiles des premiers boy-scouts. Espace apiculture à l'étage. À la sortie, un espace vert aménagé s'étend au-delà du Rouloir.

Musée du Verre

Sa plus grande salle accueille chaque année une exposition temporaire différente.

Viennent ensuite les espaces consacrés aux collections permanentes, constituées entre autres de pâtes de verre dues au grand maître

Un sanglier en pierre trône sur la terrasse de l'hôtel de ville.

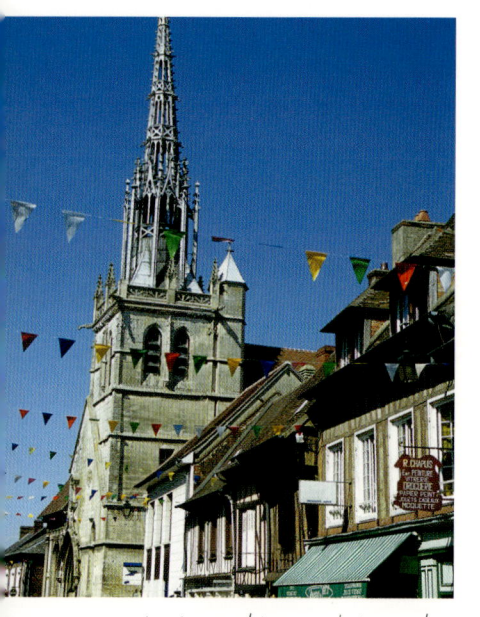

Le patrimoine architectural de Conches, dont l'église Sainte-Foy, mérite une étape à plus d'un titre.

CONCHES-EN-OUCHE

verrier conchois, François Décorchemont (1880-1971), surnommé le « sorcier de Conches » pour son savoir-faire. L'ont rejoint des œuvres d'artistes plus contemporains comme Yan Zoritchak, Régis et Gisèle Fiévet, Claude Monod, Edmée Delsol, qui n'hésite pas à jouer sur les matières, ou Gérard Fournier.

alentours

Breteuil-sur-Iton
Adossé à sa forêt, ce bourg est entouré par un bras forcé de l'Iton formant un étang bordé par un jardin public à l'emplacement de l'ancien château fort. En 1081, la belle Adèle, fille de Guillaume le Conquérant et de Mathilde de Flandre, y épouse Étienne, comte de Blois.
Église – Les parties les plus anciennes datent du XIe siècle. Son appareillage en grison lui donne un charme rustique et son clocher est une grosse tour carrée surmontant la croisée du transept. L'intérieur frappe par l'ordonnance des grandes arcades de la nef reposant sur 12 massifs piliers de grison de l'époque de Guillaume le Conquérant. Les 5 arcades de l'abside s'appuient sur des colonnes aux chapiteaux à feuillages. Balustrade des orgues joliment décorée de motifs empruntés à la Renaissance italienne et de statuettes d'anges musiciens.

La Ferrière-sur-Risle
La place centrale du petit village ne manque pas de charme avec ses maisons anciennes et son marché couvert. L'église (XIIIe-XIVe siècle) a été remaniée ; à l'intérieur, grand retable du XVIIe siècle en chêne, aux sculptures dorées, dont la partie centrale montre une Descente de croix due à un élève de Léonard de Vinci.
Bel ensemble de statues, dont une Vierge à l'Enfant (XIVe siècle) et sainte Anne en pierre polychrome (XVIVe siècle). Parmi les œuvres du XVIIe siècle, un saint Michel (haut de 2,1 m) et une Pietà en bois polychrome. À côté, petites halles du XIVe siècle, restaurées.

Le Val Gallerand
Superbes bâtiments de ferme en style vieux normand, construits dans un cirque de verdure.

Dans l'église de Breteuil, la balustrade des orgues est joliment décorée de statuettes d'anges musiciens.

Dans le jardin de l'hôtel de ville de Conches se dresse le donjon ruiné des seigneurs de Tosny.

★ CHÂTEAU DE CRÈVECŒUR-EN-AUGE

■ Ce bourg accueillant de la vallée d'Auge doit sa renommée à son château, remarquablement restauré par la dynastie Schlumberger. C'est aussi le point de départ idéal pour partir à la rencontre des autres manoirs augerons dispersés dans une nature généreuse.

visiter

Château★

Entourés d'arbres et de douves, les bâtiments à pans de bois du château, dont la motte date du XIe siècle, ont été transformés au XVe siècle et restaurés en 1972. Ils forment un tableau très pittoresque, dans la logique médiévale : basse cour et motte féodale entourées de douves en eau.

La porterie (XVIe siècle) se compose d'un rez-de-chaussée, fait d'un appareillage de briques et de pierres disposées en damier, et d'un étage à colombages. Ce bâtiment provient du château de Beuvilliers, près de Lisieux, aujourd'hui disparu.

Un bel exemple d'architecture traditionnelle à pans de bois.

Les bâtiments du château forment un tableau pittoresque.

Les anciens bâtiments de la ferme du château permettent aux visiteurs de découvrir l'architecture traditionnelle augeronne à pans de bois ; exposition dans le premier bâtiment.

Magnifique exemple de ces constructions, le colombier (XVe siècle) surprend par sa forme carrée. Un essentage de tuiles, visible sur les quatre côtés du bâtiment, se termine en auvent. Au sommet, deux lucarnes sont décorées de croix de Saint-André, et sur le côté opposé aux vents une plage d'envol a été installée pour les pigeons. Ces derniers disposaient à l'intérieur de 1 500 boulins (niches à pigeons).

Changement d'époque et de registre dans la grange (XVIe siècle) qui est consacrée au musée Schlumberger. Il porte le nom des frères Conrad et Marcel, ces deux ingénieurs alsaciens qui inventèrent en 1927 le procédé de la prospection pétrolière électrique, mondialement utilisé de nos jours. Matériel de forage, voiture de prospection, photographies, vidéo, etc.

La chapelle (XIIe siècle), qui accueille des expositions temporaires, possède une charpente de châtaignier en forme de carène renversée, ainsi que des fragments de peinture murale médiévale.

Le manoir (XVe siècle), partiellement protégé par son enceinte, évoque, avec quelques modestes reconstitutions, la vie du seigneur des lieux…

Le verger regroupe plus de 26 variétés locales de pommiers.

Spécialité locale : les « poules de Crèvecœur », à la jolie huppe, dernières représentantes d'une ancienne race en voie de disparition.

alentours

Manoir de Coupesarte★

Cette belle demeure bordée d'eau sur trois côtés constitue le logis principal d'un corps de ferme. La construction remonte à la fin du XVe siècle ou au début du XVIe siècle. Sa gracieuse façade à colombages se termine par deux tourelles d'angle. Les communs, également à colombages, donnent à l'ensemble une note originale.

Du champ à gauche après la petite écluse, très belle vue sur la façade du manoir.

Le ravissant manoir de Coupesarte constitue le logis principal d'un corps de ferme.

DEAUVILLE ★★

■ Deauville doit sa réputation mondiale autant au luxe et au raffinement de ses diverses installations qu'à l'élégance de ses manifestations qui, tout au long de l'année, mais surtout en été, ponctuent son calendrier des festivités : courses hippiques dont le Grand Prix, Championnat mondial de polo, régates, tournois de golf et de tennis, galas, marché international du yearling. Tous les ans, début septembre, le Festival du cinéma américain transforme Deauville en une proche banlieue de Hollywood.

Le nom

Il dériverait de *Dosville*. Le suffixe *ville* est d'origine gallo-romaine.

comprendre

Des terres gagnées sur les marais – Jusqu'au milieu du XIXe siècle, le site sur lequel se trouve aujourd'hui Deauville était occupé par les

> **LES GENS**
> 4 364 Deauvillais, qui ne se lasseront jamais des frasques des têtes couronnées, capitaines d'industrie, artistes et vedettes de tout poil.

LA HAUTE-NORMANDIE

marais. En 1859, le financier Donon et le médecin du tout-Paris, Olliffe, achètent le domaine foncier pour en faire une station balnéaire. Le parrain de l'opération n'est autre que le duc de Morny, beau-frère de Napoléon III. Il faillit laisser son nom à la station, Mornyville, mais elle s'appela finalement Deauville.

Un haut lieu de villégiature – Construite selon un plan octogonal, la jolie station se développe très vite et les villas rivalisent de beauté en empruntant aux modes architecturales de toute l'Europe de l'époque. Après la chute du Second Empire, la création du Cercle en 1875 (lieu où se réunissaient les propriétaires d'écuries de course) relance la fréquentation : les courses hippiques deviennent le lieu de rendez-vous de toute la noblesse européenne. En 1912, le casino, l'hôtel Normandy et les nouvelles tribunes de l'hippodrome sont construits. Ils demeurent aujourd'hui des points de passage obligés pour qui veut vivre un séjour deauvillais inoubliable.

Une station mythique – Ce parrainage originel et cette fréquentation huppée, qui s'est poursuivie tout au long du XXe siècle, ont contribué à créer l'image prestigieuse de Deauville. Romanesque aussi. Ce n'est sans doute pas un hasard si Claude Lelouch y tourna, en 1966, le film *Un homme et une femme*, avec Anouk Aimée et Jean-Louis Trintignant dans les rôles principaux.

Des festivals – Deauville demeure le site phare du cinéma en Normandie. Les plus grands réalisateurs y ont tourné des films, mais la station est surtout réputée pour son Festival du film américain. Depuis 1975, les plus grandes stars du cinéma mondial paradent sur les planches le mois de septembre venu. Pendant dix jours la ville vibre à l'heure américaine et des films sont programmés 24 heures/24, de tous styles, depuis les superproductions jusqu'aux films indépendants. La création en 1999 du Festival du film asiatique a conforté Deauville dans son statut de capitale internationale du cinéma en révélant quelques grands réalisateurs asiatiques. En parallèle, un village Asia est aménagé pour faire découvrir au grand public, pendant cinq jours, tous les aspects de la culture asiatique.

séjourner

La grande saison de Deauville commence en juillet et se clôt par le Grand Prix de Deauville et la Coupe d'or du championnat mondial de polo, aussi appelé le Deauville Polo Cup, l'un des plus grands tournois du monde. Les courses ont lieu alternativement sur l'hippodrome de la Touques (plat) et sur celui de Clairefontaine (plat et obstacles). Hors saison, la station accueille de nombreux congrès et séminaires.

L'attraction de la mer et des planches ne devrait pas faire oublier la richesse du patrimoine deauvillais, notamment ses somptueuses villas 1900 dont la fameuse villa Strassburger, construite en 1907 par le baron Henri de Rothschild et rachetée en 1924 par le milliardaire américain dont elle porte le nom.

Le casino fait partie des lieux de passage deauvillais obligés...

La magnifique villa Strassburger s'inspire des manoirs augerons et conserve désormais les œuvres de l'artiste Enrico Campagnola (1911-1984).

DEAUVILLE

Son style s'inspire des manoirs augerons. Elle conserve aujourd'hui les œuvres d'Enrico Campagnola (1911-1984), de la donation Bret-Campagnola faite à Deauville.

Les planches
Depuis 1923, un chemin de planches en azobé, bois d'Afrique tropicale, d'un brun violacé assez soutenu, est l'aspect le plus caractéristique de la vie de plage à Deauville.
D'élégantes constructions : les Bains pompéiens, le bar du Soleil, où vedettes et célébrités aiment à se montrer, forment le fond d'un tableau où les couleurs des tentes jettent les notes les plus vives.
Le long du front de mer, le boulevard Eugène-Cornuché permet au promeneur de s'assurer que le nom de « plage fleurie » décerné à Deauville n'est pas usurpé.
Le port des yachts, sur la Touques, et le Yacht-Club offrent un gracieux spectacle.
Enfin, dans le prolongement des quais, le port témoigne du dynamisme de la station.

L'attraction de la mer ne doit pas faire oublier la richesse du patrimoine deauvillais.

Depuis 1923, un chemin de planches en azobé est l'aspect le plus caractéristique de la plage de Deauville.

LA HAUTE-NORMANDIE

DEAUVILLE

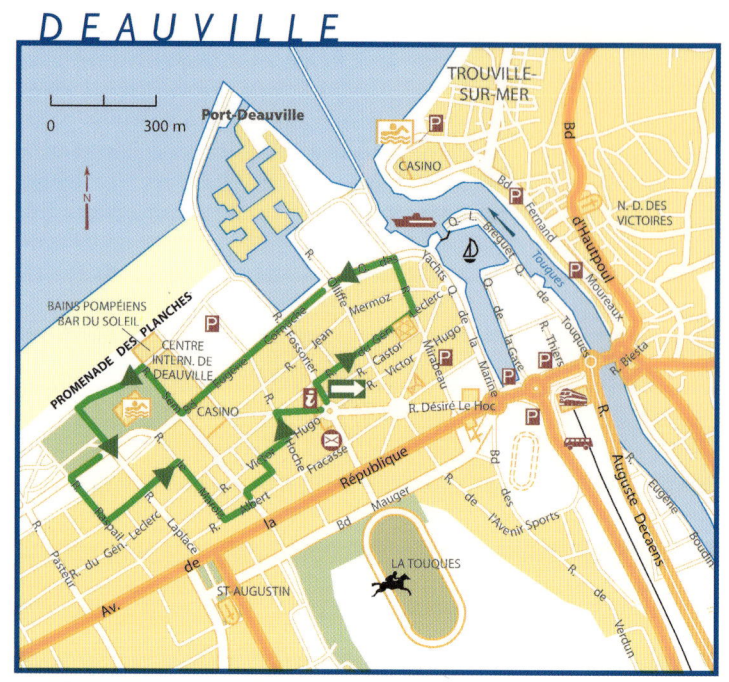

Itinéraire de visite conseillé

Le port de Deauville offre le double avantage d'un mouillage en eau profonde et d'une grande capacité d'accueil.

sur le boulevard Eugène-Cornuché, le prestigieux hôtel Normandy Barrière se reconnaît à ses façades en faux pans de bois plaqué vert.

Port-Deauville

Le port est contenu à l'ouest par la digue brise-lames allant de la plage à l'embouchure de la Touques, et à l'est par la jetée annonçant l'entrée bâbord du chenal.

L'ensemble comprend un bassin à marée, un bassin à flot et un autre en lais de mer (environ 5 ha), accessibles par une écluse à sas et offrant le double avantage d'un mouillage en eau profonde et d'une grande capacité d'accueil.

Au milieu de l'eau, les parties bâties englobent les typiques « marinas » aux toits d'ardoise, la capitainerie et « l'antenne » du Marina Deauville Club (quai des Marchands, au niveau de l'écluse), ainsi que les espaces réservés aux centres commerciaux et à l'hôtellerie. Le profond chenal d'accès au port assure le passage des bateaux 8 heures par marée, soit environ 16 heures par jour.

se promener

Rue Fossorier

Sur la gauche se dresse la villa Cardon du Second Empire. Dans les années 1920, son jardin a été converti en boutique (actuellement le Manoir d'Émilie). Au n° 12, la villa Sainte-Claire (1866) en brique polychrome et ardoise arbore une monumentale tourelle de forme polygonale.

À l'angle de la rue Jean-Mermoz, le balcon du premier étage et le bois découpé ornant la bordure de rive du toit donnent des allures de chalet rustique à la villa des Lierres, édifiée entre 1866 et 1873. La véranda ajoute quant à elle une touche coloniale.

Boulevard Eugène-Cornuché

C'est sans doute ici que se concentrent les plus belles demeures de Deauville : au n° 3, la villa du Phare en briques polychromes (1877), au n° 7, la villa Grisélidis (1871) avec ses bandes de brique colorées, ses bow-windows et son toit rehaussé d'épis, au n° 11, les bas-reliefs de la villa Suzanne, et au n° 15, la célèbre villa les Abeilles, commanditée par la couturière Irène Paquin à Auguste Bluysen, l'architecte du Grand Rex à Paris. Son architecture marie épis de faîtage, tuiles

DEAUVILLE

plates normandes et pans de bois, avec des éléments Art nouveau en béton. Plus loin, la villa Camélia, une des plus anciennes de Deauville, possède de nombreux bow-windows et des pignons typiques de l'Europe du Nord. À quelques numéros de là, le prestigieux hôtel Normandy Barrière se reconnaît à ses façades en faux pans de bois plaqué vert.

Au n° 20, beaux panneaux colorés de la villa Palissy, peints sur lave émaillée.

Rue Le Marois
À l'angle avec la rue du Général-Leclerc se dressent les villas Chalet-Chalet et Santiago. Plus loin, au n° 18, Les Glaïeuls, construits en 1870, s'inspirent des maisons rurales de l'Italie du Nord. Au n° 20, la villa Montréal, construite en 1913.

Rue Albert-Fracasse
Au n° 81, la villa Les Dunes, construite en 1910, est agrémentée de terrasses en quart de cercle et de balustres sur lesquelles s'ouvrent les salles de réception. Les nombreux éléments décoratifs de la villa Les Primevères (1890), au n° 21, retiennent l'attention.

Rue Victor-Hugo
Au n° 91, la villa les Giroflées (1880) présente une architecture très influencée par le style augeron. Au n° 83, la villa le Paradou affiche quant à elle de nombreux éléments néogothiques.

Le parcours se termine par la villa le Belvédère (1870) dont le jardin est devenu une boutique, tout comme celui de la villa Cardon.

Les villas de Deauville rivalisent de beauté...

circuits

L'infini des horizons marins se marie ici avec le morcellement d'un arrière-pays tout en recoins de verdure.

La côte entre Honfleur et Cabourg devient, une fois l'été venu, parmi les plus fréquentées de France, mais n'en perd pas pour autant sa séduction.

LE MONT CANISY★

En quittant Deauville par la route départementale 513, l'église de Bénerville apparaît en hauteur à un carrefour.

Parc Calouste-Gulbenkian
Ce très joli parc a été dessiné dans les années 1930 pour le magnat du pétrole Calouste Gulbenkian. Abrité des vents du nord et sans vis-à-vis, il s'étend sur plus de 30 ha dont 14 ha sont paysagers. De l'entrée, une allée bordée de buis et de plates-bandes fleuries mène à la grande pelouse des arbres séculaires ouverte sur le bocage augeron.

La diversité des perspectives et la variété des paysages sont frappantes : parterres de roses en croix symbolisant les quatre fleuves de l'Islam, jardin fruitier et potager, pinèdes du Sud-Ouest, impressions quasi alpines sur les hauteurs.

Touques
À l'embouchure de la rivière du même nom, ancien port de Guillaume le Conquérant, le village conserve de vieilles maisons le long du ruisseau des Ouies.

L'église Saint-Thomas (XIIe siècle) doit son nom au passage de saint Thomas Becket. L'église Saint-Pierre (XIe siècle) accueille diverses expositions.

À l'embouchure de la rivière du même nom, Touques conserve de ravissantes maisons anciennes.

LA HAUTE-NORMANDIE

Peu avant Villerville, la vue s'élargit sur l'estuaire de la Seine, avec Le Havre en toile de fond.

LA CORNICHE NORMANDE★★

De Deauville-Trouville à Honfleur

Au milieu d'une végétation magnifique, ce trajet réserve, à travers les haies et les vergers, des échappées sur l'estuaire de la Seine. De belles propriétés s'égrènent tout au long du parcours. Peu avant Villerville, la vue s'élargit sur l'estuaire du fleuve et ses installations pétrolières. Au fond à gauche, Le Havre est reconnaissable à sa centrale thermique et au clocher de l'église Saint-Joseph.

Villerville

Cette station balnéaire garde son charme rural grâce à son cadre de prairies et de bois. L'église se signale par son clocher roman. À marée basse, des groupes de rochers comme le banc du Ratier prolongent la plage. Depuis la terrasse qui la domine, vue sur Le Havre et le cap de la Hève.

Cricquebœuf

Un condensé de la Normandie romantique et traditionnelle. Dans ce tout petit village si joliment nommé, la minuscule église (XIIe siècle) aux vieux murs drapés de lierre a été abondamment popularisée par l'affiche et l'image. Tout autour, prés, pommiers à cidre, vaches, mares ajoutent au charme des lieux.

Barneville

L'église, enfouie dans la verdure, s'adosse au magnifique parc d'un château du XVIIIe siècle.

LA CÔTE FLEURIE★★

De Trouville-Deauville à Cabourg

Bénerville et Blonville-sur-Mer

Ces deux petites stations balnéaires jumelées partagent leur longue plage de sable fin sur les pentes du mont Canisy. Quelques villas se disséminent sur la falaise de Bénerville.
À Blonville, parc de loisirs et centre sportif proches de la mer ; club nautique sur la plage. Au centre, dans la chapelle Notre-Dame-de-l'Assomption, fresques dues à Jean-Denis Maillart.

Villers-sur-Mer

Le charme de cette station balnéaire tient autant à son animation estivale qu'à son immense plage et à l'agrément de son arrière-pays, accidenté et boisé, sillonné de sentiers qui descendent au cœur de la ville. Elle abrite, comme il se doit, un casino et un bon équipement sportif. La plage, qui court de Blonville à la falaise des Vaches Noires, est bordée, à l'aplomb de la localité, par une longue digue-promenade où une borne signale le passage du méridien de Greenwich. Un bel ensemble de vitraux (XIXe siècle) éclaire l'église néogothique près de la mairie.
Le Musée paléontologique expose une importante collection de fossiles découverts sur le site des Vaches Noires depuis la fin du XIXe siècle : mollusques (belle série d'ammonites), crustacés, coraux de plus de 100 millions d'années ; il présente aussi des dents, mâchoires et vertèbres de crocodiles, dinosaures et ichtyosaures. Avant Houlgate, panorama sur l'embouchure de la Dives et celle de l'Orne.

Houlgate★ *(voir ce nom)*

La route longe la côte et, avant Dives-sur-Mer, passe devant le monument commémorant le départ du duc Guillaume pour la conquête de l'Angleterre.

Vaches Noires et fossiles

La réputation des Vaches Noires en matière de fossiles n'est plus à faire. Ces falaises révèlent des couches remontant à l'ère secondaire. L'érosion naturelle (écoulements d'eau et action de la marée) met régulièrement au jour de nouvelles veines de sédiments, dans lesquelles sont pris les fossiles. Mais, les règles de fouilles sont très strictes, et pour des raisons de sécurité, l'accès aux falaises est limité.

L'immense plage de Villers-sur-Mer fait le bonheur des estivants, toujours nombreux à la fréquenter.

DIEPPE ★★

■ « À Dieppe, la lumière est comme un écrin », disait Matisse. La plage la plus proche de Paris, encadrée de hautes falaises, est la doyenne des stations balnéaires françaises. Son port, où voisinent installations modernes en plein rendement et vieux quartiers de pêcheurs, est l'un des plus insolites de Normandie. Dès la fin du XIVe siècle, c'est par les pérégrinations de ses marins que Dieppe forge sa réputation. Ils débarquent en Afrique noire et installent des comptoirs le long du golfe de Guinée d'où ils ramènent ivoire et épices. Ils s'établissent aussi au Cap-Vert et foulent le Nouveau Monde… quatre ans avant Colomb, prétend-on.

Le nom

Dieppe dérive du terme anglo-saxon *deep*, « profond », allusion à l'estuaire de l'Arques, anciennement la Deep. Il s'agit d'un fleuve modeste, mais suffisamment profond pour y accueillir des navires de haute mer dès le VIIe siècle, et bientôt abriter un port. L'Arques est alimentée par l'Aulne, la Béthune et la Varenne.

LES GENS

34 653 Dieppois. Le héros de la ville s'appelle Jehan Ango. Grand armateur et conseiller maritime de François Ier, il est le premier navigateur français à passer le cap de Bonne-Espérance en 1529. Six ans plus tard, le roi le nomme gouverneur de Dieppe, où il se fera construire un splendide palais de bois. Sa résidence campagnarde de Varengeville, moins fastueuse, est de goût aussi sûr. Mort en 1551, Ango est enseveli dans la chapelle qu'il avait fait construire dans l'église Saint-Jacques.

comprendre

Jehan Ango et la guerre de course (XVIe siècle) – Les Portugais s'étant avisés de traiter en pirate tout navire s'aventurant sur les côtes d'Afrique, François Ier autorise les représailles en vertu de « lettres de marque » (ordres de mission émanant du roi). À l'époque, Dieppe ne manque pas de valeureux capitaines : les frères Parmentier, qui passèrent l'équateur en 1529 ; le Florentin Verrazano, qui découvrit le site de New York en avril 1524 et le baptisa « terre d'Angoulême ». La cité prend donc la tête du mouvement. L'armateur Jehan Ango en fait *« un arsenal de course d'où sortent des flottes à faire trembler les rois ».* Plus de 300 vaisseaux portugais sont capturés, et le roi du Portugal, craignant la ruine de son commerce maritime, intrigue pour obtenir le rachat de la lettre de marque du terrible armateur. Après bien des négociations, Ango s'en dessaisit (1531).

Les bains de Dieppe – Le chroniqueur Pierre de l'Estoile raconte qu'en 1578, le roi Henri III *« par le conseil de ses médecins s'alla baigner en la mer de Dieppe pour guérir de certaines gales dont il était travaillé ».* L'eau de mer, et en particulier celle de Dieppe, passait pour guérir certaines maladies dont la rage. Au XVIIe siècle, Mme de Sévigné rapporte que des dames d'honneur de la reine, mordues par un chien, se rendirent à Dieppe. À propos de l'une d'entre elles, elle écrit : *« Elle a été plongée dans la mer. La mer l'a vue toute nue et sa fierté en a été augmentée ; j'entends la fierté de la mer, car pour la belle, elle en a été fort humiliée. »*

La mode des bains de mer se développe au début du XIXe siècle. En 1813, la reine Hortense de Hollande, belle-sœur de Napoléon Ier, choisit Dieppe pour se refaire une santé. Le lancement de la station est attribué à la duchesse de Berry, qui y passe ses étés de 1824 à 1830, entraînant à sa suite mondains et aristocrates. Tout au long du XIXe siècle, Dieppe accueille aux bains et au casino extravagantes et célébrités : Louis-Philippe, Napoléon III, Eugène Delacroix, Camille Saint-Saëns, Alexandre Dumas fils, Oscar Wilde…

Le raid des Canadiens (1942) – 19 août. Le jour se lève à peine. Quelque 7 000 soldats, en majorité canadiens, débarquent en huit points de la côte, entre Berneval et Sainte-Marguerite. Ce matin-là, Dieppe est l'objectif principal de l'opération « Jubilee », première

L'armateur Jehan Ango fit de Dieppe « un arsenal de course d'où sortent des flottes à faire trembler les rois ».

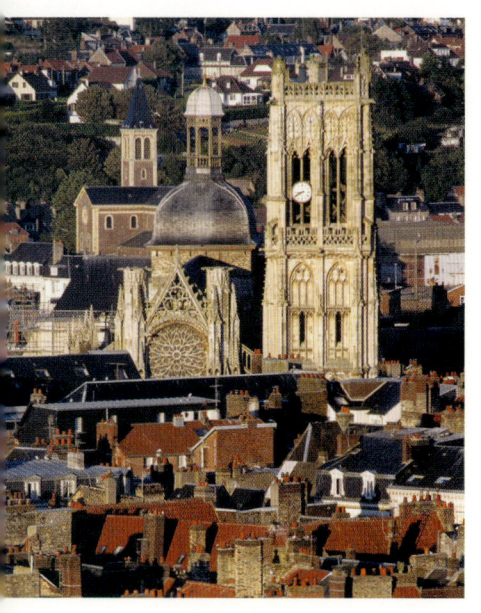

Le centre de Dieppe est dominé par la grande tour de l'église Saint-Jacques, du XVe siècle.

Des éléments de style flamboyant agrémentent l'architecture de l'église Saint-Jacques.

reconnaissance en force des Alliés sur le continent depuis juin 1940. Lors de cette « répétition » miniature du « vrai » débarquement, une seule batterie adverse sera réduite, près du phare d'Ailly. Les chars « Churchill », évoluant péniblement sur la plage de Dieppe, soumis à un tir d'artillerie intense, doivent se sacrifier pour couvrir le rembarquement.

Un bon nombre des survivants canadiens de l'opération « Jubilee » participeront, deux ans plus tard, à la libération de Dieppe. De ce raid, les Alliés tirent des leçons utiles : les défenses allemandes sont soignées près des ports, et les faibles pertes navales alliées indiquent la possibilité d'opérations amphibies de grande envergure. De son côté, l'adversaire conclut que tout débarquement allié visera en priorité les ports.

se promener

LE CENTRE

Place Nationale

Elle est dominée par la statue du lieutenant général Abraham Duquesne (1610-1688), qui commande son premier navire dès l'âge de 17 ans. Vainqueur de l'amiral néerlandais Ruyter en 1676, il traque aussi les pirates en Méditerranée. Son refus de renoncer au protestantisme l'empêchera de devenir amiral de France.

Belles demeures du début du XVIIIe siècle aux nos 18 à 24. Sur la pharmacie est apposée la plaque commémorative du chimiste Descroizilles, à qui l'on doit l'invention du filtre à café, erronément attribuée à l'abbé Belloy.

Église Saint-Jacques★

Commencée au XIIIe siècle, elle sera souvent remaniée. Le portail central, surmonté d'une belle rose, est du XIVe siècle. La tour de façade date du XVe siècle ; chevet et chapelles rayonnantes du XVIe siècle. Le croisillon sud, rue Sainte-Catherine, illustre bien le style gothique primitif. Quelque 107 gargouilles ont été dénombrées.

Intérieur – La nef (XIIIe siècle), de proportions harmonieuses, s'orne d'un triforium du XIVe siècle. La décoration des fenêtres hautes est postérieure d'un siècle. Près de la tour que dessert un escalier décoré de graffitis se trouve la première chapelle du bas-côté droit, dite du Saint-Sépulcre (XVe siècle), clôturée par une jolie balustrade de pierre.

Les autres chapelles ont été offertes par les armateurs dieppois.

Le buffet d'orgues date de 1635. Au-dessus de la porte de la chapelle du Trésor (sacristie), à gauche, figure une frise (1530) reproduisant un défilé d'Indiens du Brésil et évoquant les lointains voyages des Dieppois. Le transept, partie la plus ancienne de l'église, supporte le dôme central, refait au XVIIIe siècle.

Le chœur a de jolies voûtes en étoile et un triforium ajouré du XVIe siècle.

Au-dessus du maître-autel se dresse une belle statue de saint Jacques, en bois, du XVIIe siècle. À sa droite, la chapelle du Sacré-Cœur conserve ses voûtes de style flamboyant.

DIEPPE

Grande-Rue

Cet axe piéton, assez animé, se déploie sur l'emplacement d'une ancienne voie gauloise qui permettait de passer à gué d'une falaise à l'autre lorsque la ville n'était qu'un vaste marécage envahi par la mer à marée haute.

De nombreuses maisons en briques blanches datent de l'époque de la reconstruction de Dieppe après le bombardement naval anglais de 1694. Leurs balcons en fer forgé sont dus aux maîtres ferronniers d'Arques-la-Bataille.

Le corsaire Balidar, terreur des équipages anglais sillonnant la Manche, habita au n° 21 (café du Globe). Au n° 77, la cour est ornée d'une jolie fontaine de 1631. Aux n°s 137-139 de la Grand-Rue se trouvait un magasin d'articles pour peintres où Pissarro, Monet, Renoir, Boudin, Sisley, Van Dongen, Dufy et Braque se sont approvisionnés. Au n° 186, à hauteur du 1er étage, une enseigne d'apothicaire montre les trois règnes de la nature : un obélisque (minéral), un palmier (végétal) et un soleil (le feu).

Contestation

Dans ce port normand, on affirme que le navigateur Jean Cousin, Dieppois d'origine, mouilla le long des côtes brésiliennes et foula le sol du Nouveau Monde en 1488, soit quatre ans avant le célèbre Christophe Colomb.

Le port de plaisance est la partie la plus curieuse du port de Dieppe, bordé par la falaise du Pollet.

LA HAUTE-NORMANDIE

DIEPPE

La place du Puits-Salé doit son nom à un vieux puits d'eau saumâtre, remplacé depuis par un puits factice.

La rue de la Barre aligne ses jolies façades.

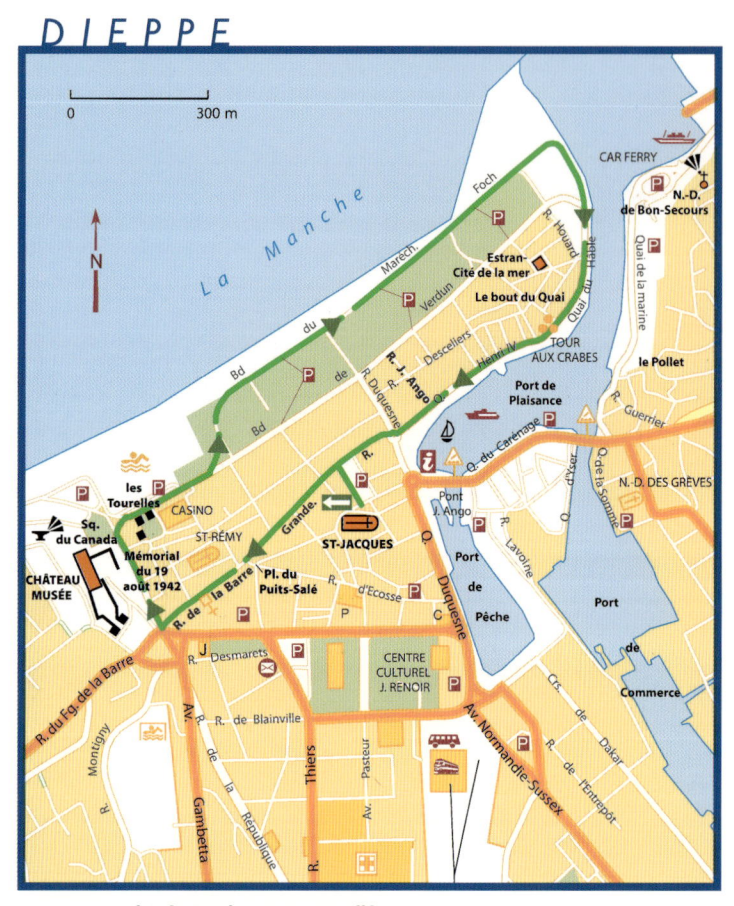

— Itinéraire de visite conseillé

Place du Puits-Salé

Au carrefour de six rues, c'est le centre le plus animé de Dieppe. La place doit son nom à un vieux puits d'eau saumâtre, remplacé au XVIe siècle par une fontaine, terminal de l'un des plus anciens systèmes d'adduction d'eau du pays. Le puits actuel est factice. Le grand fronton blanc du café des Tribunaux, ex-cabaret de l'Horloge (une horloge qui date de 1709), domine la place. Cet édifice du début du XVIIIe siècle a profité d'une rénovation au début du XXe siècle. L'actuelle pâtisserie occupe l'ancien bâtiment de l'Amirauté, également du début du XVIIIe siècle.

Rue de la Barre

Le n° 4 de cette rue hébergea Voltaire à son retour d'exil en Angleterre. Son ami apothicaire, Jacques Tranquillain Féret, lui offrit le gîte pendant une partie de l'hiver. Plus loin, on longe de belles demeures du début du XVIIIe siècle, avec balcons d'époque, comme aux n°s 40, 42 et 44. Temple de l'Église réformée au n° 69, dans l'ancienne chapelle d'un couvent de carmélites (1645).
Au n° 99, une plaque commémorative signale la maison natale de l'abbé Guilbert (1697-1784). Fidèle à son vœu de pauvreté, ce chroniqueur dieppois vécut et mourut dans la misère.
Dans le square du Canada, au pied de la falaise de l'ouest, se dresse une stèle dont les faces rappellent les 350 ans d'histoire commune unissant Dieppe et le Canada, depuis le départ des colons dieppois au Québec (XVIIe siècle), jusqu'au XXe siècle, avec le raid du 19 août 1942. En été, on peut accéder au château-musée à partir de ce square.
Sur le boulevard de Verdun, la porte monumentale, « les Tourelles », en très bon état de conservation, précède le casino. C'est l'unique survivante des 5 portes de l'ancienne enceinte fortifiée (XVe siècle).

DIEPPE

Une fois arrivé à la plage, on profite d'un beau panorama sur les falaises et le château, depuis le bout de la jetée. On suit ensuite le quai du Hâble qui longe le Bout-du-Quai. Ce quartier de pêcheurs, face au chenal, se compose de quelques ruelles autour de la place du Moulin-à-Vent. Les statuettes de la Vierge, nichées en hauteur, captent l'attention. Côté nord se trouve l'Estran-Cité de la mer. Juste avant l'angle de la rue de la Rade et du quai du Hâble, on distingue les vestiges de la tour aux Crabes (XIVe siècle) qui surveillait l'entrée du port.

On suit le quai Henri-IV qui longe le port de plaisance. L'hôtel d'Anvers (1697) tire son nom d'un bas-relief, où l'on distinguait la ville flamande (édifice identique au n° 176, Grand-Rue). Il précède l'ancien collège des Oratoriens, élevé à l'emplacement de la maison de Jehan d'Ango, détruite en 1694.

LE PORT, LE POLLET ET SA FALAISE

L'ascension de la falaise depuis le Pollet, quartier des pêcheurs, procure de beaux panoramas.

De hautes bâtisses entourent l'avant-port, doté de 450 anneaux et 10 pontons pour les plaisanciers.

Port de plaisance (avant-port)

C'est la partie la plus curieuse du port. De hautes bâtisses entourent le bassin. Un port de plaisance (450 anneaux et 10 pontons) y est aménagé depuis le transfert en 1994 du terminal des car-ferries de la ligne de Newhaven, qui accueille le Superseacat d'Hoverspeed, sur le site du nouvel avant-port où a été construite une gare maritime moderne.

Pour rejoindre le terminal à pied, on franchit les ponts mobiles Ango puis Colbert, construits en 1889 d'après un projet d'Eiffel et reliés par le quai du Carénage qui donne sur le quartier des pêcheurs, le Pollet. Du pied de la falaise, vue sur les gobes, anciennes habitations troglodytes aujourd'hui murées.

Le Pollet et sa falaise

Depuis la rue Guerrier, on peut faire un crochet dans la très ancienne et pittoresque rue Quiquengrogne dont le nom étrange était le cri des corsaires de la Manche au XVe siècle. À côté du n° 3, rue du Petit-Fort, une minuscule demeure de pêcheur, au toit affaissé et désormais inhabitable, est bien antérieure au bombardement de 1694. Un peu plus loin, entre deux maisons, belle échappée sur l'avant-port.

En haut de la falaise, la chapelle Notre-Dame-de-Bon-Secours, inaugurée en 1876, abrite des plaques de marbre qui portent les noms des marins dieppois disparus en mer. Une procession solennelle s'y déroula tous les 15 août jusqu'en 1945. Juste à côté, le sémaphore militaire veille sur les bateaux en mer 24 heures/24, aux jumelles, à la radio et au radar. Du pied du calvaire ou au-delà du mât de signaux, la vue s'étend sur la ville et le port.

Le port de pêche est le premier en France pour la coquille saint-Jacques.

Port de pêche (bassin Duquesne)

Port de pêche artisanal et premier en France pour la coquille Saint-Jacques, Dieppe possède une flottille importante qui effectue des rotations de pêche rapides (d'une nuit à 5 jours). À deux heures de Paris, il débarque chaque jour une diversité de produits de grande fraîcheur et souvent de noble espèce, comme la sole, le merlan et le cabillaud. L'activité du marché aux poissons, au petit matin, retiendra les amateurs de couleur locale.

LA HAUTE-NORMANDIE

Port de commerce (arrière-port)
Le trafic des fruits continue à occuper une part très importante dans les activités du port. Il est surtout axé sur la banane, l'ananas et la mangue en provenance de la Côte-d'Ivoire. S'y ajoutent les agrumes, pommes de terre et légumes primeurs du Maroc. Huiles, graines, tourteaux et bois constituent aussi une part non négligeable du trafic.

visiter

Château-musée★
À l'extrémité est du boulevard de la Mer, une vue magnifique se dévoile sur la ville et la plage. Le château de Dieppe, légèrement en contrebas, est appareillé en silex et grès alternés et en briques rouges et blanches.
Il prend appui sur une grosse tour cylindrique, vestige des fortifications qui défendaient la ville au XIVe siècle. Des courtines (XVIIe siècle) le relient à la tour Saint-Rémy, de plan carré. Ancienne demeure des gouverneurs de la ville et pôle de résistance dès le Moyen Âge contre la domination anglaise, il abrite actuellement le musée. Du haut des tours, vue sur la ville et la mer.

Musée★ - Marine et ivoire sont les deux centres d'intérêt autour desquels s'organisent les collections. La visite débute par un rappel du brillant passé maritime de Dieppe : cartes (portulan), instruments de navigation, figures de proues, etc. Parmi les modèles de navires, le *Beaumont* de la Compagnie des Indes (XVIIIe siècle), à l'échelle 1/20.

Le trésor du musée, c'est son incomparable collection d'ivoires dieppois, dont le travail minutieux ne le cède en rien à l'art extrême-oriental, qu'il s'agisse d'objets à caractère religieux (crucifix, chapelets, reliures de missels, statuettes, etc.) ou profane (ustensiles de toilette, de couture, éventails, tabatières, pendules, sculptures et maquettes de navires). Une reconstitution d'atelier montre l'outillage des ivoiriers locaux. Ceux-ci – ils sont 350 au XVIIe siècle – s'étaient établis à Dieppe pour profiter des arrivages directs de l'ivoire d'éléphant importé d'Afrique ou d'Asie. L'un d'entre eux, le sculpteur Pierre-Adrien Graillon (1807-1872), fait l'objet d'une présentation particulière.

Plusieurs salles, au 1er étage, se consacrent à la peinture et au mobilier, notamment hollandais. Aux marines et natures mortes de poissons (Pieter Boel, XVIIe siècle) s'ajoutent d'intéressantes toiles des écoles française, anglaise et autrichienne des XIXe et XXe siècles, avec Isabey, Noël, Boudin, Renoir, Pissarro, Lebourg, Sisley, W. Sickert, Von Thoren, etc.

Ce qui relie la plupart des tableaux présentés et leur donne un éclairage unique, c'est l'ancrage local : vues de la ville, de ses quartiers et des environs.

Au même étage se trouvent une trentaine de poteries précolombiennes (Pérou) et, installée dans sa niche, une sculpture de Jean-Baptiste Carpeaux, *La Pêcheuse de vignots*.

Dans la tour, jolie collection de râpes à tabac. Au XVIIe siècle, ces objets délicats servaient à préparer la poudre de tabac à priser.

Une salle est dédiée au compositeur Camille Saint-Saëns, originaire de la ville par son père : dessins, portraits, souvenirs de voyages, premier piano, etc.

Autour d'un fonds d'une centaine d'estampes de Georges Braque (présentées en alternance) s'agence une collection d'art du XXe siècle (Raoul Dufy, Lurçat, Édouard Pignon, Gilles Aillaud, etc.). Cette dernière partie du musée donne sur l'espace consacré aux expositions temporaires régulièrement renouvelées.

Le trésor du musée est son incomparable collection d'ivoires dieppois.

Le château de Dieppe, qui abrite aujourd'hui le musée, est joliment appareillé en silex et grès alternés et en briques rouges et blanches.

DIEPPE

Estran-Cité de la mer
Dans un ancien quartier de pêcheurs, ce musée explique les différents métiers de la mer liés à la Manche Est.
Les sections « construction navale » et « technologie embarquée » abordent plusieurs thèmes, de la navigation à la rame au chalutier contemporain. Espace pêche : évolution des techniques, de la pêche côtière à la pêche hauturière et industrielle. Espace falaises et galets : érosion de la Côte d'Albâtre, moyens de défense. Section biologie halieutique et marine : écosystème de la Manche Est.
Enfin, les principales espèces de la Manche et de l'Atlantique Nord évoluent à l'Estran dans des aquariums.

Le Mémorial du 19 août 1942
Installé dans l'ancien théâtre de Dieppe, en attente de restauration, cet espace commémore le raid canadien d'août 1942. Panneaux explicatifs, objets du quotidien, décorations, maquettes d'avions et uniformes.

alentours

Offranville
Ce village possède une église du XVIe siècle flanquée d'un if millénaire de plus de 7 m de circonférence. Le parc floral William-Farcy se pare de rosiers, tulipes, cyprès, magnolias, camélias, azalées…

Puys
Ce très joli hameau, qui attira de nombreux intellectuels et artistes (George Sand, Jean-Baptiste Carpeaux et Alexandre Dumas), dispose d'une charmante petite plage.

L'Estran-Cité de la mer aborde différents thèmes, de la navigation à la rame (sur un drakkar par exemple) au chalutier contemporain.

circuit

FORÊT D'EAWY★★

Le massif d'Eawy (prononcer « E-a-vi ») recouvre sur 6 600 ha la croupe accidentée que délimitent les vallées de la Varenne et de la Béthune. C'est avec la forêt de Lyons la plus belle futaie de hêtres de Normandie. Son nom, d'origine germanique, signifie « prairie humide ». Une magnifique percée rectiligne, la route ou plutôt l'allée des Limousins, et de profonds vallons rafraîchissants rehaussent son intérêt touristique.
La calme vallée de la Varenne est parsemée de manoirs de brique, et serrée par les futaies de la forêt d'Eawy.

Les V 1 du Val-Ygot
Jalonné de panneaux explicatifs, le site comprend 13 bâtiments en béton et une reconstitution de rampe de lancement de V 1. Une stèle est érigée en mémoire des victimes des armes secrètes d'Hitler. Cent dix-sept sites de ce type ont existé en Seine-Maritime.

Saint-Saëns
Petit bourg en bordure de la forêt et de la Varenne. L'église (XIXe siècle) conserve quelques vitraux du XVIe siècle : l'Arbre de Jessé, la vie de Saint Louis, la Passion et la Pentecôte.

Jardin de Bellevue★
Après plus de vingt ans de soins, ce parc de 6 ha niché dans un superbe vallon arbore une magnifique collection d'hellébores (roses

Avec celle de Lyons, la forêt d'Eawy est la plus belle futaie de hêtres de Normandie.

LA HAUTE-NORMANDIE

de Noël), qui s'épanouit en plein hiver. Chaque saison apporte cependant son lot de floraisons et de couleurs : pivoines, rhododendrons, magnolias, et clématites au printemps, hydrangeas, phlox et hortensias en été, feuillages et écorces en automne. Au bout du parc, superbe panorama sur la vallée et la forêt d'Eawy.

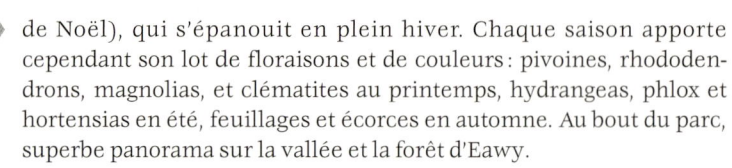

Jardin Agapanthe★
Caché derrière de hautes haies, serré autour de la maison et d'anciens bâtiments à colombages, ce petit jardin de rêve (6 000 m²) séduit par son charme très intimiste. Le parcours surprend par la variété des petits espaces cloisonnés aux ambiances très différentes : chambres de verdure, sous-bois, bassins, pergola, jardin méditerranéen... Des tables et des chaises, semées ici et là, invitent à d'agréables haltes.

Le petit jardin d'Agapanthe séduit par son charme très intimiste.

Le clos du Coudray
Ce jardin aménagé dans un ancien clos masure rassemble 8 000 variétés de plantes originaires d'Asie, d'Amérique du Nord et d'ailleurs. Une trentaine de petits espaces, agrémentés de bancs et de panneaux explicatifs, se les partagent. La roseraie, le jardin exotique de bambous japonais et de gunneras, le jardin de berge, le jardin des elfes avec ses epimediums asiatiques et le surprenant jardin de graviers sont fascinants.

Moulin de l'Arbalète
Intéressante visite d'un moulin hydraulique du XIXᵉ siècle encore en activité.

Château de Bosmelet
Ce château de style Louis XIII, aujourd'hui restauré, s'inscrit dans un bel environnement. La double avenue de tilleuls tricentenaires (qui culminent à près de 40 m) et le tapis vert s'étirant sur plus de 2 km valent le coup d'œil. Le parc abrite l'exceptionnel potager « arc-en-ciel », subtile combinaison de bordures de fleurs et de rectangles de légumes dans plusieurs palettes de couleurs. Sur ses 2 ha, un parterre est consacré aux plantes asiatiques.

Le château de Bosmelet est l'un des rares exemples du pur style Louis XIII, dépourvu de toute vocation militaire.

Auffay
Cet agréable village a conservé une imposante collégiale (fin XIᵉ siècle) largement remaniée au cours des siècles. Il vit au rythme de ses célèbres jacquemarts, Houzou Bernard et Paquet Sivière, qui sonnent les heures depuis le XVIIᵉ siècle. On ignore leur origine exacte mais la légende raconte que deux protestants ayant outragé la foi catholique furent condamnés à payer l'horloge de la collégiale et à sonner les heures et les offices. À leur mort, ils auraient été remplacés par les automates. Les originaux (que l'on peut admirer à travers les vitres de la mairie) ont dû être remplacés en 1999.

★ DREUX

■ Aux confins de l'Île-de-France et de la Normandie, Dreux est un marché régional vivant d'industries diversifiées. La ville conserve le souvenir de la famille des Orléans dont les restes sont rassemblés dans la crypte de la chapelle royale où tombeaux et gisants forment un impressionnant musée de la statuaire du XIXᵉ siècle. Toute proche, la vallée de l'Eure réserve aussi quelques surprises, notamment au château d'Anet.

DREUX

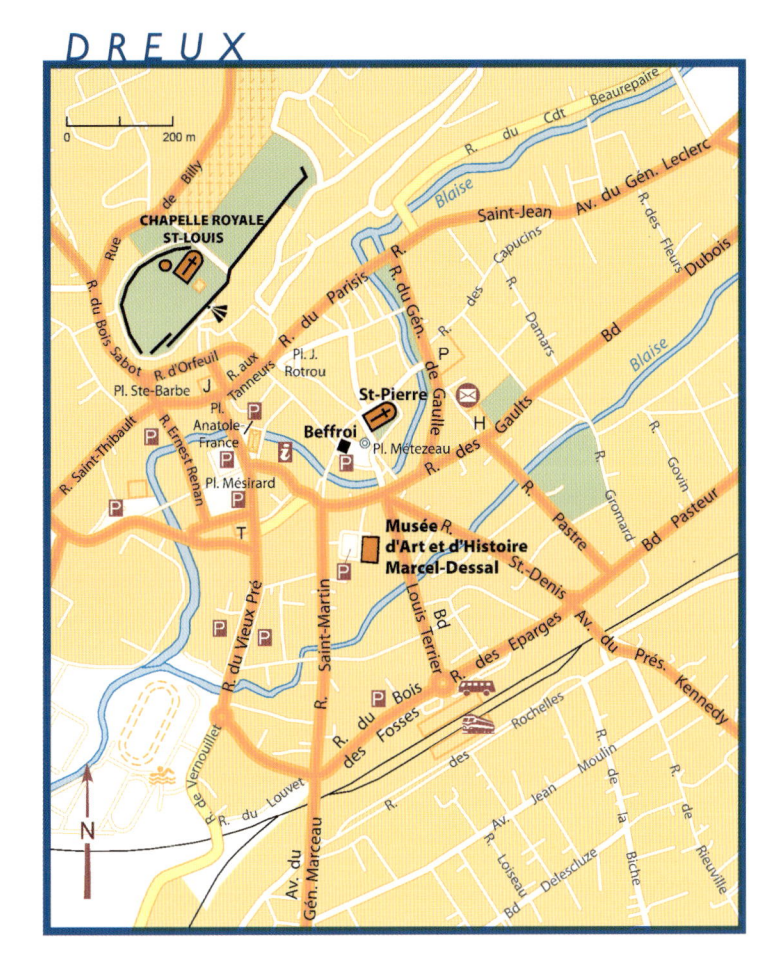

LES GENS

31 849 Drouais. Jean Rotrou (1609-1650), poète et lieutenant du bailliage de sa ville natale, mourut victime de son dévouement en regagnant la ville ravagée par la peste. Sur la place qui porte son nom, une statue, œuvre du sculpteur Allaseur, rappelle son souvenir. Autre Drouais, François-André Philidor (1726-1795) s'est distingué à la fois par les échecs et la musique. Il fut tout à la fois précurseur de l'opéra comique et le plus grand joueur d'échecs de son temps – l'un des premiers à en faire profession. Son traité intitulé L'Analyse des échecs fait encore autorité.

Le nom

Dreux dérive du nom d'une tribu gauloise qui occupait les lieux : les *Durocasses*. Loin de rappeler cette origine ethnique, le durocasse évoque aujourd'hui un appétissant gâteau.

comprendre

Frontière de France puis domaine royal – À l'époque gallo-romaine, capitale des Durocasses, Dreux était déjà un carrefour routier important. La ville prend de l'ampleur lorsque les Normands se fixent au-delà de l'Avre et que sa forteresse garde désormais la frontière de la France, face à un voisin très belliqueux.

Le château, bâti sur la colline qu'occupe la chapelle Saint-Louis, subit de nombreux sièges. En 1593, la ville, qui a pris parti pour la Ligue et refuse de se livrer depuis trois ans, est brûlée par Henri IV et sa forteresse démantelée.

En 1556, le Parlement de Paris avait décidé que le comté de Dreux ne pourrait plus appartenir qu'à la famille royale de France, qui l'avait souvent remis en gage à de grandes familles du royaume. En 1775, Louis XVI cède ainsi Dreux à son cousin le duc de Penthièvre, fils du comte de Toulouse. En 1783, sur l'insistance du roi, le duc doit se défaire de son magnifique domaine de Rambouillet. Il fait alors transférer les sépultures familiales de l'église paroissiale de Rambouillet (détruite depuis) à la collégiale qui jouxte le château de Dreux.

La fille du duc apporte en mariage le comté à Louis-Philippe d'Orléans (Philippe Égalité). C'est à cette suzeraineté princière que Dreux, simple nécropole familiale avant la Révolution, doit, depuis, l'honneur de conserver les restes des Orléans.

Louis XVI céda Dreux à son cousin Louis Jean Marie de Bourbon, duc de Penthièvre.

LA HAUTE-NORMANDIE

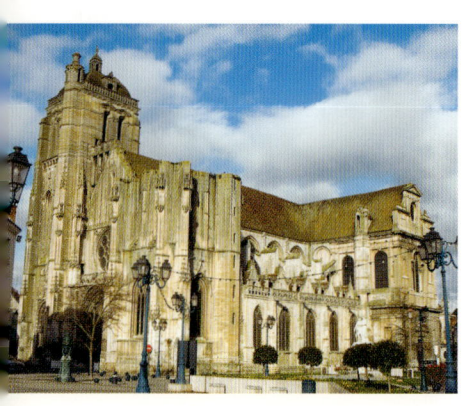

L'église de Dreux est fort ancienne ; à l'intérieur, ses beaux vitraux captent l'attention.

se promener

Beffroi★

Vingt-cinq années (1512-1537) ont été nécessaires à la construction de cet élégant beffroi. La façade qui ferme l'ancienne Grand-Rue (Maurice-Viollette) est particulièrement ouvragée. De leur côté, le rez-de-chaussée et le 1er étage ont une ornementation flamboyante ; le 2e étage dénote déjà la maîtrise du jeune Clément Métézeau : fenêtres encadrées de pilastres et surmontées d'une frise, tourelles à lanternon.

Autour du beffroi, le quartier piétonnier invite à la flânerie.

Église Saint-Pierre

Bâtie au début du XIIIe siècle, en partie ruinée au cours de la guerre de Cent Ans, elle a été très remaniée du XVe au XVIIe siècle. La façade date du XVIe siècle. Des tours qui devaient l'encadrer, seule celle de gauche a été achevée. Le portail et le croisillon gauches sont du XIIIe siècle, comme le chœur. Le croisillon droit date des XVIe et XVIIe siècles. L'intérieur comporte de belles verrières (XVe-XVIe siècle) ainsi qu'un bénitier creusé dans un chapiteau (XIIe siècle) montrant les Saintes Femmes au tombeau. Les vitraux des chapelles latérales (1re, 2e, 3e à droite, 2e, 3e, 4e à gauche) et de la chapelle absidiale captent l'attention. Remarquable buffet d'orgue polychrome (1614) au décor abondant.

La chapelle royale Saint-Louis honore le XIXe siècle par la qualité de son architecture et la contribution d'artistes de valeur.

DREUX

La Grand-Rue

L'ancienne Grand-Rue (Maurice-Viollette) déborde d'animation, notamment les jours de marché. À l'angle de la rue Illiers se dressent deux maisons à pans de bois (XVe siècle) dont les étages en encorbellement s'épaulent mutuellement grâce à des poutres.

visiter

Chapelle royale Saint-Louis

La collégiale Saint-Étienne s'élevait ici avant la Révolution. En 1783, on y avait rassemblé les restes des familles de Toulouse-Penthièvre. En 1816, la duchesse douairière d'Orléans, veuve de Philippe Égalité, fait élever une chapelle néoclassique en forme de croix grecque. Louis-Philippe, devenu roi des Français, agrandit le monument et change son aspect extérieur, accumulant clochetons et pinacles « gothiques ». L'œuvre honore le XIXe siècle par la qualité de son architecture et la contribution d'artistes de valeur.

La chapelle supérieure, mieux éclairée depuis le percement de fenêtres latérales sous Louis-Philippe, est ornée de vitraux consacrés à des patrons de la France et de la famille royale : dans la série de gauche figurent saint Philippe, sainte Amélie, saint Ferdinand (les têtes sont des portraits). Les vitraux de l'abside ont trait à la vie de Saint Louis.

C'est dans la crypte principale que reposent le roi Louis-Philippe et la reine Marie-Amélie, le duc d'Orléans, le duc d'Aumale et le duc de Nemours, le prince de Joinville, le duc et la duchesse d'Alençon. Leurs tombes et gisants comptent parmi les œuvres de qualité de la statuaire du XIXe siècle (sculpteurs : Mercié, Pradier, Dubois, Chapu, Millet, Lenoir, etc.). L'*Enfant voilé*, statue du prince Louis mort à 7 ans (1854), est particulièrement émouvant.

Au niveau inférieur, cinq glaces peintes et émaillées (manufacture de Sèvres, comme les autres verrières) produisent d'impressionnants effets de lumière. La sépulture du duc Ferdinand d'Orléans, prince royal, et de son épouse, princesse de Mecklembourg-Schwerin, perpétue par l'architecture la séparation des confessions catholique et protestante, mais la tendresse des attitudes rétablit l'unité du couple.

La crypte inférieure, sous la rotonde de la chapelle haute, montre douze sépulcres préparés pour la famille d'Orléans : on y retrouve le prince François d'Orléans (mort pour la France en 1960 pendant la guerre d'Algérie), entouré de ses parents, Henri, comte de Paris (1999), et Isabelle, comtesse de Paris (2003).

Dans une crypte voisine repose le prince Thibaut d'Orléans depuis 1983.

Du parc qui conserve quelques vestiges de fortifications, belles vues sur la ville.

Musée d'Art et d'Histoire Marcel-Dessal

Installé dans une chapelle néoromane, le musée conserve quelques souvenirs de la collégiale Saint-Étienne (XIIe siècle) qui se dressait à l'emplacement de la chapelle royale.

Aux collections d'archéologie locale (préhistoire, époques gallo-romaine et mérovingienne) s'ajoutent archives et documents anciens évoquant l'histoire de la région de Dreux du Moyen Âge à la IIIe République. Une section est consacrée à

En 1816, la duchesse douairière d'Orléans fit élever cette chapelle néoclassique en forme de croix grecque.

En 1840, Louis-Philippe décida de faire de la chapelle royale Saint-Louis la nécropole de la famille d'Orléans.

Une reine sans couronne

Peu après son arrivée à la Cour, Diane de Poitiers, veuve de Louis de Brézé, grand sénéchal de Normandie et châtelain d'Anet, s'attache Henri, second fils de François Ier, de vingt ans plus jeune qu'elle. Belle, imposante, ayant le goût des arts, intelligente et froide, Diane le conquiert sans peine car la femme d'Henri, « une Médicis », n'est que la fille de banquiers florentins. Diane a 32 ans quand elle plaît au dauphin, elle le fascine tout autant quand il devient Henri II ; elle ne l'a pas encore déçu en 1559, âgée de 60 ans, quand il est tué en tournoi par Montgomery. Toujours séduisante, elle règne douze ans sur le souverain, la Cour, les artistes et les finances royales, et fait reconstruire Anet, témoin de sa puissance et de son goût. Mieux encore, c'est elle qui élève les enfants du roi et de la reine. En 1559, Catherine de Médicis lui reprend Chenonceau, mais lui laisse Anet. C'est là que Diane de Poitiers meurt, en 1566, ayant achevé d'embellir son château, première œuvre du style Henri II.

Dès le portail d'entrée du château d'Anet l'influence italienne apparaît, avec l'emploi des pilastres et des colonnes.

la famille d'Orléans (Louis-Philippe et les membres de sa famille). Exposition de meubles (XVIIIe siècle) provenant de quelques châteaux des alentours. Peintures anciennes et contemporaines, dont certaines impressionnistes ou plus tardives (toiles de Vlaminck, Montezin, Le Sidaner, etc.) ordonnées autour d'un tableau de Monet : *Les Glycines*.

circuit

VALLÉE DE L'EURE

Le paysage de la vallée de l'Eure séduit par sa netteté de lignes. Les rives verdoyantes de la rivière, surmontées de versants dénudés d'un profil franc, réservent de charmantes surprises au promeneur.

Entre les forêts de Dreux et d'Ivry

À gauche, l'aqueduc qui traverse la vallée conduit les eaux de l'Avre à Paris. La route file entre le cours de l'Eure et le mur verdoyant de la forêt de Dreux.

À Ézy-sur-Eure – ancien centre de fabrication de peignes en corne – le vieux pont de Saint-Jean, en dos d'âne, relie la rive gauche à Saussay.

Château d'Anet★

Après 1789, le domaine tombe hélas sous la coupe de la « bande noire » (spéculateurs de biens nationaux) : ne subsiste aujourd'hui que la moitié des constructions d'avant la Révolution.

Les travaux commencent vers 1548. Philibert Delorme en est l'architecte. Jusque-là, les artistes ont construit suivant les traditions de l'architecture française et décoré à l'italienne. À Anet, l'apport italien pénètre dans la conception architecturale par l'emploi des pilastres et des colonnes. Dans la cour d'honneur, l'avant-corps du logis central (transporté dans la cour de l'École des beaux-arts à Paris), superposant les trois ordres antiques, est très en avance sur son époque.

Au XVIIe siècle, des transformations sont faites par le duc de Vendôme, petit-fils d'Henri IV et de Gabrielle d'Estrées. Le duc fait disparaître la galerie-promenoir des jardins. Il ajoute un avant-corps et un escalier d'honneur à l'aile gauche de la cour d'honneur, la seule subsistant aujourd'hui, et fait fermer la cour de Diane, à l'ouest, par un hémicycle.

Portail d'entrée – Dû à Philibert Delorme. Au-dessus de l'arche centrale, le tympan est constitué par un moulage du bas-relief en bronze de Benvenuto Cellini situé au Louvre : *Diane couchée*. Dans le couronnement de la porte se trouve une horloge que domine un cerf tenu aux abois par quatre chiens. Ces statues sont des moulages. Jadis, ces animaux donnaient l'heure : les chiens en aboyant, le cerf en frappant du pied.

Sur les ailes en terrasse flanquant la porte, des cheminées surmontées par des sarcophages témoignent de la constance du deuil de Diane de Poitiers.

Aile gauche de l'ancienne cour d'honneur – La visite commence au 1er étage par la chambre de Diane de Poitiers dont un lit de parade Renaissance, décoré des trois croissants de Diane, fait le principal ornement.

Les vitraux comprennent des fragments des « grisailles » d'origine dont la discrétion décorative rappelle le deuil de cette dernière.

Le grand escalier d'honneur (XVIIe siècle), adjonction du duc de Vendôme, offre une vue sur la pièce d'eau et le parc.

Le vestibule (XVIIe siècle) mène au salon Rouge au mobilier de style Renaissance italienne et française.

DREUX

De la salle des Faïences, qui garde en partie son carrelage primitif, on passe à la salle à manger où deux atlantes de Puget soutiennent la cheminée monumentale. Le médaillon central, de Goujon, montre Diane enlaçant le cerf royal.

Chapelle – De 1548. En forme de croix grecque, elle est l'œuvre de Philibert Delorme. Une coupole coiffée d'un lanternon couvre la nef circulaire ; c'est l'un des premiers construits en France. Le savant dessin losangé des caissons produit une surprenante illusion d'optique : l'ensemble de la coupole semble aspiré vers le haut. Au sol, le dessin du carrelage rappelle ces subtilités géométriques.

Les niches abritent les statues des douze apôtres par Germain Pilon (moulages). Les bas-reliefs des écoinçons et des voûtes, représentant des angelots portant les attributs de la Passion et des Renommées annonçant la résurrection du Christ, passent pour être de Jean Goujon. De la tribune communiquant avec ses appartements de l'aile droite, aujourd'hui détruite, Diane de Poitiers pouvait assister à la messe.

Chapelle funéraire de Diane de Poitiers – La chapelle, construite sur les plans de Claude de Foucques, architecte des princes de Lorraine, a été commencée juste avant la mort de Diane, en 1566, et terminée en 1577.

La statue en marbre blanc représentant la maîtresse d'Anet agenouillée sur un haut sarcophage de marbre noir est attribuée à Pierre Bontemps. Depuis la violation de cette sépulture en 1795, les restes de Diane reposent contre le chevet de l'église paroissiale d'Anet, entre deux contreforts.

Le tombeau de Diane de Poitiers, jadis conservé dans cette chapelle funéraire, repose désormais dans l'église paroissiale d'Anet.

Ivry-la-Bataille

La bataille, c'est celle qui voit, le 14 mars 1590, la victoire d'Henri IV sur le duc de Mayenne et les ligueurs. La petite histoire raconte que le roi, entraînant ses troupes, leur aurait recommandé de se rallier à son fameux « panache blanc » au cas où les étendards disparaîtraient du combat.

Au n° 5, rue de Garennes, se dresse une demeure typique où Henri IV aurait logé en 1590 et, fermant la rue de l'Abbaye, le portail (XIe siècle) à trois voussures aux sculptures rénovées de l'ancienne abbaye d'Ivry, disparue sous la Révolution.

Église Saint-Martin – Cet édifice (fin XVe-début XVIe siècle) doit sa fondation à Diane de Poitiers. Sa construction est partiellement attribuée à Philibert Delorme, célèbre architecte de l'époque. Gargouilles et dragons animent la tour à pinacles gothiques. Le portail sud (porte murée), coiffé d'un élégant fronton, est quant à lui rythmé de pilastres à chapiteaux corinthiens.

À l'intérieur, une belle voûte en berceau lambrissée couvre la nef et les bas-côtés.

Ancien château – Construit à partir de la fin du Xe siècle, il fut détruit et abandonné au XVe siècle, bien avant la célèbre bataille d'Ivry. Ses ruines ont été mises au jour depuis les années 1970 par un groupe de bénévoles. Le site livre un superbe panorama sur Ivry et la vallée de l'Eure…

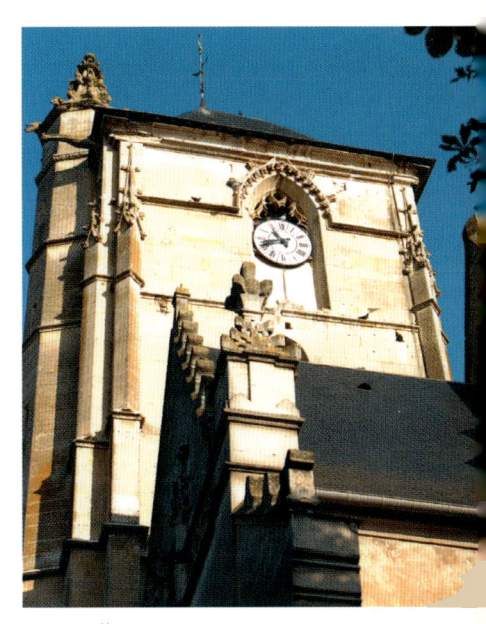

La Couture-Boussey

Ce village est depuis le XVIe siècle un important centre de fabrication d'instruments de musique à anche. Sur la place, le musée artisanal et industriel des Instruments à vent expose une grande variété d'instruments produits au cours des siècles.

Obélisque d'Ivry – L'obélisque commémoratif de la bataille d'Ivry, que signale une allée d'arbres, a été érigé sur le plateau (sur le territoire d'Épieds) par Napoléon en 1804.

Entre Neuilly et les moulins de Merey, le château de la Folletière se profile à travers les frondaisons. C'est une construction de brique et de pierre de la fin du XVIe siècle, au milieu d'un beau parc.

Gargouilles et dragons animent la tour à pinacles gothiques de l'église Saint-Martin.

De nombreux écrivains, dont Maupassant et Maurice Leblanc, ont contribué à asseoir la réputation d'Étretat.

ELBEUF

EFGH

ELBEUF

■ Il reste bien peu de chose des vieux quartiers des drapiers qui ont fait d'Elbeuf l'une des premières cités du textile en Normandie. La ville a payé un lourd tribut lors de la Seconde Guerre mondiale, et sa reconstruction n'a pas été des plus heureuses. La région d'Elbeuf peut toutefois prétendre compenser ce manque.

Le nom
La ville s'appelait *Guellebo* ou *Wellebou* au temps de Vikings. Les suffixes scandinaves *bo* ou *bou*, qui ont donné *beuf*, viennent du mot *budh*, « abri temporaire », « demeure ».

LES GENS

16 666 Elbeuviens. Dans les plaines alluviales de la Seine et de l'Eure, lorsque vient l'automne, les « Monstrueux d'Elbeuf » s'alignent en rangs disciplinés. Ces plantes savoureuses font partie de la grande famille des Liliacées et font la fierté des maraîchers du pays. Les chefs du coin n'ont pas manqué de mettre à l'honneur et au goût du jour cette ancienne variété de poireau.

comprendre

Le drap d'Elbeuf – La production de textile, apparue ici au XVe siècle, a fait la gloire d'Elbeuf entre le XVIIe siècle et la fin du XIXe siècle. Dès 1667, Colbert crée une manufacture royale dans la cité drapière. Vingt-cinq ans plus tard, cette association de tisserands, placée sous la tutelle de l'État, regroupe 42 fabricants et emploie 8 000 ouvriers. Les laines étaient cardées et filées dans les campagnes, tandis que les foulons, les ateliers d'ourdissage, de tissage et de teinture se concentraient le long de la rivière du Puchot.
Les premières machines à vapeur apparaissent timidement en 1817. Les usines se construisent et la cheminée devient l'emblème de la ville. Vers 1830, l'introduction de « nouveautés » – les draps étaient jusqu'alors unis – marque l'apogée du secteur. La mécanisation se généralise après 1870 ; plus de 20 000 personnes vivent alors des manufactures.
Les Alsaciens, arrivés en 1871, participent activement à cette révolution industrielle. La Grande Guerre fournira l'une des dernières grandes commandes – le poilu se doit d'être bien vêtu.
Le déclin de cette activité, qu'a évoqué **André Maurois** (1885-1967), la plus célèbre plume d'Elbeuf, s'est accompagné d'un essor des industries chimique, électrique et automobile.

Drapier d'Elbeuf au Moyen Âge représenté sur un vitrail.

LA HAUTE-NORMANDIE

La manufacture Clarenson a été construite au XVIIIᵉ siècle dans un style architectural normand caractéristique.

Rue Guynemer, la maison 1740 avec ses combles « à l'impériale » témoigne de la richesse des drapiers d'Elbeuf.

se promener

LE VIEIL ELBEUF

Elbeuf ne conserve de son histoire viking que des bribes dans son nom. La ville s'appelait en effet *Guellebo* ou *Wellebou* au temps des premiers Normands. Les suffixes scandinaves *bo* ou *bou* ont donné *beuf* (ils viennent du mot *budh*, qui signifie « abri temporaire », « demeure »). L'itinéraire proposé se concentre donc plutôt sur le passé drapier de la cité.

En face de l'église, la place Saint-Jean et le quartier du Puchot (cours d'eau aujourd'hui souterrain) formaient le cœur de la cité drapière.

Au nº 72 de la rue Guymener, l'important édifice du XVIIIᵉ siècle en pans de bois abritait la manufacture Grandin de L'Épervier. Au nº 63 se tenait la manufacture Godet ; un atelier en pans de bois (XVIIIᵉ siècle) et une ancienne filature (XIXᵉ siècle) entourent ce qu'il reste de la cour. Dans la même rue, la Maison 1740 avec ses combles « à l'impériale » témoigne de la richesse des drapiers d'Elbeuf.

Place de la République, le haut d'une ancienne cheminée tronquée (XIXᵉ siècle) signale l'emplacement de l'usine Clarenson ; elle remplaça la manufacture Petou avant de fermer ses portes en 1961. Plus de 350 ouvriers y travaillaient en 1889. Cette belle construction (XVIIIᵉ siècle) en pans de bois est en cours de restauration.

Les jardins de la Source ont permis au modeste cours du Puchot de revoir le jour, depuis 1994. Au nº 23 de la rue de la République se tenait la manufacture Louvet, logis sur rue avec ses ateliers (XVIIIᵉ siècle) dans la cour ; aux nᵒˢ 12-14, la manufacture Houiller est de conception similaire.

ELBEUF

visiter

Musée municipal d'Elbeuf
Ce musée a mis en valeur, dans 9 salles de plain-pied, d'importantes collections d'histoire naturelle. Sections zoologique (animaux naturalisés, squelettes, coquillages), minéralogique et archéologique (verreries et sépultures gallo-romaines). Une salle est consacrée à l'histoire locale (tableaux et sculptures).

Église Saint-Jean-Baptiste
Elle est d'ordonnance gothique, mais à l'intérieur, uniformément repeint, l'ornementation et le mobilier sont classiques. Les vitraux (XVIe siècle) aux 1re, 3e, 4e et 5e fenêtres du bas-côté gauche et à la 1re du bas-côté droit sont les plus anciens (1500) et les mieux conservés. Des vitraux modernes s'allient bien aux verrières anciennes.

Église Saint-Étienne
Cet édifice de style flamboyant conserve des vitraux du XVIe siècle. Dans l'abside, à droite, à la fenêtre supérieure, le vitrail de la Crucifixion ; d'autres retracent des scènes de la vie de la Vierge (absidiole du bas-côté gauche). Non loin de la chapelle de la Vierge, beau vitrail de l'Arbre de Jessé. Dans une chapelle du bas-côté droit, vitrail de saint Roch ; un des panneaux montre les drapiers en costume de travail. La sculpture sur bois est représentée par une poutre de gloire de style Louis XV, un Christ gisant du XIIIe siècle (bas du bas-côté gauche) et, de part et d'autre du chœur, les statues de saint Étienne et de saint Jean.

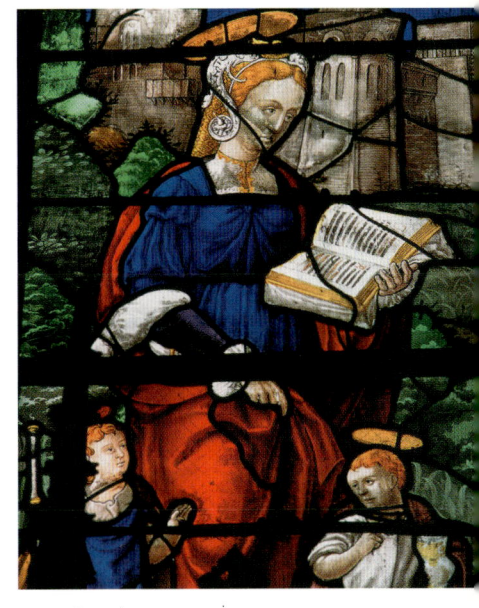

Certains vitraux majestueux de l'église Saint-Étienne retracent des scènes de la vie de la Vierge.

alentours

La Saussaye
La très belle collégiale Saint-Louis fut construite entre 1307 et 1317 par Guillaume d'Harcourt à la place des ruines d'une ancienne chapelle. Deux incendies détruisirent aux XVIe et XIXe siècles les peintures murales intérieures, les vitraux et la toiture, mais les murs en pierre et silex sont encore d'époque.

Les sources de l'Oison
Un circuit de randonnée de 13 km part de la mairie de Saint-Pierre-des-Fleurs en direction des jolies sources de l'Oison.

Saint-Ouen-de-Pontcheuil
Dernier des moulins hydrauliques inventoriés sur la rivière Oison, le moulin Amour écrase encore le blé lors des démonstrations ou des animations. La farine obtenue est tamisée dans une bluterie ancienne.
Autour du mécanisme en mouvement, des expositions sur les anciens métiers mettent en valeur le patrimoine régional.

Orival★
L'escarpement de craie, dont les « roches » aux formes étranges surplombent la route d'Oissel à Orival, domine aussi un paysage fluvial harmonieux. L'église d'Orival est un rare édifice semi-troglodytique du XVe siècle.

Roches d'Orival★
Vue dégagée sur la Seine et sur les escarpements de « roches » interrompus par une corniche verdoyante.

Oissel
Un jardin public très agréable met la localité en valeur.

L'escarpement de craie d'Orival domine un paysage fluvial harmonieux.

★★ ÉTRETAT

LA HAUTE-NORMANDIE

« Quand, sur une plage pleine de soleil, la vague rapide roule les fins galets, un bruit charmant, sec comme le déchirement d'une toile, joyeux comme un rire et cadencé, court par toute la longueur de la rive, voltige au bord de l'écume, semble danser, s'arrête une seconde, puis recommence avec chaque retour du flot. Ce petit nom d'Étretat, nerveux et sautillant, sonore et gai, ne semble-t-il pas né de ce bruit de galets roulés par les vagues ? La plage, dont la beauté célèbre a été si souvent illustrée par les peintres, semble un décor de féerie avec ses deux merveilleuses déchirures de falaise qu'on nomme les portes. » (Guy de Maupassant, Étretat.)

LES GENS

1 615 Étretatais. Maupassant y passe son enfance, menant une vie « de poulain échappé », selon sa propre expression –, puis y fait construire la villa La Guillette, qu'il habite de 1883 à 1889. Arsène Lupin, sous la plume de Maurice Leblanc, décrit l'Aiguille creuse. Dumas, Hugo, Gide, Delacroix, Corot, Boudin, Isabey, Courbet, Monet, Offenbach, Beckett et bien d'autres ont contribué à asseoir la réputation de la station.

Le nom

Son étymologie, n'en déplaise à l'ami Maupassant, n'a aucun rapport avec le chant des galets. Le nom dérive de *Estretot*, d'origine scandinave. L'interprétation la plus courante a été donnée par un moine bénédictin : le préfixe *estre* viendrait de *oistre*, *wester* ou *west*, c'est-à-dire « ouest », ou « couchant » ; le suffixe *tot* est lié à la notion de « domaine », « hameau », « pièce de terre avec habitation ». Étretat signifie donc le « hameau du couchant ».

« La plage (...) semble un décor de féerie avec ses deux merveilleuses déchirures de falaise qu'on nomme les portes », nous disait Maupassant.

séjourner

Bordée d'une digue-promenade, la plage de galets est encadrée par les célèbres falaises : à droite, la falaise d'Amont avec la petite

ÉTRETAT

chapelle Notre-Dame-de-la-Garde, le musée et le monument Nungesser-et-Coli ; à gauche, la falaise d'Aval avec son arche monumentale, la porte d'Aval. L'Aiguille, haute de 70 m, se dresse un peu plus loin, solitaire.

Sur la plage, les pittoresques caloges, ces vieilles embarcations hors d'usage, recouvertes d'un toit de chaume, qui abritaient l'attirail des pêcheurs, ont disparu à l'exception de trois d'entre elles, que l'on a reconstruites.

Halles
Cette belle reconstitution de halles anciennes en bois regroupant des artisans donne son cachet à la place du Maréchal-Foch.
À proximité, le boulevard du Président-René-Coty qui conduit à la mer est bordé d'élégants bâtiments à pans de bois.

Église Notre-Dame
L'ancienne dépendance de l'abbaye de Fécamp s'ouvre par un portail roman (tympan du XIXe siècle). Une corniche à modillons sculptés fait le tour de l'église. À l'intérieur, les six premières travées (XIe siècle) sont bien caractéristiques du style roman avec leur décoration géométrique et leurs chapiteaux à godrons. Le reste de l'édifice est du XIIe siècle. De la croisée du transept, on peut admirer la tour-lanterne édifiée au cours du XIIIe siècle.

Les halles en bois sont le cœur du centre artisanal de la ville.

découvrir

LES FALAISES

Falaise d'Aval★★★
La crête de la porte d'Aval, arcade rocheuse étonnamment découpée, retient l'attention. Maupassant y voyait volontiers « un éléphant plongeant sa trompe dans la mer ». La vue est magnifique, à gauche, sur l'arche massive de la Manneporte à l'architecture monumentale façonnée par la nature ; en face, sur l'Aiguille ; et, de l'autre côté, sur la falaise d'Amont. Les variations de couleur suivant l'heure et l'éclairage sont un enchantement. Du promontoire qui domine la seconde arche, la vue porte au sud sur le port pétrolier du Havre-Antifer.

Falaise d'Amont★★
De la chapelle des marins dédiée à Notre-Dame-de-la-Garde, vue sur Étretat et son site. La longue plage de galets s'étend en dessous, fermée par la falaise d'Aval et l'Aiguille. Derrière la chapelle, une immense flèche se dresse vers le ciel. Quelques marches, à l'arrière, mènent au socle de l'ancien monument en forme d'avion. On découvre son nom en grandes lettres blanches, son nez, ses ailes et sa queue. Ce monument à la mémoire de Nungesser et Coli rappelle le départ de l'*Oiseau blanc*, première et malheureuse tentative de la traversée sans escale de l'Atlantique (8 mai 1927). C'est d'ici que l'appareil sera aperçu pour la dernière fois.

La plage de galets offre un point de vue imprenable sur les falaises d'Amont et d'Aval.

LA HAUTE-NORMANDIE

> **Musée Nungesser-et-Coli** – Face au monument, il abrite quelques souvenirs des deux aviateurs disparus, « ceux qui les premiers ont osé ».

visiter

Le Clos Lupin★

Dans une vaste demeure familiale normande, au charme délicieusement suranné, rencontre insolite avec le gentleman cambrioleur, en chair et en os, de retour sur les lieux qui l'ont vu naître.
Qui de Maurice Leblanc ou d'Arsène Lupin a vécu ici ? Les deux, assurément. La demeure abrite, pêle-mêle, les souvenirs de l'écrivain et les objets les plus étroitement liés à la gloire de son héros. L'astucieux dandy fait des visiteurs ses complices, leur confiant ses secrets les plus précieux et les défiant avec ses énigmes. Effets d'ombre et de lumière, projections d'images, portes dérobées, trappes dissimulées… la magie de l'illusion gagne chacune des pièces.

Au clos Lupin, vous pouvez faire une rencontre insolite avec le gentleman cambrioleur de retour sur les lieux qui l'ont vu naître.

alentours

Attention, l'éboulement des falaises peut parfois limiter – voire interdire – l'accès aux deux valleuses indiquées ci-après. Il est indispensable de connaître les horaires de marées.
Valleuse d'Antifer – Protégée par le Conservatoire du littoral, cette valleuse se mérite, certes, mais la promenade est pleine de charme et conduit à une belle plage de galets. Très belle vue, mais l'endroit est plutôt fréquenté.
Bruneval – Près de l'étroite plage, resserrée au débouché d'une valleuse tapissée de bruyères, un monument commémoratif rappelle une des plus audacieuses opérations commando de la Seconde Guerre mondiale, l'opération Biting (« Coup de croc »).
Il s'agissait de récupérer des pièces d'un radar allemand – les Allemands avaient de l'avance dans la mise au point des radars –, puis de détruire la station. Aidés des informations fournies par les agents de la Confrérie Notre-Dame, les parachutistes anglais et canadiens du major Frost atterrirent, dans la nuit du 27 au 28 février 1942, et surprirent totalement la garnison allemande. Ils purent récupérer les éléments clés du radar et détruire la station avant de rembarquer presque sans pertes.
Entre Bruneval et Saint-Jouin-Bruneval, la route sinueuse décrit un beau parcours où la végétation se pare de différentes couleurs.
Terminal du Havre-Antifer – À une encablure de la plage de Saint-Jouin, le port du Havre-Antifer accueille depuis 1976 les pétroliers dont le tonnage dépasse la capacité du port du Havre.

La plage de Saint-Jouin-Bruneval jouxte le port du Havre-Antifer, dont l'extension suscite bien des controverses.

★ EU

■ À une encablure de la mer et deux pas de la forêt, cette charmante petite ville au riche patrimoine de cité royale s'étage au pied de sa belle collégiale. Juste en face, le château actuel se dresse à l'emplacement de l'ancienne forteresse où Guillaume, le futur Conquérant, prit en 1050 la main de sa cousine, Mathilde de Flandre.

Le nom
Peut-être dérive-t-il d'*Augum* ou d'*Auga*, d'origine gallo-romaine ?

E U

visiter

Collégiale Notre-Dame-et-Saint-Laurent★

Elle est dédiée à la Vierge et à saint Laurent O'Toole, primat d'Irlande, mort à Eu en 1180. C'est un bel édifice gothique (XIIe-XIIIe siècle) dont l'abside a été refaite au XVe siècle. Viollet-le-Duc a procédé à une restauration générale au XIXe siècle.

Extérieurement, le chevet et les bas-côtés, aux nombreux contreforts surmontés de clochetons et de pinacles, attirent l'attention. L'intérieur se signale par l'ampleur et l'harmonie des proportions. La nef conserve un très bel orgue en chêne sombre sculpté et orné de statues, datant de 1614. Restauré en 1841 par Cavaillé-Coll, il l'a été à nouveau et à l'identique en 1977. Dans la chapelle absidiale se trouve la statue de Notre-Dame d'Eu attribuée à l'un des frères Anguier. Belle statue de la Vierge (XVIe siècle) dans la chapelle du croisillon gauche ; au fond du chœur, reliquaire contenant les restes de saint Laurent. Dans la 2e chapelle du déambulatoire, à droite (chapelle du Saint-Sépulcre), sous un dais flamboyant, Mise au tombeau

LES GENS

8 081 Eudois. Eu a vu naître les frères François (1604-1669) et Michel (1612-1686) Anguier, sculpteurs de talent dans le goût baroque. Le second a notamment participé à la décoration du Louvre et du Val-de-Grâce à Paris.

La chapelle du collège (aujourd'hui lycée) élevée en 1624 présente une façade Louis XIII remarquable.

du XVᵉ siècle (en restauration). En face, magnifique tête de Christ de douleur (XVᵉ siècle.).

Crypte – Juste sous le chœur, la crypte, antérieure à la collégiale, voûtée d'ogives, a été restaurée en 1828 par les soins du duc d'Orléans, futur Louis-Philippe, qui y regroupa les mausolées des comtes d'Eu et de la maison d'Artois (XIVᵉ-XVᵉ siècle), profanés à la Révolution. Contre le mur à gauche, beau gisant de saint Laurent O'Toole (XIIᵉ siècle), probablement l'un des plus anciens de France.

De la place juste derrière l'église, vue plongeante sur les quartiers bas de la ville et sur l'hôtel-Dieu (que l'on rejoint par la rue de l'Abbaye). La communauté des sœurs hospitalières, fondée en 1654 par Catherine de Joyeuse, y demeure jusqu'en 1967. Cette construction de brique en « U » vient d'être restaurée. Elle entoure un charmant jardin qui était à l'origine le potager. Un rare cimetière couvert se trouve à gauche, sous la salle capitulaire.

Château★

Rien ne subsiste du château où Guillaume, le futur Conquérant, et Mathilde de Flandre se marièrent en 1050. L'édifice a été détruit en 1475 sur ordre de Louis XI.

Ce vaste bâtiment de brique et de pierre, plusieurs fois restauré, a été commencé en 1578 par Henri de Guise et Catherine de Clèves. Devenu possession de la famille d'Orléans, ce sera l'une des résidences favorites de Louis-Philippe, qui y reçut deux fois la reine Victoria. De 1874 à 1879, Viollet-le-Duc se charge de la décoration des lieux pour le comte de Paris, petit-fils du roi. Il modernise alors le château en y installant l'éclairage au gaz et le chauffage central.

Propriété de la ville d'Eu depuis 1964, le château abrite la mairie et le musée Louis-Philippe. L'ensemble a été classé Monument historique en 1985.

Musée Louis-Philippe – En introduction à la visite, une vidéo retrace l'histoire du domaine et de sa restauration, car le site a subi les attaques de la mérule, champignon terriblement destructeur. Aujourd'hui, ces impressionnants ravages sont effacés et le château peut poursuivre son programme de travaux, notamment dans la galerie des Guise, dont le décor antérieur à l'incendie de 1902 est progressivement reconstitué.

La cour conduit au château aux aménagements essentiellement du XIXᵉ siècle, en particulier de Louis-Philippe. Dans le hall, belle Berline de Jean V de Portugal (1727), portique orné de vitraux, « mur de lumière » sur le jardin dû à Viollet-le-Duc et au maître verrier Oudinot. La visite se poursuit par les deux salons et la chambre de la duchesse d'Orléans (belle-fille de Louis-Philippe) décorée de toiles de Viollet-le-Duc, de somptueux parquets en marqueterie et de mobilier en acajou d'époque.

Au premier étage se succèdent une salle de bains du XIXᵉ siècle et une chambre dorée aux boiseries (XVIIIᵉ siècle) or et vert, portant le monogramme de la Grande Mademoiselle. Vient ensuite l'office avec le matériel culinaire, la porcelaine et l'orfèvrerie Cristofle, la salle à manger de famille du roi Louis-Philippe, avec son plafond à caissons du XVIIᵉ siècle, ses tapisseries et sa belle table dressée. Le salon qui suit surprend par l'harmonie étrange des teintes rose et noir. De l'autre côté de l'escalier d'honneur, la fameuse galerie des Guises bénéficie de toutes les attentions : son plafond à caissons a été restitué, et l'ensemble des 46 portraits (XVIIᵉ siècle) de la puissante famille de Lorraine-Guise (Catherine de Médicis, duc d'Aumale, Marie Stuart, etc.), retrouvés en Écosse, est en cours de restauration.

Le parc – Du château, très belle perspective sur les 15 ha de ce parc surtout planté de hêtres, parmi lesquels un sujet de 1585, le Guisard, classé « arbre remarquable ». Le public profite aujourd'hui en toute quiétude de ses jardins à la française, de sa roseraie du XIXᵉ siècle, des

Sous le chœur de la collégiale Notre-Dame-et-Saint-Laurent, la crypte abrite les mausolées des comtes d'Eu.

Le vaste château d'Eu fut l'une des résidences favorites de Louis-Philippe.

EU

rhododendrons, des azalées et des conifères plantés sous Louis-Philippe et le comte de Paris. Anciennes glacières, pièces d'eau, terrasses et allées boisées en sus.

Jardin des Fontaines
Ce ravissant jardin est niché au bas du parc du château, en surplomb de la Bresle. Juste à côté, le pavillon des Fontaines et son eau de source invitent à une halte désaltérante.

Théâtre du Château
En 1847, les architectes Fontaine et Legrand construisent, à la demande de Louis-Philippe, sept dépendances pour le château. Le régime tombé, l'une d'elle est transformée en théâtre pour la ville en 1857. Sa récente restauration a rendu tout son lustre à l'édifice et à sa salle de 200 places, décorée à l'italienne de motifs floraux et d'allégories (la Comédie, la Tragédie...). Exposition de tableaux de Pierre Roussel (1927-1996).

Chapelle du collège★
Aujourd'hui lycée, le collège, fondé par Henri de Guise (1582), porte le nom des frères Anguier, anciens élèves de l'établissement, alors dirigé par les jésuites. Sa chapelle élevée en 1624 par Catherine de Clèves, veuve du Balafré auquel elle avait apporté le comté d'Eu en 1570, présente une façade Louis XIII remarquable.

L'appareillage de briques et de pierres, magnifiquement restauré, donne à l'édifice une chaleur et une douceur saisissantes dont le visiteur se sent envahi dès son entrée dans la nef. Toutes proportions gardées, cette chapelle est bâtie sur le même plan que l'église du Gesù à Rome. Les fonts baptismaux (XVe siècle), en pierre sculptée, proviennent de l'ancienne église de La Trinité.

L'intérieur abrite les deux mausolées (chœur) de la duchesse et du duc de Guise (assassiné à Blois en 1588 sur ordre d'Henri III). Sur des sarcophages en marbre noir, les personnages sont à demi couchés dans une attitude de repos ; à l'étage supérieur, ils sont agenouillés et prient les mains jointes. Œuvres de Barthélemy Tremblay, Germain Gissey, Nicolas et Simon Guillain.

Dans la chapelle du collège, sur le mausolée de la duchesse de Guise, les personnages prient ou sont à demi couchés dans une attitude de repos.

Musée des Traditions verrières
Les anciennes écuries de la caserne de cavalerie de Louis-Philippe servent de cadre à un intéressant petit musée qui retrace l'évolution des techniques de fabrication du verre. Présentation de machines anciennes (dont une fabriquait des billes). Jolies collections de fioles et flacons, rappelant que la vallée de la Bresle produit plus de 80 % des flacons des parfums de luxe français. Démonstrations de souffleurs de verre régulièrement organisées.

De la chapelle Saint-Laurent, proche du musée, beau panorama sur les trois villes sœurs et sur la vallée de la Bresle.

alentours

« Chemin Vert du Petit Caux »
Entre Eu et Saint-Quentin-au-Bosc, un chemin de 17 km emprunte l'ancienne voie ferrée Dieppe-Eu. Une étonnante promenade pour la richesse de la faune et de la flore et la diversité des paysages traversés (bois, villages, viaduc et ponts).

Site archéologique de Bois-l'Abbé
C'est un étonnant chantier de fouilles auquel participent chaque été de nombreux bénévoles. Grâce à eux, un temple (probablement du IIIe siècle), un théâtre, des villas du Ier siècle et des thermes publics

Le musée des Traditions verrières retrace l'évolution des techniques de fabrication du verre.

ont été découverts. La visite, commentée par l'archéologue, permet de contempler ces vestiges et d'appréhender le travail mené. Elle se termine par la découverte du mobilier conservé au dépôt des fouilles dans les anciennes cuisines du château.

Forêt d'Eu
La forêt d'Eu se compose de trois massifs isolés. Seuls sont décrits ici le « triage » d'Eu et la haute forêt d'Eu, belles hêtraies étalées sur le plateau entre la Bresle et l'Yères.
Dans le secteur se dresse la chapelle au joli portail du prieuré de Saint-Martin. À la lisière de la haute forêt d'Eu, la percée rectiligne de la route est bientôt bordée de belles futaies.

Point de vue de Sainte-Catherine
Dans un joli sous-bois, « panorama des sept clochers » sur la vallée de l'Yères.

La Bonne Entente
Un chêne et un hêtre, en grossissant côte à côte, se sont rapprochés au point que les bases des fûts se confondent et semblent partir de la même souche. Cet arbre a été dédié par Jacques Chirac à la reine mère Élisabeth à l'occasion de son 100e anniversaire et le site porte désormais son nom.

Saint-Martin-le-Gaillard
Au XVe siècle, le navigateur Jean de Béthencourt, gentilhomme de Saint-Martin-le-Gaillard, conquit les îles Canaries et en devint le seigneur. L'église du XIIIe siècle, au fin clocher d'ardoise, a été remaniée au XVIe siècle. Elle conserve des chapiteaux à personnages humoristiques. Fonts baptismaux du XVIe siècle, Vierge à l'Enfant du XVIIIe siècle ; petit détail : l'Enfant Jésus reçoit une figue.

Un chêne et un hêtre, en grossissant côte à côte, se sont rapprochés au point que les bases des fûts semblent partir de la même souche. On les nomme « La Bonne Entente ».

★ ÉVREUX

■ Sans présenter l'image de la Normandie douce et rustique, Évreux, la capitale religieuse et administrative du département de l'Eure mérite une visite approfondie pour la qualité de son patrimoine historique, architectural et artistique. Arrosée par l'Iton, affluent de l'Eure, qui se ramifie en plusieurs bras le long desquels subsistent des lavoirs, cette ville provinciale et dynamique demeure le gros marché agricole des campagnes voisines et un important pôle industriel. Sans compter que chaque saison apporte son lot de découvertes archéologiques.

LES GENS
51 700 Ebroïciens. D'après une vieille légende ébroïcienne, le jeune plombier chargé de bâtir la tour-lanterne de la cathédrale d'Evreux – autrefois coiffée d'une flèche de plomb nommée « clocher d'argent » –, alla si vite en besogne qu'on y vit l'intervention du diable. Le malheureux tomba dans le vide en posant la dernière plaque de plomb.

comprendre

Une ville française à travers les guerres – Comme pour tant de villes de France, l'histoire d'Évreux n'est qu'une longue succession d'incendies et de destructions.

Ve siècle – Les Vandales mettent à sac le vieil Évreux, bourgade prospère d'origine gauloise située sur le plateau.

IXe siècle – Les Normands détruisent la ville fortifiée que les Romains avaient établie dans le site actuel d'Évreux, au bord de l'Iton.

1119 – Au cours de ses luttes contre le comte d'Évreux soutenu par Louis VII, Henri Ier d'Angleterre brûle la cité.

ÉVREUX

ÉVREUX

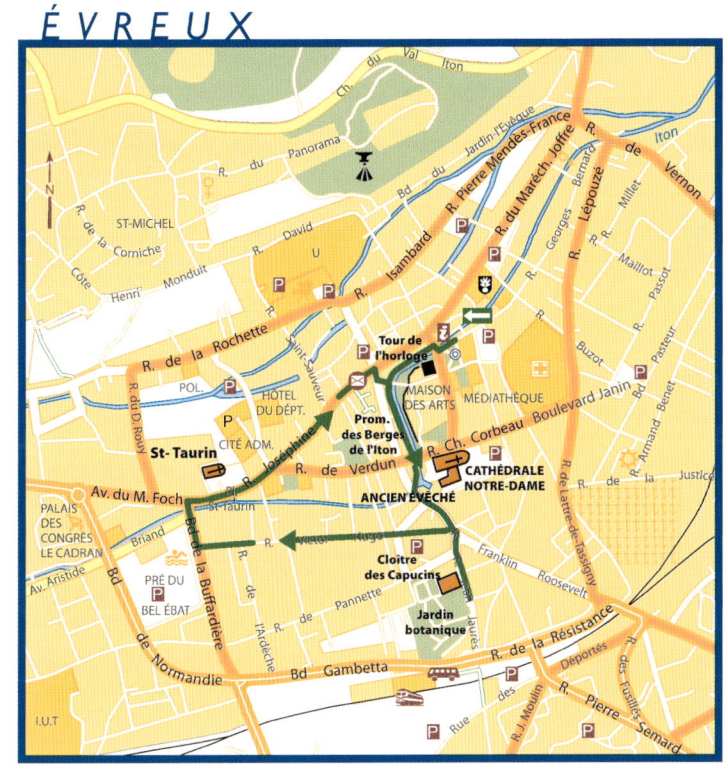

Itinéraire de visite conseillé

Gratitudes royales

« D'azur à trois fleurs de lis d'or, à la bande componée d'argent et de gueules brochant sur le tout. » Les lettres K et E, inscrites sur les branches de chêne et d'olivier entourant l'écu, signifient Karolus Eburovicis : « Charles à Évreux ». La ville les tient de Charles VII, très reconnaissant de l'engagement des habitants aux côtés du capitaine de Flocques qui bouta les assaillants anglais hors d'Évreux en 1441.

1193 – Philippe Auguste, trahi ici même par Jean sans Terre, incendie à nouveau la ville en représailles.
1356 – Vient le tour de Jean le Bon qui assiège Évreux, défendu par Charles le Mauvais, et y boute encore le feu.
1379 – Charles V assiège la ville qui souffre gravement.
Juin 1940 – Bombardements aériens allemands ; le centre est la proie des flammes pendant près d'une semaine.
Juin 1944 – Bombardements aériens alliés ; le quartier de la gare est dévasté.

se promener

L'ouest du centre-ville (route de Lisieux/Caen) est équipé depuis 1991 d'un palais des congrès et d'une salle de spectacles à l'acoustique excellente, le Cadran.

Place du Général-de-Gaulle

Elle s'étend sur le site de l'ancien château d'Évreux. La construction de l'hôtel de ville, en pierre de Vernon, a pu débuter en 1890 grâce au don d'un natif d'Évreux : Olivier Delhomme. Au centre de la place, face à la mairie, se dresse une fontaine monumentale due à Émile Décorchemont. Elle représente l'Eure sous les traits d'une jeune femme qui tient une rame et l'écusson ébroïcien ; les enfants symbolisent deux de ses affluents : l'Iton et le Rouloir.

Promenade des Berges de l'Iton

L'Iton a été assaini et des jardins fleuris ont été créés sur ses rives, offrant aux piétons un cheminement tranquille en pleine ville. La promenade prend le nom de Charles-II (roi de Navarre et comte d'Évreux, 1332-1387) jusqu'à la tour de l'Horloge, puis de Robert-de-Flocques (libérateur de la ville en 1441) jusqu'au pont de la rue de Grenoble.

Tour de l'Horloge – Cet élégant beffroi du XVe siècle s'élève à l'em-

Sur la place du Général-de-Gaulle, une fontaine monumentale représente l'Eure et ses affluents.

LA HAUTE-NORMANDIE

La fonction première de la tour de l'Horloge était de servir de guet.

placement de l'une des deux tours qui flanquaient la porte principale de la ville. Sa première fonction était de servir de guet. Sa flèche est recouverte de plomb et cantonnée de pinacles en bois.

Le mur gallo-romain – Le réaménagement des berges en 2005 a permis de le mettre à jour. Ses vestiges suivent le cours de l'Iton, rappelant que la ville était déjà fortifiée sous l'Antiquité.

Le lavoir – Il témoigne de l'ancienne activité textile d'Évreux. À la fin du XIXe siècle, une vingtaine de moulins et d'usines coexistaient sur les berges de l'Iton.

Le miroir d'eau – Sur le chemin de la cathédrale, un miroir d'eau reflète l'édifice religieux et l'évêché.

Ancien évêché

L'édifice, du XVe siècle, a été construit par l'architecte Pierre Smoteau sur l'ordre de l'évêque Raoul du Fou. La façade regardant la cathédrale a gardé un joli corps flamboyant avec ses gracieuses lucarnes, les frontons ornementés de ses fenêtres et sa tourelle d'escalier. Les bâtiments abritent le Musée municipal.

Sur la droite, les ombrages et la roseraie du jardin public, (parc François-Mitterrand) mettent en valeur l'ancien couvent des Capucins.

Cloître de l'ancien couvent des Capucins

Il se compose de quatre galeries à colonnes monolithiques et à charpente en bois. Sur les murs sont gravées des maximes de morale. Un jardin intérieur, très fleuri et décoré d'un puits en son milieu, agrémente l'ensemble.

Église Saint-Taurin

C'est l'ancienne église abbatiale, fondée en 660 et dédiée au premier évêque d'Évreux. L'édifice actuel date des XIVe et XVe siècles. Une jolie arcature romane court au bas du bas-côté gauche, à hauteur des fonts baptismaux Renaissance.

De beaux vitraux du XVe siècle éclairent le chœur (XIVe siècle). Les trois verrières de l'abside retracent la vie de saint Taurin. La chapelle du croisillon gauche du transept abrite un véritable trésor : la châsse de Saint Taurin (argent doré enrichi d'émaux), du XIIIe siècle, représentant une chapelle reliquaire en miniature. L'évêque y figure avec sa mitre et sa crosse. Ce chef-d'œuvre d'orfèvrerie médiévale, don de Saint Louis, devait contenir les reliques du saint homme.

visiter

Cathédrale Notre-Dame★★

C'est le miroir des périodes fastes et néfastes d'Évreux. De la cathédrale primitive du Xe siècle, refaite entre 1119 et 1193 puis incendiée, subsistent les grandes arcades de la nef. Le chœur s'élève en 1260 ; au XIVe siècle viennent s'ajouter les chapelles des bas-côtés et du déambulatoire. À nouveau brûlée en 1356, l'église n'est restaurée que sous Louis XI. La tour-lanterne, les croisillons du transept (sauf la façade nord) et la chapelle de la Mère-de-Dieu datent de cette époque. Début XVIe siècle, le maître d'œuvre Jean Cossart élève la magnifique façade

ÉVREUX

du croisillon nord et son portail. La campagne de construction se termine par le remaniement de la tour sud, dans le style Henri II, et l'achèvement – au XVIIe siècle seulement – de la tour nord.

Au XXe siècle, les parties hautes ont gravement souffert. En juin 1940, tandis que le « clocher d'argent », flèche de plomb, se consumait, les tours ouest perdaient la tête. Leur reconstruction a été menée à bien et la tour sud a retrouvé sa balustrade et ses pinacles. Enfin, la flèche de la cathédrale a été remplacée en 1973.

Extérieur – Les fenêtres des bas-côtés ont été refaites au XVIe siècle dans le style flamboyant. Le portail nord compose un ensemble très homogène où l'art flamboyant, à son apogée, déploie toute sa maîtrise de décoration.

Intérieur – La nef, entièrement restaurée, conserve ses robustes arcatures romanes où s'appuient un beau triforium et des baies gothiques. Les bases de la tour-lanterne, œuvre d'une belle envolée, portent une décoration flamboyante.

Fermé par une superbe grille de fer forgé (XVIIIe siècle), le chœur forme un ensemble harmonieux où règne la lumière. Les vitraux de l'abside, au dire d'Émile Mâle, sont *« les plus beaux du XIVe siècle et d'une limpidité délicieuse… »*.

De jolies clôtures de bois Renaissance desservent le déambulatoire dont l'entrée sud est surmontée d'un vitrail montrant Louis XI agenouillé devant Notre-Dame. La première chapelle à droite, chapelle du Trésor (XVe siècle), est – chose unique – close par de grosses barres de fer terminées par des crochets et des piquants, auxquels se greffe une armature qui se fixe aux murs à la hauteur de la fenêtre. Les ferrures des portes sont remarquablement ciselées.

La clôture de la quatrième chapelle est un véritable chef-d'œuvre de composition et d'exécution : les figures en haut-relief de la partie inférieure sont admirables. Les vitraux de cette chapelle sont du début du XIVe siècle.

Dans l'axe de l'édifice, la chapelle de la Mère-de-Dieu, construite grâce aux largesses de Louis XI, renferme une série de verrières (XVe siècle) intéressantes. Les pairs de France ayant assisté au sacre du roi sont représentés dans les parties hautes dont les remplages figurent des fleurs de lis. La fenêtre centrale porte un Arbre de Jessé ; la Vierge s'entoure de nombreux personnages. Deux fenêtres plus loin, côté droit, se tient Louis XI lui-même. Charmante et vénérée, la statue de la Mère de Dieu (fin XVe siècle) orne l'autel.

Les dernières chapelles sont aussi fermées de clôtures. La deuxième clôture, d'ordonnance gothique, a des motifs Renaissance (partie inférieure). Les troisième, quatrième et sixième clôtures, les plus anciennes, sont gothiques. Des animaux fantastiques décorent le soubassement de la sixième.

Musée★★

Installé dans l'ancien évêché (XVe siècle), le musée ne manque pas de points forts : la section archéologique, les collections médiévales et de la Renaissance, la peinture moderne et contemporaine…

Au rez-de-chaussée, les deux premières salles sont consacrées à l'histoire du département de l'Eure et de la ville. Costumes, bannières, torchères, bâtons de confréries de charité illustrent les traditions populaires. Puis, l'ancienne salle capitulaire et la salle suivante, toutes deux décorées d'une cheminée monumentale, présentent les collections du Moyen Âge et de la Renaissance, principalement des objets d'art religieux et de la statuaire médiévale provenant de la cathédrale ou d'églises du département : stalles du XVIe siècle, statues en bois polychrome, suite de tapisseries d'Aubusson (XVIIe siècle) sur le thème de l'Enfant prodigue, plaques tombales, chapiteaux.

Au sous-sol, la très belle salle archéologique découvre l'ancien rempart gallo-romain (IIIe siècle) sur lequel est appuyé l'édifice.

Aérienne et gracile, la cathédrale d'Évreux déploie toute la richesse et le faste de l'art flamboyant.

Le chœur forme un ensemble harmonieux où règne la lumière.

La présentation est ordonnée autour de quatre périodes : préhistorique, protohistorique, gallo-romaine et mérovingienne. Les vitrines comptent, parmi des objets de la vie domestique et des bijoux, une belle collection de bronzes romains. Le Jupiter Stator, un bronze du Ier siècle, et un autre du IIIe siècle, l'Apollon, ainsi que la coupe en verre gravé, sont de toute beauté.

Au 1er étage, les salons présentent des peintures, faïences et mobilier des XVIIe et XVIIIe siècles, ainsi qu'une belle collection de montres et d'horloges anciennes. Un centre de documentation est ouvert au public.

Au 2e étage, on passe de la peinture (Flandrin, Boudin) et de la sculpture du XIXe siècle à la photographie des origines à nos jours (Man Ray, Cahun).

Une partie de cet étage et le dernier accueillent des expositions temporaires ou alternativement des collections permanentes principalement centrées sur les mouvements de l'abstraction.

Le musée d'Art et d'Archéologie s'est installé dans l'ancien évêché à la belle galerie gothique.

alentours

Vieil-Évreux

Gisacum - Jardin archéologique – Dans cette ancienne ville-sanctuaire (Ier siècle) qui a précédé celle de l'actuelle ville d'Évreux, des fouilles ont mis au jour des thermes et un théâtre antique. Un centre d'interprétation permet de saisir la ville antique dans son ensemble entre sanctuaire, aqueduc, thermes, forum et théâtre. Il propose aussi une très intéressante présentation du travail de l'archéologue. De son côté, le jardin dispose d'un cadre bucolique pour mettre en valeur les thermes et leur fonctionnement.

Miserey

Les jardins du château – Le château de Miserey (XVIIIe siècle) dispose d'un parc qui conserve certains éléments d'époque (serre et orangerie, saut-de-loup), mais son principal intérêt réside dans ses jardins thématiques inspirés de Dante et conçus selon un plan cruciforme. Ils représentent l'eden (roses inermes), l'enfer (épineux), le purgatoire (ifs, rosiers) et le paradis (chênes).

La Croix-Saint-Leufroy

L'église abrite des fonts baptismaux sculptés Renaissance et une intéressante collection de tableaux provenant de l'ancienne abbaye de Croix-Saint-Ouen.

Cocherel

Ce hameau doit sa notoriété à Aristide Briand (1862-1932) qui, suite à une partie de chasse dans l'Eure en 1906, s'éprend de la région et acquiert la propriété des Hulottes, près de Cocherel, puis les domaines de La Cailleterie et de La Ramière. Il les fréquentera de plus en plus jusqu'à sa mort. Le « Pèlerin de la paix » repose aujourd'hui dans le cimetière de l'église, bien situé à flanc de coteau. Sa tombe est signalée par une dalle de granit couleur de suie.

Une statue, *Les Méditations*, érigée de l'autre côté du pont de l'Eure, rappelle aussi son souvenir.

Au bord de la route de Jouy-sur-Eure, une pyramide commémore la victoire remportée ici en 1364 par le connétable Bertrand Du Guesclin sur les Anglo-Navarrais du captal (chef militaire en Gascogne) de Buch.

Pacy-sur-Eure

Le paysage jusqu'à Pacy-sur-Eure ne manque pas d'attraits.
La petite ville a connu, comme Cocherel, une certaine notoriété

Le principal intérêt du château de Miserey réside dans ses jardins thématiques inspirés de Dante et conçus selon un plan cruciforme.

FÉCAMP

lorsqu'Aristide Briand tomba sous le charme de la vallée (monument à l'entrée de la localité). L'homme d'État était un habitué du restaurant Le Wolf de Pacy.

Église Saint-Aubin – Bel édifice gothique du début du XIIIe siècle, remanié au XVIe siècle, dont la nef est d'une régularité et d'une unité de style remarquables. À l'intérieur, parmi les œuvres d'art moderne, un autel orné de quatre bas-reliefs en pâte de verre coulée dans du ciment et les verrières de Décorchemont aux tons de braise représentant l'Ascension. Belle Vierge à l'Enfant attribuée à Germain Pilon, touchante sainte Anne et belle Pietà. Des statues en pierre (XVIe-XVIIe siècle) et un saint Michel terrassant le dragon retiennent l'attention.

Chemin de fer touristique à la découverte de la vallée de l'Eure – À bord de machines de la première moitié du XXe siècle, on découvre les très beaux paysages de la vallée de l'Eure et le charme du chemin de fer d'autrefois. Un guide explique l'histoire de la ligne et des villages traversés.

Un petit tour en train touristique pour découvrir la vallée de l'Eure ?

FÉCAMP ★★

■ Fécamp vit toujours au rythme de son port, longtemps « capitale » des terre-neuvas français pour la pêche à la morue. Aujourd'hui, des bateaux de plaisance remplacent ceux du « grand métier », et différentes activités ont pris le relais : sécheries de morue, saurisseries de harengs, surgélation, chantiers de réparation navale, transit de bois et pondéreux. La belle abbatiale de la Trinité témoigne du passé monastique de la ville, et des musées vraiment intéressants ainsi qu'une jolie plage de galets fournissent des raisons supplémentaires de s'y arrêter.

Le nom
Fécamp dérive de *Fiscannum* ou *Fisci campus*, dont la racine, *fisc*, signifie « poisson ». Depuis son origine, la ville est étroitement liée à la mer et au commerce de ses produits.

LES GENS
21 027 Fécampois. La ville tient une place importante dans l'œuvre de Guy de Maupassant. Jusqu'en 1863, l'écrivain revient souvent dans la maison de sa grand-mère maternelle. C'est à Fécamp qu'il a situé *La Maison Tellier* et divers épisodes de ses contes.

comprendre

La « Porte du Ciel » – Dès le VIIe siècle, un monastère abrite l'insigne relique du Précieux Sang, miraculeusement échouée à Fécamp avec le figuier *« confié à la mer et à la grâce de Dieu »* par Isaac, neveu de Joseph d'Arimathie. *« Ce monastère est digne d'être comparé à la Jérusalem céleste. On le nomme la Porte du Ciel, le Palais du Seigneur. L'or, l'argent et les ornements de soie y brillent de toutes parts »*, écrira l'archevêque de Dol.

Richard II, à qui son père – non content d'avoir rebâti un magnifique sanctuaire en l'honneur de la Sainte-Trinité – a fait promettre de fonder une abbaye bénédictine, s'émerveille, lors d'un voyage en Bourgogne, de l'action de l'abbé de Saint-Bénigne de Dijon, Guillaume de Volpiano, qui a déjà appliqué la réforme issue de Cluny à plusieurs monastères. En 1003, se rendant au désir du duc de Normandie, Guillaume de Volpiano se fixe à Fécamp avec une colonie monastique. La nouvelle abbaye prend une importance considérable et rayonne sur tout le duché.

Avant le développement du Mont-Saint-Michel, Fécamp est le premier pèlerinage de Normandie. Les ducs viennent traditionnellement y faire leurs pâques. Dès le XIe siècle, trouvères et jongleurs,

Au cœur de la ville, la belle abbatiale de la Trinité témoigne du passé monastique de Fécamp.

LA HAUTE-NORMANDIE

objets d'une protection spéciale de la part des abbés du lieu, contribuent à propager la gloire du Précieux Sang et de la Trinité de Fécamp.

Une ville de pêche – Au Moyen Âge, les saurisseries autour du port exportent dans tout le royaume le « hareng de Fescan » qui gagne ses lettres de noblesse. À la Renaissance, les premiers vaisseaux fécampois pêchent la morue sur les bancs de Terre-Neuve. Au début du XIXe siècle, ce sont plus de 25 000 marins fécampois qui affrontent le froid, la brume et les tempêtes, de la fin février à la fin juillet. La tradition a d'ailleurs perduré jusqu'à peu : dans les années 1970, quinze chalutiers géants (soit environ 900 hommes) salaient et congelaient encore 21 000 tonnes de morue dans les mers glacées, parmi les icebergs à la dérive. Aujourd'hui, la tradition des terre-neuvas est bel et bien révolue, et il ne reste plus à Fécamp qu'une quarantaine de bateaux de pêche, exclusivement consacrés au cabotage.

Fécamp fut longtemps la « capitale » des terre-neuvas français pour la pêche à la morue. Aujourd'hui, les bateaux de plaisance remplacent ceux du « grand métier ».

se promener

Une constante demeure : Fécamp s'organise toujours autour de son port. Le « Bout menteux », entre les quais de la Vicomté et Bérigny, autrefois repaires des vieux loups de mer, conserve encore son animation. La plage se déploie depuis l'entrée du chenal jusqu'au casino. Quant à la chaussée Gayant, qui enjambe l'arrière-port (pont mobile), elle permet de rejoindre la falaise nord et la côte de la Vierge où se profilent le sémaphore et la chapelle Notre-Dame-du-Salut.

De nombreuses promenades permettent de découvrir la ville et son port.

Promenades thématiques
Quatre itinéraires pédestres à thème permettent de découvrir agréablement le patrimoine de la ville et différents aspects de son histoire.

Le port
Le bassin Freycinet sert surtout au trafic commercial. Le quai de Verdun reçoit les navires chargés de gravier, de sable destiné à la verrerie, de sel en provenance des Salins du Midi et de bois en rondins ou scié.

FÉCAMP

visiter

Abbatiale de la Trinité★

L'église du duc Richard Ier, incendiée par la foudre, est reconstruite au XIIe-XIIIe siècle. Des remaniements ont été menés du XVe au XVIIIe siècle. L'hôtel de ville, accolé au flanc nord, occupe les bâtiments monastiques.

Extérieur – Par sa longueur (127 m), l'édifice peut rivaliser avec nos grandes cathédrales (Notre-Dame de Paris : 130 m). La façade, de style classique, est peu en harmonie avec l'ensemble. Les flancs de la nef frappent par leur aspect sévère. Sur le côté sud, le portail latéral suscite l'intérêt ; le tympan de la porte intérieure offre un excellent exemple de décoration gothique normande.

La tour-lanterne, de plan carré, haute de 65 m (tours de Notre-Dame : 69 m), s'élève sur la croisée du transept : c'est un beau type de clocher normand.

Intérieur – La nef, située en contrebas, compte dix travées aux proportions majestueuses. La belle tour-lanterne s'élève d'un seul jet à 40 m au-dessus du sol.

Deux groupes de personnages provenant de l'ancien jubé encadrent l'autel. Le croisillon droit abrite l'admirable Dormition de la Vierge (fin du XVe siècle).

À droite, un reliquaire sculpté (XVe siècle) abrite le « pas de l'ange ». En 943, lors de la consécration de l'édifice, un ange pèlerin apparaît tandis que les évêques délibèrent sur le patronage à donner à l'église. Il ordonne de dédier le sanctuaire à la Sainte et Indivisible Trinité et laisse l'empreinte de son pied sur la pierre ici conservée.

Le chœur est magnifique par ses dimensions. Les stalles, le baldaquin et le maître-autel, dessinés par de France, artiste rouennais, sont de belles œuvres du XVIIIe siècle. Derrière le maître-autel se trouve l'autel Renaissance. Au centre du sanctuaire, coffre reliquaire orné de petits bas-reliefs du XIIe siècle.

Les chapelles des bas-côtés du chœur et les chapelles rayonnantes ont reçu au XVIe siècle de magnifiques clôtures sculptées. Dans la quatrième chapelle à droite est placé le tombeau de l'abbé Thomas de Saint-Benoît, mort en 1307 ; le soubassement est décoré de scènes évoquant les légendes de l'abbaye. La chapelle rayonnante abrite d'autres tombeaux d'abbés.

La chapelle de la Vierge, refaite au XVe siècle, forme un ensemble indépendant de style flamboyant. Ses boiseries à médaillons (XVIIIe siècle) sont les anciens dorsaux des stalles du chœur. Vitraux du XIIIe au XVIe siècle. Face à elle, adossé au chœur, le tabernacle du Précieux Sang, en marbre blanc.

Les deux chapelles rayonnantes suivantes sont les seuls vestiges de l'église romane incendiée par la foudre.

Dans la chapelle du Sacré-Cœur, tombeau (XVIIe siècle) de Guillaume de Volpiano (premier abbé de Fécamp), et dans le croisillon gauche, fragments de l'ancien jubé.

Vestiges de l'abbaye – De cette ancienne cour de la Maîtrise, jolie vue sur le chevet de la Trinité.

Palais Bénédictine★★

Les bâtiments, œuvre de l'architecte Camille Albert (fin du XIXe siècle), marient les styles néogothique et néo-Renaissance.

Le musée possède une importante collection d'objets d'art : pièces d'or et d'argent, ivoires,

Dans le chœur de l'abbatiale trône un maître-autel Renaissance.

Par sa longueur (127 m), l'abbatiale de la Trinité peut rivaliser avec les grandes cathédrales (Notre-Dame de Paris : 130 m).

La cour intérieure du palais Bénédictine est le reflet de la richesse de ses collections.

albâtres de Nottingham (fin XVe siècle), ferronneries, sculptures, émaux (XIIIe siècle) et de nombreux manuscrits anciens.

La salle gothique, couverte d'une belle charpente en bois de chêne et de châtaignier en carène renversée abrite, entre autres, la bibliothèque provenant en majorité de l'ancienne abbatiale de Fécamp, des livres d'heures du XVe siècle aux riches enluminures, de nombreux ivoires, une collection de lampes à huile des premiers siècles de l'ère chrétienne et une Dormition de la Vierge.

Dans la salle du Dôme, quatre panneaux (bois polychrome du XVe siècle) représentent le martyre de sainte Marguerite.

Après la belle salle Renaissance, une section est consacrée à la peinture du XIVe au XVIIIe siècle, avec des toiles d'origines diverses (Allemagne, Flandres, Italie...).

La salle Alexandre-le-Grand expose objets et documents se rapportant à l'histoire de la marque et aux idées majeures de son créateur. Plusieurs affiches publicitaires signées Mucha, Cappiello, Sem et Lopes Silva retiennent l'attention. Une pyramide de plus de 500 bouteilles dénonce les multiples contrefaçons et imitations dont la célèbre liqueur a souffert.

La salle des Plantes permet de toucher, voir et sentir quelques-unes des 27 épices et plantes utilisées dans la Bénédictine. La visite se poursuit par la distillerie, où les alambics de cuivre rouge servent à la transmutation des alcools et des plantes, puis par les caves où les alcoolats vieillissent en fûts de chêne : c'est « le repos » des esprits. Après l'espace contemporain qui accueille des expositions temporaires de peinture et de sculpture, une salle vidéo et surtout une dégustation terminent agréablement la visite.

Musée des Terre-Neuvas et de la Pêche★

Ce musée d'ethnographie conserve la mémoire d'un passé maritime prestigieux : il évoque les souvenirs de la pêche et de ses métiers en pays cauchois et fait revivre la grande épopée de Fécamp, capitale des terre-neuvas.

Les deux galeries d'exposition s'ordonnent en étage autour d'un bassin central où l'on découvre, comme échoué sur un fond de galets, le caïque *Notre-Dame-de-Bon-Secours*, construit à Fécamp en 1948 selon la méthode viking (construction « à clin »). La pêche lointaine est illustrée par des reproductions de graffitis marins et des figures de poupe et de proue. Thème suivant : la naissance et l'expansion de la grande aventure des morutiers sur les bancs de Terre-Neuve au temps des voiliers et des doris. À côté de l'un des derniers doris conservés, plusieurs vitrines abritent des maquettes de trois-mâts terre-neuviers, des outils ayant servi au travail du poisson et nombre d'objets évoquant les dures conditions de la vie à bord. Une très belle série d'ex-voto et de marines suscite l'admiration.

Enfin, une salle entière est consacrée à la construction navale (maquette de chantier de l'Étoile et de la Belle Poule, navire-école de la Marine nationale construit à Fécamp en 1931, atelier de voilerie reconstitué, etc.).

Le 1er étage décrit la pêche harenguière, au filet dérivant, qui fit la fortune de Fécamp et la pêche à pied, effectuée à marée descendante par les « rocailleux ». On remarque au passage la surprenante paire de galoches aux semelles à gros clous, ou « galoches à rocailles ». Des maquettes de harenguiers à celles des grands chalutiers modernes, du matériel de pêche et de salage à celui de la navigation, toute l'évolution des méthodes de pêche et des types de navires est balayée. Une salle est dédiée à l'histoire du port de Fécamp (très intéressant plan-relief au 1/1 000 du port en 1830). L'accès à la terrasse extérieure, comme un appel vers le grand large, dévoile une vue sur la mer et la longue plage de galets bordée de falaises. Une dernière section aborde le sauvetage en mer.

Antique tradition

Pendant près de quatre cents ans, les techniques de pêche, fort sommaires, n'ont guère changé : la morue était pêchée à la ligne de fond par deux hommes à bord de barques à fond plat (doris). Le brouillard (la boucaille) était parfois tel que les matelots perdaient leur goélette. Le poisson pêché était décollé, ébreuillé (débarrassé de ses viscères, les breuilles), énoncté (vidé de son sang), tranché (pour ôter l'arête principale), lavé, affalé (descendu en cale), empilé et salé à bord du navire : c'était la pêche « à la morue verte », par opposition à la pêche « à la morue sèche » pour laquelle les hommes s'installaient durant la saison sur les côtes de Terre-Neuve, y construisant des cabanes pour s'abriter et des « échafauds » pour le séchage des prises.

FÉCAMP

alentours

Cap Fagnet
Le cap accueille depuis 2006 cinq éoliennes, et l'espace est promis à un réaménagement prochain. Le lieu mérite un petit détour pour sa jolie petite chapelle : Notre-Dame-du-Salut (XIe siècle) construite pour protéger les marins (collection d'ex-voto). Magnifique panorama depuis le sémaphore.

Les valleuses
Vaucottes – Cette valleuse dépend de Vattetot-sur-Mer, village agricole et pêcheur dont l'église au clocher octogonal de pierres blanches servait d'amer aux marins. Le site est classé et pour cause : un chemin tracé au flanc des deux collines permet de descendre vers la mer en admirant l'architecture balnéaire des jolies villas construites au début du siècle dernier. Maurice Leblanc, le créateur du personnage d'Arsène Lupin, séjourna à la villa Marie-Louise.

Val-de-la-Mer – Les falaises de cette valleuse sont impressionnantes, et particulièrement appréciées des amateurs d'ornithologie. On y accède par un escalier mais les éboulements sont fréquents : il est donc conseillé de profiter du point de vue depuis le haut des marches.

Saint-Pierre-en-Port – Cet ancien port construit au bout d'une valleuse offre aujourd'hui un accès aisé à une jolie plage familiale, d'où la vue est magnifique.

Les Grandes-Dalles – Ici aussi, un village de pêcheurs s'est très tôt construit au fond de la valleuse dont l'accès ne pose donc aucun problème. Nombreuses villas de la fin du XIXe siècle, période où le site abrita même un sanatorium. La petite plage de galets s'ouvre sur un superbe panorama.

Les Petites-Dalles – Charmant petit coin touristique où village et accès à la mer coïncident. Belles villas en grès et silex. La jolie plage aux cabines blanches livre un magnifique point de vue sur le large.

Château de Bailleul
Cet élégant château a été construit au XVIe siècle par Bertrand de Bailleul. Le corps de bâtiment, carré, est flanqué de quatre pavillons, chacun dominé par une figure représentant les 4 vertus cardinales : Justice, Prudence, Force et Tempérance. Les trois ordres grecs rythment la façade principale : dorique (rez-de-chaussée), ionique (1er étage), corinthien (2e étage). Les façades latérales, presque aveugles, gardent un aspect médiéval. Une chapelle s'élève dans le parc planté d'arbres séculaires.

Valmont
Au cœur du pays de Caux, dominé par un château bâti sur un éperon rocheux, cet agréable village conserve les vestiges d'une abbaye bénédictine. Valmont devient un bourg important après l'arrivée des Estouteville, famille probablement d'origine viking, qui connaît au XIIe siècle une brillante réussite. Robert Ier d'Estouteville sera de la bataille d'Hastings (1066) aux côtés de Guillaume le Conquérant.

Abbaye★ – Fondée au XIIe siècle, détruite par un incendie et reconstruite au XIVe siècle, elle est entièrement remaniée au XVIe siècle. Les bâtiments conventuels ont été refaits par les mauristes en 1680. Delacroix y séjourne plusieurs fois chez ses cousins Bataille. De l'église abbatiale subsiste le chœur Renaissance dont les voûtes sont effondrées ; l'influence flamboyante apparaît dans ses bas-côtés et dans les vestiges du transept.

La chapelle de la Vierge, ou chapelle des Six heures (les moines y célébraient la messe tous les jours à six heures), est demeurée intacte. La voûte, très décorée, reste d'une grande légèreté ; les cinq

Grâce aux valleuses, l'accès pédestre à la mer est possible.

L'influence flamboyante de l'abbaye de Valmont est perceptible dans les vestiges du transept.

beaux vitraux du XVIᵉ siècle sont consacrés à la vie de la Vierge. L'autel, fait d'une grande pierre, repose sur des colonnes venant de la partie détruite du triforium. Sa croix (XIIᵉ siècle) dominait l'ancien cimetière des moines. Au-dessus de lui, la « chambrette » au ravissant décor abrite une Annonciation attribuée à Germain Pilon. À droite, tombeau avec gisant de Nicolas d'Estouteville, fondateur de l'abbaye, et bas-relief représentant le Baptême du Christ dans le Jourdain, qui surmonte une fontaine.

La sacristie, de construction Renaissance, conserve ses vitraux d'époque ; les boiseries sont du XVIIIᵉ siècle.

Château – L'ancienne forteresse militaire, entourée d'un beau parc, était le domaine des Estouteville. Elle comporte un donjon roman flanqué d'une aile Louis XI couronnée d'un chemin de ronde couvert, et une aile Renaissance.

Une agréable promenade mène aux sources de la Valmont entre champs et sous-bois. On parcourt l'ancienne réserve de pêche du château, appelée Le Vivier. L'endroit abrite aujourd'hui une faune et une flore typiques des milieux humides (trèfles d'eau, orchidées, canards sauvages, etc.). Quelques panneaux explicatifs permettent de mieux connaître ce fragile écosystème. On peut continuer la balade en suivant la Valmont sur les 13 km qui séparent sa source de la mer.

Le château de Valmont se distingue surtout par son donjon roman, en contraste avec le style des ailes.

FORGES-LES-EAUX

■ À l'endroit où la verdoyante dépression du pays de Bray s'épanouit, Forges-les-Eaux est aujourd'hui une station hydro-minérale et un agréable lieu de repos qu'agrémentent des espaces verts bien entretenus. De cette localité tranquille, on part à la découverte de la « boutonnière ».

Le nom
Une étymologie limpide : jusqu'au XVᵉ siècle, on s'est servi du courant des rivières et des ruisseaux pour alimenter des forges et travailler le métal. D'où la devise de la ville : « Ferro et aqua ». Forges-les-Eaux a aussi produit des faïences de grande qualité jusqu'au XIXᵉ siècle. Les motifs, délicats et variés, sont souvent dans les tons vert et bleu.

LES GENS

3 465 Forgions. Lors d'un ballet de fées sur la place du village primitif, l'une d'entre elles invite le débonnaire Uger à danser. En remerciement, la fée lui offre une bouteille magique, pleine de cidre et intarissable s'il en garde le secret. Le brave homme, on s'en doute, en fait profiter ses amis, et, ayant forcé sur le breuvage, leur divulgue le secret, tandis que la bouteille se vide aussitôt.

se promener

La rue de la République aligne quelques façades à colombages (XVIIᵉ-XVIIIᵉ siècle) avant de devenir l'avenue des Sources, qui passe sous le pont de l'ancienne voie ferrée, transformée en sentier de randonnée. On accède au parc thermal (géré par le Club Méditerranée) et au casino en prenant à gauche, juste après le pont, la rue C.-Riden. Celle-ci permet d'apercevoir une jolie façade du XVIIᵉ siècle, la « Porte de Gisors », qui se dresse devant un rideau de verdure : elle provient de l'ancien couvent des carmélites de Gisors. Quant à la façade qui s'élève dans la cour de la piscine (visible depuis l'avenue des Sources), elle était autrefois dans l'un des pavillons de chasse de Louis XV, aux environs de Versailles.

Parc thermal
Les installations thermales du Club Méditerranée, dans un cadre moderne et élégant, disposent de toutes les distractions habituelles

FORGES-LES-EAUX

des villes d'eaux. Les eaux ferrugineuses de Forges, limpides et froides, sont toniques et radioactives.

En s'avançant dans le parc, on laisse à gauche la « grotte » où se prenaient les eaux de la « Royale », de la « Reinette » et de la « Cardinale » – allusion aux passages de Louis XIII, de la reine et de Richelieu au XVIIe siècle – pour atteindre un des étangs formés par l'Andelle, dans un cadre ravissant.

Parc Montalent et bois de l'Épinay

De l'autre côté de l'avenue des Sources, autour des lacs du parc Montalent et jusqu'au bois de l'Épinay, quatre agréables sentiers écologiques, soigneusement balisés, sont propices à la promenade : « Miroir aux Oiseaux », « Étangs Sauvages », « La Chevrette » et « La Hêtraie ».

visiter

Collection de Faïence de Forges

Le salon d'honneur de la mairie expose quelques pièces de faïence (plats et assiettes).
Deux types de décors existent : sujets inspirés de l'actualité de l'époque (faits d'armes du Premier Empire, bestiaire exotique...) et sujets naïfs et populaires (chaumières, fleurs, animaux, scènes de la vie paysanne...).

Musée de la Résistance et de la Déportation

Ce musée, installé sur deux niveaux, retrace les moments forts de la Résistance en Haute-Normandie durant la Seconde Guerre mondiale. Insignes, armes, uniformes et divers documents relatent ces heures sombres de l'histoire ainsi que la tragédie de la déportation.

Les sources de Forges se situent dans un cadre ravissant.

alentours

La ferme de Bray

Au bord du Sorson, ce charmant hameau restauré montre l'ensemble des bâtiments d'une ferme importante du XVIIe et du XVIIIe siècle. Des expositions sont régulièrement organisées au rez-de-chaussée du manoir, vaste demeure du XVIe siècle dont la façade a été remaniée au XVIIe siècle. Four à pain, pressoir à cidre, moulin, vieux outils agricoles et artisanaux revivent lors d'animations ponctuelles. Pêche en étang, sentiers de randonnées, loisirs et chambres d'hôte.

circuit

PAYS DE BRAY

Nid de verdure au milieu des vastes étendues découvertes du plateau de Caux, le pays de Bray tire son originalité d'un accident de relief particulier : la « boutonnière ». Évidée ici dans la craie, elle est responsable d'un paysage dont la netteté de traits est unique en Normandie. Cette région, très arrosée et à l'habitat dispersé, alterne vallons, coteaux calcaires, collines, prairies, bocages et forêts. Elle se déploie sur 75 km de long, parallèlement à la vallée de la Seine (distante de 30 km), entre Londinières, au nord de Neufchâtel-en-Bray, et Beauvais. Sa gastronomie n'a d'égale que la qualité de son accueil.

Le lait et les pommes sont en effet les deux mamelles du pays de Bray, garde-manger de l'agglomération parisienne. L'élevage est surtout orienté vers l'industrie laitière avec, comme principaux centres,

La netteté de traits du pays de Bray est unique en Normandie.

LA HAUTE-NORMANDIE

Ferrières, Gournay, Serqueux, Aumale et Neufchâtel. L'importante production de pommes de table et de cidre industriel indique la proximité d'un grand marché urbain.

Sigy-en-Bray possède un intéressant témoin de l'architecture du Moyen Âge : cette église abbatiale.

Au départ de Forges-les-Eaux

La Ferté-Saint-Samson

Le village est juché sur un gradin, en avant du rebord principal de la « boutonnière » que l'Andelle et ses affluents ont découpé en buttes au profil net et régulier.

Du pied à l'église, vue étendue sur la dépression du pays de Bray, aux bords nettement marqués. Place de la Mairie, la gracieuse maison d'Henri IV, du XVIe siècle, a été transférée de la région dieppoise et rééditée en 1968 sur l'à-pic du gradin.

Sigy-en-Bray

Blotti au bord de l'Andelle, le bourg possède un intéressant témoin de l'architecture du Moyen Âge. De l'ancienne abbaye de Sigy, fondée au XIe siècle par Hugues Ier, subsiste l'église abbatiale. Le chœur du XIIe siècle est terminé par une abside à sept pans. Portail du XIIIe siècle et, dans la nef, voûtes restaurées au XVIIIe siècle. Le clocher du XVe siècle domine le cimetière et son calvaire en grès (fin XVe siècle).

Beauvoir-en-Lyons★

Du chevet de l'église, la vue s'étend sur la verte vallée de Bray dont les bords rectilignes fuient vers le sud-est. Par temps clair, on peut apercevoir la cathédrale de Beauvais.

Gournay-en-Bray

C'est, avec la commune de Ferrières, l'une des agglomérations les plus vivantes du pays de Bray. L'industrie laitière locale prend une part prépondérante dans le ravitaillement de la France en fromage frais, et pour cause, c'est par ici que naquit le fameux « petit suisse » ! En 1850, Dame Hérould, fermière de Villers-sur-Auchy (dans l'Oise, à 5 km à l'est de Gournay), secondée par un vacher suisse, a l'idée d'ajouter de la crème à une préparation de lait destinée à produire des bondons (petits fromages cylindriques). Charles Gervais, alors commis auprès d'un mandataire des Halles à Paris, entrevoit le potentiel commercial de cette nouveauté crémière onctueuse, présentée sous la forme de petits cylindres emmaillotés dans du papier imprimé. Gervais et la fermière concluent un accord pour produire et distribuer la spécialité à grande échelle. La production industrielle commence à la proche ferme du Manet, puis à Ferrières-en-Bray (village mitoyen de Gournay).

Collégiale Saint-Hildevert – En grande partie du XIIe siècle. La nef latérale sud, du XIe siècle, a résisté aux différentes guerres. Les portails gothiques (fin XIIe siècle) ont été très restaurés.

À l'intérieur, les puissantes colonnes sont surmontées de chapiteaux au décor stylisé, inspiré de motifs empruntés aux règnes végétal et animal. Les plus frustes et archaïques se trouvent à l'extrémité du bas-côté droit, autour de l'autel Saint-Joseph ; ils comptent parmi les premiers essais de figuration humaine à l'époque romane. Les bas-côtés comportent des statues anciennes dont celles de la Vierge et de saint Hildevert (XVe siècle), en bois polychrome.

Beuvreuil

Un porche en bois (XVIe siècle) décoré de briques émaillées précède la petite église rustique du XIe siècle. À l'intérieur, fonts baptismaux du XIe siècle, statues gothiques, lutrin (XVIe siècle), retable (XVe-XVIe siècle). Près de la chapelle, le manoir fortifié des XIVe et XVe siècles a soutenu un siège des huguenots.

La belle collégiale Saint-Hildevert fait la fierté de Gournay-en-Bray.

GISORS ★

■ Ancienne ville frontière tenue par les ducs de Normandie, Gisors est la capitale du Vexin normand. Agréablement située sur l'Epte, dans un cadre de verdure, la cité doit son origine à son château dont la position stratégique sera plus d'une fois convoitée.

Le nom
Trois interprétations s'affrontent. L'une se réfère à la venue de César, qui aurait établi son campement au mont de l'Aigne, appelé *Caesaris Auctium*, terme déformé en *Caesorcium*, puis *Gisorcium*. L'autre propose l'association des mots *gis* (gîte) et *aure* (courant d'eau), d'origine scandinave. La troisième, liée à la Gaule druidique, fait dériver Gisors de *Gui-Hartz* (forêt de Gui).

visiter

Château fort★★
Ce magnifique ensemble d'architecture militaire normande des XIe et XIIe siècles domine la ville. Le château fort a été construit dès 1097 par Guillaume le Roux, roi d'Angleterre, fils de Guillaume le Conquérant. Au XIIe siècle, Henri II Plantagenêt le renforce, et, en 1193, Philippe Auguste s'en empare. Il change souvent de mains pendant la guerre de Cent Ans avant de revenir à la couronne française en 1449. Un jardin public a été aménagé à l'intérieur de l'enceinte fortifiée ; de la terrasse, la vue plongeante sur la ville permet de distinguer parfaitement les différentes époques de construction de l'église Saint-Gervais-et-Saint-Protais.

Au centre de l'enceinte autrefois entourée de fossés, sur une motte artificielle, s'élève le donjon (XIe siècle) flanqué d'une tour de guet et ceinturé d'une solide muraille. Un escalier à vis permet d'accéder au sommet d'où se découvre un panorama sur la ville.

Un trésor templier ? – L'histoire raconte qu'en 1946, le gardien du château affirma avoir découvert une chapelle abritant une trentaine de coffres en métal précieux, au bout d'un puits qu'il aurait creusé. L'accès étant périlleux, nul ne vérifia et l'affaire resta en suspens jusqu'en 1960 où une équipe d'archéologues fouilla les souterrains du château. En vain. Elle n'y découvrit rien, pas plus que les militaires envoyés quatre ans plus tard par André Malraux. En dépit de ces tentatives infructueuses, la légende court toujours, alimentée par le séjour, entre 1158 et 1161, de trois templiers dans la forteresse : Richard d'Hastings, Toestes de Saint-Omer et Robert de Pirou.

Église Saint-Gervais-et-Saint-Protais★
L'édifice remonte au XIIe siècle (parties les plus anciennes), mais la construction a continué jusqu'à la fin du XVIe siècle.
Ainsi, le chœur gothique date de 1249. Les chapelles latérales formant déambulatoire ont été ajoutées entre 1498 et 1507. Elles sont reconnaissables de l'extérieur à leurs pignons pointus très détachés qui entourent le chevet.
Les remarquables portails des transepts du XVIe siècle sont encore gothiques, comme la très haute nef. La monumentale façade ouest est Renaissance ; le porche finement sculpté s'encadre de deux tours, l'une (nord) construite en 1536, de style François Ier, terminée par un dôme, l'autre (sud) de style Henri II, laissée inachevée en 1591.
Malgré ce mélange de styles, l'ensemble reste harmonieux, particulièrement à l'intérieur où la nudité des murs clairs laisse toute leur

LES ARMES
10 882 Gisorciens. « De gueules à la croix engrêlée (dentelée) d'or au chef cousu d'azur chargé de trois fleurs de lys d'or », telles sont les armes des Gisorciens.

Ce magnifique ensemble d'architecture militaire normande des XIe et XIIe siècles domine la ville.

LA HAUTE-NORMANDIE

valeur à la beauté de l'architecture et à la richesse de la décoration sculptée. Le grand vitrail en grisaille, du XVIe siècle, dans la chapelle latérale à droite du chœur, ainsi que les quelques statues anciennes attirent l'attention. Dans la chapelle sous la tour sud, bel escalier en colimaçon, œuvre de Jean Grappin, et monumental Arbre de Jessé (fin du XVIe siècle).

circuit

VALLÉE DE L'EPTE

Cette paisible rivière appréciée des peintres autant que des touristes a joué un rôle important dans l'histoire de la Normandie.
Outre le château fort de Gisors, les vestiges des donjons de Neaufles-Saint-Martin et de Château-sur-Epte en témoignent encore. La route suit la rive droite de l'Epte, souvent très ombragée et contrastant avec l'aspect plus dénudé des versants taillés dans le soubassement crayeux des plateaux du Vexin.

Neaufles-Saint-Martin
Le village est dominé par les restes d'un donjon (XIe siècle) dressé sur une « motte » parfaitement conservée.

Dangu
L'église gothique, avec porche et portail Renaissance, intéresse surtout pour son chœur décoré de boiseries du XVIIIe siècle et de panneaux peints.
Près de la chaire, une tapisserie de Beauvais (XVIIIe siècle) représente la Crucifixion, et, au fond de l'église, une belle boiserie, l'Annonciation. Dans la chapelle Montmorency, un vitrail en grisaille (au-dessus de l'autel) figure saint Denis et saint Laurent avec, à genoux, Guillaume de Montmorency, cinquième fils du connétable Anne de Montmorency.
À côté de l'église, la façade d'une jolie maison à pans de bois s'anime de quelques sculptures ; les vantaux de bois du portail datent du XVIe siècle.
Deux kilomètres avant Château-sur-Epte, sur la rive opposée, Saint-Clair-sur-Epte ne conserve pas grand-chose de la fameuse entrevue qui mit en présence Rollon et Charles le Simple.

Château-sur-Epte
Les ruines d'un important donjon se dressent sur une « motte » entourée d'un fossé. C'est le seul reste, avec la majeure partie des remparts, de la forteresse construite par Guillaume le Roux pour protéger la frontière normande contre les attaques éventuelles du roi de France.
Un pont de pierre du XVe siècle enjambe l'Epte à Aveny. De la route D 170, un sentier ombragé mène à une allée couverte et à un monument mégalithique constitué de pierres dressées recouvertes de dalles.

Les remarquables vantaux de bois du portail de cette maison Renaissance de Dangu datent du XVIe siècle.

Un accord informel

En 911, Rollon, le chef des Normands, rencontre Charles le Simple à Saint-Clair-sur-Epte. Dudon de Saint-Quentin, premier historien de Normandie, rapporte que pour sceller l'accord créant le duché de Normandie, le Viking mit ses mains entre celles du roi de France. Ce « tope-là » de maquignons valait alors un solennel échange de sceaux et de signatures, car il n'y eut jamais de traité écrit. L'Epte forme la frontière au nord de la Seine, l'Avre au sud. La frontière normande a été l'enjeu de luttes séculaires entre les rois de France et les ducs de Normandie, devenus rois d'Angleterre à la fin du XIe siècle.

GIVERNY

Château de Beaudemont
Des ruines du château fort du XIe siècle, bâti sur une « motte », jolie vue sur la vallée.

Giverny★★ *(voir ci-dessous)*

GIVERNY ★★

■ Giverny entretient la mémoire de Claude Monet qui résida ici de 1883 à sa mort en 1926. Sa maison rose aux volets verts et son délicieux jardin vous transportent dans les plus belles de ses œuvres. C'est autour de cette propriété qu'il exécute ses séries de peupliers, de meules de foin et ses grands formats des « Nymphéas » visibles à Paris au musée de l'Orangerie. Entre 1887 et 1914, il provoque dans le village et toute la région une véritable colonisation artistique, surtout américaine, à laquelle se consacre un musée.

LES GENS

524 habitants. Au XIXe siècle, les habitants de Giverny n'ont pas réservé le meilleur accueil à Monet, ce peintre de génie en rupture avec l'académisme de son époque. On raconte qu'il devait louer au prix fort les célèbres meules de foin qu'il immortalisa sous toutes les lumières et tous les angles.

visiter

Maison de Claude Monet★
L'atelier des Nymphéas est l'ancien « grand atelier » (accueil et expositions). On visite la maison « rose et verte » qui surplombe le jardin.

Le jardin de Monet nous transporte dans les plus belles de ses œuvres.

LA HAUTE-NORMANDIE

Elle abrite quelques reproductions et la collection d'estampes japonaises (XVIIIe-XIXe siècle) réunie par Monet. C'est aussi l'occasion de découvrir le salon de lecture « bleu », la chambre avec le lit et le bureau à cylindre, le salon atelier, la salle à manger « jaune » avec son mobilier de bois peint et la ravissante cuisine aux murs carrelés de faïence bleue.

Le jardin, en évolution constante au fil des saisons, comprend le « Clos normand » qui restitue celui, très fleuri, que Monet avait dessiné. De l'autre côté de la route (tunnel), le jardin d'eau artificiel, d'inspiration japonaise, utilise les eaux de l'Epte ; des ponts japonais franchissent l'étang des Nymphéas tapissé de nénuphars, avec son grand saule pleureur, ses rives bordées de bambous et de rhododendrons.

Musée d'Art américain Giverny★

Il célèbre les relations étroites entre l'art français et l'art américain. En quatre galeries contiguës, de nombreux tableaux, issus pour la plupart de la collection de la Terra Fondation for the Arts, dont le siège est à Chicago, représentent des œuvres d'artistes américains.

Les expositions sont renouvelées tous les ans et présentent différentes périodes de l'histoire de l'art américain, de 1720 à nos jours, comme l'impressionnisme ou l'art moderne, selon des thèmes précis (Le temps des loisirs, Portraits de femmes...). Au sous-sol, exposition sur l'histoire de Giverny, village d'artistes.

La visite du musée peut se terminer par celle des beaux jardins attenants, composés de parterres de couleurs chaudes ou froides et séparés par des haies. Sont également organisés des conférences, des cours d'histoire de l'art et des ateliers d'arts plastiques ainsi que des visites commentées des jardins de différentes propriétés ayant appartenu à des artistes impressionnistes.

Monet vécut jusqu'à la fin de sa vie dans cette grande maison « rose et verte » qui surplombe le jardin.

★ LE HAVRE

■ Gigantesque port maritime, ville industrielle et ultime jalon de la magnifique vallée de la Seine, Le Havre étale ses installations à la pointe du môle le plus avancé du pays de Caux. Le « port le plus meurtri d'Europe » en 1945 occupe désormais l'un des tout premiers rangs, tant sur le plan national qu'européen. Exemple remarquable de l'architecture et de l'urbanisme de l'après-guerre, la ville reconstruite par Auguste Perret a d'ailleurs été inscrite en 2005 à la Liste du patrimoine mondial de l'Unesco. Une charmante station balnéaire, Sainte-Adresse, plusieurs musées de qualité et un certain art de vivre rehaussent l'intérêt de la cité portuaire. Depuis l'hôtel de ville, la majestueuse avenue Foch s'ouvre sur le large par la « Porte océane », expression des liens étroits qui unissent la cité à la mer.

LES GENS

184 000 Havrais (agglomération : 248 547 habitants). Les écrivains Bernardin de Saint-Pierre, Jean-Paul Sartre, Raymond Queneau et André Malraux, les peintres Eugène Boudin, Claude Monet et Raoul Dufy, le compositeur suisse Arthur Honegger et les présidents Félix Faure et René Coty ont longtemps vécu au Havre.

Le nom

En 1517, pour remplacer Harfleur envasé, François Ier fait construire un nouveau port baptisé « Havre-de-Grâce ». L'emplacement marécageux choisi par Bonnivet, grand amiral de France, ne paie pas de mine, mais l'étale de la marée haute s'y prolonge plus de deux heures, phénomène capital pour l'avenir du Havre. En 1518, la première nef de guerre, l'*Hermine*, entre dans le bassin du Roi, embryon du port moderne, avec le navire amiral. Le roi accorde à la ville son nom, très provisoire, de Françoise-de-Grâce et ses armes : « De gueules à la salamandre d'argent... ».

LE HAVRE

comprendre

La « Porte océane » – La vocation du Havre, port d'entrepôt et port transatlantique, se dessine dès la guerre d'Indépendance américaine. Le port, qui s'emploie au ravitaillement des « insurgents », est une véritable « forêt de mâts », et le quartier Saint-François, connu des marins du monde entier, regorge de richesses. Tous les produits coloniaux importés : coton, café, tabac, bois exotique, sont redistribués à travers l'Europe.

La liaison avec New York devient plus rapide. En 1850, le *Franklin*, paquebot à voiles et à aubes, fait la traversée en quinze jours. En 1864, la Compagnie générale transatlantique met en ligne le paquebot à vapeur *Washington*.

Puis ce sera le tour des *Normandie*, *Île-de-France*, *Liberté* (ancien paquebot allemand) et *France*. Autant de noms que les Havrais prononcent avec nostalgie et qui évoquent l'ère de gloire, révolue, des grands transatlantiques quand ils franchissaient la jetée escortés par les Abeilles, saluant le port de leurs trois coups de sirène.

Le Havre dans la guerre – Le Havre a subi 146 bombardements et compté plus de 4 000 tués, 80 000 sans-abri, 9 935 immeubles détruits et 9 710 endommagés. Le siège proprement dit de la ville débute le 2 septembre 1944. La bataille de Normandie est terminée. Paris est déjà libéré, mais Le Havre, toujours occupé, sera voué à l'écrasement total. Du 5 au 13 septembre, date de libération, le pilonnage aérien allié est effroyable. Les Allemands, de leur côté, se sont acharnés à dynamiter les installations portuaires encore utilisables. Les Alliés ont fourni un puissant matériel à l'administration du port autonome, mais le simple déblaiement a pris, à lui seul, deux années.

Une reconstruction modèle – En 1945, la ville ancienne au plan en damier, créé en 1541 par l'Italien Bellarmato (quartier Saint-François), est dévastée. Tout en conservant le tracé des rues, la reconstruction a suivi un plan d'urbanisme moderne conçu par Auguste Perret (1874-1954), le « magicien du béton armé ». Au cœur de ses préoccupations : la lumière, l'espace et la qualité de vie. C'est dans cet esprit qu'il reconstruit la ville en proposant aux Havrais une alternance de petits ensembles de quelques étages et de tours avec de nombreuses places aérées, plantées d'arbres. On lui doit aussi l'hôtel de ville, sa place et l'église Saint-Joseph. C'est son œuvre, pour son unité et son intégrité et parce qu'elle a su associer les structures historiques encore existantes aux idées nouvelles d'urbanisme et de construction, qui vaut au Havre de figurer aujourd'hui au Patrimoine mondial de l'Unesco.

Le Havre constitue l'ultime jalon de la magnifique vallée de la Seine.

découvrir

LE PORT DU HAVRE★★

Le trafic

Port maritime en eau profonde, situé à l'entrée de l'estuaire de la Seine, Le Havre est le premier port français pour le commerce extérieur et le trafic de conteneurs, et le quatrième port européen pour le trafic global. Il reçoit chaque année quelque 7 000 navires de commerce et s'ouvre sur le monde entier : 250 services maritimes réguliers le relient à plus de 500 ports. Les échanges énergétiques sont prépondérants grâce aux importations de pétrole brut et de charbon, aux transits de produits raffinés et d'hydrocarbures gazeux. Les autres marchandises expédiées et réceptionnées en vrac concernent les exportations de céréales, les trafics industriels et de produits chimiques. S'y ajoutent les marchandises diverses (conteneurs),

Le port reçoit chaque année quelque 7 000 navires de commerce et s'ouvre sur le monde entier.

LA HAUTE-NORMANDIE

le trafic transmanche, les remorques routières, les véhicules neufs en transit et le trafic conventionnel. Le trafic passagers reste important grâce aux rotations des car-ferries vers la Grande-Bretagne (Le Havre-Portsmouth).

L'équipement d'un port tourné vers l'avenir

La communauté portuaire havraise mise sur la valorisation des atouts naturels géographiques et nautiques du port, sa position à l'entrée du continent européen lui permettant de garantir les meilleurs délais d'acheminement.

Les capacités – Avec le développement de la conteneurisation, Le Havre s'est équipé de terminaux spécialisés disposant de matériel adapté aux manutentions terrestres (portiques, hangars) et au trafic ferroviaire. Ce choix fait du Havre le port de conteneurs le plus important de France et l'un des seuls en Europe capable de recevoir les grands porte-conteneurs de 6 000 EVP (équivalent 20 pieds). Depuis l'inauguration en 2006 de Port 2000 (6 ans d'études, 4 ans de travaux), il ambitionne d'accueillir les plus grands navires (350 m de long, 45 m de large, porte-conteneurs de 8 000 EVP) dans toutes les conditions de marées, en nombre et sans file d'attente.

Quelques ouvrages – À l'extrémité du bassin René-Coty, l'écluse François-Ier est l'un des ouvrages de ce type les plus volumineux du monde (longueur : 400 m, largeur : 67 m, profondeur : 24 m). Accessible à des navires de 250 000 tonnes à pleine charge, elle met en communication les bassins de marée et les bassins et canaux à niveau constant, dont le grand canal du Havre.

S'ajoute également à toutes ces infrastructures, le port pétrolier du Havre-Antifer, situé à 22 km au nord du Havre, entre Saint-Jouin et Bruneval. Aménagé à partir de 1972, c'est un « port à la côte » en eau profonde (25 m) qui peut recevoir les supertankers de 550 000 tonnes.

Le port est surtout le premier port français pour le commerce extérieur et le trafic de conteneurs.

Reconstruite par Auguste Perret après la guerre, la ville a été inscrite en 2005 au Patrimoine mondial de l'Unesco.

LE HAVRE

se promener

Le quartier moderne★
D'une ordonnance remarquable par l'équilibre entre volumes et espaces, le centre ménage de grandes perspectives que rythment de vastes ensembles d'habitations aux lignes horizontales, parfois rompues par des immeubles-tours. D'audacieux monuments jaillissent à la verticale, comme l'église Saint-Joseph et l'hôtel de ville.

Bassin du Commerce et Espace Oscar-Niemeyer
À son extrémité ouest, face au monument aux morts, le paysage urbain a changé de visage grâce à l'implantation de l'Espace Oscar-Niemeyer, signé par l'architecte brésilien du même nom. Inauguré en 1982, cet ensemble en béton aux courbes prononcées tranche avec les horizontales et les verticales des immeubles voisins. Il s'agit de la première maison de la Culture voulue par André Malraux, qui en confia la création en 1961 à Reynold Arnould, directeur des musées du Havre. Aujourd'hui encore, le plus vaste bâtiment (Grand Volcan) abrite théâtre, salles de cinéma et d'expositions.
La rue de Paris offre au regard une architecture bien ordonnée et, sous les arcades, de nombreuses boutiques ; celle-ci donne sur l'hôtel de ville.

Le bassin du Commerce accueille une maison de la Culture conçue par le célèbre architecte brésilien, Oscar Niemeyer.

Place de l'Hôtel-de-Ville★
Construite suivant les plans de Perret, c'est l'une des plus vastes d'Europe. Elle compose un ensemble équilibré de constructions à trois étages, aux toitures en terrasses, rythmé par des immeubles-tours de dix étages. La place s'agrémente de bassins, de fontaines et de galeries habillées de charmilles et de haies d'ifs. En son centre, mémorial à la Déportation et à la Résistance symbolisées par les « deux oiseaux blessés » du sculpteur Adam. Une tour monumentale en béton brut domine l'hôtel de ville aux lignes sobres.

LA HAUTE-NORMANDIE

Avenue Foch★

L'artère est traitée en promenade. Ses agréables pelouses ombragées et ses constructions d'une grande unité, aux lignes horizontales, lui donnent une certaine allure. Dans son axe, entre deux immeubles flanqués de tours, la « Porte océane » – symbole d'accueil et invitation au voyage – s'ouvre sur le front de mer. Des sculptures modernes de style néofiguratif ornent impostes et angles d'immeubles.

Digue nord et plage

La très longue digue nord, que renforce une jetée en retour d'équerre, protège le port de plaisance. De son extrémité, on a une belle vue sur l'avant-port.
La plage du Havre et de Sainte-Adresse, repaire des véliplanchistes (3e spot de France), s'étire de la digue nord au cap de la Hève. Selon la marée, elle peut être de galets (mer haute) ou de sable (mer basse). Depuis la digue-promenade (le « boulevard maritime » pour les Havrais), vues sur l'estuaire de la Seine. En été, les « cabanes » de plage s'étalent tout le long du rivage.

Église Saint-Joseph★

Cette construction des années 1950, en béton brut, surmontée d'un clocher octogonal haut de 109 m, caractérise bien l'art d'Auguste Perret par la sobriété de ses lignes.
L'intérieur de plan carré est une réalisation monumentale dont l'effet est saisissant. Quatre groupes de quatre piliers carrés supportent la base du clocher qui forme une tour-lanterne octogonale (84 m de haut).

Sémaphore

La tour (radar, radio, télégraphe) culmine à 45 m. Du bout de la jetée, la vue embrasse l'entrée du port et l'avant-port protégé par la longue digue sud, avec le poste d'accostage des méthaniers au premier plan et les réservoirs à méthane liquide. On peut suivre d'ici tous les mouvements des navires.

Cathédrale Notre-Dame

Construite de 1575 à 1630, elle allie gothique et Renaissance. Le portail nord, orné de colonnes ioniques, est dit de l'Ave Maria, à cause de l'inscription figurant au-dessus de la rose flamboyante. Quatre paires de colonnes ioniques surmontées de vases à chaque extrémité rythment la façade ouest. L'étage supérieur, percé d'une grande fenêtre, est d'ordre corinthien. Ses contreforts portent des gargouilles en forme de salamandres.
L'intérieur comporte une nef centrale et deux latérales terminées par une chapelle. Les grandes orgues (1637), don de Richelieu, portent au sommet les armes du cardinal.

visiter

Musée Malraux★

À l'entrée du port, regardant le large à travers *Le Signal* – sculpture de béton monumentale d'Adam dressée à 7 m du sol–, le musée a été repensé au cours de l'année 2005 pour pouvoir accueillir la nouvelle donation Senn-Foulds, venue enrichir un panorama assez complet de la peinture du XVIIe au XXe siècle.
Rez-de-chaussée – Présentation de tableaux de la donation Charles-Auguste Marande (Monet, Jongkind, Pissarro, Delacroix et les fauves Marquet, Camoin et Kees Van Dongen) ainsi qu'un ensemble d'œuvres du Havrais Raoul Dufy (1877-1953). Ce dernier appartenait au groupe des fauves du Havre avec Braque et Othon Friesz, dont

L'église Saint-Joseph caractérise bien l'art d'Auguste Perret par la sobriété de ses lignes.

Une monumentale sculpture de béton regardant le large signale le musée Malraux.

LE HAVRE

Itinéraire de visite conseillé

certaines céramiques, exécutées pour une villa de Sainte-Adresse en 1909, sont aussi exposées. Raoul Dufy subit l'influence de Cézanne et, à un moment, celle du cubisme, mais il suivait surtout son inspiration personnelle, traitant ses thèmes favoris : orchestres, régates, courses de chevaux, bals champêtres, plages normandes, rues pavoisées et sujets allégoriques. Souplesse et légèreté du graphisme, éclat de la palette, mouvement exprimé par la dissociation du dessin et de la couleur et fantaisie d'interprétation caractérisent son art. Un cabinet consacré aux arts graphiques a également été créé (les pièces changent tous les trois mois).

Mezzanine – Elle conserve la prestigieuse collection de toiles d'Eugène Boudin (1824-1898), Normand né à Honfleur mais havrais d'adoption. Sacré « roi des ciels » par Charles Baudelaire, il fut l'un des grands précurseurs de l'impressionnisme. Ses sujets de prédilection : les paysages normands et les scènes de plage à Deauville et Trouville. Les pièces présentées retracent l'évolution de son art, depuis ses débuts où il peint à la manière précise des maîtres hollandais (*Pardon de Sainte-Anne-la-Palud*) jusqu'à ses dernières toiles, qui atteignent une liberté de touche à la limite de l'art figuratif (*Barques jaunes à Étretat, Intérieur d'une église en Bretagne*).

L'étage accueille également la belle donation Senn-Foulds, qui place le musée au premier rang des collections impressionnistes françaises en province. À côté des Delacroix, Monet, Pissarro (*Soleil levant à Éragny*), Renoir (*Portrait de Nini Lopez*) et Sisley, de nombreux tableaux avant-gardistes complètent les œuvres du XXe siècle déjà présentes au musée (Bonnard, Derain, Matisse, etc.).

Au fond de la mezzanine, pour les XVIIe et XVIIIe siècles, la grande peinture religieuse (Vouet, Ribera, La Fosse) côtoie les natures mortes (Stoskopff), les paysages et les marines (Backhuysen).

Le musée Malraux propose un panorama assez complet de la peinture du XVIIe au XXe siècle.

Appartement témoin Auguste-Perret★

Belle reconstitution de l'appartement témoin qu'Auguste Perret avait présenté à l'Exposition internationale de 1947, puis deux ans plus tard aux Havrais, dont la ville devait être reconstruite.

L'ancien palais de justice du XVIIIe siècle accueille aujourd'hui le Muséum d'histoire naturelle.

La visite permet de saisir le projet de l'architecte, son désir de rationalisation et de flexibilité de l'espace. Les meubles épurés et fonctionnels des décorateurs Gabriel, Gascoin et Beaudoin, ainsi que les objets du quotidien, traduisent les évolutions sociales de l'après-guerre.

Muséum d'histoire naturelle
Il est installé dans l'ancien palais de justice (XVIIIe siècle). On visite les sections d'ornithologie, des vertébrés et de minéralogie. Une salle présente des œuvres du peintre naturaliste Charles-Alexandre Lesueur (1778-1846).

Maison de l'Armateur
Cette maison de la fin du XVIIIe siècle est l'une des rares survivantes des bombardements de 1945. Édifiée pour son usage personnel par l'architecte et le fontainier de la ville, M. Thibault, elle a été rachetée au début du XIXe siècle par un armateur, d'où son nom. Ses cinq niveaux circulaires entièrement décorés de bois sculpté s'agencent autour d'un étonnant puits de lumière central et octogonal. Toutes les pièces ont été reconstituées : écuries, chambres, bureau de négoce, cabinets de curiosités et salle d'observation.

alentours

Le quartier de l'Eure
L'un des gros projets actuels de la ville est la réhabilitation des docks. Pour l'instant, une agréable promenade est aménagée au-delà du bassin Paul-Vatine au-dessus duquel un étonnant pont mobile a été construit. Accessibles aux piétons, aux rollers et aux vélos, l'esplanade Bellot et le jardin fluvial seront ensuite intégrés dans un parc urbain de 9 ha qui reliera la gare à l'entrée du port.

Sainte-Adresse★
Cette charmante localité prolonge Le Havre vers le cap de la Hève. Active cité maritime au XIVe siècle, elle s'appelait alors Saint-Denis-Chef-de-Caux, mais en 1369, un terrible raz-de-marée détruisit totalement son port.
Le village fut reconstruit alors dans le vallon d'Ignauval au fond duquel on découvre aujourd'hui le charmant manoir de Vitanval (XVe siècle), la plus vieille demeure du pays de Caux. La station balnéaire s'est développée au début du XXe siècle à l'initiative d'un commerçant parisien, Dufayel. Au cours de la guerre 1914-1918, à la suite de l'invasion de la Belgique, le gouvernement belge s'y installa, bénéficiant du privilège d'extra-territorialité.
De nos jours, Sainte-Adresse fait figure de « Nice havrais ». De jolies villas entourées de jardins s'étagent en effet sur les hauteurs escarpées du cap, offrant de beaux points de vue sur Le Havre et l'estuaire de la Seine.

« Régates à Sainte-Adresse » (fragment) par Claude Monet ; New York, Metropolitan Museum.

Circuit de Sainte-Adresse★
Le boulevard Albert-Ier longe la plage et rejoint la place Clemenceau où la statue d'Albert Ier, roi des Belges de 1909 à 1934, rappelle les liens entre la Belgique et cette localité.
Après quelques lacets, on passe devant le Pain de Sucre, cénotaphe du général-comte Lefèbvre-Desnouettes, disparu dans un naufrage au large de l'Irlande (1822). Ce monument a été élevé sous cette forme pour servir d'amer aux marins. Un peu plus haut sur la droite, la chapelle Notre-Dame-des-Flots renferme des ex-voto de marins.
La route longe les bâtiments de l'École nationale de la marine marchande, l'une des plus modernes d'Europe.

LE HAVRE

Cap de la Hève – Ce site rocheux domine l'entrée du port et l'embouchure de la Seine (casemates de la dernière guerre). Un belvédère, le « Balcon de l'estuaire », dévoile un panorama sur la plage, la ville et le port du Havre, l'estuaire de la Seine et la côte du Calvados. Joli point de vue sur l'estuaire depuis la table d'orientation.

Parc de Montgeon
Ce massif boisé de 250 ha (chênes, hêtres, bouleaux) est aménagé pour les promeneurs et offre également un parc de loisirs.

Prieuré de Graville
Un sanctuaire érigé au VIe siècle abritait les reliques de sainte Honorine (martyrisée à Lillebonne en 303) qui, pour être préservées de la « fureur des Normands », furent emportées à Conflans-Sainte-Honorine, près de Pontoise.
L'église Sainte-Honorine, ancienne abbatiale, date des XIe et XIIIe siècles : beaux chapiteaux historiés, retable du XVIIe siècle restauré à l'or 23 carats. À l'entrée, sur la gauche, se dresse la statue monumentale de Notre-Dame-de-Grâce appelée Vierge noire en raison de la couleur du métal qui la compose. Elle a été érigée après la guerre de 1870 pour célébrer le recul des Prussiens aux portes de la ville.
Les jardins en terrasses contournent les bâtiments conventuels du XIIIe siècle (remaniés au XVIIe siècle) à gauche de l'église. Depuis ces terrasses, beaux coups d'œil sur le site de l'abbaye, Le Havre et la baie de Seine. On aboutit dans la rue du Prieuré ; un peu plus haut, un escalier conduit au musée installé dans les bâtiments conventuels.
Musée du Prieuré de Graville – Il présente une collection d'art religieux du XVIe siècle à nos jours. Pierres tombales, chapiteaux, statues en pierre du XIIe au XVe siècle, bas-reliefs et statues en bois polychrome. Une section illustre l'histoire de l'architecture régionale française (maquettes de maisons).

Fondé au XIIe siècle, le prieuré de Graville est passionnant à découvrir.

Harfleur
Ancien port de mer de la banlieue industrielle du Havre. L'église Saint-Martin possède un clocher du XVe siècle, célèbre dans le pays de Caux, qui s'élève à 83 m. À l'intérieur, aux belles clefs de voûte, les piliers de gauche ont des chapiteaux à feuillages. Dans la première chapelle du bas-côté droit, retable (XVIIIe siècle) et pierre tombale (XIVe siècle). Buffet d'orgue (XVIIe siècle) orné de fines sculptures.
La rue des 104 et la rue Gambetta mènent au pont sur la Lézarde d'où la vue est jolie sur le clocher.

Château d'Orcher
Ce château se dresse sur une falaise dominant la Seine. À l'origine (XIe siècle), il faisait partie d'un système de défense assurant la protection de l'estuaire. Démantelé au XIVe siècle, il est racheté au XVIIIe siècle par un négociant rouennais qui rase trois des côtés et aménage le quatrième dans le goût de l'époque Louis XV.
On visite la bibliothèque, la salle à manger (collection d'assiettes de la Compagnie des Indes) et les salons, dont l'un expose un bel ensemble de boiseries rocaille. À l'extérieur, magnifique colombier octogonal en silex bleuté et en pierre, renforcé de contreforts.

Montivilliers
Ce satellite de l'agglomération havraise est né d'une abbaye de moniales érigée par saint Philibert au VIIe siècle, d'où son nom : « ville du moustier » (du monastère). Un parcours fléché et numéroté invite à la visite de l'histoire de la ville et de son patrimoine architectural.
Après plus de vingt ans de travaux, l'abbaye accueille un parcours spectacle « Cœur d'Abbayes » qui propose une rétrospective historique agrémentée d'une belle scénographie.

Un magnifique colombier octogonal en silex bleuté et en pierre, renforcé de contreforts, se dresse dans le parc du château d'Orcher.

Église Saint-Sauveur★ – Elle se signale par sa tour-lanterne (XIe siècle) élevée à la croisée du transept. Une tour romane coiffée d'une flèche refaite au XIXe siècle domine la façade. L'intérieur possède deux nefs. La plus grande, romane, contient une chaire sculptée en chêne massif (XVIIe siècle). La nef latérale gothique est ajoutée au XVIe siècle. Au revers du clocher, jolie tribune flamboyante à trois pans.

Aître de Brisegaret – De cet ancien ossuaire, moins bien préservé que l'aître Saint-Maclou à Rouen, ne subsiste qu'une galerie (XVIe siècle) couverte d'un berceau de bois. Les piliers sont sculptés de personnages divers, squelettes, écussons, etc.

Château de Filières

Le château s'élève juste après Gommerville dans un beau parc, au bout d'une allée bordée d'arbres qui débouche sur la cour d'honneur ceinturée de douves. L'édifice en pierre blanche de Caen comporte deux parties distinctes : aile gauche de la fin du XVIe siècle, pavillon central et aile droite du XVIIIe siècle, dont la sobre façade classique s'orne d'un fronton aux armes des Mirville, constructeurs du château et ancêtres des propriétaires actuels. À l'intérieur, d'admirables sujets d'Extrême-Orient (porcelaines, tentures), des souvenirs des rois de France (médaillons en biscuit de Sèvres) et d'intéressantes pièces de mobilier retiennent l'attention. Dans le parc, à gauche du château, « la cathédrale » aligne sept magnifiques rangées de hêtres dont les frondaisons et les ramures forment une véritable voûte.

La façade classique du château de Filières s'orne d'un fronton aux armes des Mirville, constructeurs du château.

★★★ HONFLEUR

■ Sur l'estuaire de la Seine qu'enjambe l'impressionnant pont de Normandie, aux portes du pays d'Auge et de la Côte de Grâce si bien nommée, Honfleur distille toute l'année le parfum des vacances. On flânerait des heures durant le long du Vieux Bassin et autour du clocher Sainte-Catherine, à travers les vieilles rues pleines de charme et de colombages, sans oublier ses musées, parmi lesquels les maisons Satie, dédiées au malicieux compositeur honfleurais. Côté port, une flottille de bateaux de pêche débarque chaque jour poissons et crustacés. La double vocation de port fluvial et maritime de Honfleur s'affirme lors des escales de gros navires de croisière, de plus en plus fréquentes.

LES GENS

8 178 Honfleurais. L'économiste Frédéric Le Play (né à La Rivière-Saint-Sauveur), l'historien Albert Sorel, l'humoriste Alphonse Allais, le compositeur Erik Satie, le poète et romancier Henri de Régnier ainsi que Lucie Delarue-Mardrus, dont les œuvres ont la saveur de cette terre qu'elle aimait tant, ont tous en commun d'avoir été Honfleurais.

Le nom

Honnefleu, dont dérive Honfleur, viendrait d'un patronyme scandinave, *honn*, et de *flet* ou *fleu*, qui désigne sans doute une crique ou une baie en norrois (nordique). La ville a donné son nom à une école de peinture fondée par Eugène Boudin.

comprendre

Le Canada, colonie normande – Dès le début du XVIe siècle, des navigateurs avaient touché les côtes d'un pays appelé « Gallia Nova » par Verrazano, le découvreur du site de New York. Mais c'est Jacques Cartier qui, en 1534, *« y met les pieds, s'en empare et le donne à la France »*. Il adopte le nom de Canada : « village », en huron. Pourtant, François Ier est déçu, car le Malouin ne rapporte ni épices, ni or, ni diamants. Le Canada est délaissé. Ce n'est qu'au début du XVIIe siècle que Samuel de Champlain, navigateur avisé, reçoit mission de créer

HONFLEUR

des établissements sur ce vaste territoire. Parti de Honfleur, il va fonder Québec en 1608.

Colbert incite Louis XIV à s'intéresser au Canada, qui devient bientôt une vraie colonie normande et percheronne. Plus de 4 000 paysans s'y établissent et défrichent le sol. La pêche, la chasse, le commerce du « pelu » (fourrure) y sont florissants. Mais les Iroquois, établis dans la région des lacs Érié et Ontario, contestent l'installation des colons français, qui doivent, en 1665, faire appel à l'armée française pour se protéger de leurs incursions. C'est ainsi que débarque le régiment de Carignan-Salières, fort d'un millier de soldats. Aussitôt, un décret oblige les soldats à se marier sur place, moins de quinze jours après l'arrivée des bateaux transportant les « filles du roy ». Cavelier de La Salle, partant du Canada, explore la Louisiane. C'est pour défendre la vallée de l'Ohio, voie de passage entre les deux colonies, que s'engage avec l'Angleterre la lutte qui aboutit à la perte du Canada (1760).

L'invitation des arts – Honfleur est un lieu béni des Muses. Baudelaire, résidant chez sa mère retirée ici, déclare : *« Mon installation à Honfleur a toujours été le plus cher de mes rêves. »* Il y compose *L'Invitation au voyage*. Depuis le XIXe siècle, l'atmosphère et le charme de la ville ont inspiré une foule d'artistes : peintres, écrivains et musiciens. Lorsque la côte normande est à la mode parmi les romantiques, Musset séjourne à Saint-Gatien chez son ami Ulrich Guttinger. Les peintres affluent bientôt : de purs Normands (Boudin, Hamelin, Lebourg...), mais aussi des Parisiens (Paul Huet, Daubigny, Corot...) et des étrangers (Bonington, Jongkind...). La petite auberge de Saint-Siméon, « Chez la Mère Toutain », servait à l'époque de point de ralliement à ces artistes de l'école de Honfleur, dont certains formeront le groupe des impressionnistes. Depuis, les maîtres de toutes les écoles (pointillistes avec Seurat, fauves avec Dufy) ont succombé au charme de Honfleur. Plus que jamais, la peinture reste ici une « maladie endémique ».

Camp fortifié de Samuel Champlain au Québec dans les années 1600, établissant la Nouvelle France.

se promener

LE VIEUX HONFLEUR★★

Pour apprécier Honfleur, il faut déambuler le long des quais, fouler les rues et ruelles pavées du quartier Sainte-Catherine, s'arrêter devant la façade d'une demeure ancienne, devant le chevalet d'un peintre ou devant une bolée de cidre à la terrasse d'un café, autour du Vieux Bassin...

Place Arthur-Boudin

De vieilles maisons essentées d'ardoises s'ordonnent autour de cette petite place du quartier de l'Enclos, cœur de la vieille cité autrefois ceinte de fortifications. Chaque samedi matin, la placette déborde d'animation et de couleurs grâce à son marché. Au n° 6, maison Louis XIII en damier de pierre et de silex.

Les greniers à sel se dressent à deux pas de l'Enclos. Ces bâtiments (XVIIe siècle) en pierre, couverts de tuiles, ont été construits par la ferme des gabelles pour stocker le sel nécessaire aux armements pour la pêche à la morue. Des expositions y sont organisées tout au long de l'année. Elles permettent d'admirer la belle charpente en chêne des bâtiments. La rue de la Prison, face aux greniers, aligne de vieilles maisons à pans de bois. Au bout de cette voie, sur la droite, l'ancienne église Saint-Étienne, dont le clocher domine le Vieux Bassin, abrite le musée de la Marine.

Le Vieux Bassin★★

Créé par Duquesne sur ordre de Colbert, il s'entoure de quais ravissants et les bateaux de plaisance ajoutent un charme supplémen-

Autour du Vieux Bassin, la flânerie et la pause-café sont de rigueur.

La Lieutenance est un vestige de l'ancienne demeure (XVIᵉ siècle) du lieutenant du roi, gouverneur de Honfleur.

taire. Les riches demeures de pierre du quai Saint-Étienne, à deux étages et mansardées, contrastent avec celles du quai Sainte-Catherine dont les maisons étroites et hautes, comptant jusqu'à 7 étages, élancent leurs façades de bois protégées d'ardoises (l'essentage). La Lieutenance, qui domine le pont levant, complète cet ensemble unique.

La Lieutenance

C'est un vestige de l'ancienne demeure (XVIᵉ siècle) du lieutenant du roi, gouverneur de Honfleur. Sur la façade donnant sur la place, on a encastré, entre deux échauguettes, l'ancienne porte de Caen, l'une des deux entrées de la ville médiévale. Sur la façade tournée vers le port, une plaque commémore les départs de Champlain pour le Canada, dont celui de 1608 qui mena à la fondation de Québec. Devant l'édifice, de vieux gréements : le *Dehel*, voilier de type cotre-pilote de Ouistreham, la *Sainte-Bernadette*, chaloupe de Honfleur, et la *Roche Bleue*, bautier (genre de sloop) de Barfleur attirent l'attention. De l'angle du quai des Passagers, jolie vue sur le Vieux Bassin et, de l'autre côté, sur l'avant-port. La rue des Logettes, dont l'appellation rappelle les petites échoppes de bois qui la bordaient, donne sur la place Sainte-Catherine, au cœur du quartier du même nom. Cet ancien faubourg a été rattaché au quartier de l'Enclos au XIXᵉ siècle par le comblement des fossés de séparation. Il conserve ses vieilles rues aux maisons à pans de bois et en pierre, sa rare église et son fameux clocher.

Église Sainte-Catherine★★

C'est au XVᵉ siècle, après la guerre de Cent Ans, alors qu'on s'arrachait maçons et architectes pour la « reconstruction » d'alors, que les « maîtres de hache » de Honfleur, impatients de remercier Dieu du départ des Anglais décidèrent de construire eux-mêmes l'église, à leur manière. L'intérieur se compose de nefs jumelles et de deux bas-côtés. Chaque nef se recouvre d'une voûte de bois à charpente apparente soutenue par des piliers de chêne, en forme de carène renversée. Les panneaux sculptés ornant la tribune sont du XVIᵉ siècle. Les belles orgues datent du XVIIIᵉ siècle.

Clocher Sainte-Catherine★

Cette robuste construction de chêne, isolée de l'église et recouverte d'essences de châtaignier, repose sur un large soubassement qui abritait la maison du sonneur. C'est aujourd'hui une annexe du musée Boudin. Des œuvres religieuses y sont exposées, principalement des objets d'art sacré (statue de moine en bois polychrome du XVIᵉ siècle, Christ en verre), des ornements et des torchères utilisés par les confréries de charité. La rue des Lingots, étroite et tortueuse, contourne le clocher ; son vieux pavage descend jusqu'à la rue de l'Homme-de-Bois, qui doit son nom à une tête sculptée visible au n° 23. Place J.-de-Vienne, le phare de l'hôpital sert désormais de perchoir aux mouettes. La plupart des armateurs logeaient rue Haute, ancien chemin de grève situé en dehors des fortifications. Au n° 88, la maison d'Erik Satie, aux colombages peints en rouge, abrite un étonnant musée consacré à ce compositeur honfleurais à (re)découvrir.
Sur la place Hamelin, Alphonse Allais vit le jour au n° 6.

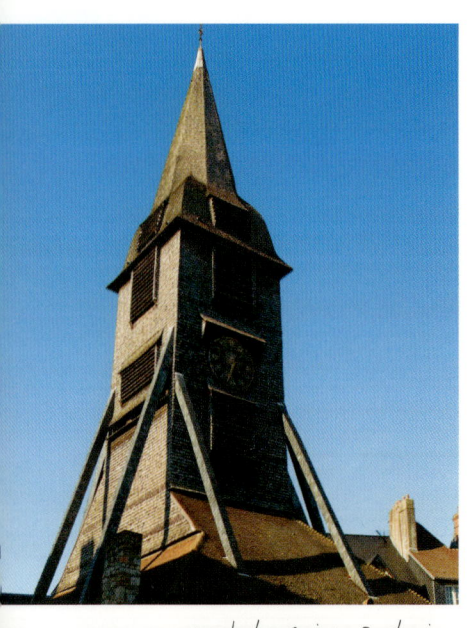

Le clocher Sainte-Catherine, robuste construction de chêne, est isolé de l'église et recouvert d'essences de châtaignier.

HONFLEUR

visiter

Musée Eugène-Boudin

Aménagé dans l'ancienne chapelle des Augustines et dans un bâtiment moderne, c'est avant tout le musée des peintres de Honfleur et de l'estuaire. Il possède, entre autres, 92 peintures et dessins d'Eugène Boudin.

Une riche collection de coffres, armoires, costumes, coiffes, gravures et tableaux montrant la vie quotidienne en Normandie aux XVIIIe et XIXe siècles occupe le 1er niveau.

Les 2e et 3e niveaux regroupent des œuvres d'artistes du XXe siècle dont la plupart ont travaillé dans la région : Dufy, Marquet, Friesz, Villon, Lagar, Grau-Sala, Saint-Delis, Gernez, Driès, Herbo, Vallotton, Bigot...

Dans un bâtiment contigu à la chapelle, le reste des collections s'articule en trois salles. La première expose des toiles du XIXe siècle, notamment d'Eugène Boudin, et des peintres de Saint-Siméon : Monet, Jongkind, Dubourg, Isabey, Pécrus, Courbet, Cals... La *Conversation sur la plage*, par Eugène Boudin et *Le Clocher de l'église Sainte-Catherine*, par Claude Monet suscitent l'admiration. La seconde présente la donation Hambourg-Rachet riche de quelque 300 toiles et dessins des XIXe et XXe siècles : Foujita, Garbell, Carrière, Hambourg... La visite se termine par le cabinet des dessins (une centaine d'œuvres renouvelées chaque année). Expositions temporaires.

Musée du Vieux Honfleur

Il comprend deux départements : le musée de la Marine et le musée d'Ethnographie et d'Art populaire.

Ce musée a été créé en 1868 par Eugène Boudin et Alexandre Dubourg, natifs de Honfleur.

Le quai Sainte-Catherine s'entoure de quais ravissants.

LA HAUTE-NORMANDIE

Musée de la Marine – Il prend place dans l'église Saint-Étienne précédée d'un beau porche en bois. Évocation de l'histoire du port et de ses activités maritimes (pêche, guerre, commerce, chantiers navals) ; maquettes de navires et documentation topographique.

Musée d'Ethnographie et d'Art populaire – Des maisons du XVIe siècle servent de cadre à ce musée où sont reconstitués dix intérieurs normands, notamment le manoir vigneron à pans de bois, la salle à manger bourgeoise, l'atelier du tisserand et celui de l'imprimeur, la chambre à coucher et une boutique au rez-de-chaussée. Les différentes pièces exposent une grande variété d'objets : étains, meubles, tableaux, costumes, bijoux... Une salle est consacrée au souvenir des plus illustres Honfleurais.

Maisons Satie★

Par sa mise en scène novatrice et efficace, qui allie son, lumière, images et objets dans un décor aussi fantaisiste qu'humoristique, à l'image d'Erik Satie, ce tout nouvel espace s'ajoute aux « incontournables » de Honfleur. Cette étonnante succession de tableaux, qui constitue autant de tranches de vie de l'artiste, est rythmée par ses musiques et des commentaires inspirés de ses écrits.

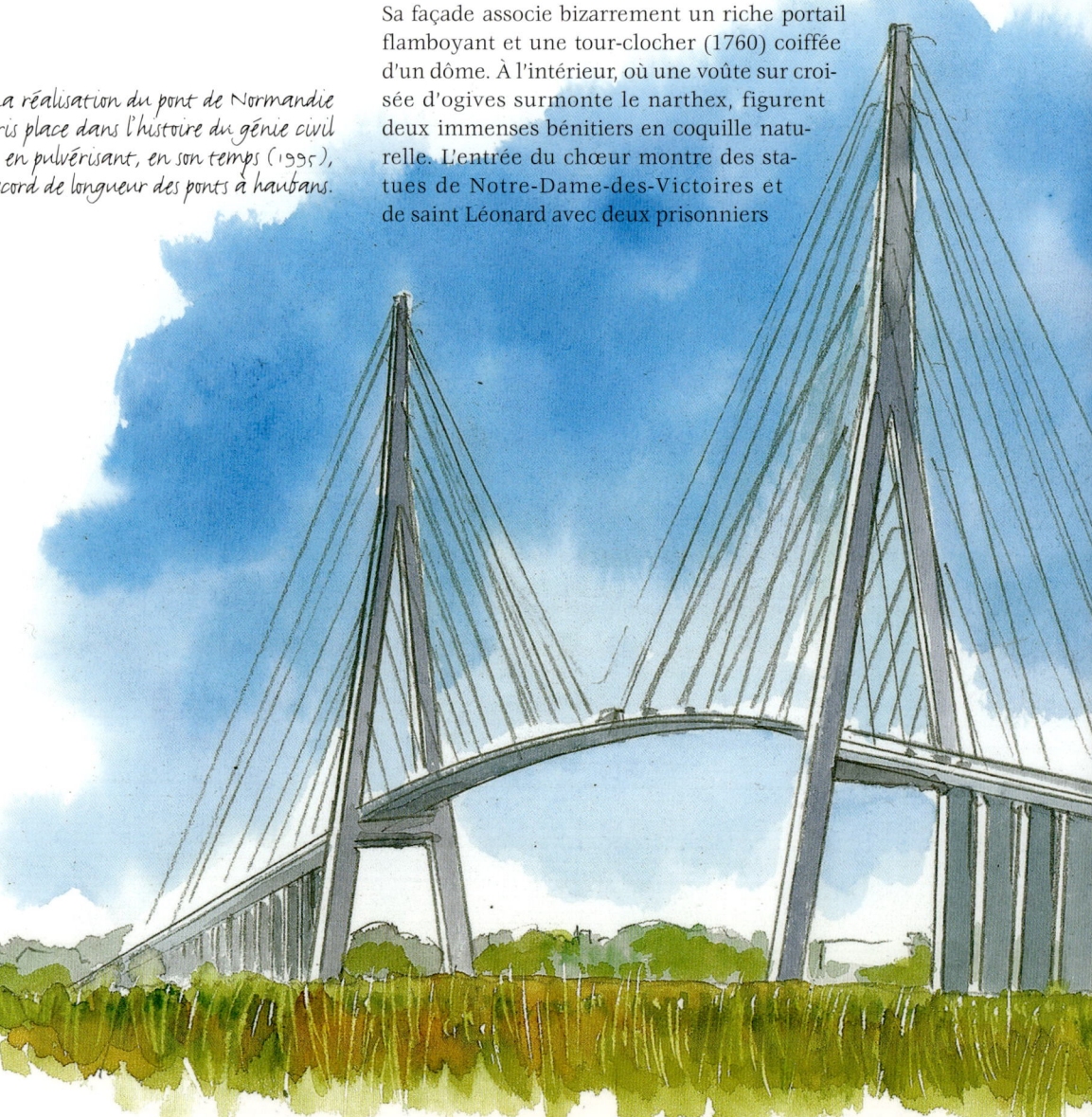

Église Saint-Léonard

Sa façade associe bizarrement un riche portail flamboyant et une tour-clocher (1760) coiffée d'un dôme. À l'intérieur, où une voûte sur croisée d'ogives surmonte le narthex, figurent deux immenses bénitiers en coquille naturelle. L'entrée du chœur montre des statues de Notre-Dame-des-Victoires et de saint Léonard avec deux prisonniers

---

Bons mots de Satie

« Le temps de passer une jupe et je suis à vous ! » ; « Bien que nos renseignements soient faux, nous ne les garantissons pas. » ; « Que préférez-vous ? La musique ou la charcuterie ? » ; *et encore :* « Le piano, comme l'argent, n'est agréable qu'à celui qui en touche. »

La réalisation du pont de Normandie a pris place dans l'histoire du génie civil en pulvérisant, en son temps (1995), le record de longueur des ponts à haubans.

– dont il est le saint patron – agenouillés ; dans le chœur, statues du XVIIe siècle en bois verni. Le beau lutrin de cuivre (1791) vient des fonderies de Villedieu-les-Poêles. À gauche de l'église, lavoir du XVIIe siècle, où il est toujours possible de faire sa lessive.

Naturospace★

L'enchantement est au rendez-vous. Sous une grande serre tropicale de 200 m^2, des papillons – une soixantaine d'espèces de tous les continents – évoluent gracieusement en toute liberté. Environné du bruissement de leurs ailes, le visiteur pénètre dans un environnement tropical (28 °C toute l'année) décoré de plantes exotiques. Un vrai paradis ! Des vitrines permettent d'observer des chrysalides et, le matin, d'apercevoir quelques chenilles sortir de celles-ci. Nombreuses explications sur le mode de vie des papillons ainsi que sur les plantes tropicales.

alentours

Pont de Normandie★★

L'importance du pont de Normandie pour la région est triple : il rapproche Le Havre et Honfleur en supprimant le détour par Tancarville (24 km au lieu de 60 km auparavant), il assure la continuité autoroutière entre le tunnel sous la Manche et les régions de l'Ouest et du Sud-Ouest, et enfin il constitue l'un des maillons de la « route des Estuaires » qui relie le nord et le sud de l'Europe sans passer par Paris. Commencé en 1988 et inauguré en 1995, il est le troisième à s'élancer au-dessus de la basse Seine (après Tancarville et Brotonne). Sa réalisation a pris place dans l'histoire du génie civil en pulvérisant, en son temps, le record de longueur des ponts à haubans (plus économiques et élégants que les ponts suspendus). Il ne l'a cédé qu'en 1998, au pont Vasco-de-Gama qui relie sur 12,2 km les deux rives du Tage, au nord de Lisbonne. En revanche, il conserve deux atouts car son challenger est un peu moins haut et sa portée centrale est plus courte (824 m contre 856 m).

En résumé, monstre de béton et d'acier, le pont de Normandie n'en demeure pas moins un véritable défi à la pesanteur. D'une extrême légèreté, il offre une grande sécurité. Il est prévu pour résister aux vents les plus violents (440 km/h) ; il est invulnérable aux chocs des plus gros cargos ; des capteurs dans la chaussée alertent les responsables en cas de verglas, et des caméras permettent aux opérateurs du péage de surveiller le trafic en permanence.

Il représente une prouesse technique, mais c'est aussi une œuvre d'art. Outre l'éclairage normal pour la circulation, le breton Yann Kersalé a en effet conçu une *Rhapsodie en bleu et blanc* sur les pylônes et le long du tablier : des lumières verticales rasant les branches des pylônes (bleues sous les enjambements, blanches sur les faces extérieures) répondent au scintillement bleu des spots du tablier. La nuit, le pont de Normandie devient ainsi un surprenant tableau de lumières. En poursuivant vers l'est, on atteint un magnifique panorama lors du contournement du mont Courel, après avoir laissé à droite le château de la Pommeraye.

Au Naturospace, une soixantaine d'espèces de papillons évoluent gracieusement en toute liberté.

Le pont en chiffres

Longueur totale : 2 141 mètres
Largeur : 23,6 mètres
Portée centrale : 856 mètres
Viaduc sud : 548 mètres
Viaduc nord : 737 mètres
Hauteur tablier : 59 mètres
Hauteur pylônes : 215 mètres
Haubans : 184
Coût : 2,7 milliards de Francs
Concepteur : M. Virlojeux

Côte de Grâce★★
La beauté sereine de ce site célèbre s'apprécie surtout avec la complicité du soleil.

Calvaire★★ – De cette croix, admirable panorama sur l'estuaire de la Seine, la rade du Havre et, à droite, sur le pont de Normandie, alors que celui de Tancarville se profile au loin. Aux alentours, de jolis sentiers s'engagent sous bois.

Chapelle Notre-Dame-de-Grâce – Au centre de l'esplanade, à l'ombre d'arbres magnifiques, se dresse la petite chapelle dédiée à Notre-Dame-de-Grâce dont la statue se trouve à l'intérieur. Ce gracieux monument du XVIIe siècle a remplacé un sanctuaire fondé, dit-on, par Richard II, quatrième duc de Normandie. La chapelle du transept, à gauche, est dédiée à tous les Canadiens d'origine normande, en souvenir du départ pour le Canada de nombre de colons, partis de ce point de côte. À l'intérieur, de nombreux petits navires ex-voto sont autant de témoignages de reconnaissance envers Notre-Dame. Tout au long de l'année affluent les pèlerins.

Point de vue du Mont-Joli – D'une plate-forme où a été érigée une stèle dédiée à Notre-Dame-de-Grâce, vue sur la ville, le port et la côte ; au fond, on distingue le pont de Tancarville.

Cette gracieuse chapelle est dédiée à Notre-Dame-de-Grâce.

★ HOULGATE

■ Type parfait de ces petites villes normandes où littoral et campagne environnante rivalisent de charme, Houlgate compte parmi les premiers sites balnéaires de la Côte Fleurie (1851). La station conserve un grand nombre de villas et chalets, témoins de l'architecture de villégiature à la fin du XIXe siècle. Leur abondance, leur diversité et leur état de conservation en font un patrimoine riche et original, à découvrir au hasard de balades à pied.

Le nom
Il nous vient, une fois de plus, de la langue des Vikings dans laquelle *houl* signifie « trou », et *gate*, « passage » ou « chemin ».

se promener

Un séjour à Houlgate permet de découvrir quelques perles de l'architecture balnéaire de la fin du XIXe siècle. La plupart des villas de la station ont en effet été construites entre 1860 et 1914, et elles affichent une grande variété de styles, les architectes s'étant inspirés des manoirs gothiques, des chalets suisses et des demeures traditionnelles normandes, anglo-saxonnes ou encore orientales.

Rue Henri-Dobert
Elle concentre une vingtaine d'intéressantes résidences balnéaires, dont les cinq « villas américaines » : *Junatia*, *Tacoma*, *Minnehaha*, *Merrimac* et *Columbia* de 1890 (n°s 34-26). Aux n°s 25 et 27 leur font face la villa *Janick* et la villa *Les Embruns* (1869) inspirées des palazzi italiens. Plus loin (n°s 13-15), les villas jumelles *Les Courlis* et *Les Sirènes* (1890). Au n° 11, la villa *Armengaud*, construite en 1875 par Baumier, a accueilli le compositeur Jacques Ibert (1890-1962). Quatre ans plus tard, c'est encore Beaumier qui dessina *Les Sorbiers* au n° 5 et *Les Mouettes*, au n° 1. Au n° 5 se dresse le chalet *Le Vanneau* (1882). On atteint ensuite, sur la droite, la rue des Bains sur laquelle donnent, aux n°s 72 et 76, La villa *Magali* et la villa *Les Tamaris*.

LES GENS
1 832 Houlgatais. Vers la Saint-Michel, armés d'une bêche et chaussés de bottes, sur leur longue plage, ils traquent encore l'équille, petit poisson long et mince qui s'enfouit sous le sable. La pêche se pratique à marée basse et consiste à bêcher le sable pour capturer rapidement la petite bête.

HOULGATE

Chemin de la Cascade
Au n° 2, le moulin Landry, ancien moulin à farine converti en manoir de style néonormand (1851) est certainement l'une des plus belles demeures de la ville.

Rue Léonard-Pillu
Sur la gauche, au n° 18, la jolie villa *Les Clochettes* (1886) est remarquable pour ses frises en mosaïque et ses médaillons et panneaux en céramique émaillée. Elle rivalise avec sa voisine, la très belle villa *Saïda*. De l'autre côté de la rue, au n° 9, la villa de style Renaissance *Guarany* (1890) et, juste à côté, la villa *Berthe* (1887).

Boulevard Saint-Philbert
Aux n°s 23 et 17, les villas de style néo-normand *Pourquoi pas* et *San Stefano* ont été construites en 1910 et 1914 par l'architecte Simon Vermot.

Avenue du Sporting
Au n° 13, la villa *Les Valonias* retient l'attention. Au n° 24, le sobre chalet de *La Béthanie* (1860) contraste avec la villa du n° 32, *Le Castel* (1860), agrémentée de colombages, de tourelles et de toitures exubérantes et mouvementées surplombées d'épis de faîtage.

Rue Victor-Delise
La rue abrite quelques résidences intéressantes : au n° 1, devant la villa *Bel Ombrage* (1892), que domine un belvédère polygonal ; au n° 11, la villa *Jeanne d'Arc* (décor en céramique émaillée, buste de Jeanne d'Arc) ; et au n° 17, au *Petit Manoir*. La *Villa Suzanne* (1860), au n° 26 de la rue A.-Renée, ne manque pas de charme.

Rue Baumier
Au n° 13 se dresse le chalet Sainte-Marie (1861), le plus ancien d'Houlgate. Ses voisines, la villa *Fer Bell* (1860), au n° 11, *Les Lierres* (1865) et la *Marjolaine* (1860), sont aujourd'hui réunies par un bâtiment transversal. Dans cette rue se trouve le délicieux chalet Le Bois Nicole aux n°s 8 et 10, construit en 1862. En reprenant à gauche la rue des Bains, on passe devant la villa *Loisel* (1863) au n° 2.

La station conserve de nombreux chalets et villas, témoins de l'architecture de villégiature à la fin du XIXe siècle.

alentours

Falaise des Vaches Noires
Entre Houlgate et Villers-sur-Mer, le plateau d'Auberville (alt. 120 m) s'achève par une étrange falaise, ébouleuse et ravinée, connue pour les nombreux fossiles qu'elle recèle. Leur collecte en surface est autorisée au pied des Vaches Noires, mais toute fouille est interdite dans les falaises et sur la plage. La falaise dévoile des abrupts d'argile et de sombres marnes découpés en ravines. L'érosion marine mine sa base et le ruissellement des eaux du plateau d'Auge provoque un ravinement et la formation de coulées boueuses. Les assises calcaires du sommet sont démantelées. Leurs gros blocs ont dévalé, s'amoncelant près du rivage où ils se recouvrent de varech : ce sont les « Vaches Noires » proprement dites.

Les parasols-tentes font partie du paysage de la plage d'Houlgate.

Mortagne-au-Perche conserve ses rues moyenâgeuses aux maisons modestes resserrées en grappes.

ABBAYE DE JUMIÈGES ★★★

■ Dans le paysage enchanteur de la vallée de la Seine, Jumièges reste l'« une des plus admirables ruines qui soient en France » (R. de Lasteyrie). Face à elles, l'émotion est d'autant plus vive que l'imagination reconstruit les tribunes, le bas-côté droit, la charpente de la nef, le carré du transept, l'hémicycle du chœur, les galeries du cloître… et la légende des Énervés.

Le nom
L'étude du nom de Jumièges révèle certaines des images projetées par l'institution religieuse et ses membres. D'aucuns font dériver le nom de *gemitus*, soit « douleurs », « gémissements », mettant l'accent sur les pénitences que s'imposaient les religieux. D'autres y voient le mot *gemme*, pierre précieuse, et prétendent que les moines de Jumièges « brillaient comme autant de gemmes ». L'abbaye, elle-même précieuse, s'est longtemps appelée *Jumièges l'Aumônier*.

comprendre

Les énervés de Jumièges – Cette légende raconte que Clovis II (639-657) s'absenta si longtemps en Terre sainte (où il n'alla en fait jamais) que ses deux fils furent appelés à gouverner le royaume. D'abord sages, ils se révoltent bientôt contre leur mère, sainte Bathilde. De retour, le roi mate ses fils et la reine les châtie en les faisant « énerver » (section des tendons des genoux). Mais Clovis II prend ses enfants en pitié et, sur le conseil de sa sainte épouse, les confie au Seigneur, dans une embarcation lâchée sur la Seine, qui devait aboutir à Jumièges. Recueillis par saint Philibert, les deux Énervés y mèneront une vie de pénitence. L'histoire a inspiré une toile (1880) au peintre Évariste Lumanais, qui peut s'admirer au musée des Beaux-Arts de Rouen.

Jumièges l'Aumônier – Au Xᵉ siècle, le duc Guillaume Longue Épée relève de ses ruines l'abbaye de Jumièges, fondée par saint Philibert au VIIᵉ siècle : le passage des Vikings avait fait du monastère le *« repaire des bêtes féroces et des oiseaux de proie »*. La nouvelle abbaye

La nef entière, haute de 27 m, est restée debout avec une partie du transept et du chœur.

bénédictine est bientôt appelée « Jumièges l'Aumônier » tant est grande sa charité. Elle s'adonne à l'étude et son savoir accroît sa renommée. L'église abbatiale est consacrée en 1067, au lendemain de la conquête de l'Angleterre, par l'archevêque de Rouen, en présence de Guillaume, le nouveau conquérant. Les derniers moines se dispersent à la Révolution.

En 1793, l'abbaye est adjugée aux enchères publiques à un marchand de bois de Canteleu qui entreprend d'utiliser Jumièges comme carrière et fait sauter, à la mine, la tour-lanterne de la magnifique église. Les ruines actuelles ont été sauvées en 1852 par leur propriétaire, M. Lepel-Cointet.

Les majestueuses ruines de l'abbaye ont été sauvées en 1852 par leur propriétaire.

Jumièges reste l'« une des plus admirables ruines qui soient en France » (R. de Lasteyrie).

découvrir

L'ABBAYE

Église Notre-Dame

Deux tours de façade carrées, puis octogonales, hautes de 43 m encadrent le porche d'entrée en saillie. Leurs flèches de charpente ne disparurent que vers 1830.

La nef entière, haute de 27 m, est restée debout avec une partie du transept et du chœur. Au revers du porche, une large tribune s'ouvre sur la nef. Celle-ci, magnifique, est rythmée par l'alternance des piles fortes carrées, cantonnées de colonnes, et des piles faibles formées de colonnes ; des collatéraux surmontés de tribunes voûtées d'arêtes soulignent son harmonie. Le transept a été en grande partie détruit au XIXe siècle. De la tour-lanterne ne subsiste que le pan ouest, soutenu par un arc d'entrée dont la hauteur et la portée produisent un effet grandiose. Une mince tourelle au toit en poivrière y est accolée.

JUMIÈGES

Le chœur primitif, sur le pourtour duquel on a trouvé quelques vestiges du déambulatoire, a été agrandi aux XIIIe et XIVe siècles. Il ne reste plus aujourd'hui qu'une chapelle voûtée.

Le passage voûté, dit passage Charles-VII en raison de la visite du roi, dessert la petite église Saint-Pierre dont le porche et les premières travées de la nef illustrent bien l'architecture normande carolingienne (oculus et arcatures géminées). Les autres vestiges datent des XIIIe siècle et XIVe siècle. Le porche d'entrée, percé d'une arcade, s'encadre de deux petites portes suivies d'escaliers desservant les tours de galerie ; il était surmonté d'une tribune sous arcade. Les deux premières travées forment un rare spécimen de l'architecture normande du Xe siècle. Au-dessus des arcs en plein cintre, des médaillons étaient autrefois décorés de fresques. Au-dessus, une galerie ouvre sur la nef par de petites baies jumelées en plein cintre.

Salle capitulaire – Du début du XIIe siècle. Elle ouvrait sur le cloître, selon la règle monastique. Sa travée carrée et son abside se couvraient d'ogives, parmi les plus anciennes.

Sacristie des reliques – Elle était voûtée en berceau et renforcée de contreforts.

Cloître – Un vieil if a grandi au centre. Les quatre galeries comptaient 26 travées. Le réfectoire occupait le côté sud.

Cellier – Le grand cellier date de la fin du XIIe siècle. Son parement extérieur montre à l'ouest des baies encadrées d'arcades ou de tympans trilobés.

Jardins – Après un palier, un escalier du XVIIe siècle à double révolution aboutit à une grande terrasse et aux jardins. Sur la droite, la « maison de la prairie » accueille régulièrement des expositions.

Logis abbatial – Au-delà d'un grand parterre de gazon s'élève un majestueux bâtiment du XVIIe siècle de plan rectangulaire, coiffé d'un toit à la Mansart percé de lucarnes et à la façade soulignée d'un avant-corps à fronton.

Bâtiment d'accueil – Expositions régulières (photo, art contemporain, etc.) dans les salles XIXe siècle.

L'abbaye ne manque pas d'allure au sein du paysage enchanteur de la vallée de la Seine.

alentours

Le parcours à travers l'extrémité du lobe du méandre de Jumièges offre au regard des scènes et des paysages typiquement normands, spectacle enchanteur au moment de la floraison des pommiers. D'élégantes demeures s'égrènent, précédées de très belles cours plantées.

Église paroissiale Saint-Valentin

Elle domine le village de Jumièges. La nef date des XIe-XIIe siècles. Au XVIe siècle, on construisit un vaste chœur à déambulatoire, début d'un édifice qui devait remplacer l'ancienne église. Quelques œuvres d'art rescapées du pillage de l'abbaye y sont conservées, comme les retables et certains vitraux (XVe-XVIe siècle) des chapelles rayonnantes.

Yainville

Une usine de l'orfèvrerie Christofle y fonctionne depuis 1971. L'église conserve sa tour carrée et son chœur du XIe siècle.

Le Mesnil-sous-Jumièges

C'est au manoir du Mesnil (XIIIe siècle) que s'éteint Agnès Sorel, favorite de Charles VII, en 1450.
On longe la base de plein air et de loisirs (voile, canoë-kayak, tennis, tir à l'arc, golf, camping, caravaning, etc.) inscrite dans le Parc naturel régional des Boucles de la Seine.

Autour de Jumièges, d'élégantes demeures s'égrènent, précédées de très belles cours plantées.

LILLEBONNE

■ Jolie petite ville du pays de Caux, truffée de vestiges gallo-romains, Lillebonne était probablement la capitale de la tribu celte des Calètes. Son impressionnant théâtre-amphithéâtre est parmi les plus vastes ensembles de ce type et les mieux conservés de toute la Gaule du Nord. La pétrochimie supplante aujourd'hui le secteur du textile, florissant au XIXe siècle.

LES GENS

9 738 Lillebonnais. C'est au château de Lillebonne que Guillaume le Conquérant réunit ses barons avant la conquête de l'Angleterre.

Le nom

Après la conquête de la Gaule par Jules César, le camp militaire de Juliobona, ainsi nommé en hommage au pro-consul, devient un grand port sur le golfe de la Bolbec, aujourd'hui colmaté. À la fin du XIXe siècle, la ville prospère grâce aux usines textiles installées dans la région. De Bolbec à Lillebonne, la vallée reçoit alors le nom de « vallée d'Or ».

visiter

Le modeste cours de la Bolbec traverse la ville avant de se jeter dans la Seine au niveau de Port-Jérôme où se concentrent d'importantes installations de raffinage de pétrole.

Théâtre-amphithéâtre romain

Il remonte au Ier siècle, mais sera transformé et agrandi au IIe siècle. La forme de l'arène centrale est habituelle à de tels établissements du nord-ouest de la Gaule. Elle s'entourait du *podium* (deux murs parallèles) et d'un fossé pour les eaux de ruissellement. Des spectacles variés y étaient présentés : scènes mythologiques, combats de gladiateurs gaulois, exhibitions d'animaux savants ou chasses au petit gibier…
La foule s'installait sur les gradins (probablement en bois) de la cave, divisée en un premier *maenianum*, en bas, et en un deuxième, en haut, appuyé sur des structures maçonnées. L'accès se faisait par l'ouest : on empruntait la *corona*, galerie circulaire, et les *vomitorium* secondaires pour gagner les gradins. Les coulisses se trouvaient sous la place F.-Faure, où des fouilles ont identifié en 1986 des structures associées au mur de scène.

Château

De la forteresse rebâtie aux XIIe et XIIIe siècles subsistent un pan de tour octogonale et, à gauche, un beau donjon de forme cylindrique et à trois étages, surmonté d'une plate-forme.

Église Notre-Dame

L'édifice (XVIe siècle) possède un portail à deux entrées que sépare un pilier central. La flèche élancée domine une tour carrée. À l'intérieur, vitrail consacré à l'histoire de saint Jean-Baptiste et stalles de l'abbaye du Valasse.

Musée municipal

Consacré aux arts et traditions populaires, il expose des instruments de métiers, objets d'art, meubles et documents se rapportant à l'histoire de Lillebonne et de la Normandie. Au sous-sol, collections d'archéologie locale : tombe à incinération, poteries, ferronnerie Ier-IIIe siècle, etc. Depuis le jardin, très jolie vue sur les ruines du château médiéval et de l'enceinte.

L'impressionnant théâtre-amphithéâtre est parmi les mieux conservés de toute la Gaule du Nord.

LILLEBONNE

alentours

Abbaye du Valasse
Sa fondation résulte de deux vœux : le premier est émis par Waleran de Meulan, sorti sain et sauf d'un naufrage, et le second, par Mathilde (que les Normands appellent l'Empresse), petite-fille de Guillaume le Conquérant, qui échappe à ses ennemis lors de sa lutte pour le trône d'Angleterre contre son cousin Étienne de Blois. L'année 1181 voit la consécration de l'abbaye cistercienne en présence d'Henri II Plantagenêt. Elle prospère jusqu'au XIVe siècle, mais ne survit pas à la guerre de Cent Ans et aux guerres de Religion. L'édifice est vendu comme bien national sous la Révolution, transformé en château, puis revendu à une laiterie. Il a été racheté en 1984 par la commune de Gruchet-le-Valasse.

Visite – La façade principale se compose d'une harmonieuse construction (XVIIIe siècle) à fronton avec deux ailes en retour d'équerre. Le fronton central porte les armes de l'impératrice Mathilde : les trois léopards normands expriment sa parenté avec Guillaume, et l'aigle signifie qu'elle était l'épouse de l'empereur germanique Henri V.

L'abbaye du Valasse prospéra jusqu'au XIVe siècle ; elle appartient aujourd'hui à la commune de Gruchet-le-Valasse.

Le Mesnil-sous-Lillebonne
La très ancienne église paroissiale abrite un ensemble d'art religieux et une collection de fossiles et minéraux cauchois.

Notre-Dame-de-Gravenchon
Église moderne intéressante. Une composition en plomb et cuivre sur la façade figure saint Georges terrassant le dragon. Vitraux non figuratifs de Max Ingrand.

Château d'Ételan★
Bâti en 1494 sur le site d'une ancienne forteresse, le château de style gothique flamboyant domine la vallée. Une élégante tour d'escalier qu'éclairent neuf baies annonce « la première Renaissance normande ». Dans la chapelle restaurée, intéressantes peintures murales (XVIe siècle) et belles boiseries. Certaines salles sont meublées et habitées, d'autres réservées à des expositions et concerts de musique de chambre.

De la terrasse du château, vue sur les marais de Saint-Maurice-d'Ételan et de Norville, et sur la forêt de Brotonne. Spectacle inattendu : les bateaux descendant ou remontant la Seine semblent glisser à travers champs.

L'ancien potager a été récemment restructuré : belle collection de cucurbitacées et d'herbes aromatiques. Attenante au potager, la « terrasse des vignes » est aménagée sous une pergola.

Le château d'Ételan, de style gothique flamboyant, domine la vallée.

Tancarville
Érigé sur un « nez » crayeux, dernière avancée de falaises avant l'évasement définitif de l'estuaire, le château domine la rive droite de la Seine. C'est de ce promontoire que s'élance le pont suspendu au-dessus du fleuve.

Château féodal – Il s'inscrivait dans un ensemble stratégique commandant l'estuaire de la Seine. Au XIe siècle, Guillaume le Conquérant lui accorde des privilèges en la personne de Raoul de Tancarville, son précepteur. Les parties les plus anciennes sont du Xe siècle ; seule la tour de l'Aigle (XVe siècle), à base en forme d'éperon, reste intacte. Une tour carrée d'habitation (XIIe siècle) se dresse de l'autre côté de la terrasse. Deux tours rondes flanquent le châtelet d'entrée. Dans la cour subsistent les ruines du corps de logis qui s'ouvrait par trois arcades brisées. Le côté reconstruit, qu'occupe un restaurant, donne sur la vallée.

Long de 1400 m, le pont de Tancarville compte 960 m de travées métalliques.

Pont routier★ – Jusqu'en 1959, date à laquelle le pont fut inauguré, des bacs assuraient la liaison entre les rives. Aujourd'hui, deux pylônes de 125 m supportent le tablier suspendu à 48 m. Long de 1 400 m, il compte 960 m de travées métalliques. Depuis sa hauteur, vue sur l'estuaire de la Seine, au premier plan, sur le canal de Tancarville, et, plus en aval, sur le pont de Normandie.

Sentier du Vivier – Le sentier du Vivier, qui dépend du Parc naturel régional, est une promenade en 12 points le long de la rivière du même nom. Elle mène à la source.

Saint-Jean-d'Abbetot

Dans la crypte de l'église (XIe siècle), fresques remarquables des XIIe, XIIIe et XVIe siècles.

★ LISIEUX

▪ Agréablement situé dans la vallée de la Touques, Lisieux est devenu le premier centre commercial et industriel du riche pays d'Auge. Mais c'est à sainte Thérèse que cette ville, à la fois tranquille et dynamique, doit sa notoriété actuelle. Des pèlerins du monde entier visitent sa maison des Buissonnets ou la basilique qui lui est dédiée.

Le nom

Les origines de Lisieux remontent à l'Antiquité. Elle s'appelait à l'époque *Noviomagus Lexoviorum* et était la capitale de la tribu des *Lexovii*, soumise à la domination romaine en 57 av. J.-C. par Publius Crassus, lieutenant de César. Au Moyen-Âge et jusqu'à la Révolution, la cité prospère sous l'égide des évêques-comtes.

> **LES GENS**
> 23 166 Lexoviens. Né dans l'Orne en 1881, Paul Cornu grandit à Lisieux. Mais c'est dans l'histoire de l'aviation que le jeune homme inscrira son nom, en réalisant en 1907 le premier vol libre d'un hélicoptère avec son pilote – il s'élève alors à 1,5 m du sol.

comprendre

Un centre d'industrie textile – Au XIXe siècle, Lisieux rayonne sur la région grâce à l'important tissu d'industries textiles qui s'y développe. Capitale économique du pays d'Auge, elle est le centre de toutes les foires et marchés de la région et sa richesse s'accroît grâce aux droits d'octroi qu'elle prélève sur toutes les marchandises entrant dans la ville. Mais à la fin du siècle, la crise du textile, qui touche l'ensemble du pays, entraîne son déclin progressif.

Une ville durement touchée par la guerre – Les très importants bombardements de juin 1944 détruisent la plus grande partie de la ville. Dans le centre, quelques maisons anciennes subsistent pourtant, notamment rue du Dr-Lesigne, rue H.-Chéron, boulevard Pasteur et rue du Dr-Degrenne. De la grandeur médiévale de la ville, seuls subsistent la cathédrale, l'hôtel du Haut-Doyenné, le jardin de l'Évêché et le palais épiscopal.

SAINTE THÉRÈSE DE LISIEUX

Née le 2 janvier 1873 à Alençon d'une famille aisée et chrétienne, Thérèse Martin, enfant ardente et sensible, fait preuve d'une volonté et d'une intelligence précoces. À la mort de la mère de famille, M. Martin s'installe à Lisieux, aux *Buissonnets*. Thérèse, « la Petite reine », y grandit entourée de tendresse et de piété et, lorsque sa sœur Pauline entre au Carmel, elle sent déjà, à 9 ans, s'affirmer sa vocation religieuse.

Thérèse Martin sentit, à 9 ans, s'affirmer sa vocation religieuse.

LISIEUX

Le dimanche de Pentecôte 1887, son père l'autorise à entrer au Carmel, mais les autorités ecclésiastiques la jugent encore trop jeune. Participant au pèlerinage diocésain à Rome, elle adresse elle-même sa requête au Saint-Père. Le 9 avril 1888, âgée de 15 ans, Thérèse entre au Carmel. Retirée dans le cloître où elle est venue *« pour sauver les âmes et surtout afin de prier pour les prêtres »*, sœur Thérèse de l'Enfant-Jésus gravit les degrés de la perfection. Sa gaieté et sa simplicité cachent une énergie farouche que les premières atteintes de la maladie durcissent encore.

Elle rédige alors le « manuscrit de sa vie », *Histoire d'une âme*. Elle remet les derniers feuillets juste avant d'entrer à l'infirmerie du Carmel où elle meurt le 30 septembre 1897, à l'âge de 24 ans et neuf mois, après une lente agonie. Béatifiée en 1923, canonisée en 1925, sainte Thérèse de l'Enfant-Jésus-et-de-la-Sainte-Face a été proclamée docteur de l'Église par Jean-Paul II le 19 octobre 1997.

LE PÈLERINAGE

La tradition du pèlerinage sur la tombe de sainte Thérèse remonte aux premières années du XXe siècle. Elle prend ensuite toute son ampleur autour de 1925, après la béatification puis la canonisation de sainte Thérèse. La basilique est construite pour accueillir les pèlerins qui affluent chaque année plus nombreux.

Aujourd'hui, 700 000 à 800 000 visiteurs de toutes nationalités viennent chaque année à Lisieux et, lors des grandes fêtes du dernier dimanche de septembre ou du premier d'octobre, ce sont plus de 15 000 pèlerins qui viennent prier sainte Thérèse au moment de l'anniversaire de sa mort.

On visite aux Buissonnets la maison où Thérèse vécut de l'âge de 4 ans et demi à 15 ans.

se promener

Les Buissonnets
On visite la maison où Thérèse vécut de l'âge de 4 ans et demi à 15 ans. La salle à manger, sa chambre où elle sera miraculeusement guérie à 10 ans, la chambre de son père. Souvenirs de l'enfant : robe de première communion, jouets, etc. Dans le jardin, un groupe statuaire représente Thérèse demandant à son père l'autorisation d'entrer au Carmel.

Chapelle du Carmel
La châsse de la sainte, gisant en marbre et bois précieux, est exposée dans la chapelle à droite et contient ses reliques. Au-dessus de la châsse, dans une niche de marbre, la statue de la Vierge du Sourire appartenait à la famille Martin.

Salle des souvenirs
Au Carmel. Une succession de vitrines montrent des souvenirs se rapportant à la vie de carmélite de la sainte (écuelle, sabots, manteau blanc et grand voile).

Basilique Sainte-Thérèse
L'imposante basilique, consacrée le 11 juillet 1954, est l'une des plus grandes églises du XXe siècle (4 500 m² ; dôme de 95 m).
Le campanile, dont la construction a été interrompue en 1975, s'élance à 45 m. Terminé par une terrasse, il renferme le bourdon, cinq autres cloches et un carillon de 45 pièces.
Au tympan du portail, des sculptures montrent Jésus enseignant les Apôtres et la Vierge du Mont-Carmel, dues à Robert Coin. De chaque côté de la porte centrale, statues de la Vierge et de saint Joseph, protecteurs de l'ordre du Carmel. L'immense nef, très colorée,

Cloître du Carmel de Lisieux.

LA HAUTE-NORMANDIE

se pare de marbres, vitraux et mosaïques. Un reliquaire (croisillon droit), don du pape Pie XI, contient les os du bras droit de la sainte. La crypte à 3 nefs est entièrement décorée de mosaïques (vie de sainte Thérèse). Derrière le chevet de la basilique se trouvent les tombes des parents de la sainte et le chemin de croix monumental.

Exposition – Des expositions temporaires sur la basilique ou sainte Thérèse sont organisées régulièrement.

Musée-Diorama-Histoire de Sainte-Thérèse – Dans le cloître nord de la basilique, un diorama retrace la vie de sainte Thérèse à travers des scénettes représentant une dizaine d'étapes de sa vie.

Dans la chapelle du Carmel, la châsse de la sainte, gisant en marbre et bois précieux, contient ses reliques.

visiter

Cathédrale Saint-Pierre★

L'édifice, commencé vers 1170, a été terminé au milieu du XIIIe siècle. Sa façade surélevée aligne 3 portails que dominent 2 tours. Celle de gauche, inachevée, séduit par ses baies et ses colonnes d'angle.

Les imposantes proportions de la basilique de Lisieux témoignent de la forte dévotion à sainte Thérèse.

LISIEUX

On longe l'église à droite jusqu'au portail du Paradis s'ouvrant au croisillon sud. Les contreforts massifs, reliés par un arc surmonté d'une galerie, ont été ajoutés au XVe siècle.

À l'intérieur, le transept est d'une grande simplicité ; la tour-lanterne s'élève d'un seul jet au-dessus de la croisée. La nef, très homogène, s'orne de baies aveugles ; de robustes piliers cylindriques à chapiteaux circulaires supportent les grandes arcades. Contournant le chœur (XIIIe siècle) par le déambulatoire, on gagne la vaste chapelle axiale où Thérèse Martin assistait à la messe. Cette chapelle a été remaniée dans un style flamboyant sur l'ordre de Cauchon, devenu évêque de Lisieux après le procès de Jeanne d'Arc et dont la tombe est encastrée à gauche de l'autel.

Au nord de la cathédrale, au-delà du palais de justice (style Louis XIII), le jardin public est l'ancien jardin de l'évêché.

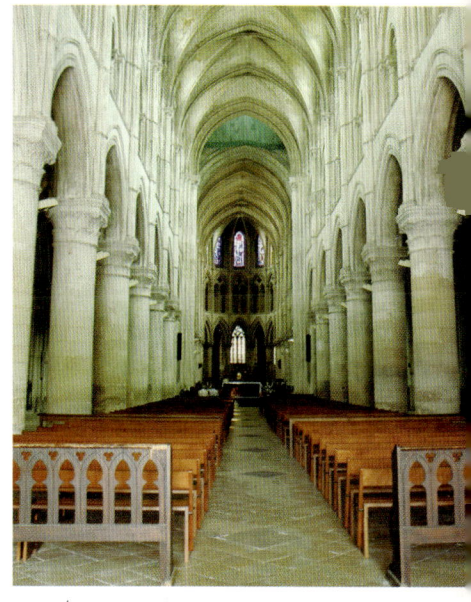

Musée d'Art et d'Histoire

Dans une belle maison à pans de bois (XVIe siècle), une iconographie abondante plonge le visiteur dans le vieux Lisieux et le pays d'Auge, dont les arts et traditions populaires sont évoqués. On y voit entre autres des ornements de confréries de charité, des céramiques du Pré-d'Auge, des statues d'art religieux et une reconstitution d'un atelier de couturière.

Au 1er étage, jolie collection de porcelaines de Rouen ; objets en étain et cabinet à bijoux (XVIIe siècle) d'origine flamande.

De robustes piliers cylindriques à chapiteaux circulaires supportent les grandes arcades de la cathédrale.

alentours

Domaine de Saint-Hippolyte

Dominé par l'élégante silhouette du manoir, le domaine est une importante exploitation agricole en activité. Le circuit, jalonné de panneaux didactiques ou d'espaces thématiques, passe par les anciens bâtiments à colombages, traverse la jeune plantation de pommiers et conduit à la grande étable moderne. En suivant la rivière, on croise des animaux familiers de la région : cheval, âne...

L'étape suivante est logiquement la fromagerie avant de revenir vers le colombier (exposition architecture) en suivant la Touques. Dégustation et boutique de produits fermiers.

Cerza★

Le Centre d'élevage et de reproduction zoologique augeron est, plus encore qu'un zoo, un lieu d'accueil qui a pour vocation première la protection et la reproduction d'espèces en voie de disparition dans leur milieu naturel.

Sur les 52 ha du domaine se succèdent vallons et plaines, prairies et bois, zones arides et zones verdoyantes, agrémentés de plans d'eau tranquilles ou de ruisseaux gazouillants. Des promenades balisées permettent de visiter la zone africaine (l'espace réservé aux rhinocéros, watussi, zèbres, autruches et girafes est particulièrement vaste) ou

Le domaine de Saint-Hippolyte est une importante exploitation agricole en activité, qui se visite.

de faire le grand tour de la vallée, notamment par le charmant sentier nature. Des tigres de Sumatra évoluent dans de spacieux enclos. De nombreux singes (geladas, macaques, capucins, gibbons) ainsi que des lémuriens vivent en semi-liberté dans le biotope qui leur est approprié.

Orbec
Jolie petite ville dont de nombreuses maisons (autour du Vieux Manoir) datent de la fin du Moyen Âge. Au-delà du camembert, elle entretient le souvenir d'un grand compositeur : Claude Debussy. C'est en effet dans le jardin de l'hôtel de Croisy, au n° 3, rue Grande, qu'il aurait trouvé l'inspiration du *Jardin sous la pluie*.

Église Notre-Dame – Elle est flanquée d'une puissante tour (39 m) dont la base date du XVe siècle et la partie haute de la fin du XVIe siècle. Le buffet d'orgue (XVe siècle) vient de l'abbaye du Bec-Hellouin. Trois vitraux du XVIe siècle portent les marques de la guerre.

Deux vitraux du XVe siècle illuminent le bras gauche du transept. Une petite statue en bois (XVIIe siècle) dans le bas-côté droit représente saint Roch, pèlerin guéri de la rage par son chien qui lui lécha les plaies. Statue de la Vierge (même époque) dans le chœur à gauche.

Le Vieux Manoir★ – C'est une très jolie demeure à pans de bois du XVIe siècle, construite pour un riche tanneur. Les façades sont sculptées de personnages et révèlent un bel entrecolombage de tuileaux roses, silex noirs et triangles de pierre calcaire. L'édifice abrite un petit musée.

Musée municipal
Il se consacre à l'histoire locale, aux arts et traditions populaires et expose quelques tableaux d'artistes régionaux. Il abrite certaines collections prêtées par le Louvre.

Vallée de l'Orbiquet – La vallée offre une belle promenade dans un cadre pittoresque.

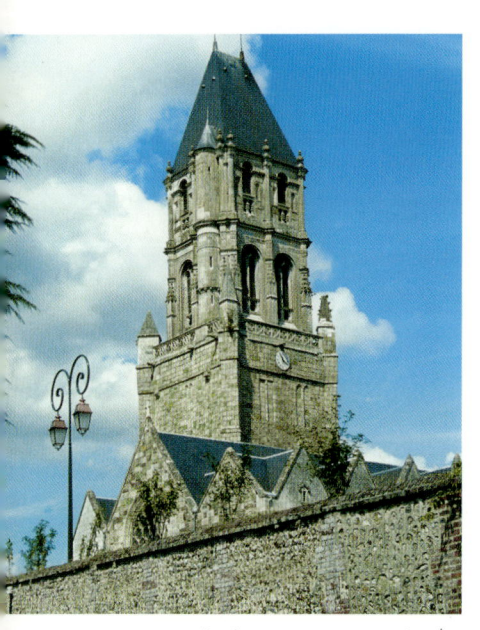

L'église Notre-Dame d'Orbec est flanquée d'une puissante tour de 39 m de haut.

LOUVIERS

■ La reconstruction de la ville, très endommagée en 1940, lui a restitué son charme provincial sans l'amputer des derniers colombages restés debout, ni de ses ravissantes allées le long des bras de l'Eure. Louviers garde pourtant un visage industriel, surtout au nord de la ville où se concentrent les usines de production de piles électriques, antennes TV et matières plastiques.

Le nom
Son origine reste incertaine, même si certains poètes érudits le font dériver de *Locus veris*, « séjour du printemps », en référence à l'agrément du site.

LES GENS
18 328 Lovériens, qui ont longtemps confié l'administration de leur ville à Pierre Mendès France (1907-1982).

comprendre

Une cité drapière – Au XIIe siècle, Richard Cœur de Lion échange Louviers contre Les Andelys avec l'archevêque de Rouen. La ville devient alors jusqu'à la guerre de Cent Ans une prospère cité drapière. La vingtaine de bras de rivières qui la parcourent expliquent cette implantation précoce.

LOUVIERS

Conflits, épidémies, famines et disettes mettent provisoirement fin à cette activité florissante. Colbert la relance, deux siècles plus tard, en créant en 1681 une manufacture royale. La cité se spécialise dans la production du drap de laine. Au XIXe siècle, les industries fabriquant machines à carder et métiers à tisser se multiplient.

Louviers dans la guerre – Très rapidement désertée après la prise de Rouen par les Allemands le 9 juin 1940, la ville subit les jours suivants de multiples bombardements. On ne compte alors que peu de morts parmi ses habitants qui ont tous fui mais, les 12 et 13 juin, la ville brûle pendant deux jours et plus de 500 maisons sont détruites.

Pendant les quatre années de guerre, un noyau résistant s'implante dans Louviers, qui subit restrictions et privations. Elle est à nouveau meurtrie lors de la Bataille de Normandie au cours de laquelle l'essentiel de ce qui restait de son architecture artisanale et industrielle est détruit.

Un homme d'État de l'après-guerre – Pierre Mendès France (1907-1982), député radical-socialiste de l'Eure pendant vingt ans entre 1932 et 1958, débuta sa carrière d'avocat à Louviers, dont il fut aussi le maire pendant de nombreuses années.

En 1954-1955, il accède à la présidence du Conseil et met alors fin à la guerre d'Indochine. C'est aussi lui qui donne l'autonomie interne à la Tunisie.

Il ne reste du couvent franciscain des Pénitents, bâti en 1646 sur un des bras de l'Eure, qu'un corps de logis plein de charme.

se promener

D'agréables parcours piétonniers longent les bras de l'Eure.

La maison du Fou du Roy
Cette belle demeure à pans de bois, appartenait, raconte-t-on, à Guillaume Marchand, maître apothicaire qui deviendra bouffon d'Henri IV à la mort de Chicot, tué au siège de Pont-de-l'Arche.

Ancien couvent des Pénitents
Il ne reste du couvent franciscain, bâti en 1646 sur un des bras, qu'un corps de logis (habité) et trois petites galeries à arcades du cloître encadrant la rivière. La galerie ouest, à demi ruinée, est bordée d'un square planté d'arbres.

La rue de La Trinité s'engage dans l'ancien quartier des Manufactures et se prolonge dans la rue Terneaux où de grandes maisons avec grenier-étente rappellent l'ancienne vocation textile de la cité.

visiter

Église Notre-Dame
Ce sobre édifice, construit au XIIIe siècle, a reçu à la fin du XVe siècle son célèbre revêtement flamboyant.

Extérieur – Le porche, véritable dentelle de pierre, « constitue davantage un chef-d'œuvre d'orfèvre qu'une construction de maçon ». De belles clés pendantes viennent briser les arcatures gothiques. Les vantaux de la porte double, séparés par un trumeau, sont Renaissance. Une Vierge orne le portail principal (XIVe siècle) de la façade ouest. Mais c'est encore le flanc sud qui étonne le plus par la virtuosité de son style flamboyant. Il allie gâbles acérés, balustrades ajourées, pinacles, gargouilles, festons. Les contreforts portent d'intéressantes statues.

Intérieur – La nef du XIIIe siècle, flanquée de doubles bas-côtés, abrite d'intéressantes œuvres d'art : statues du XVe siècle, panneaux sculptés, vitraux Renaissance, tableaux…

Le flanc sud est la partie la plus étonnante de l'église par la virtuosité de son style flamboyant.

Depuis le jardin, jolie vue sur le château d'Acquigny, de la fin du XVIe siècle.

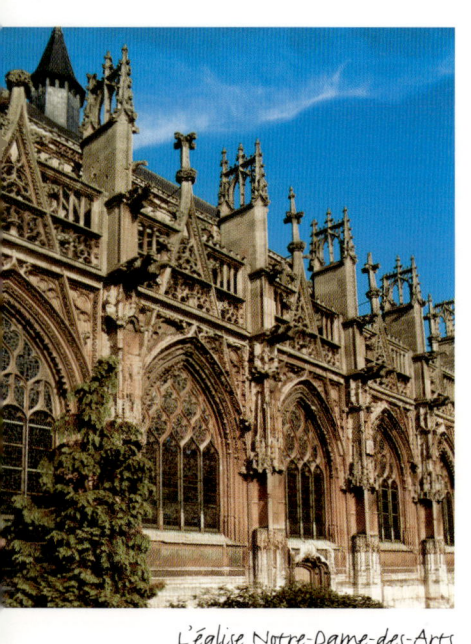

L'église Notre-Dame-des-Arts témoigne du style gothique flamboyant par un portail et un flanc sud très ornés.

> **Musée**
> Collections de faïence, de mobilier et de peinture exposées lors des expositions temporaires. Une salle retrace l'industrie drapière.

circuit

ENTRE LA SEINE ET L'EURE

Acquigny
Parc et jardins du château – Le parc classique, au confluent de l'Eure et de l'Iton, conserve ses longues perspectives et son orangerie aux briques pastel. Quelques beaux arbres déploient leurs ramures imposantes (cyprès de Louisiane, platanes d'Orient, sophoras de Chine…). Gué, cascades et rivière artificielles rappellent l'époque romantique et complètent le décor. Du pont de la rivière, jolie vue sur le château de la fin du XVIe siècle.

Vironvay
Des abords de l'église isolée au-dessus de la vallée de la Seine, des vues se dégagent sur le fleuve qu'enjambe l'élégant pont de Saint-Pierre-du-Vauvray. On aperçoit les ruines de Château-Gaillard aux Andelys.

Réserve ornithologique de la Grande Noë
La boucle de Léry-Poses, au carrefour des vallées de la Seine, de l'Eure et de l'Andelle, sert d'étape à de nombreux oiseaux migrateurs. La diversité des milieux qui la constituent (plans d'eau, rivières, bois, prairies, cultures, etc.) offre un refuge à de nombreuses espèces. Observatoires et panneaux explicatifs de la réserve permettent de plonger pendant quelque temps dans leur univers.

Pont-de-l'Arche
La petite cité archépontaine tire son nom du premier ouvrage d'art jeté sur la basse Seine, avant même que Rouen ait un pont. Agréablement située dans la vallée, en aval du confluent de la Seine et de l'Eure, elle est adossée à la forêt de Bord peuplée de pinèdes, d'où son apparence méridionale en été.
Église Notre-Dame-des-Arts – Cet édifice témoigne du style gothique flamboyant par un portail et un flanc sud très ornés. À l'intérieur, la nef est éclairée par des verrières des XVIe et XVIIe siècles : celle de la 2e fenêtre du bas-côté droit représente des haleurs de la ville s'efforçant de faire passer un bateau sous une arche du pont. Autres pôles d'intérêt : les stalles du chœur (XVIIIe siècle), une Pietà (XVIe siècle), contre la première colonne du bas-côté gauche, une Vierge du XIVe siècle sur le côté nord de la nef et un saint Pierre polychrome du XVIe siècle sur le côté sud. Le retable Louis XIII du maître-autel, avec une Résurrection du Christ de Le Tourneur, les fonts baptismaux du XVIe siècle et les orgues comptent parmi les plus belles pièces du mobilier. Dans la sacristie, toile représentant la Naissance de la Vierge, œuvre d'art populaire du XVIe siècle.
Abbaye de Bonport – Fondée au XIIe siècle par Richard Cœur de Lion, cette abbaye cistercienne a souffert de la guerre de Cent Ans, de l'incurie de nombreux abbés commendataires, mais surtout de la période qui a suivi la Révolution. L'abbatiale et le cloître ont disparu, mais les bâtiments conventuels demeurent : réfectoire voûté du XIIIe siècle, dortoir, scriptorium et salle capitulaire. L'ensemble a conservé son caractère médiéval avec ses croisées d'ogives reposant sur des piliers dotés de chapiteaux à crochets.

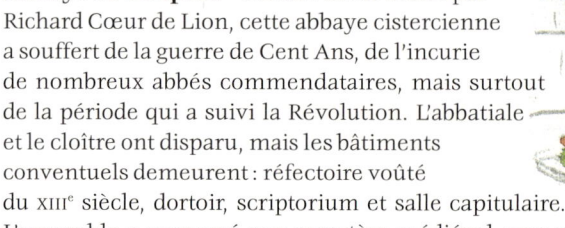

LYONS-LA-FORÊT

LYONS-LA-FORÊT ★

■ Si certains villages restent à jamais gravés dans la mémoire, sinon dans le cœur, Lyons en fait partie. Intact et pimpant, tout en colombages, torchis et vieilles briques, perdu entre des lambeaux de forêt, ce ravissant petit bourg est un concentré de la Normandie traditionnelle. Dépaysement garanti.

Le nom
La localité s'est longtemps appelée *Saint-Denis-en-Lyons*. Il semble d'ailleurs que Lyons (on prononce toujours le « s ») désignait l'ensemble de la région ; en témoignent les noms de villages alentour : Beauvoir-en-Lyons, Beauficel-en-Lyons, La Haye-en-Lyons.

se promener

Halles
Elles trônent au centre de la place Benserade. En 1932, Jean Renoir les utilise pour la scène du comice agricole dans son film *Madame Bovary*. La fontaine est un souvenir d'un autre film portant le même nom, tourné ici en 1990 par Claude Chabrol. La place s'entoure de belles demeures à pans de bois, dont la maison natale du poète Isaac de Benserade (1612-1691) aux beaux appuis de fenêtre en fer forgé.

> **LES GENS**
>
> 795 Lyonsais. Dans la rue d'Enfer, près des halles, une grande demeure néonormande conserve le souvenir du musicien Maurice Ravel. C'est là qu'il composa Le Tombeau de Couperin et orchestra les Tableaux d'une exposition de Moussorgski.

Beau travail de charpente que celui exécuté au XVIIIe siècle sur les halles de la ville.

Église Saint-Denis

Prétendument édifiée sur le site d'un ancien culte païen, elle date du XIIe siècle, mais a été remaniée au XVe siècle.

Elle a donné pendant un temps son nom à la localité, qui s'est en effet appelée Saint-Denis-en-Lyons (on prononce toujours le « s »), après avoir été mentionnée dans d'anciens textes comme *Leons* (1015) et *Saltus Leonis* (1050).

Certains trouvent aussi à Lyons des origines scandinaves, de *Li Homs*, « les villages ». Son extérieur montre un appareil de moellons et de silex et un clocher de charpente.

alentours

Écouis

Ce village tranquille du Vexin normand, au sud de la belle forêt de Lyons, se groupe autour des deux clochers de son ancienne collégiale Notre-Dame.

Celle-ci fut fondée par le richissime Enguerrand de Marigny, alors surintendant des Finances de Philippe le Bel et future victime des ligues féodales suscitées par la politique financière du roi. D'après l'histoire, il fut en effet accusé de sorcellerie et finit au gibet de Montfaucon en 1315, où sa dépouille serait restée exposée plus d'un an ! Autre personnage célèbre attaché à la collégiale : saint Vincent de Paul, qui y fut chanoine en 1615.

Collégiale Notre-Dame★ – Cette sobre construction a été réalisée entre 1310 et 1313. L'intérieur mérite une visite approfondie, surtout pour le mobilier et la statuaire du XIVe au XVIIe siècle.

À la voûte lambrissée s'est substituée, fin XVIIIe siècle, une autre en brique et pierre. L'immense chœur, terminé par une abside à trois pans, est flanqué de deux chapelles voûtées en berceaux de bois en arc brisé.

circuits

FORÊT DE LYONS★★

Ce massif forestier (10 700 ha) reste « l'un des chefs-d'œuvre de la nature en France et la gloire du hêtre ». Ses arbres dépassent souvent 20 m de hauteur de fût.

Autour de ses frondaisons, on découvre une ancienne abbaye et deux châteaux intéressants.

En route vers les sources

Notre-Dame-de-la-Paix
Des abords de cette statue, jolie vue sur le site de Lyons.

Chapelle Saint-Jean
Derrière la chapelle du XVIIe siècle, un sentier conduit au vieux chêne Saint-Jean (5 m de circonférence).

Rosay-sur-Lieure
L'église, entourée de son cimetière, occupe un site agréable.

Ménesqueville
La petite église campagnarde du XIIe siècle a été très habilement remise en valeur.
Les vitraux de François Décorchemont ont pour thème le Cantique des cantiques.

L'extérieur de l'église saint-Denis montre un appareil de moellons et de silex, et un clocher de charpente.

Les hêtres de la forêt de Lyons dépassent souvent 20 m de hauteur de fût.

LYONS-LA-FORÊT

Lisors
L'église abrite une Vierge couronnée du XIVe siècle, qui fut exhumée en 1936.

Abbaye de Mortemer
Les ruines de cette abbaye cistercienne des XIIe et XIIIe siècles se blottissent au creux d'un vallon qu'encercle la forêt. Parmi elles, le colombier du XVe siècle, remanié au XVIIe siècle et qui servit à une époque de prison. Il comporte 930 boulins et possède encore son échelle pivotante.
De la salle capitulaire ne subsiste que l'entrée flanquée de deux baies ogivales au-dessus desquelles s'alignent les fenêtres du grand dortoir.
Sous le bâtiment conventuel refait au XVIIe siècle, un musée de la vie monastique présente les contes et légendes liés à l'abbaye. Dans les caves, un système de son et lumière et des mannequins de cire contribuent à créer une atmosphère mystérieuse. À l'extrémité d'un couloir, belle Vierge allaitant, du XIVe siècle, en pierre.
Dans les appartements meublés du 1er étage : antiphonaire (recueil de chants liturgiques) en parchemin, du XVe siècle, enluminé et muni d'une couverture en cuir clouté ; cheminée en bois du XIXe siècle, etc.
Un petit train fait le tour du domaine et des trois étangs, autour desquels on découvre des daims, des poneys et des oiseaux en liberté dans un parc.

Les ruines de l'abbaye de Mortemer apparaissent comme un havre bien agréable au cœur de la forêt.

Carrefour de la Croix-Vaubois
Le monument, très simple, honore la mémoire des forestiers tombés dans les combats de la Résistance.

Source de Sainte-Catherine de Lisors
Une passerelle sur le Fouillebroc mène à un oratoire qui reçoit la visite de jeunes filles en quête d'un mari.

Source du Fouillebroc
Joli site forestier.

Arboretum des Bordins
Ce jeune arboretum, créé à partir de 1981 par l'Office national des forêts, regroupe plus de 13 000 arbres et arbustes. Un « populetum » est consacré au peuplier tandis que les arbres du monde sont rassemblés par continents.
En face de l'arboretum, un sentier de découverte de 2,6 km dévoile quelques secrets (blaireautière) de la forêt.

Par le nord de la forêt

Beauficel-en-Lyons
L'église, précédée d'un porche du XVIIe siècle, conserve de belles statues dont une de la Vierge (XIVe siècle) en pierre polychrome.

Château de Fleury-la-Forêt
Une rafraîchissante allée de tilleuls centenaires, précédée d'une jolie grille en fer forgé, mène à ce château du début du XVIIe siècle en brique rouge, silex et grès. Deux ailes basses symétriques (XVIIIe siècle), couvertes de toits à la Mansart, flanquent le corps principal.
Jouets anciens et poupées, avec notamment leur manège, animent le rez-de-chaussée. Suit ensuite une imposante cuisine, abondamment décorée : cuivres, porcelaines, carreaux de Delft, étains, plaque de cheminée aux armes de Charles de Caumont, qui rebâtit le château en 1647 à la suite d'un incendie.

Une rafraîchissante allée de tilleuls centenaires mène au château de Fleury, construit en brique rouge, silex et grès.

LA HAUTE-NORMANDIE

D'intéressantes pièces de mobilier sont visibles au 1er étage, dans le salon bleu, la chambre bleue, la chambre Empire et Directoire : cabinet à secrets du XVIIe siècle, armoire galbée, etc. On remarque deux « gadgets » d'hier : la coiffeuse transformable en bureau et le fauteuil convertible en prie-Dieu. D'autres poupées anciennes sont exposées au dernier étage.

L'ancien lavoir, à droite en sortant du château, semble revivre : reconstitution de son ambiance de la fin du XIXe siècle.

Hêtre de la Bunodière★

Cet arbre magnifique s'élève d'un jet jusqu'à 46,5 m de hauteur, révélant un spectaculaire fût lisse de 4 m de circonférence. Il se trouve à proximité de la réserve du Câtelier, peuplée de chênes, de frênes et d'érables.

La Feuillie

Cette modeste église surprend par l'audace de sa flèche effilée qui s'élève à 54 m. Elle a connu bien des déboires et doit encore aujourd'hui être renforcée.

Le Héron

Le site est rendu agréable par les ombrages du parc – dessiné par Le Nôtre – de l'ancien château du marquis de Pomereu. C'est ici, raconte-t-on, que Gustave Flaubert, alors âgé de 16 ans, découvre les fastes de la vie mondaine, comme son héroïne Emma.

Vascœuil

Ce petit village (prononcez « Vacueil ») à l'orée de la forêt est surtout célèbre pour son château.

Château★ – Sauvé de la ruine par ses propriétaires, le château est devenu un centre culturel réputé et un lieu de mémoire de **Jules Michelet**.

Une ancienne grange accueille le musée Michelet qui rassemble de nombreux souvenirs de l'historien et de sa famille (portraits, affiches, écrits) ; en complément, son cabinet de travail a été reconstitué au sommet de la tour du château. Jules Michelet (1798-1874) rédigea en effet une partie de sa célèbre *Histoire de France* à Vascœuil, alors propriété de Mme Dumesnil avec laquelle il était très lié, surtout après le mariage de leurs enfants. Démocrate passionné et engagé, il est également l'auteur de l'*Histoire de la Révolution*, mais aussi d'œuvres moins connues comme *La Femme*, ou *L'Amour*.

Mais ce sont surtout ses fameuses collections et expositions d'art contemporain qui ont fait la réputation de Vascœuil.

Le jardin, arrosé par le Crevon, est devenu un parc de sculptures où les plus grands ont déjà laissé leur empreinte, peuplant les lieux de silhouettes et d'œuvres inattendues : femmes plantureuses de Volti, pigeon de Pompon, *Victoire de la Liberté* de Dali, exubérante *Ludivine* de Coville, bronze de Folon, céramiques et mosaïques de Léger, de Vasarely... On se promène également dans un agréable jardin à la française, dessiné en 1774, et dans le parc de 5 hectares planté d'essences rares.

Au cœur de cet écrin, le château (XIVe-XVIe siècle) et son superbe colombier (XVIIe siècle) sont le cadre d'intéressantes expositions d'art contemporain qui ont lieu trois fois par an, au printemps, en été et en automne.

Église Saint-Martial – Elle abrite la tombe de Hugues de Saint-Jovinien, saint homme mort au XIIe siècle. Statues en pierre polychrome (XVIIe siècle) : la Sainte Vierge et saint Martial.

La modeste église de La Feuillie surprend par l'audace de sa flèche effilée qui s'élève à 54 m.

Superbement restaurés, le château et le colombier de Vascœuil accueillent des expositions d'art contemporain.

CHÂTEAU DE MARTAINVILLE ★

■ Ce très beau château abrite un musée ethnologique remarquable, consacré aux traditions et arts normands. Son point fort, c'est incontestablement l'aperçu complet qu'il donne de l'évolution du mobilier régional depuis la fin du Moyen Âge jusqu'au Second Empire. La visite est d'autant plus passionnante que la présentation englobe tous les autres aspects de la riche culture normande.

comprendre

Du château au musée – Depuis sa fondation par Jacques Le Pelletier en 1485, jusqu'en 1906, le château est resté au sein de cette même famille d'origine provençale, active dans le commerce maritime. Leurs armes étaient « d'argent fascé d'azur à trois besants d'or avec un cimier et comme tenant des sirènes au naturel ». En 1571, les Le Pelletier prennent le nom du fief de Martainville.

À partir du XVIIIe siècle, la transmission du domaine se fera souvent par les femmes. Il est racheté par l'État au début du XXe siècle et abrite un musée depuis 1961.

Élément typique de l'architecture Renaissance, la brique du château de Martainville capte la lumière.

visiter

Le château a subi peu de remaniements depuis sa construction de 1485 à 1510. Ce bel exemple architectural de la première Renaissance, qui garde quelques traits médiévaux, s'inscrit dans un domaine comportant des communs, un pigeonnier massif (XVIe siècle), une charretterie et un four à pain installé dans une tourelle du mur d'enceinte.

L'intérieur du château sert de cadre à un beau musée.

Musée départemental des Traditions et des Arts normands★

Les salles du château conservent en grande partie leur disposition d'origine. Souvent ornées de belles cheminées, elles rassemblent, sur quatre niveaux de visite, meubles et objets (grès, céramiques, poteries, verrerie, étains et cuivres) du XVe siècle au XIXe siècle.

Rez-de-chaussée et 1er étage – Il révèle l'évolution du mobilier et des arts décoratifs du Moyen Âge à la Renaissance. Au rez-de-chaussée, très belles cuisine (d'origine) et laiterie avec leurs meubles et des ustensiles du XVIIe au XIXe siècle.

De beaux coffres médiévaux invitent à découvrir ceux de l'étage, datant de la première Renaissance et du XVIIe siècle.

La très belle salle des armoires abrite des ouvrages sculptés d'une finesse admirable.

2e étage – Reconstitution d'intérieurs de fermes des régions de Haute-Normandie (pays de Caux, de Bray, de l'Eure et littoral) avec des meubles, des objets et des ustensiles de la vie quotidienne du XVIIIe au XIXe siècle.

3e étage – L'histoire du costume normand du XVIIIe siècle au début du XXe siècle y est évoquée.

Très belle collection de poupées anciennes et d'instruments fabriqués en Haute-Normandie.

L'intérieur du château sert de cadre au beau musée départemental des Traditions et des Arts normands.

LA HAUTE-NORMANDIE

> *circuit*

DE L'HÉRON AU CREVON

Ry

Ce bourg aux belles maisons à colombages ou de briques serait le « Yonville-l'Abbaye » où Gustave Flaubert a placé l'action de *Madame Bovary*. Le personnage d'Emma Bovary aurait été inspiré par la vie de Delphine Couturier, femme du médecin Delamare, morte en 1848 dans la « maison du Docteur », occupée maintenant par la pharmacie du bourg, alors que l'officine où pontifiait M. Homais abrite la teinturerie-bimbeloterie Lagarde.

Devant La Poste se dresse un monument avec un médaillon à l'effigie de Gustave Flaubert.

Galerie Bovary - Musée d'Automates – Aménagé au bord du Crevon, dans un pressoir (XVIIIe siècle) restauré. Elle présente une collection d'automates dont 300 figurent des scènes du roman de Flaubert *Madame Bovary*. À l'étage, composition de scènes inspirées du monde entier. Nombreux documents authentiques traitant des lieux et des personnages du roman et reconstitution fidèle de la pharmacie Homais.

Église – Construite au XIIe siècle, elle est surmontée d'une tour-lanterne avec corniche à modillons. La clé de voûte du porche en chêne (Renaissance) qui précède l'église, Dieu le Père coiffé d'une tiare, attire le regard. À l'intérieur, on admire la charpente et, dans le chœur, un devant d'autel en bois sculpté de style Renaissance. Dans la chapelle de droite, les « rageurs », embouts sculptés des poutres, suscitent l'intérêt.

Le musée d'Automates de Ry présente notamment 300 automates figurant des scènes du roman de Flaubert « Madame Bovary ».

Le château de Martainville a subi peu de remaniements depuis sa construction de 1485 à 1510.

CHÂTEAU DE MARTAINVILLE

Héronchelles
Joli village avec son manoir (XVIe siècle) au bord de la rivière.

Yville
La localité se signale par les beaux toits de chaume débordants.

Bois-Guilbert
Peu après l'entrée du village, sur la gauche, apparaît le vaste domaine qui regroupe un jardin de sculptures, des gîtes, un poney-club réputé...

Les jardins de Bois-Guilbert – Le cadre historique et familial de cette propriété (XVIIe-XVIIIe siècle) a inspiré Jean-Marc de Pas, sculpteur-paysagiste, qui y a imaginé une sorte de parcours initiatique où se mêlent harmonieusement histoire, nature et art : jardin du Cosmos, jardin des Quatre Éléments, jardin du Soleil, jardin des Quatre Saisons. Dans le parc de 7 ha, plus de soixante sculptures, la plupart en bronze (*Quatre Saisons, Abbé Pierre, Femme africaine*...), donnent vie aux espaces de verdure, cloître, galerie, labyrinthe, île...

Bosc-Bordel
L'église du XIIIe siècle est un plaisant ouvrage rustique qui s'ouvre par un porche en bois du XVIe siècle.

Bosc-Roger-sur-Buchy
Le jardin de Valérianes – Joli jardin à l'anglaise niché au cœur de la campagne normande. Sur ses 4 ha agrémentés de bancs et d'une belle pergola, sont plantées plus de 1 000 variétés de vivaces, de rosiers, d'arbres ou d'arbustes.

Buchy
L'église Notre-Dame contient un bel ensemble de vitraux Renaissance. Sur la place, halles du XVIIe siècle.

Blainville-Crevon
Blainville-Crevon est le lieu de naissance de Marcel Duchamp (1887-1968). Précurseur de l'école de peinture de New York, cet artiste malicieux et plein d'esprit reste surtout connu pour ses « ready-made » (*Fontaine, Roue de bicyclette*...) et son appartenance au mouvement dada. Il a marqué l'histoire de l'art du XXe siècle en défendant notamment l'idée que c'est *« le regardeur qui fait l'œuvre d'art »*.

Église – Fondée en 1488 par Jean d'Estouteville, cette belle collégiale au parement en damier de grès et de silex, devient église paroissiale au XIXe siècle. L'intérieur est de style gothique flamboyant. Le croisillon gauche abrite la pierre tombale (XIVe siècle) de messire Mouton de Blainville ainsi qu'une statue monumentale de *Saint Michel terrassant le dragon* en bois polychrome de la fin du XVe siècle.
La chapelle présente, quant à elle, un groupe du XVe siècle (*Éducation de la Vierge*). Chœur orné de stalles du XVe siècle aux curieuses miséricordes. Au-dessus, un groupe sculpté représente la Compassion du Père (le Christ mort est figuré entre les bras du Père éternel).

Château – La mise au jour depuis 1968 des ruines d'un château médiéval a permis de dégager un escalier enfoui dans une motte datant du XIe siècle, une centaine de mètres de courtine haute de 5 à 8 m, les fossés et deux tours aux étages bas bien conservés, appartenant à des constructions des XIVe et XVe siècles. Le site accueille chaque année, à la fin du mois de juin, le Festival archéo-jazz, créé en 1977.

Fontaine, je ne boirai pas de ton eau !

Marcel Duchamp ouvre la voie du « ready-made » en 1913. Le premier de ses objets insolites, c'est un tabouret auquel il adapte une roue de bicyclette. Quatre ans plus tard, l'artiste conceptuel défraie la chronique en envoyant à la Société des artistes indépendants de New York un urinoir intitulé Fontaine. Provocation vulgaire et stupide pour les uns, réflexion profonde sur l'acte artistique et la nature de l'art pour les autres, l'œuvre de Duchamp connaît la consécration à la fin des années 1970.

À Blainville-Crevon, le site des ruines du château accueille chaque année le Festival archéo-jazz, créé en 1977.

MORTAGNE-AU-PERCHE

LA HAUTE-NORMANDIE

■ S'il ne subsiste pas grand-chose de son passé de place forte, Mortagne conserve ses rues moyenâgeuses aux maisons modestes resserrées en grappes. Leurs toitures, ocre ou rousses, s'animent de lucarnes et contrastent avec les façades claires. L'enseigne du charcutier rappelle qu'ici le boudin noir est roi. Lors de la foire annuelle du boudin, à la mi-carême, il s'en débite environ 5 kilomètres !

LES GENS

4 513 Mortagnais. Le philosophe qui se faisait appeler Alain (son vrai nom est Émile Chartier) était des leurs, né en 1868, au n° 3, rue de la Comédie.

Le nom

D'aucuns disent que Mortagne viendrait du latin *Mauritania*, mais cette origine paraît un tantinet fantaisiste. Plus convaincante, celle de Perche nous vient du latin *Pagus Pertisatis* : pays des perches (« hautes tiges »).

se promener

Jardin public

Agrémenté de jolis parterres « à la française », il est surtout parfaitement situé face au vaste horizon ondulé des collines du Perche. Derrière les tilleuls se dresse le buste de Jules Chaplain (1839-1909), graveur et sculpteur mortagnais.
Une statue équestre par Frémiet, inspirée des *Métamorphoses* d'Ovide, montre Neptune transformé en cheval partant conquérir Cérès.

Hôpital

Son noyau ancien évoque le souvenir d'un couvent de clarisses dont subsistent un cloître remarquablement bien conservé (XVIe siècle) à la voûte lambrissée et une chapelle (XVIe siècle).

Porte Saint-Denis

Reste des fortifications, cette porte est précédée de maisons anciennes. L'arche charretière en arc brisé (XIIIe siècle) a reçu au XVIe siècle un bâtiment de deux étages.

Maison des comtes du Perche

Cette maison du XVIIe siècle est bâtie à l'emplacement du fort Toussaint, ancienne demeure comtale. Elle abrite au rez-de-chaussée la bibliothèque municipale et à l'étage le musée Alain.

visiter

Église Notre-Dame

À l'intérieur, des panneaux en haut des nefs latérales proviennent, comme les stalles et la chaire, de la chartreuse de Valdieu, dont quelques vestiges subsistent dans la proche forêt de Réno. Les boiseries (XVIIIe siècle) qui entourent l'autel absidial sont particulièrement ouvragées.
Dans la 3e chapelle du bas-côté gauche, un vitrail de Barillet évoque la part prise par Pierre Boucher et les Mortagnais dans la création du Canada au XVIIe siècle.

Le noyau ancien de l'hôpital évoque le souvenir d'un couvent de clarisses dont subsiste un ravissant cloître.

MORTAGNE-AU-PERCHE

Musée percheron
Installé à l'intérieur de la porte Saint-Denis, il rassemble des vestiges archéologiques et illustre l'histoire du Perche.

Musée Alain
Émile Chartier (qui se faisait appeler Alain) est né à Mortagne en 1868. Ses *Propos sur le bonheur* restent une de ses œuvres les plus significatives. Sa vie est évoquée par la présentation de photos, manuscrits, correspondance et objets personnels. Au 2e étage, reconstitution de son cabinet de travail, tel qu'il était dans sa maison du Vésinet où il s'éteignit en 1951.

Crypte Saint-André
Ce bel ensemble gothique, posé sur de solides piliers et agrémenté de belles clés de voûtes, est le dernier vestige d'une collégiale (XIIIe siècle) détruite à la Révolution.

circuits

Par la forêt de Réno-Valdieu

Loisé
Une tour carrée monumentale domine l'église du XVIe siècle.

Forêt de Réno-Valdieu★
Un monastère de chartreux dont il ne subsiste que des ruines, à l'écart des sentiers forestiers, est à l'origine du nom de ce massif qui s'est appelé « forêt du Val-du-Diable » avant sa fusion avec la forêt royale de Réno en 1789.
La forêt regroupe 1 600 ha de belles futaies et de très vieux arbres (chênes et hêtres presque tricentenaires). Les plus beaux arbres sont regroupés dans la Série artistique. Un cheminement piétonnier permet de découvrir des arbres de plus de 40 m et âgés de 350 ans. Ces chênes (400) et ces hêtres (260) de dimensions impressionnantes sont répartis sur 12 ha. Ils furent plantés sous le règne de Louis XIV.

Saint-Victor-de-Réno
Dans l'église, statue Renaissance de saint Gilles, patron de la paroisse.

Longny-au-Perche
Le vieux quartier que borde la Robioche conserve quelques jolies demeures.
Chapelle Notre-Dame-de-Pitié – Le clocher carré, raccordé en oblique à la façade, et un contrefort à pinacle ciselé donnent son élégance à l'édifice. Une délicate décoration Renaissance qu'encadrent des pilastres finement sculptés surmonte le portail principal. Les portes en bois ont été sculptées par un artiste local des XIXe et XXe siècles, l'abbé Vingtier. Sur chacune des portes latérales, qui s'ouvrent sous un arc surbaissé, s'inscrit un beau médaillon : côté sud, la Vierge de douleur ; côté nord, une représentation du visage du Christ d'après le voile de Véronique. La nef est voûtée d'ogives avec liernes, tiercerons et clés pendantes. Deux chapelles latérales à l'entrée du chœur forment un faux transept. À l'autel, la statue miraculeuse de la Vierge de Pitié est l'objet d'un pèlerinage chaque année.
Église Saint-Martin – Construite à la fin du XVe siècle et au début du XVIe siècle, elle est flanquée sur sa façade d'un clocher carré qu'épaulent des contreforts ornés de sculptures et la tourelle d'escalier. La grande fenêtre aveugle du clocher encadre trois statues. Au-dessus, dans une niche, saint Martin, à cheval, partage son manteau.

L'ancienne maison des comtes du Perche, qui abrite le musée Alain, est la plus belle demeure de la ville.

À ne pas manquer à Longny-au-Perche, la visite de l'élégante chapelle Notre-Dame-de-Pitié.

Monceaux-au-Perche

Ce petit village, à la jonction de deux vallons, compte parmi les perles du Perche. Au bord de la Jambée, le manoir du Pontgirard (XVIᵉ siècle), restauré avec goût, s'égaie de jardins en terrasses abrités derrière le mur d'enceinte.

Manoir de La Vove

Ce manoir aux airs de forteresse défend la vallée de l'Huisne. C'est l'un des plus vieux du Perche. Le donjon date du XIVᵉ siècle et la chapelle du XVᵉ siècle. La longue aile en équerre percée de hautes fenêtres et rythmée de pilastres a été ajoutée au XVIIᵉ siècle.

La Chapelle-Montligeon

Une vaste basilique néogothique, édifiée de 1896 à 1911, domine le village et accueille de nombreux pèlerins. À la dimension du village, elle prend les proportions insolites d'une véritable cathédrale. L'abbé Paul Buguet, nommé curé en 1878 avait apparemment des idées élevées en construisant cet immense sanctuaire destiné à sauver les âmes délaissées du purgatoire. L'édifice s'éclaire de vitraux modernes très colorés ; les autels des transepts sont de style Art déco.
Les locaux de l'« Œuvre de Montligeon » et l'imprimerie (240 ouvriers) rappellent, par leur groupement autour de la cour d'honneur centrale, leur communauté d'origine.

Forêts domaniales du Perche et de la Trappe

Ces massifs forestiers se parent de hêtraies, de chênaies et de pins sylvestres.

Autheuil

Dans l'église romane, les arcatures de la nef, l'arc triomphal précédant le transept et les chapiteaux des piliers du carré du transept attirent l'attention. Statue de saint Léonard (XVIᵉ siècle).

Tourouvre

L'église conserve des stalles du XVᵉ siècle. Deux vitraux relatent les départs et les retours de familles locales liées à la fondation du Québec.

Abbaye de la Trappe

Elle occupe un site solitaire au milieu d'une forêt parsemée d'étangs. Son nom désignait un endroit où l'on chassait à la trappe (dispositif basculant pour capturer le gibier). Fondée en 1140 par des bénédictins venus de Breuil-Benoît, rattachée en 1147 à Cîteaux, elle est réformée au XVIIᵉ siècle par l'abbé de Rancé qui y établit « la règle de la stricte observance ». L'eau de la source Saint-Bernard est réputée pour sa pureté.

Au bord de la Jambée, le manoir du Pontgirard (XVIᵉ siècle) s'égaie de jardins en terrasses abrités derrière le mur d'enceinte.

Dans l'église de Tourouvre, deux vitraux relatent les départs et les retours de familles locales liées à la fondation du Québec.

NEUFCHÂTEL-EN-BRAY

■ Ancienne capitale du pays de Bray, Neufchâtel reste plus que jamais la capitale du « bondon », fromage de forme cylindrique qui, le premier, fera la réputation fromagère du pays. L'autre vedette du coin, c'est le célèbre « petit-suisse », inventé en 1850 près de Gournay-en-Bray et produit industriellement à Neufchâtel depuis 1966.

NEUFCHÂTEL-EN-BRAY

Le nom
Le village médiéval portait le nom de Drincourt avant qu'on lui substitue celui de Neufchâtel, référence explicite à un « château neuf » érigé en 1106 par Henri Ier, duc de Normandie et roi d'Angleterre. L'édifice ne brille hélas que par son absence, démantelé en 1595 sur l'ordre d'Henri IV.

comprendre

Le nom d'un fromage – Fromage fermier, le neufchâtel est le plus ancien des fromages normands. Il aurait été créé aux alentours de l'an mil. Caractérisé par sa pâte molle, il revêt plusieurs formes : la bonde, la briquette, le carré, le cœur (conçu paraît-il pendant la guerre de Cent Ans pour permettre aux Normandes de dévoiler leur flamme aux soldats anglais) et la double bonde. Appelé neufchâtel depuis 1543, il bénéficie depuis 1977 de l'AOC. La production du lait, la fabrication et l'affinage du fromage s'effectuent dans une zone géographique exclusivement locale : dans un rayon de 35 km autour de Neufchâtel. Autre gourmandise produite sur place, le célèbre petit-suisse, originaire des environs de Gournay-en-Bray et dont la production est centralisée ici depuis 1966.

La boutonnière du pays de Bray – Neufchâtel est l'une des villes les plus connues de ce pays, caractérisé par une curiosité géomorphologique : la « boutonnière ». Son origine remonte à l'époque tertiaire. Les mouvements de l'écorce terrestre qui soulèvent alors les Alpes se répercutent jusque dans l'actuel Bassin parisien, ridant les couches superficielles déposées à l'ère secondaire et traçant de profondes ondulations sud-est-nord-ouest. L'une d'elles s'est boursouflée au point de former un dôme. L'érosion l'entailla si profondément que toute une gamme de terrains jurassiques sous-jacents y apparut. La « boutonnière » ainsi dessinée explique les variations de paysages résultant de la nature différente des terrains.

LES GENS
5 103 Neufchâtelois, très fiers de leur fromage qui a rejoint l'élite savoureuse des fromages français auréolés d'une appellation d'origine.

Un portail de la fin du XVe siècle dessert le clocher-porche de l'église Notre-Dame.

visiter

Église Notre-Dame
Un portail de la fin du XVe siècle dessert le clocher-porche recouvert d'ardoises qui précède une nef (début du XVIe siècle) aux chapiteaux Renaissance. Huit fenêtres figurant des saints locaux (sainte Radegonde, saint Vincent, saint Antoine) éclairent les bas-côtés. Dans le chœur du XIIIe siècle, des colonnes rondes supportent des voûtes d'ogives. Une très belle Vierge couronnée s'adosse à l'un de ses piliers. Elle est entièrement faite en bois doré.

Musée J.-B.-Mathon-A.-Durand
Il occupe l'une des maisons à colombages reconstruites après le sinistre de la ville en 1940. Ses collections sont consacrées aux arts et traditions populaires du pays de Bray, aux arts du feu et du fer forgé. Dans le jardin, moulin à pommes (1746) et pressoir (1837) typiques de la région.

circuits

UN BEAU CHÂTEAU BRAYON

Bures-en-Bray
L'église, dont les parties les plus anciennes sont du XIIe siècle, possède une audacieuse flèche torse en charpente et une façade

Ce pressoir à cidre du musée Mathon-Durand est typique de la région.

moderne en brique que précède un porche. À l'intérieur, dans le croisillon gauche, Mise au tombeau, retable en pierre polychrome et Vierge à l'Enfant (XIVe siècle).

Château de Mesnières-en-Bray
Ce château Renaissance en pierre de taille blanche de la région occupe une position stratégique au croisement de deux anciennes voies royales (Paris-Dieppe et Abbeville-Rouen). Il fut édifié à l'emplacement d'une ancienne forteresse féodale et se trouve au cœur d'un très beau parc dessiné par Le Nôtre. Les bâtiments abritent actuellement l'institution Saint-Joseph qui se spécialise dans l'enseignement horticole et forestier.
Ce magnifique château, victime d'un terrible incendie en 2004, est en cours de restauration.

ÉGLISES BRAYONNES
Aumale
Apanage du duc du Maine au XVIIe siècle, Aumale passe ensuite par mariage à la famille d'Orléans. Le titre de duc d'Aumale a été porté par le quatrième fils de Louis-Philippe. De nos jours, c'est un centre laitier important. L'église Saint-Pierre-et-Saint-Paul est un édifice flamboyant et Renaissance. Il abrite les clés de voûte historiées, principalement dans le chœur et dans la chapelle de la Vierge. Le portail latéral sud, attribué à Jean Goujon, a été endommagé.

Foucarmont
Curieusement reliée à la mairie, l'église de béton, à la silhouette trapue, style « casemate », a été construite entre 1959 et 1964. Les vitraux et les cabochons de verre coloré enchâssés dans ses murs atténuent l'austérité de l'édifice. Leur découpe irrégulière et leurs riches coloris produisent d'agréables effets de lumière. L'intérieur comprend une vaste nef plafonnée, un baptistère, un chœur qu'éclaire une coupole à verrière.

À Aumale, l'église Saint-Pierre-et-Saint-Paul combine les styles flamboyant et Renaissance.

NOGENT-LE-ROTROU

■ **Capitale du Perche, pays rustique, vallonné et boisé, aux prairies grasses et pentues, Nogent-le-Rotrou est brûlé en 1428 par Thomas de Salisbury partant pour le siège d'Orléans. La ville va revivre après la guerre de Cent Ans, d'où le nombre d'édifices de style flamboyant ou Renaissance qu'elle conserve. Ses vergers et fabriques d'étoffes de drap ont cédé la place aux diverses industries pharmaceutiques, alimentaires et électriques.**

Le nom
Nogent, dont le nom signifierait « nouvelle population », devient à partir du Xe siècle un fief féodal puissant sous les Rotrou, comtes du Perche. La ville leur doit son surnom, très pratique pour éviter toute confusion avec les 27 autres Nogent que compte la France.

LES GENS
11 524 Nogentais. En 1527, Rémi Belleau voit le jour à Nogent. Auteur de La Bergerie, il était membre du groupe de la Pléiade et chantre des fêtes, des formes naturelles et des beaux objets. Lors de ses funérailles, par amitié et solidarité littéraire, son cercueil fut porté par Ronsard, qui affirmait dans l'une de ses Élégies, « Belleau et Ronsard n'estoient qu'un »,

comprendre

Sur le passage des armées – Place forte construite au Xe siècle par le chevalier Rotroldus pour se protéger des Normands, Nogent-

NOGENT-LE-ROTROU

le-Rotrou occupe une position frontalière qui la place au cœur des conflits médiévaux. Tour à tour occupé par les troupes du roi de France et les Anglais au cours de la guerre de Cent Ans, le château est brûlé en 1428 par Thomas de Salisbury en route pour Orléans. Au début du XVIe siècle, il est transformé par Marguerite et Charlotte d'Armagnac tandis que nombre d'édifices flamboyants ou Renaissance fleurissent dans la ville, témoignant d'un regain d'activité. Possession du prince de Condé, chef du parti huguenot, la ville n'échappe cependant pas aux guerres de Religion et la collégiale est incendiée en 1568.

Sully, seigneur de la ville – Maximilien de Béthune, duc de Sully (1560-1641) et grand argentier d'Henri IV, possédait Rosny, Sully, La Chapelle-d'Angillon, Henrichemont et Villebon. Il cumulait aussi les charges et, bien que protestant rigide, les bénéfices ecclésiastiques comme celui de Saint-Benoît-sur-Loire. En 1624, il ajoute à cette liste la seigneurie de Nogent, qu'il rachète, ainsi que le château, à Henri II de Condé, père du vainqueur de Rocroi. Il l'exploitera avec rigueur, encourageant labourage et pâturage. Sa famille conservera le château jusqu'à la Révolution.

Maximilien de Béthune, duc de Sully, exploita la seigneurie de Nogent avec rigueur.

se promener

Nogent se découvre agréablement à pied ; ses principaux axes routiers évoquent d'ailleurs la silhouette d'un marcheur.

Église Notre-Dame
C'est l'ancienne chapelle de l'hôtel-Dieu (XIIIe-XIVe siècle). Son absence de clocher s'expliquerait par le refus des moines de Saint-Denis d'en voir un plus haut que le leur. Une crèche (XVIIe siècle) avec personnages peints, en terre cuite, orne le fond du bas-côté gauche. Clés de voûte sculptées (chœur) et orgues de 1634.

Tombeau de Sully
Un portail classique, dont le fronton porte les armes et les emblèmes de Sully, donnait accès à l'hôtel-Dieu (XVIIe siècle). Contigu à l'église Notre-Dame, mais n'en faisant pas partie – car le duc de Sully était protestant –, un oratoire hexagonal à dôme, avec une jolie porte à fronton, abrite le tombeau vide du ministre. C'est l'œuvre du sculpteur chartrain Barthélemy Boudin.

Les marches Saint-Jean
Un seul chemin menait initialement au château (l'actuelle rue du Château). Les demoiselles d'Armagnac facilitèrent son accès en faisant construire les 155 marches qui relient le quartier de la rue Bourg-le-Comte à la forteresse.

Château Saint-Jean
Le châtelet d'entrée est flanqué de tours rondes à archères et à mâchicoulis en tuffeau. Sa blancheur contraste avec les pierres grises du gros œuvre ; au-dessus de l'entrée constituée d'un porche ogival, médaillon (XVe siècle) en terre cuite d'école italienne.

Rue Bourg-le-Comte
Elle conserve quelques maisons anciennes dignes d'intérêt. Au n° 2, maison du XVIe siècle à tourelle ; au n° 4, maison du XVIe siècle ; au n° 3, maison Renaissance avec fenêtres à meneaux.

Maison du Bailli
Des lucarnes finement ciselées animent le toit de cette maison du XVIe siècle dont l'entrée s'encadre de deux tourelles. L'inscription

La silhouette massive du château Saint-Jean témoigne de la puissance des comtes du Perche.

« De pierre blanche, durant febvrier, je fus faicte, 1542 » est un clin d'œil à ses commanditaires : Pierre Durant, bailli de l'abbaye de Saint-Denis, et Blanche Février.
Après la maison du Bailli, la première rue à gauche longe l'église Saint-Laurent.

Église Saint-Hilaire
Cet édifice (XIIIe-XVIe siècle) au bord de l'Huisne, dominé par une tour carrée du XVIe siècle, possède un chœur polygonal du XIIIe siècle. De beaux oculi surmontent les baies.

visiter

Château Saint-Jean
Cet impressionnant château, entouré de murailles et de fossés, dresse ses tours massives sur un éperon rocheux. L'enceinte arrondie forme deux terrasses superposées, séparées par un gros mur et un puits profond.
Les Rotrou, comtes du Perche, habitaient l'énorme donjon rectangulaire (30 m de haut), contrebuté par d'étranges contreforts et percé au XIIIe siècle de baies géminées. L'enceinte jalonnée de tours rondes ou en demi-lune remonte aux XIIe et XIIIe siècles.
Musée du Perche – Un diaporama sur l'histoire du château est proposé dans l'une des tours. À l'étage, quelques salles sont consacrées à l'ethnographie régionale du XIXe siècle.

Église Saint-Laurent
Située dans un square remplaçant l'ancien cimetière, Saint-Laurent est un édifice flamboyant, complété par une tour à couronnement Renaissance et relié par une arche à la maison du prévôt de l'abbaye de Saint-Denis. L'intérieur montre quelques statues anciennes. À droite du chœur, Mise au tombeau (XVIe siècle) aux personnages raides et pathétiques.

Quelques salles du musée du Perche, installé dans le château, sont consacrées à l'ethnographie régionale du XIXe siècle.

★ PARC NATUREL RÉGIONAL DU PERCHE

LES GENS
De nombreux écrivains sont natifs du Perche ou ont été inspirés par ses paysages. Les plus connus sont Louis de Saint-Simon à la Ferté-Vidame, Octave Mirbeau à Rémalard, et Alain que l'on cite souvent pour rappeler l'identité percheronne : « Je suis percheron, c'est-à-dire autre que normand. »

■ On ne vient pas dans le Perche par hasard. Si ses limites et ses villes principales ne sont pas bien connues, les amateurs d'air pur, de randonnées et d'architecture rurale ont depuis longtemps repéré ses principaux atouts : de belles forêts réputées pour leurs hautes futaies, de nombreux arbres remarquables ou d'élégants manoirs, qui ont traversé les siècles, d'agréables balades attelées avec le robuste cheval percheron, ou les joies de la table garnie de savoureux produits du terroir…

Le nom
C'est de son vaste ensemble de forêts (*sylva pertica*) que la région a tiré son nom et, pendant longtemps, ses ressources.

P.N.R. DU PERCHE

comprendre

Le Parc naturel régional du Perche – Créé en 1998, il couvre 182 000 ha et s'étend sur la Basse-Normandie et la région Centre. Cent dix-huit communes en font partie et offrent au visiteur tout le charme de leur bocage et de leur patrimoine architectural.

Pays de transition entre le Bassin parisien et le Massif armoricain, le Perche se caractérise par la prédominance de sols imperméables et par son climat humide, à l'origine d'un tapis végétal très dru : forêts de chênes et de hêtres sur les grès primaires, herbages et champs fertiles sur les marnes et les argiles secondaires. On distingue l'ancienne province du Perche, au nord, et le Perche-Gouet, ou bas Perche, au sud. Pour qui vient de l'Île-de-France après avoir traversé la Beauce, plate et monotone, le Perche paraît accidenté, avec ses collines boisées, ses larges vallées, ses herbages onduleux peuplés d'un bétail réputé et ses villages découverts au détour des routes bordées de haies.

Le percheron, une star internationale – L'emblème de la région est le fameux cheval percheron, qui est connu dans le monde entier. Robe pommelée grise ou noire, il peut atteindre 1,8 m au garrot et peser plus d'une tonne ! C'est le cheval de trait par excellence, aujourd'hui le plus répandu dans le monde. On distingue deux types : le trait, lourd et puissant, utilisé pour le débardage ; le diligencier, plus léger et rapide, est mieux adapté pour l'attelage. Après la défaite des Sarrasins à Poitiers (732), les comtes du Perche partent guerroyer en Terre sainte et en rapportent de vifs étalons orientaux qu'ils croisent avec les rustiques juments locales. Mais, le papa, agréé par les généalogistes et les puristes, c'est Jean le Blanc, né d'une jument de trait locale et de l'étalon arabe Gallipoly en 1823 près de Bellême. Cette race tout-terrain fut adoptée par les États-Unis comme la star des chevaux de trait, et sa popularité a dépassé le monde rural pour atteindre Paris où il tira omnibus et voitures de pompiers. Après cet âge d'or de la fin du XIXe siècle, il faillit disparaître avant de retrouver progressivement sa place grâce au tourisme et à l'écologie. De nos jours, les Japonais se l'arrachent à la fois pour les courses et la viande, les Allemands pour le débardage du bois, les Russes pour leurs champs, les Américains pour les parcs de loisirs...

Les manoirs du Perche – Si les manoirs du pays d'Auge apparaissent comme d'accueillantes gentilhommières, ceux du Perche, construits en pierre et plus ou moins fortifiés, se présentent comme de petits châteaux. Ces demeures seigneuriales ont pour la plupart

Robuste, le percheron est aussi réputé pour son bon caractère.

De nos jours, les Japonais s'arrachent le célèbre cheval de trait à la fois pour les courses et la viande, les Allemands pour le débardage du bois, les Russes pour leurs champs, les Américains pour les parcs de loisirs...

LA HAUTE-NORMANDIE

été édifiées à la fin du XVe siècle ou au début du XVIe siècle, marquant l'ascension sociale de nombreux propriétaires terriens. Elles ont certes conservé leur appareil défensif (tours, tourelles, échauguettes), mais leur élégance, les délicates décorations sculptées de leurs façades et leur situation souvent dépourvue d'intérêt stratégique permettent de ne pas exagérer leur rôle militaire.

Un pays attachant – De nombreux écrivains sont natifs du Perche ou ont été inspirés par ses paysages. Les plus connus sont le mémorialiste Louis de Saint-Simon (1675-1755) à la Ferté-Vidame, l'auteur Octave Mirbeau (1848-1917) à Rémalard, et le philosophe Alain (1868-1951) que l'on cite souvent pour rappeler l'identité percheronne : « Je suis percheron, c'est-à-dire autre que normand. »

découvrir

MANOIR DE COURBOYER – MAISON DU PARC★

Entouré de haies vives, avec son allure légèrement fortifiée et son domaine de 60 ha, ce manoir du XVe siècle présente le patrimoine naturel et architectural de la région. Le beau manoir des XVe et XVIe siècles offre l'occasion de découvrir l'histoire, l'organisation, la décoration de ces demeures. Des diaporamas, une exposition sur l'histoire du Perche et des expositions temporaires présentent les atouts du pays. Le vaste domaine donne l'occasion d'agréables promenades où l'on peut rencontrer le fameux percheron, l'âne du Cotentin ou l'âne normand...

Le manoir de Courboyer, un concentré des richesses du Perche.

LES FORÊTS

Véritable trésor, les forêts du Perche couvrent environ 20 % de sa superficie, soit quelque 36 000 ha, et sont de superbes invitations à la randonnée, à l'observation.
Les plus grandes et les plus connues sont celles de Senonches (4 290 ha), du Perche et de la Trappe (3 200 ha), de Bellême (2 400 ha), et, bien sûr, celle de Réno-Valdieu (1 600 ha).
Chênes et hêtres y règnent avec prestance, et l'on trouve encore de magnifiques futaies d'arbres qui s'élancent à plus de 40 m et qui étaient jadis si recherchés pour les mâts de la Marine royale.

★ PONT-AUDEMER

■ Toute mignonne, pleine de surprises, commerçante et animée, Pont-Audemer a tout pour séduire, son surnom en prime. Ne l'appelle-t-on pas la « Venise normande », eu égard aux images qui se reflètent dans ses canaux ? Un peu partout en ville s'éparpillent les anciens séchoirs des tanneurs avec leurs cloisons de bois à claire-voie, coiffés de toits d'ardoises. Ils rappellent que la cité compte parmi les plus vieilles cités du cuir en France.

Le nom
La cité s'appelait *Duo Pontes* au VIIIe siècle en référence à deux ponts jetés sur la Risle ; elle prendra le nom de pont d'Audemar au siècle suivant, lorsqu'un seigneur franc, Audemar (Haldemari, Odomer ou Omer), y institue un unique pont à péage. Son nom s'est progressivement dilué en Audemer.

LES GENS

8 981 Pont-Audemériens. Leur ville est la patrie de Charles-Émile Hermès, fondateur de la maison d'articles de luxe qui porte son nom.

PONT-AUDEMER

comprendre

L'importance de la Risle – Pont-Audemer s'est construite autour de cette rivière. L'évolution de son nom en témoigne. Au VIIIe siècle, la cité s'appelait en effet *Duo Pontes* en référence à deux ponts jetés sur la Risle ; au siècle suivant, elle est devenue pont d'Audemar, lorsqu'un seigneur franc, Audemar (Haldemari, Odomer ou Omer ?), y institue un unique pont à péage.

La ville du cuir – La présence de l'eau courante a d'autre part favorisé très tôt une industrie qui a perduré jusqu'au début du XXIe siècle : la tannerie. Dès le XIe siècle les premiers tanneurs s'installent dans la ville, et, au XVIIIe siècle, leur corporation compte parmi les premières de Pont-Audemer, contribuant à la richesse de la cité.

se promener

La vieille ville

De ravissantes impasses longent le flanc nord de l'église Saint-Ouen et dévoilent quelques beaux exemples de constructions à colombages et en encorbellement. À l'angle de la rue des Cordeliers et de la rue Notre-Dame-du-Pré se dresse un logis à tourelle, dont le colombage repose sur un rez-de-chaussée en pierre. Plusieurs hôtels particuliers aux portails sculptés se succèdent le long de cette voie (nos 8, 16, 18, 20 et 27 bis). La cour Canel conserve aussi quelques beaux exemples de maisons à colombages.

La rivière Risle court à travers Pont-Audemer.

visiter

Église Saint-Ouen

Commencée au XIe siècle, agrandie au XVIe siècle, sa façade est restée inachevée. La nef, aux voûtes lambrissées, a été revêtue à la fin du XVe siècle d'un placage flamboyant. Le décor du triforium est d'une richesse rare (lancettes à nervures flamboyantes). Des chapelles latérales qui conservent leurs vitraux Renaissance éclairent les bas-côtés aux voûtes ornées de clés pendantes. Les plus intéressants illustrent la légende de saint Ouen, la Rédemption et la légende de saint Nicolas. Dans la première chapelle du bas-côté gauche, fonts baptismaux du XVIe siècle. Vitraux modernes de Max Ingrand dans le chœur et au-dessus de l'orgue, dont la Crucifixion aux tons rouge et vert.

Musée municipal Alfred-Canel

Il occupe l'ancienne maison d'Alfred Canel (1803-1879), maire de Pont-Audemer et historien local qui fit don à la ville de sa riche bibliothèque (25 000 livres, documents et manuscrits) et de quelques très beaux meubles. Le reste du musée est conçu comme un cabinet de curiosités avec des collections de sciences naturelles, des outils, des instruments de mesure, des cartes et des pièces d'archéologie locale. Nombreuses toiles de paysagistes normands du XIXe siècle (Bourgourd, les frères Binet...), quelques peintures des XVIIe et XVIIIe siècles, sculptures.

alentours

Église Saint-Germain

L'édifice, dont les parties les plus anciennes datent du XIe siècle, a été remanié au XIVe siècle et amputé de plusieurs travées au XIXe siècle. Les arcades de sa tour romane trapue ont été refaites dans le style gothique.

La façade de l'église Saint-Ouen est restée inachevée, raison de plus pour aller voir ses richesses intérieures.

LA HAUTE-NORMANDIE

> **Château de Saint-Maclou-la-Campagne**
> Château du XVIIᵉ siècle embelli au siècle suivant par M. de Giverville. Le château est en rénovation, mais les nouveaux propriétaires font eux-mêmes une passionnante visite des lieux en racontant la romanesque mais véritable histoire des enfants de Giverville. Une étonnante maquette permet de comprendre l'ensemble des modifications architecturales qu'a connues le château au fil des siècles.

circuits

VALLÉE DE LA RISLE

De Pont-Audemer à Montfort-sur-Risle

Corneville-sur-Risle
Le carillon de douze cloches situé dans l'hôtel Les Cloches a été exécuté à la suite du succès foudroyant de l'opérette (1877) de Robert Planquette, *Les Cloches de Corneville*.

Appeville-Annebault
L'amiral d'Annebault, gouverneur de Normandie, qui avait conçu le projet de rendre la Risle navigable jusqu'ici, fit reconstruire l'importante église au XVIᵉ siècle, conservant le chœur du XIVᵉ siècle. Les clefs de voûte et les beaux spécimens de bâtons de confréries de charité captent l'attention.

Montfort-sur-Risle
Cette localité tire son charme de la proximité de la forêt de Montfort, très vallonnée. Autre atout, la rivière. Son club de canoë-kayak organise des descentes sur la Risle. L'occasion de voir depuis l'eau un parcours verdoyant et reposant.
« Les Cateliers » – Un sentier de 2,7 km, balisé par des feuilles noires sur fond blanc, permet de découvrir les arbres de la forêt domaniale de Montfort.

L'estuaire de la Risle

Saint-Sulpice-de-Grimbouville
La maison médiévale – Une belle porterie à triple encorbellement et à pans de bois construite en 1401 par des charpentiers anglais a été démontée à une quinzaine de kilomètres de Saint-Sulpice pour être reconstruite ici et accueillir la mairie. L'intérieur du bâtiment abrite une belle charpente.
Le site comprend aussi une chaumière de la fin du XVᵉ siècle et un bâtiment début XIXᵉ siècle, deux anciens lavoirs, et ce qui fut peut-être un baptistère paléochrétien.
En contre-bas, un dolmen atteste d'une implantation humaine très ancienne.
« Le sentier de l'Anguille » – Un étonnant sentier part vers le marais de la Risle maritime (espace naturel protégé). Des aménagements pédagogiques, donnent tout au long du chemin, un éclairage sur les sources et permettent d'observer l'extraordinaire biodiversité des lieux.
« Le sentier de la Risle maritime » – Ce sentier balisé traverse le marais tourbeux, emprunte l'ancien chemin de halage et passe devant de jolies maisons typiques.

Foulbec
« Le sentier de la Brûlette » – Ce sentier balisé offre un joli panorama de la côte de la Brûlette avant de s'enfoncer dans les bois.

Le succès foudroyant de l'opérette (1877) de Robert Planquette, Les Cloches de Corneville, entraîna l'installation dans l'hôtel du même nom d'un carillon de douze cloches.

Digue, digue, digue donc, joyeux carillon !

Au début du XVᵉ siècle, les Anglais occupent la quasi-totalité de la Normandie, et le petit village de Corneville-sur-Risle, à une portée de flèche de Pont-Audemer, est sérieusement menacé. L'ennemi convoite l'abbaye et tout particulièrement ses cloches, car elles sont très recherchées pour l'artillerie naissante dont le besoin en métal est grand. Après bien des avatars, les Anglais enlèvent la plus belle cloche sur une barque, tentent de traverser la rivière, mais la charge est trop lourde et fait chavirer l'ensemble. Tandis que l'on s'efforce de la tirer de l'eau, les Français surviennent et les pillards sont contraints d'abandonner leur prise. Depuis ce jour, on raconte que la cloche engloutie carillonne joyeusement du fond de la Risle chaque fois que tintent les clochers du pays pour annoncer quelque grande fête.

PONT-AUDEMER

Conteville
« Le sentier des hameaux et du Marais » – C'est un joli sentier, balisé, pour découvrir le marais de la Risle maritime et profiter d'un beau chemin en aplomb au-dessus de la vallée.

Berville-sur-Mer
« Le sentier À fl'Eure d'eau » – Sentier de découverte nature de 2,3 km, aménagé pour découvrir l'histoire du village et les milieux aquatiques de l'estuaire.
« Le sentier des Voiles de la liberté » – Il propose un joli parcours, ponctué de beaux panoramas sur l'estuaire et d'un passage en forêt.

Au cœur du Lieuvin

Cormeilles
Distillerie Busnel – Où l'on apprend quelles pommes récolter, comment les presser et les distiller, embouteiller.
« Le sentier de la biodiversité » – Ce circuit permet de découvrir la faune et la flore du coin en traversant de jolis paysages de bocage, de prairie et de forêt.

Lieurey
« Les chemins de l'eau » – Quelque 250 km de sentiers pédestres cyclistes ou équestres balisés entre Lieurey et Pont-Audemer permettent de découvrir des ravins, des mares, des sources et du bocage.

Saint-Étienne-l'Allier
L'église, fondée au XIe siècle, abrite un intéressant gisant du XIVe siècle aux lignes épurées.
En direction de Saint-Christophe-sur-Condé, au croisement avec la D 29, se dresse le monument des Maquisards. Il rappelle que le village a abrité, pendant la Seconde Guerre mondiale, le maquis Surcouf, l'un des réseaux de résistance le plus actif de Normandie.
Un « circuit des maquisards » (38 km balisés) part de l'église de Saint-Georges-du-Vièvre.

Saint-Martin-Saint-Firmin
Les quelques clous plantés dans la porte rappellent que la chapelle Saint-Firmin a été un important lieu de pèlerinage. Beaux pans de bois à l'intérieur.
« Chemin de la Fontaine Fiacre » – Joli itinéraire en bordure de la Véronne. Le visiteur en apprécie la quiétude, les jolies chaumières et les panoramas sur la vallée.

Le marais Vernier

Sainte-Opportune-la-Mare
Dans le cadre de l'écomusée de la basse Seine, cette petite commune regroupe la Maison de la pomme installée dans l'ancien presbytère (expositions sur la pomme et ses variétés, audiovisuel sur la fabrication du cidre). Un marché aux pommes s'y tient chaque premier dimanche des mois d'hiver.

Réserve naturelle des Mannevilles
Ce secteur protégé permet de découvrir la flore et la faune du marais et d'approcher des chevaux camarguais, des vaches et de robustes taureaux d'Écosse. L'introduction de ces chevaux et bovins rustiques a favorisé la « recréation » de paysages riches en bestioles et insectes divers et la conservation de races animales en voie de disparition.

À la distillerie Busnel, on apprend tout sur la pomme et le cidre.

La richesse du marais Vernier tient à la fois de sa grande diversité de milieux et de la qualité de ceux-ci.

LA HAUTE-NORMANDIE

Quillebeuf-sur-Seine
Les bateaux y attendaient la marée haute et le mascaret commençait à se former à sa hauteur. Un sentier du patrimoine (fléché) sillonne la petite ville, dont chaque lieu remarquable est indiqué par un panneau explicatif.

Pointe de Quillebeuf – C'est le bout du promontoire en biseau séparant le méandre abandonné du marais Vernier du méandre « vivant » du Vieux-Port. Des abords du petit phare, vue intéressante sur le fleuve, Port-Jérôme et le pont de Tancarville.

Église Notre-Dame-du-Bon-Port – L'édifice, surmonté d'une belle tour romane inachevée, s'ouvre par un portail du XIIe siècle. La nef, d'un style roman très pur, conserve des chapiteaux archaïques. Le chœur (XVIe siècle) ne manque pas d'envolée. Les maquettes de bateaux et les graffitis marins rappellent le rôle que joua le port dans la navigation séquanaise.

Pointe de la Roque★
Du phare qui se dresse sur une falaise, le panorama s'étend sur l'estuaire de la Seine, jusqu'au cap de la Hève et à la Côte de Grâce. À droite, vue sur les falaises et le pont de Tancarville.

Autrefois, les marins de Quillebeuf étaient nombreux à remonter la Seine jusqu'à Rouen.

PONT-L'ÉVÊQUE

■ Au confluent de la Calonne, de l'Yvie et de la Touques, Pont-l'Évêque reste un beau petit coin du pays d'Auge. Si on le connaît surtout pour son fromage renommé, ses ruelles bordées de maisons à pans de bois, ses jolis jardins et son très bel arrière-pays participent incontestablement à son charme.

Le nom
La tradition le rattache à un pont jeté sur la Touques par l'un des premiers évêques de Lisieux ou encore par un certain Le Vesque ; c'est au choix !

LES GENS
4 133 Pontépiscopiens. Flaubert, dont la famille maternelle était de la région, connaissait la ville comme sa poche. Dans Un cœur simple, l'un des Trois contes (1877), il peint la société pontépiscopienne du XIXe siècle par le biais de la servante Félicité.

comprendre

Le trésor laitier – Réputé depuis le XIIIe siècle où le *Roman de la Rose* de Guillaume de Lorris le mentionne, le pont-l'évêque aurait à l'origine été produit par des moines d'une abbaye du pays d'Auge.

Alors appelé comme tous les fromages normands « angelot », il fait au XVIIe siècle l'objet d'un poème d'Hélie le Cordier : *« L'augelot y est fait avec tant d'art que jeune ou vieux, il n'est que crème. »* C'est à cette époque aussi qu'il acquiert son nom définitif. Classée AOC depuis 1973, c'est de mai à juin, avec un affinage optimal de 5 à 6 semaines, que la star de la ville se trouve au mieux de sa forme.

La célébrité de la ville doit beaucoup à son savoureux fromage.

se promener

Quelques vieilles demeures pontépiscopiennes se dressent le long de la grande rue Saint-Michel où un beau spécimen surplombe le cours resserré de l'Yvi. Sur la rue de Vaucelles, l'auberge de l'Aigle

PONT-L'ÉVÊQUE

d'Or (n° 68), ancien relais de poste du XVIe siècle, avec sa cour normande de l'époque, attire l'œil.

Église Saint-Michel
C'est un bel édifice de style flamboyant, élevé de 1483 à 1519, flanqué d'une tour carrée.
Son architecte, Jacques Samaison, a également tracé les plans de Saint-Jacques de Lisieux. Les vitraux modernes (1963-1964) sont l'œuvre du maître verrier F. Chapuis.

Place du Tribunal
À droite du tribunal, l'ancien couvent des dames dominicaines de l'Isle est un bâtiment à colombages (XVIe siècle) paré d'un balcon de bois typique et de poteaux sculptés. C'est aujourd'hui un lieu d'expositions.

Hôtel Montpensier
Cet hôtel de style Louis XIII, qu'encadrent deux pavillons d'angle, accueille des expositions en saison.

Hôtel de Brilly
Construite en brique et en pierre en 1736 et restaurée depuis, la maison natale de l'auteur dramatique Robert de Flers (1872-1927) abrite aujourd'hui la mairie.

alentours

Le château de Betteville★
L'important château de Betteville, qui domine la base de loisirs, ne manque pas d'intérêt.
La Belle Époque de l'Automobile – Installée dans les communs du château, cette collection est riche d'une centaine de véhicules. Elle comprend notamment un taxi de la Marne Renault AG (1911), une Clément-Bayard, camionnette de fruits et légumes (1910), la Delaunay-Belleville 22 CV du maréchal Joffre, une Cadillac (1912), une Ford T. Motocyclettes (Triumph, Alcyon, Terrot, Magnat-Debon...), et voitures à cheval (landau et omnibus de la fin du XIXe siècle) complètent l'ensemble.
Très belle reconstitution d'un atelier Peugeot des années 1920 et affiches publicitaires de la même époque. La visite se fait au son des orgues mécaniques.
« Voyagez à travers le monde » – Jolie mise en scène de mannequins parés de costumes qu'un couple de voyageurs normands a rapporté des quatre coins du monde (Mexique, Cuba, Vietnam, Chine, Afghanistan, Égypte, etc.).
Explications sur les caractéristiques des vêtements masculins et féminins de chacune des régions.
Face au château, le lac de 59 ha a été aménagé en base de loisirs dans un cadre de verdure.

Le-Breuil-en-Auge
Au milieu d'un parc, le château du Breuil est un beau manoir augeron. On visite la distillerie, les chais et l'orangerie.

Saint-André-d'Hébertot
Ce hameau occupe un cadre vallonné très attrayant. Le château ceinturé de douves se dresse dans un parc aux tilleuls centenaires. Une belle tour à corbeaux (XVIIe siècle) flanque son harmonieuse façade (XVIIIe siècle). La petite église paroissiale possède un chœur roman voûté d'ogives.

Malgré son aspect massif, l'église Saint-Michel est un bel édifice doté d'une tour carrée.

Au manoir du Breuil-en-Auge, on visite la distillerie, les chais et l'orangerie.

Immanquable à Rouen, le Gros Horloge qui rythme la vie de la vieille ville !

RSTUV

ROUEN ★★★

■ Cette ville pétrie d'histoire s'apprécie avant tout pour son atmosphère. On flâne au rythme de ses clochers, le long de ses alignements de colombages si caractéristiques. Une remarquable campagne de restauration a redonné vie à tout un réseau de rues étroites et tortueuses, bordées de ravissantes maisons à pans de bois. Aujourd'hui, plus de 800 d'entre elles sont remises en état. De nombreux musées de qualité – le musée des Beaux-Arts justifie à lui seul le déplacement –, l'une des plus somptueuses cathédrales gothiques de France et une vallée enchanteresse complètent le tableau, faisant de Rouen un trésor inestimable.

Le nom
Il dérive de *Rotomagus*, qui désignait la capitale de la tribu des Véliocasses où les Romains, lors de leurs conquêtes, établirent un entrepôt commercial.

comprendre

La guerre de Cent Ans – En 1418, le roi d'Angleterre Henri V assiège Rouen qui capitule, affamé, après six mois. Alain Blanchard, âme de la résistance, est pendu. *« Je n'ai pas de bien mais, quand j'en aurai, je ne l'emploierai pas à empêcher un Anglais de se déshonorer »*, dit-il en refusant de fournir une rançon.
Révoltes et complots se succèdent contre les Goddons (sobriquet des Anglais provenant de leur juron *God dam*) ; la répression est terrible, cependant l'espoir renaît dans le cœur des Normands avec les exploits de Jeanne d'Arc et le sacre de Charles VII. Mais Jeanne est faite prisonnière à Compiègne par les Bourguignons et ses deux tentatives d'évasion échouent.
Les Anglais menacent le duc de Bourgogne de graves sanctions et, par l'intermédiaire de l'évêque de Beauvais, Cauchon, se font livrer la prisonnière contre 10 000 écus d'or. Le 25 décembre 1430, Jeanne est enfermée au premier étage de l'une des tours – dite « tour vers les champs » – du château de Philippe Auguste. Enchaînée, elle est surveillée nuit et jour. Le capitaine de Rouen, lord Warwick, a concentré dans la ville un important appareil militaire pour décourager toute

LES GENS
109 000 Rouennais (agglomération : 389 862 habitants). Après l'accord de Saint-Clair-sur-Epte (911), Rollon se fait baptiser à Rouen, capitale du nouveau duché.
Il prend alors le nom de Robert. Bon administrateur, c'est aussi un paysagiste hardi : il rétrécit et approfondit le lit de la Seine en comblant les marais, rattache à la terre ferme îles et îlots dispersés et consolide les berges en aménageant des quais.
Il redessine ainsi le visage de l'ancienne Rotomagus, capitale de la tribu des Véliocasses, et reste, jusqu'au XIXe siècle, l'un des seuls dignitaires à avoir commandité des aménagements aussi efficaces. Sous son impulsion et celle de ses descendants, Rouen devient l'un des centres les plus brillants et florissants de la civilisation normande, synthèse harmonieuse des influences nordiques, gallo-franques et chrétiennes.

204 LA HAUTE-NORMANDIE

Cette ville pétrie d'histoire s'apprécie avant tout pour son atmosphère.

Immortalisée sur une trentaine de toiles du célèbre peintre Monet, la cathédrale n'a rien perdu de sa légendaire beauté.

tentative de révolte populaire. Charles VII n'entrera que dix-neuf ans plus tard dans Rouen.

Le « Siècle d'or » – La période qui s'écoule de la reconquête française aux guerres de Religion est un « Siècle d'or » pour toute la Normandie et particulièrement pour Rouen. Le cardinal d'Amboise, archevêque et mécène de la ville, y « lance » le style Renaissance. Les notables se font construire de somptueux hôtels de pierre ; des boiseries sculptées viennent embellir les façades des maisons bourgeoises. Le palais de justice, construit par Louis XII, abrite l'Échiquier, transformé en Parlement par François Ier. Les négociants rouennais, associés aux navigateurs dieppois, sont sur toutes les routes maritimes, tandis que la puissante corporation des merciers-grossiers arbore sur ses armoiries « trois navires construits et mâtés d'or » avec la devise : « Ô soleil, nous te suivrons par toute la terre ». La vieille ville drapière tisse maintenant la soie et les draps d'or et d'argent. En 1550, la première Exposition coloniale se déroule à Rouen, sur les rives de la Seine.

L'essor industriel – Au début du XVIIIe siècle, un riche marchand n'ayant pu vendre son stock de coton, alors utilisé pour la fabrication

ROUEN

des mèches de chandelle, décide de faire filer et tisser cette fibre. Le succès du nouveau tissu est foudroyant. Teinte à l'indigo, la « rouennerie » bat en brèche le tissu hollandais (« guinée »). En 1730, Rouen fabrique les premiers velours de coton et croisés. La teinturerie progresse parallèlement à l'industrie textile que révolutionne l'introduction des machines. Des industries annexes, apprêt, blanchiment, impression, se développent.

L'industrialisation suscite des aménagements dans le port : au XIXe siècle, on creuse des bassins, on installe le chemin de fer, la vieille cité de la rive droite s'épanouit dans les vallées affluentes et sur le flanc des collines. L'essor industriel s'amplifie au XXe siècle et l'agglomération rouennaise s'étend avec la création d'industries portuaires.

Rouen depuis la guerre – Les quartiers anciens proches de la Seine et les zones industrielles de la rive gauche sont détruits lors de la Seconde Guerre mondiale. La cathédrale échappe de peu à un désastre total. En reconstruisant leur ville, les Rouennais installent ailleurs, dans des zones spécialement équipées, les établissements industriels sinistrés. À leur place sont nés, sur la rive gauche, des quartiers d'habitation modernes.

Le port autonome – Il s'étend de Rouen à Tancarville sur la rive droite, et de Rouen à Honfleur sur la rive gauche. Au 5e rang des ports français (après Marseille, Le Havre, Dunkerque, Nantes-Saint-Nazaire) et au 3e rang des ports fluviaux, Rouen, port d'estuaire, tire un bénéfice inestimable de sa situation entre la mer et Paris. L'amélioration des accès maritimes, la modernisation des équipements portuaires (grues, portiques...), la construction de silos et de nouveaux terminaux (conteneurs, produits forestiers, etc.) ont permis la croissance de son activité. Les quais des deux rives sont ponctués d'installations variées : terminaux à conteneurs, équipements pour produits agro-alimentaires, installations de réception et de traitement de marchandises diverses, etc.

Après les *Voiles de la Liberté* en 1989, l'*Armada de la Liberté* en 1994, Rouen a accueilli l'*Armada du Siècle* en juillet 1999, rassemblement des plus beaux voiliers du monde et des plus grands navires de guerre et de croisière.

découvrir

LA CATHÉDRALE NOTRE-DAME★★★

C'est l'un des sommets de l'art gothique français. Immortalisé sur une trentaine de toiles du célèbre peintre Monet, l'édifice n'a rien perdu de sa légendaire beauté. Depuis l'été 2004, il s'anime dès la tombée de la nuit grâce à une « création lumière » de Skertzo.
Commencé au XIIe siècle, reconstruit au XIIIe siècle suite au terrible incendie de 1200, il est embelli au XVe siècle par le maître d'œuvre Guillaume Pontifs, puis au XVIe siècle par Roland Leroux (v. 1465-v. 1527), qui lui donne sa physionomie définitive. Au XIXe siècle, une flèche de fonte coiffe la silhouette bien reconnaissable de la cathédrale. Très endommagée entre 1940 et 1944, elle a été rendue au culte, mais les travaux de restauration se poursuivent.

Extérieur

La cathédrale doit son charme à la variété de sa composition et à la richesse de son décor sculpté. La façade a servi de thème à la célèbre

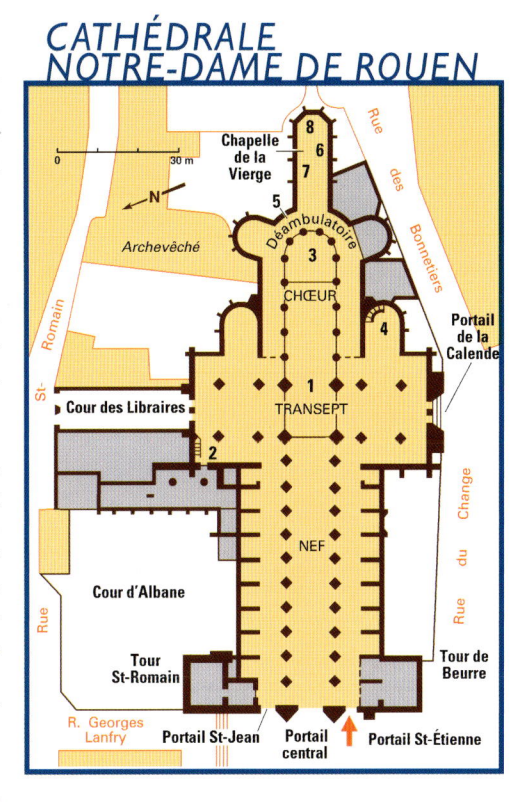

Le procès de Jeanne d'Arc

La séance s'ouvre le 21 février 1431. Téméraire, mais « sans orgueil ni souci d'elle-même, ne songeant qu'à Dieu, à sa mission et au roi », la Pucelle oppose à toutes les ruses et subtilités de ses juges ce que Michelet appelle « le bon sens dans l'exaltation ». Les interrogatoires se succèdent durant trois mois. L'acte d'accusation la déclare « hérétique et schismatique », donc justiciable du bûcher. Elle est brûlée vive le 30 mai sur la place du Vieux-Marché. Le cœur, qui ne s'est pas consumé, est jeté dans la Seine pour éviter que le peuple en fasse des reliques. Les Anglais murmurent : « Nous sommes perdus, nous avons brûlé une sainte. » Réhabilitée en 1456, elle sera canonisée en 1920 et promue patronne de la France.

LA HAUTE-NORMANDIE

série impressionniste des *Cathédrales de Rouen* (1892-1894) peintes par Monet et composant une séquence continue de l'aube au crépuscule.

Façade ouest – Cette immense façade hérissée de clochetons, prodigieusement ajourée, s'encadre de deux tours d'allure et de style différents : la tour Saint-Romain à gauche, la tour de Beurre à droite. Les portails Saint-Jean (à gauche) et Saint-Étienne (à droite), du XIIe siècle, avec l'arc en plein cintre et la petite colonnade qui les surmonte, sont délicatement sculptés. Les deux tympans sont du XIIIe siècle : celui de Saint-Étienne (très abîmé) figure le Christ en majesté et la Lapidation de saint Étienne ; celui de Saint-Jean, le Martyre de saint Jean-Baptiste et le Festin d'Hérode. Les fenestrages de style flamboyant au-dessus des deux portails ont été exécutés de 1370 à 1420 ; les longues et étroites niches ornées de statues (XIVe-XVe siècle) sont couronnées de gâbles ajourés. Le portail central (début du XVIe siècle), flanqué de deux puissants contreforts pyramidaux, est dû à Roland Leroux. Ses ébrasements sont ornés de statues de prophètes et d'apôtres. Le tympan montre un Arbre de Jessé. Un gâble immense, très élégant, coupé par une superbe galerie à claire-voie, rehausse ce portail.

La tour Saint-Romain, à gauche, est la plus ancienne (XIIe siècle), de style gothique primitif (seul le dernier étage est du XVe siècle). La grandiose tour de Beurre, à droite, commencée au XVe siècle par Guillaume Pontifs dans le style flamboyant, est achevée au XVIe siècle par Roland Leroux. Elle est ainsi nommée car elle a été en partie édifiée grâce aux « dispenses » perçues sur les fidèles autorisés à consommer du lait et du beurre en période de carême. Par manque de fonds, elle ne sera pas surmontée d'une flèche, mais simplement d'une couronne octogonale.

Flanc sud – Avec un peu de recul, on aperçoit la tour centrale (tour-lanterne) portant la flèche, gloire de Rouen. Construite au XIIIe siècle, elle a été surélevée au XVIe siècle. Celle d'aujourd'hui, en fonte, remplace depuis 1876 la flèche en charpente recouverte de plomb doré élevée en 1544 et foudroyée en 1822. C'est la plus haute de France (151 m).

Le portail de la Calende, chef-d'œuvre du XIVe siècle, s'ouvre entre deux tours carrées (XIIIe siècle) dans le bras droit du transept. Les soubassements des ébrasements sont décorés de médaillons à quatre feuilles.

Flanc nord – En longeant la cour d'Albane fermée à l'est par une galerie de cloître, on découvre le flanc nord, la tour-lanterne coiffée de sa flèche et les parties hautes du transept des Libraires. Un peu plus loin s'ouvre la cour des Libraires que ferme une splendide clôture de pierre de style gothique flamboyant (1482). Au fond de cette cour, le portail des Libraires, surmonté par deux hauts gâbles ajourés, possède un magnifique décor sculpté. Les médaillons à quatre lobes ornant les soubassements des ébrasements ainsi que le détail des sujets suscitent l'admiration. La plupart, tirés des bestiaires du Moyen Âge, sont traités avec verve et fantaisie. Détail intéressant : les formes extravagantes qu'ils prennent pour remplir les lobes des quatre-feuilles. Une grande rose et une claire-voie à fine balustrade s'inscrivent entre les deux élégants gâbles. L'ensemble dessert le bras gauche du transept. Le tympan (fin XIIIe siècle) montre un Jugement dernier avec, au registre inférieur, la Résurrection des morts, d'une grande puissance de mouvement, et, au registre supérieur, la Séparation des bons et des méchants, où le sculpteur s'est complu dans des détails terrifiants.

Intérieur

Il dégage une impression de simplicité et d'harmonie en dépit des différences de style entre la nef et le chœur.

La cathédrale doit son charme à la variété de sa composition et à la richesse de son décor sculpté.

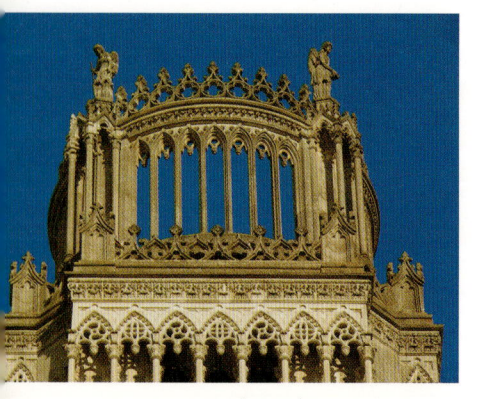

Par manque de fonds, la tour de Beurre ne fut pas surmontée d'une flèche, mais simplement d'une couronne octogonale finement sculptée.

ROUEN

ROUEN

Nef – De style gothique primitif, elle se compose de onze travées à quatre étages : grandes arcades, « fausses » tribunes, galerie de circulation (triforium) et fenêtres hautes. Les chapiteaux sont à crochets et à feuillages. Les bas-côtés sont très élevés, car les tribunes, prévues à mi-hauteur ainsi qu'en témoignent de curieux faisceaux de colonnettes, n'ont pas été exécutées.
Dominant la croisée du transept (51 m du sol à la clef de voûte), la saisissante tour-lanterne est une œuvre remarquable de hardiesse. Les énormes piles, dont chacune ne compte pas moins de 27 colonnes, jaillissent jusqu'au sommet.

Transept – Les revers des portails de la Calende et des Libraires ont reçu de beaux décors sculptés (XIVe siècle). L'ornementation est la même pour les deux pignons : quatre grands fenestrages surmontés de gâbles à crochets encadrent la porte et tapissent le mur. Des statues surmontées de dais sont placées sous les arcatures et entre les gâbles. Le croisillon nord, des Libraires, porte une grande rose aux vitraux du XIVe siècle. Dans l'angle se trouve l'escalier de la

Onze travées à quatre étages composent la longue nef.

LA HAUTE-NORMANDIE

La maison à colombages

Les vieilles maisons rouennaises illustrent l'architecture à colombages (pans de bois) du Moyen Âge à la fin du XVIIIe siècle. Le chêne, jadis abondant et rapide à ajuster, devint le matériau idéal, garant de solidité. La structure d'une maison se compose de 2 parties :
Ossature : Poteaux verticaux, grosses poutres intérieures et sablières assurent la rigidité de l'ensemble et portent les planchers et le comble. Un soubassement de pierre l'isole de l'humidité.
Colombage : Constitué de petits poteaux (colombes), il clôture et soutient les sablières.
Par économie et manque de place, on construisit souvent les étages en encorbellement (avancée) jusqu'en 1520, année où cette pratique fut interdite à Rouen.

Une campagne de restauration a redonné vie à tout un réseau de rues étroites et tortueuses, bordées de ravissantes maisons à pans de bois.

Librairie, œuvre de Guillaume Pontifs ; d'une jolie loge, où s'ouvre une porte surmontée d'un gâble, s'élèvent les deux volées de l'escalier : la première est du XVe siècle, la seconde du XVIIIe siècle. De son côté, le croisillon sud montre aussi de belles verrières des XIVe siècle (Pentecôte) et XVIe siècle (légende et panégyrique de saint Romain).

Chœur – Il date du XIIIe siècle. C'est la partie la plus noble de la cathédrale par ses lignes simples et la légèreté de sa construction. Son ordonnance présente un étage de grandes arcades très élevées et au tracé aigu, un triforium et un étage de fenêtres hautes dont trois sont ornées de vitraux du XVe siècle représentant le Calvaire. Les piliers qui supportent les grandes arcades montrent de robustes chapiteaux circulaires (XIIIe siècle) à crochets ou à plantes stylisées, curieusement couronnés de tailloirs soutenus par une tête sculptée.

Le maître-autel, formé d'une dalle de marbre de la vallée d'Aoste, est dominé par le Christ de Clodion en plomb doré (XVIIIe siècle). De chaque côté de l'autel, les deux anges adorateurs de Caffieri proviennent de l'église Saint-Vincent détruite en 1944.

Sur le croisillon sud s'ouvre en absidiole la chapelle dédiée à Jeanne d'Arc. Vitraux de Max Ingrand.

Crypte, déambulatoire, chapelle de la Vierge – Sous le chœur, la crypte annulaire du XIe siècle appartenait à la cathédrale romane. Elle garde encore son autel et son puits à margelle, profond de 5 m, toujours alimenté par une eau courante. Des fragments de colonnes, des chapiteaux romans trouvés au cours des fouilles y sont réunis. Le cœur de Charles V y est conservé dans un coffret encastré dans le mur de chevet.

Le déambulatoire (entrée croisillon droit – sortie gauche), qui comporte trois chapelles rayonnantes, abrite les gisants de Rollon, de Richard Cœur de Lion (fin du XIIIe siècle), d'Henri le Jeune (XIIIe siècle) et de Guillaume Longue Épée (XIVe siècle), duc de Normandie et fils de Rollon. On admire les cinq verrières du XIIIe siècle : celle de saint Julien l'Hospitalier, don de la corporation des poissonniers (représentés en bas du vitrail), a inspiré le célèbre conte de Flaubert ; celles de la Passion et du Bon Samaritain ont de remarquables coloris.

La Vierge, saint Jean-Baptiste, saint Romain et divers prélats occupent le fond de la chapelle de la Vierge (XIVe siècle) où saint Georges, au centre, terrasse le dragon. La frise du couronnement s'orne de sibylles, de prophètes et d'apôtres. Dans un coin à droite, la tête sculptée de Roland Leroux dévisage les visiteurs.

À gauche, accolé à l'enfeu gothique de Pierre de Brézé (XVe siècle), le tombeau de Louis de Brézé, sénéchal de Normandie et mari de Diane de Poitiers, est une œuvre de la seconde Renaissance, exécutée de 1535 à 1544. L'architecture du monument serait de Jean Goujon.

Dans la chapelle, vitraux du XIVe siècle figurant les archevêques de Rouen et beau tableau de Philippe de Champaigne, *L'Adoration des bergers,* dans un riche retable de 1643.

se promener

LE VIEUX ROUEN ★★★

Place de la Cathédrale
En face de la cathédrale, à l'angle de la rue du Petit-Salut s'élève l'ancien bureau des Finances, élégant édifice Renaissance (1510). Au nord de la place, le hall du palais des congrès abrite les restes de la belle façade de l'hôtel de Rome.

Rue Saint-Romain ★★
C'est une des rues les plus intéressantes du vieux Rouen de par

ROUEN

ses belles maisons à pans de bois du XVe au XVIIIe siècle ; dans son axe se profile la flèche de Saint-Maclou. Juste après l'entrée des Libraires, un pignon ajouré d'un vestige de fenêtre est le seul reste de la chapelle où se termina le procès de Jeanne d'Arc, le 29 mai 1431, et où fut proclamée sa réhabilitation en 1456.

Archevêché
Peu après la cour des Libraires de la cathédrale s'élèvent les bâtiments de l'archevêché, édifiés au XVe siècle par les cardinaux d'Estouteville et Georges Ier d'Amboise, mais remaniés au XVIIIe siècle. Puissante façade et tourelles d'aspect militaire. Par le portail de la rue des Bonnetiers, on peut jeter un œil sur la façade intérieure.
La rue de la République conduit à la place Barthélemy, bordée de belles maisons à colombages du XVe siècle, où s'élève l'église Saint-Maclou.

Rue Martainville★
Cette rue conserve d'intéressantes maisons à pans de bois du XVe au XVIIIe siècle. On longe le portail nord de Saint-Maclou avec ses beaux vantaux : à gauche, l'Arche d'alliance ; à droite, la Dormition de la Vierge. La jolie fontaine Renaissance qui se trouve à l'angle de la façade de l'église Saint-Maclou n'est pas sans évoquer le Manneken Pis de Bruxelles.

Aître Saint-Maclou★★
L'endroit est étrange et paisible. Le visiteur est partagé entre un sentiment de douce quiétude (le site étant à l'écart des bruits de la ville) et la surprise face aux ornements macabres qui décorent les lieux.
Cet ensemble du XVIe siècle (du latin *atrium*) est l'un des derniers témoins des charniers de pestiférés du Moyen Âge. La cour centrale s'entoure de bâtiments à pans de bois dont le rez-de-chaussée est formé de galeries autrefois ouvertes comme celles d'un cloître. Reposant sur des colonnes portant des sculptures brisées figurant la danse macabre, une double frise, décorée de curieux motifs de crânes, tibias et divers outils de fossoyeur, court le long de la façade.
Ce rez-de-chaussée était surmonté d'un grenier servant de charnier, transformé en étage au XVIIIe siècle (l'aile sud ne date que de 1640 et n'a jamais servi de charnier). Au centre de la place, un calvaire rappelle l'ancienne fonction du lieu. Les bâtiments abritent actuellement l'École des beaux-arts.

Rue Damiette★
Belle perspective sur la tour centrale de l'église Saint-Ouen depuis cette vieille rue bordée de maisons à colombages. À droite, l'étroit boyau de l'impasse des Hauts-Mariages.
La rue d'Amiens se signale par l'hôtel d'Étancourt (XVIIe siècle), dont la façade est ornée de grandes statues.

Rue Eau-de-Robec
Dans cette rue aux façades à pans de bois rénovées court un ruisselet qu'enjambent de petites passerelles, rappelant l'époque où le Robec se glissait au pied des maisons des drapiers. Un « grenier-étente » surmonte plusieurs de ces hautes demeures, souvenir du temps où les marchands-fabricants séchaient les écheveaux de fil et tissus de coton, qu'ils fabriquaient et teignaient au rez-de-chaussée. Remarquable demeure à pans de bois, la maison des Quatre Fils Aymon (XVe-XVIe siècle), qui accueille aujourd'hui le musée national de l'Éducation, était jadis un lieu de rendez-vous malfamé, nommé « maison des Mariages » en raison des liaisons éphémères qui s'y nouaient.
Musée national de l'Éducation★ – Sur quatre niveaux, les importantes collections du musée illustrent de manière claire et vivante

Les vieilles maisons rouennaises illustrent l'architecture à colombages du Moyen Âge à la fin du XVIIIe siècle.

L'aître Saint-Maclou est l'un des derniers témoins des charniers de pestiférés du Moyen Âge.

Ce splendide édifice de la première Renaissance, a été bâti pour abriter la cour de justice.

Saint Romain et la Gargouille

Au VIIe siècle, saint Romain est évêque de Rouen, tandis qu'un monstre épouvantable, la « Gargouille », terrorise la ville. Pour débarrasser la cité de cette bête immonde, saint Romain a besoin d'aide. Seul un condamné à mort accepte de lui prêter main-forte. Le saint homme, sa croix à la main, accompagné du condamné, réussit à passer son étole autour du cou du dragon qu'il ramène en laisse au milieu des habitants. Le dragon sera mis à mort et le courageux prisonnier, libéré. Du XIIe siècle jusqu'à la Révolution, un prisonnier par an, choisi par les chanoines, sera pareillement gracié, à charge pour lui de présenter à la dévotion de la foule la châsse contenant les reliques de saint Romain du haut de la Haute-Vieille-Tour. De nos jours, au mois d'octobre, la fête foraine s'installe sur la rive gauche et perpétue ce souvenir pour le plus grand plaisir des petits et des grands.

l'évolution de l'éducation (scolaire, familiale) depuis le XVIe siècle. Sur les deux premiers niveaux, exposition permanente sur l'histoire de l'école depuis les débuts de la IIIe République. Reconstitution d'une classe de l'époque de Jules Ferry. Aux 3e et 4e niveaux, exposition biannuelle d'iconographie riche et variée (peintures, estampes, photos), ouvrages et mobiliers scolaires, film...

Dans la rue du Ruissel, le « pavillon des Vertus », maison datant du XVIe siècle, au portique à colonnes de pierre, doit son nom à ses statues féminines.

À l'angle de la rue des Carmes, jolie fontaine gothique de la Crosse (restaurée) et, en face, à l'angle des rues Beauvoisine et Ganterie, belle maison à pans de bois.

Aux n°s 55 et 57, rue Beauvoisine, maison à pans de bois sculptés (avec cour) et demeure Renaissance. Par la rue Belfroy, à gauche, bordée dans sa première partie de maisons à colombages (XVe et XVIe siècle), on atteint la place Saint-Godard et l'église du même nom. La charmante rue Ganterie est bordée de vieilles maisons à colombages. (En sens inverse, vers la place Cauchoise, cette rue devient la rue des Bons-Enfants, qui aligne de nombreuses demeures à pans de bois dont plusieurs du XVe siècle ; au n° 22, maison avec personnages sculptés.)

Palais de justice★★

Ce splendide édifice de la première Renaissance (XVe siècle-début du XVIe siècle) a été bâti pour abriter l'Échiquier de Normandie (cour de justice). Remanié au XIXe siècle, il sera ravagé en 1944.

La cour d'honneur – où des fouilles ont dégagé un édifice hébraïque (XIIe siècle) – s'ouvre sur un grand bâtiment aux deux ailes en retour. La façade (1508-1526), décorée avec un souci de gradation, caractérise bien les conceptions artistiques de la Renaissance. Sobre dans le bas, l'ornementation s'enrichit à chaque étage pour s'achever en une véritable forêt de pierres ciselées, un enchevêtrement de pinacles, clochetons, arcs-boutants et gâbles, qui laisse entrevoir de monumentales lucarnes. La gracieuse tourelle centrale à pans coupés attire l'attention. Sur l'aile gauche, un grand escalier de pierre mène à l'ancienne salle des Procureurs. Une belle charpente lambrissée couvre ce vaisseau.

Place du Vieux-Marché★

Le secteur est riche en vieilles maisons à pans de bois du XVIe au XVIIIe siècle. La place, où les condamnés étaient mis au pilori ou exécutés au Moyen Âge, regroupe les nouvelles halles, l'église Sainte-Jeanne-d'Arc et un monument national : la « Croix de la Réhabilitation », érigée à l'emplacement du bûcher où Jeanne d'Arc fut brûlée le 30 mai 1431. Au nord, le soubassement du pilori a été dégagé, et, au sud, le tracé des tribunes des juges du procès de Jeanne d'Arc.

Rue du Gros-Horloge★★

Reliant la place du Vieux-Marché à la cathédrale, la rue du « Gros » (raccourci que lui ont choisi les Rouennais) est la plus évocatrice du vieux Rouen et la plus animée de la ville. Domaine des marchands depuis le Moyen Âge, siège du pouvoir communal du XIIIe au XVIIIe siècle, elle a retrouvé sa vocation commerciale et son charme d'antan, avec ses gros pavés et ses belles maisons à pans de bois du XVe au XVIIe siècle.

Le Gros-Horloge – Flanqué d'une tour de beffroi, cet édifice Renaissance surmonté d'un toit en pavillon à lucarne enjambe la rue par une arcade surbaissée. L'horloge se trouvait dans le beffroi, mais pour mieux en profiter, les Rouennais ont construit cette arche en 1527, où elle reste encastrée. Chacune de ses faces présente un

ROUEN

cadran en plomb doré richement décoré. Le cadran des heures, à aiguille unique, est complété par le « semainier » (dans l'évidement inférieur). L'œil-de-bœuf supérieur indiquait les phases de la lune. Le dessous de la voûte montre une scène sculptée : le Bon Pasteur et ses brebis, allusion à l'agneau de saint Jean-Baptiste qui figure dans les armes de Rouen.

La sobre tourelle du beffroi que coiffe une coupole du XVIIIe siècle, a succédé en 1398 à celle que Charles VI fit abattre en 1382 en punition de l'émeute dite « de la Harelle ». S'y adossent une loggia Renaissance, qu'occupait le « gouverneur du Gros-Horloge », et une fontaine (XVIIIe siècle), symbole des bonnes relations entre la population et son gouverneur (le duc de Montmorency). L'ancien hôtel de ville (1607) s'élève à l'angle de la rue Thouret.

En bord de Seine rôde encore le fantôme de la terrible « Gargouille » capturée par saint Romain.

Fierté Saint-Romain

Ce charmant édicule Renaissance, de style gréco-romain, se couronne d'un lanternon qui abritait les reliques de saint Romain. Il est adossé à la halle aux Toiles élevée au XVIe siècle, en partie détruite en 1944 et rebâtie. La façade donnant sur la place de la Haute-Vieille-Tour montre une belle ordonnance de fenêtres surmontées d'une haute toiture d'ardoises. À l'intérieur, salles d'expositions, salle d'honneur.

Le Gros-Horloge constitue une curiosité appréciée dans le Vieux Rouen.

visiter

LES ÉGLISES

Église Saint-Maclou★★

C'est une ravissante construction de style gothique flamboyant, très homogène, bâtie entre 1437 et 1517. Fait notable : en pleine Renaissance, le style gothique le plus pur a été conservé. Seule la flèche du clocher est moderne. Un grand porche à cinq arcades disposées en éventail et trois portails animent la magnifique façade.

Le portail central et celui de gauche portent des vantaux Renaissance. Chacun se divise en deux parties : le vantail proprement dit, orné de petites têtes de lion (bronze) et de dessins païens, et le panneau supérieur, où s'inscrit un médaillon.

Les médaillons du portail central représentent la Circoncision (à gauche) et le Baptême du Christ (à droite) ; le dessus des battants montre Dieu le Père avant la Création (à gauche) et après la Création (à droite). Celui du portail gauche représente le Bon Pasteur à l'entrée de la bergerie. Des statuettes (Samson, David, Moïse et Salomon)

soutiennent ce motif ; les figures humaines en arrière évoquent l'Erreur : paganisme gréco-romain, religion égyptienne, islam.

À l'intérieur, le buffet d'orgue (1521) se pare de belles boiseries Renaissance ; des colonnes de marbre le soutiennent, dues à Jean Goujon. L'escalier à vis (1517), magnifiquement sculpté, vient du jubé de l'église. Dans le chœur, la chapelle Notre-Dame-de-Pitié (à gauche) aux boiseries du XVIIIe siècle abrite le Christ et les deux anges, éléments de la « Gloire » ornant le rond-point du XVIIIe siècle.

Église Saint-Ouen★★

Cette ancienne abbatiale (XIVe siècle) bien proportionnée compte parmi les joyaux de l'architecture du gothique rayonnant. Les travaux, commencés en 1318, ralentis par la guerre de Cent Ans, s'achèvent au XVIe siècle.

Extérieur – Le chevet, aux chapelles rayonnantes à toiture indépendante, s'anime de fins arcs-boutants et pinacles. À la croisée du transept, la tour centrale flanquée aux angles de tourelles est surmontée d'une couronne ducale. Sur la façade du croisillon sud, au-dessus de la grande rose, s'alignent dans les remplages d'un pignon flamboyant des statues de saints, de rois et de reines de Juda. En dessous, le gracieux porche des Marmousets étonne par les ogives de la voûte qui retombent d'un côté, non sur des colonnettes, mais dans le vide, sur deux audacieux pendentifs.

Intérieur – La nef, d'une architecture légère, frappe par l'harmonie de ses proportions. Dès l'entrée, une très forte impression d'équilibre se dégage de la construction en croix latine, longue de 144 m. Peut-être faut-il y voir l'influence du fameux « nombre d'or », ici défini par le rapport de 1 à 3 entre l'écartement des piles (11 m) et la hauteur sous voûtes (33 m). Ce qui caractérise encore cette nef admirable, c'est son élévation à trois niveaux : les grandes arcades, le délicat triforium à claire-voie et les fenêtres hautes.

Cette architecture élancée est mise en valeur par la chaude ambiance lumineuse que dispensent les grandes verrières. Les plus anciennes, antérieures à 1339, restent en place dans les chapelles autour du chœur. Dans la nef, au nord, les fenêtres hautes (XVIe siècle) se consacrent aux Patriarches ; au sud, ce sont les Apôtres. Les deux roses (XVe siècle) des bras du transept représentent une cour céleste (nord) et un Arbre de Jessé (sud). Baie axiale : Crucifixion (1960) par Max Ingrand. Grande rose ouest (beaux coloris bleu, rouge et or) due à Guy Le Chevallier (1992).

L'imposant buffet d'orgue date de 1630, mais l'instrument lui-même (4 claviers, 64 jeux et 3 914 tuyaux) est dû au facteur Aristide Cavaillé-Coll (XIXe siècle). Les tuyaux en *chamade* (à l'horizontale) s'inspirent des orgues d'Espagne. Des grilles dorées (1747), œuvre de Nicolas Flambart, ferment le chœur.

Église Saint-Godard★

Saint-Godard, élevée à la fin du XVe siècle, vaut surtout le détour pour ses vitraux, en particulier dans le collatéral droit. Au fond, au-dessus d'un autel, le vitrail représentant l'Arbre de Jessé date de 1506. En bas, au centre, se dresse Jessé entouré des quatre prophètes ; au-dessus, son fils David tenant sa harpe ; au-dessus encore, la Vierge et l'Enfant flanqués de divers rois descendant de David. À côté, le vitrail de la Vierge comporte six panneaux du XVIe siècle.

Église Sainte-Jeanne-d'Arc

L'édifice, achevé en 1979, a la forme d'un bateau renversé ; les principes de la construction navale se retrouvent dans la couverture faite d'écailles en ardoise ou en cuivre. À l'intérieur, 13 vitraux Renaissance viennent de l'ancienne église Saint-Vincent détruite en 1944. Ils forment une verrière de 500 m², éclatante illustration de la foi

La nef de l'église Saint-Ouen, d'une architecture légère, frappe par l'harmonie de ses proportions.

Une chapelle dédiée à saint Ouen ?

Né vers l'an 600 en royaume de Neustrie dans une famille de grands propriétaires, Ouen est élevé à la cour de Clotaire II où il reçoit une formation administrative, militaire et religieuse. Chancelier de Dagobert, puis évêque de Rouen, il rédige la biographie du grand saint Éloi, son condisciple et ami. Il participe à la vie politique au service de la reine Bathilde et négocie la paix entre la Neustrie et l'Austrasie. Le monachisme normand (Jumièges, Fécamp, Montivilliers…) lui doit beaucoup. Il meurt près de Clichy (aujourd'hui Saint-Ouen) en 684, au retour d'une mission auprès de Pépin de Herstal à Cologne. Sa dépouille, ramenée à Rouen, repose dans la chapelle Saint-Pierre-et-Saint-Paul.

Très vite, les pèlerins affluent devant ses reliques miraculeuses, et le nom de saint Ouen remplace bientôt ceux des saints apôtres attachés initialement à la chapelle.

des croyants du XVIe siècle. L'Enfance, la Passion, la Crucifixion et la Résurrection du Christ côtoient des épisodes de la vie de saint Pierre, sainte Anne, saint Antoine de Padoue…

Église Saint-Patrice
Construction gothique remarquable par ses vitraux, exécutés entre 1540 et 1625, en particulier ceux du côté gauche du chœur (le Triomphe du Christ), de la chapelle contiguë (saint Faron et saint Fiacre, Saint Louis, saint Eustache, l'Annonciation de style Renaissance italienne et la Nativité) et du bas-côté gauche (sainte Barbe, saint Patrice et Job). Un baldaquin en bois doré (XVIIIe siècle) couronne l'autel.

Église Saint-Romain
L'ancienne chapelle des Carmes (XVIIe siècle, restaurée au XIXe siècle, puis en 1969) se pare de vitraux Renaissance.

LES MUSÉES ET AUTRES ÉDIFICES CIVILS

Musée des Beaux-Arts★★★
C'est le seul musée rouennais installé dès le début du XIXe siècle dans un bâtiment spécialement réalisé pour abriter ses collections. La dernière rénovation, menée de 1989 à 1994, a créé une articulation centrée sur un ensemble de salles ou de cours intérieures abritant l'espace d'accueil, les expositions temporaires et la librairie. Tout autour, 63 salles de collections permanentes du XVe siècle à nos jours enveloppent le « cœur du musée » sur deux niveaux. Les collections se succèdent dans leur simultanéité : on suit l'évolution de la peinture, de la sculpture, en même temps que celle de l'orfèvrerie, du mobilier ou du dessin.

Peintures des XVe, XVIe et XVIIe siècles – Outre quelques primitifs italiens, le musée regroupe des œuvres de Pérugin, Guerchin, Giordano, et surtout de Véronèse (*Saint Barnabé guérissant les malades*) et Le Caravage (*Flagellation du Christ*). Parmi les maîtres espagnols et hollandais, Vélasquez et Ribera ; Maarten De Vos, Van Dyck et Rubens (*Adoration des bergers*). Parmi les Français, François Clouet (*Bain de Diane*), Louis Boullongne (*Cérès ou l'été*), Poussin (*Vénus montrant ses armes…*), Simon Vouet et Jouvenet. Le musée conserve également l'un des sommets de la peinture primitive flamande : *La Vierge entre les vierges* (huile sur bois) aussi appelée *La Vierge et les saintes*, par Gérard David (v. 1460-1523).

Le XVIIIe siècle – Les peintres les plus significatifs sont Lancret (*Les Baigneuses*), Fragonard (*Les Blanchisseuses*), Van Loo (*Vierge à l'Enfant*) et Traversi (*Séance de musique*). Belle crèche napolitaine (90 sujets) et terre cuite de Caffieri représentant Pierre Corneille.

Le XIXe siècle – C'est le clou du musée, tant par l'abondance que par la qualité des œuvres. Toutes les tendances se déploient, du néoclassicisme à l'impressionnisme et au symbolisme. D'Ingres (*La Belle Zélie*, portrait de Madame Aymon) à Monet (*Rue Saint-Denis*, *Portail de la cathédrale de Rouen, temps gris*), les plus grands maîtres – David, Géricault, Degas, Caillebotte, Corot, Chassériau, Millet, Moreau, Sisley, Renoir et tant d'autres – sont présents à travers des chefs-d'œuvre.

La grande sculpture romantique du XIXe siècle brille dans la salle du Jubé sous la forme de 5 œuvres de David d'Angers, dont un plâtre original pour le monument à Bonchamp. En face et sur le côté, 2 toiles intéressantes : *La Justice de Trajan*, par Delacroix, et, frôlant l'hyperréalisme, *Les Énervés de Jumièges*, par Luminais.

Le XXe siècle – Cette époque n'est pas en reste avec notamment Modigliani, Dufy (*Le Cours de la Seine*), les frères Duchamp, largement représentés ; section contemporaine avec Dubuffet, Nemours, etc.

Dans l'église Saint-Patrice, on remarque les vitraux exécutés entre 1540 et 1625.

Un bâtiment a été spécialement réalisé au début du XIXe siècle pour abriter les collections du musée des Beaux-Arts.

LA HAUTE-NORMANDIE

Musée de la Céramique★★

Il occupe l'hôtel d'Hocqueville (XVIIe siècle) et raconte l'histoire de la faïence de Rouen à travers des objets remarquables.

Les collections – Elles forment un inventaire exhaustif des créations de la faïence rouennaise du XVIe au XVIIIe siècle et abordent l'histoire de la céramique des deux derniers siècles.

Des carreaux de pavement et des vases de pharmacie représentent l'œuvre de Masséot Abaquesne, premier faïencier à Rouen, vers 1550. Au rez-de-chaussée, les panneaux de Jules Loebnitz évoquent l'emploi industriel de la céramique au XIXe siècle.

Après une brève interruption, la production renaît avec des plats et carreaux à décor bleu d'inspiration nivernaise et chinoise exécutés par l'atelier de Louis Poterat (1644-1725).

Vers 1670, sous l'influence des faïenciers hollandais travaillant chez Poterat, apparaît la couleur rouge.

Le début du XVIIIe siècle voit la multiplication des grandes faïenceries et l'arrivée de la polychromie (1699) avec des décors à cinq couleurs. Pièces maîtresses : les sphères céleste et terrestre de Pierre Chapelle, chefs-d'œuvre de la faïence polychromique, et dans la rotonde, la belle série des bustes des saisons. Parallèlement, dès 1720, les motifs se diversifient : style « rayonnant » aux arabesques inspirées de la broderie et de la ferronnerie, « chinoiserie », décors superposés au trait bleu sur fond ocre. Le style rocaille fleurit vers le milieu du siècle, avec ses décors « à l'œillet », « au rocher » et surtout « à la corne » et « à la double corne » d'où s'échappent fleurs, oiseaux, insectes.

Les dernières salles abordent les céramiques des XIXe et XXe siècles avec les productions de Sèvres. Le *Vase des Saisons,* parfait hommage à l'esprit du XVIIIe siècle, ou le vase Ruhlmann, somptueux manifeste esthétique des années 1930, témoignent de la créativité et de l'excentricité de la manufacture au tournant des deux siècles tandis que l'œuvre d'Arthur Massoule, les *Raisins,* conjugue céramique et sculpture.

Le musée de la Céramique raconte l'histoire de la faïence de Rouen à travers des objets remarquables.

De belles créations en céramique, exposées au musée, témoignent de la créativité et de l'excentricité de la production rouennaise au fil des siècles.

Musée Le Secq des Tournelles★★

Ce musée aménagé dans l'ancienne église Saint-Laurent – bel édifice de style flamboyant – expose de très riches collections de ferronnerie du IIIe au XXe siècle.

Nef et transept accueillent surtout des pièces de grande dimension : enseignes, grilles, balcons, rampe d'escalier. Les vitrines présentent des serrures, heurtoirs, clés, dont on suit l'évolution depuis l'époque gallo-romaine jusqu'au XIXe siècle. Au fond du cœur, grand lit italien du XVIe siècle à colonnes et à baldaquin.

Le bas-côté gauche montre divers articles de serrurerie : targettes, entrées de serrures, tirettes du XVe au XIXe siècle. Juste à côté, Vierge (XVIIe siècle), Christ (XVIIIe siècle) et meuble hollandais Renaissance. Bel autel en bois doré (XVIIe siècle) et pièces de ferronnerie à connotation religieuse.

Le bas-côté droit montre des ustensiles variés de la vie domestique : pinces, couteaux, grils, bassinoires, moulins à café et à épices, fers à repasser, articles de couture. Accessoires du costume et du mobilier (bijoux, boucles de ceintures, peignes, articles de bureau...) et instruments professionnels (du XVIe au XIXe siècle) de barbier, menuisier, horloger, jardinier, serrurier, dentiste, chirurgien, etc., se distribuent respectivement dans les galeries nord et sud du 1er étage.

ROUEN

Musée Jeanne-d'Arc
Une cave voûtée rassemble la maquette du château où fut enfermée Jeanne, des centaines d'ouvrages sur l'héroïne, des gravures, son armure et son étendard. Une galerie de cires retrace les grands moments de sa vie.

Hôtel de Bourgtheroulde
L'édifice (prononcer « Boutroude »), inspiré de l'art gothique, porte des influences de la Renaissance. Il a été bâti dans la première moitié du XVIe siècle par Guillaume le Roux, conseiller de l'Échiquier et seigneur de Bourgtheroulde. La façade du pavillon d'entrée frappe par sa sobriété. La cour intérieure, au contraire, forme un ensemble plus orné. Le bâtiment du fond est d'un gothique flamboyant très pur avec ses gâbles, ses pinacles, sa tourelle d'escalier hexagonale. La galerie de gauche, Renaissance, ajourée de six baies en anse de panier, s'encadre de frises (1525) hélas très dégradées. En haut de la frise, les *Triomphes* d'après le poème de Pétrarque ; en bas, la célèbre entrevue du Camp du Drap d'or.

Musée Pierre-Corneille
Installé dans la maison natale du poète, il présente des dessins et gravures relatifs à sa vie ; son cabinet de travail et sa bibliothèque avec les premières éditions de ses œuvres retiennent l'attention. Des maquettes de la place du Vieux-Marché aux XVIe et XVIIe siècles montrent l'évolution de ces lieux.

Musée Flaubert et d'Histoire de la médecine
L'hôtel-Dieu (XVIIe et XVIIIe siècle) présente sa façade classique sur la place de la Madeleine. Le musée, aménagé dans un de ses pavillons – maison natale de Flaubert dont le père était chirurgien à l'hôtel-Dieu –, contient des souvenirs de famille de l'écrivain. Il permet de mesurer l'influence de la médecine dans sa création littéraire. Les dix salles ouvertes au public présentent des collections très variées : mobilier hospitalier, dont un lit de malades pouvant accueillir six personnes, pots de pharmacie en « Vieux Rouen », instruments médicaux et chirurgicaux, rare mannequin d'accouchement du XVIIIe siècle... Joli petit jardin de plantes médicinales autour du monument en marbre blanc élevé à la gloire de l'auteur.

Le musée Flaubert et d'Histoire de la médecine a été aménagé dans un des pavillons de l'hôtel-Dieu, maison natale de Flaubert, où le père était chirurgien.

Tour Jeanne-d'Arc
C'est l'ancien donjon, seul vestige du château élevé au XIIIe siècle par Philippe Auguste. Au cours de son procès, Jeanne d'Arc fut mise en présence des instruments de torture dans la salle du rez-de-chaussée (mai 1431). Un escalier à vis mène aux étages où l'histoire du château et de Jeanne d'Arc est évoquée.

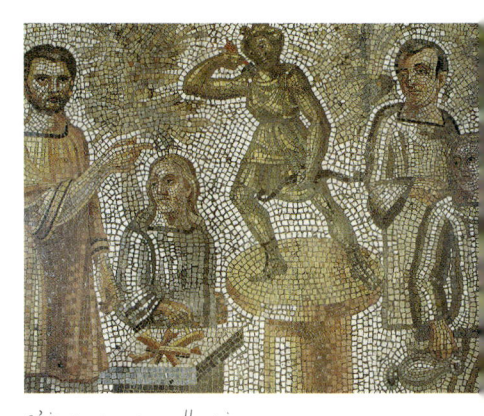

Musée départemental des Antiquités de la Seine-Maritime★★
Il a pour cadre un ancien couvent (XVIIe siècle) et abrite des collections de la préhistoire au XIXe siècle.
L'archéologie régionale est représentée par des sections de l'âge du bronze et du fer (tombe à char trouvée en forêt de Brotonne) et d'importantes collections de l'époque gallo-romaine : stèles, mosaïques, verrerie, objets de la vie quotidienne. Les collections s'enrichissent de découvertes récentes (statuettes de bronze mises au jour à Rouen). Outre l'orfèvrerie religieuse (croix du Valasse, XIIe siècle), des carreaux de pavage, vitraux, statues, chapiteaux, retables, tapisseries, bas-reliefs comptent parmi les pièces précieuses du Moyen Âge et de la Renaissance.
Dans une galerie, une série de pans de bois sculptés, gothiques et Renaissance, provient d'anciennes demeures rouennaises. Une belle salle est consacrée à l'art de la Renaissance.

D'importantes collections de l'époque gallo-romaine (stèles, mosaïques, verrerie...) sont conservées au musée des Antiquités.

LA HAUTE-NORMANDIE

> **Muséum d'Histoire naturelle**

Une présentation respectant volontairement l'esprit des musées de la fin du XIXe siècle met en valeur près de 400 000 objets.
Proche des jardins du musée et dominant la rue Louis-Ricard, la monumentale fontaine Sainte-Marie, œuvre de Falguière, cache un château d'eau. Le lycée Corneille, à deux pas (rue Joyeuse), est installé dans l'ancien collège des jésuites (XVIIe-XVIIIe siècle) qu'ont fréquenté Corneille et Cavelier de La Salle. Corot, Flaubert, Maupassant, Maurois y ont étudié et le philosophe Alain y a enseigné.

Musée maritime, fluvial et portuaire

Occupant les 900 m² d'un ancien hangar du port de Rouen, ce musée présente l'histoire de l'activité fluviale de la ville, photos et panneaux à l'appui. Il aborde aussi tous les métiers liés à ce secteur. Moteurs et mécanismes de bateaux sont exposés ainsi que des maquettes, avec un retour sur certains navires mythiques, comme la *Combattante*.

Le muséum d'Histoire naturelle met en valeur près de 400 000 objets, dont ce tiki maori.

alentours

L'AGGLOMÉRATION ROUENNAISE

Jardin des Plantes★

Dans un très beau parc (10 ha) planté d'arbres de toutes espèces et de massifs de fleurs, les serres tropicales abritent une remarquable collection de plantes. Le parc, dont l'origine remonte au XVIIe siècle, comprend 3 000 espèces en serres et 5 000 de plein air. Parmi les plus rares, le fameux nénuphar géant d'Amazonie, *Victoria Regia,* dont la feuille en forme de plateau peut atteindre en été 1 m de diamètre ; sa fleur éclôt blanche le matin, devient rose à midi et se fane mauve le soir même.

Centre universitaire

De la route qui aboutit au plateau du Mont-aux-Malades où s'élève le centre universitaire, un très beau panorama embrasse la ville, le port et la boucle de la Seine.

Petit-Couronne

Manoir Pierre-Corneille – La « maison des champs » est achetée en 1608 par le père du poète. Celui-ci en hérite en 1639 et y séjourne souvent.
Cette demeure normande, devenue musée en 1879, évoque la vie familiale de l'écrivain (documents et mobilier du XVIIe siècle). À l'extrémité du clos de pommiers, petit fournil du XVIIe siècle couvert de chaume.

Notre-Dame-de-Bondeville

Musée industriel de la Corderie Vallois – En 1822, à l'emplacement d'un moulin à papier, une filature avait été édifiée. Reconvertie en corderie en 1880 par Jules Vallois, cette usine a produit jusqu'en 1978. L'édifice à pans de bois, récemment restauré, conserve un ensemble de machines du XIXe siècle en état de fonctionnement. Une énorme roue à aubes donne à nouveau l'énergie nécessaire à l'entraînement des arbres, des poulies, des engrenages, etc. Témoin remarquable d'une architecture et d'une activité disparues, ce musée industriel est un lieu de mémoire vivant.

Forêt Verte

Cette forêt est le lieu de promenade préférée des Rouennais.

Le Jardin des Plantes entretient 3 000 espèces en serres et 5 000 en plein air.

ROUEN

Barentin
La ville possède un grand nombre d'œuvres de sculpteurs contemporains dont l'*Homme qui marche* de Rodin, *Le Taureau* de Janniot, quelques œuvres de Bourdelle et une fresque monumentale de Gromaire, *La Paix sous le ciel de France*. Sur la place de la Libération, jolie fontaine du XVIIe siècle de Nicolas Coustou. À l'entrée du village, statue de la Liberté en polystyrène, haute de 13,5 m. Elle a été la vedette du film *Le Cerveau* et termine là sa carrière, symbolisant la liberté du commerce.

Église – Édifiée au XIXe siècle, elle contient des vitraux modernes d'un dessin harmonieux relatant la vie de saint Martin, saint Hélier et sainte Austreberthe.

La corniche★★★
Dans un lacet, la route s'élève sur l'éperon crayeux de la côte Sainte-Catherine qui sépare la vallée du Robec de celle de la Seine. Les échappées sur Rouen se multiplient.

Côte Sainte-Catherine★★★ – Dans un virage aménagé en terrasse, saisissant panorama sur la courbe du fleuve, la ville, ses clochers et l'ensemble de l'agglomération.

Bonsecours★★ – La basilique néogothique (1840) de Bonsecours, but de pèlerinage, couronne l'éperon du mont Thuringe. Du monument à Jeanne d'Arc (XIXe siècle) sur une terrasse, la vue embrasse Rouen et la vallée de la Seine.

À l'entrée du cimetière, « Le Gros Léon » trône sur une pelouse. Il s'agit de l'énorme cloche offerte à la basilique en 1892, mais qui s'est révélée trop lourde (6 025 kg) pour prendre place dans le clocher. Elle sonne aux grandes occasions.

Du pied du calvaire, dans le cimetière, panorama sur la boucle de la Seine vers l'aval : sur la rive gauche, le port, les ponts et, sur la rive droite, la cathédrale. Parmi les sépultures, en contrebas du calvaire, tombe du poète J.-M. de Heredia.

Canteleu★
Croisset – Le pavillon Flaubert est le seul vestige de la propriété où Flaubert écrivit *Madame Bovary* et *Salammbô*. Il réunit des souvenirs du grand écrivain dont la bibliothèque est conservée à la mairie de Canteleu-Croisset.

Canteleu★ – De la terrasse de l'église, vue sur le port de la ville.

Un monument à Jeanne d'Arc se dresse fièrement sur une terrasse de la basilique de Bonsecours.

Ce pavillon est le seul vestige de la propriété où Flaubert écrivit « Madame Bovary » et « Salammbô ».

circuits

LA BOUCLE DE ROUMARE

Moulineaux
Charmante église du XIIIe siècle à la flèche effilée. À l'intérieur, le baptistère roman en grès et les boiseries de la chaire et du jubé, qui a reçu un décor gothique sur une de ses faces et Renaissance sur l'autre, attirent le regard.

Au mur de droite de la nef, petit tableau de l'école flamande du XVIe siècle représentant la Crucifixion et un moine en prière. Le vitrail (XIIIe siècle) de l'abside, aux fonds bleus inimitables, don de Blanche de Castille est superbe ; les trois médaillons montrent des scènes de la vie de la Vierge.

La Bouille
Au pied des pentes boisées du plateau du Roumois, La Bouille occupe un site séduisant, source d'inspiration pour nombre d'écrivains, poètes et peintres. Les Rouennais venaient autrefois en bateau à vapeur déguster les spécialités locales : matelote d'anguille au

Le jubé de l'église de Moulineaux a reçu sur cette face un décor gothique.

LA HAUTE-NORMANDIE

cidre, fromage de La Bouille, et douillons aux pommes (fruit entier entouré d'une pâte et cuit au four). De nos jours, ce village aux vieilles rues agréables reste « *tout en auberges, terrasses et promenoirs* ».

Sur le quai, une plaque signale la maison natale d'Hector Malot (1830-1907), auteur immortel de *Sans famille* (1878), ce célèbre roman qui a fait frémir des générations de jeunes lecteurs – qui ne se souvient du petit Rémi, du singe Joli Cœur ou de Vitalis, le vieil homme ?

On comprend pourquoi l'homme compte parmi les écrivains français du XIXe siècle les plus lus des ados, mais c'est oublier qu'il a publié en tout plus de 70 romans. À la fin de sa vie, il écrit pour sa petite-fille un récit resté inédit jusqu'en 1997 et titré *Le Mousse* : des pêcheurs du Calvados recueillent une petite Anglaise, orpheline et seule rescapée d'un naufrage. Elle travaille comme mousse avant que ne soit dévoilée son origine…

À Moulineaux, vue sur le château de Robert-le-Diable qui domine la courbe du fleuve et la banlieue industrielle rouennaise.

La Bouille occupe un site séduisant, source d'inspiration pour nombre d'écrivains, poètes et peintres.

Sahurs

La chapelle de Marbeuf (XVIe siècle) fait partie du manoir. Ce sanctuaire est célèbre depuis le vœu d'Anne d'Autriche : la reine avait promis d'offrir à la chapelle une statue d'argent du poids de l'enfant qu'elle désirait (cette statue a disparu après 1789. Elle aurait pesé plus de 12 livres).

Église de Sahurs – Cette église isolée se tient dans un site agréable. Sur la rive opposée, on distingue La Bouille et les ruines du château de Robert le Diable.

Val-de-la-Haye

À l'entrée du village à droite, à hauteur du passage d'eau de Grand-Couronne, se dresse la colonne commémorative du retour des cendres de Napoléon.

Saint-Pierre-de-Manneville

Avant le village, le manoir de Villers, petite seigneurie du XVIe siècle, est devenu au fil des siècles une grande demeure normande entourée d'un beau parc.

Quevillon

Restauré et converti en maison de retraite, le château de la Rivière-Bourdet, à l'entrée du village, est une somptueuse construction du XVIIe siècle où Voltaire séjourna plusieurs fois. Colombier monumental bien conservé.

Saint-Martin-de-Boscherville

Guillaume de Tancarville fonde l'abbaye bénédictine de Saint-Georges-de-Boscherville en 1114 sur l'emplacement d'une collégiale bâtie vers 1050 par son père Raoul, grand chambellan de Guillaume le Bâtard.

Au XIe siècle, une communauté de chanoines séculiers s'installe sur le site, remplacée plus tard par des moines bénédictins de Saint-Évroult.

L'abbaye ne compta jamais plus d'une quarantaine de moines, chassés à la Révolution.

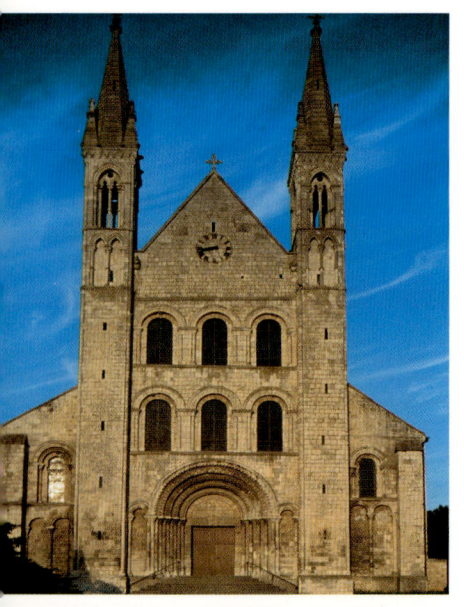

Guillaume de Tancarville fonda l'abbaye bénédictine de Saint-Georges-de-Boscherville en 1114.

Ancienne abbaye Saint-Georges-de-Boscherville★★

Cet ensemble abbatial fait partie des « châteaux de Dieu », ces monastères qui, à partir du VIe siècle, ponctuent la vallée de la Seine, christianisée depuis le IIIe siècle. Avec Saint-Wandrille et Jumièges, Saint-Georges-de-Boscherville témoigne encore de cet élan religieux, intellectuel et économique.

ROUEN

Église abbatiale – L'édifice, bâti de 1113 à 1140, sauf les voûtes de la nef et du transept qui datent du XIIIe siècle, frappe par l'unité de son style et l'harmonie de ses proportions. La façade est très simple. Les voussures du portail sont ornées de motifs géométriques, dans le style des églises romanes normandes ; les chapiteaux historiés, remarquables par leur finesse, sont l'œuvre d'artistes de l'Île-de-France ou du pays chartrain.

La nef de huit travées, flanquée de bas-côtés, a été voûtée à l'époque gothique ; une restauration lui a rendu sa blancheur primitive. À la place des tribunes règne un faux triforium. Chaque bras du transept se termine par une tribune découverte reposant sur une colonne monocylindrique. Un confessionnal monumental (XVIIIe siècle) occupe le croisillon sud. Le chœur (deux travées) et ses bas-côtés sont voûtés d'arêtes. De lourdes nervures renforcent la voûte de l'abside en cul-de-four.

L'acoustique exceptionnelle des lieux favorise l'expression musicale, d'où les concerts organisés chaque année en juin et septembre. Derrière l'autel provisoire, dalle tumulaire en marbre noir d'Antoine le Roulx, 19e abbé, mort en 1535.

Salle capitulaire – Du XIIe siècle. Une construction du XVIIe siècle la surmonte. La salle capitulaire desservait le cloître (aujourd'hui détruit) par trois baies romanes que supportent des faisceaux de colonnettes aux chapiteaux historiés. À l'intérieur, une belle frise hispano-mauresque court au-dessus de l'ancien emplacement des stalles des moines.

Dans la cour du cloître, des fouilles ont révélé les vestiges de temples gaulois et gallo-romain et d'une église funéraire mérovingienne, matérialisés en surface par des pavements.

Bâtiment conventuel – Édifié par les mauristes en 1690, en partie démoli à la Révolution, restauré en 1994, il conserve de belles voûtes de pierre, notamment au 1er étage.

Chapelle des Chambellans – Érigée à la fin du XIIIe siècle pour les chambellans de Tancarville. Les seigneurs y accédaient par le 1er étage et assistaient aux offices depuis une tribune. Bâtiment agricole jusqu'en 1987, elle a été restaurée.

Jardin – Sa visite donne l'occasion d'apprécier l'architecture extérieure du flanc nord de la nef, les modillons de la corniche et de découvrir la massive tour-lanterne. Ce rare et superbe exemple de jardin monastique a été restauré dans l'esprit du XVIIe siècle avec son potager fleuri et ses plantes médicinales, son verger, son jardin des senteurs, ses parterres et ses bosquets.

Du pavillon des Vents, au-dessus de l'escalier en silex noir et pierre blanche, vue panoramique sur la vallée de la Seine et le domaine abbatial.

Duclair

Église Saint-Denis – Restaurée au siècle dernier, elle conserve son clocher du XIIe siècle surmonté d'une flèche du XVIe siècle.

Dès l'entrée, à la base du clocher, la belle voûte à croisée d'ogives et la demi-colonne de marbre rose coiffée d'un chapiteau à feuilles d'acanthe (qui vient, comme six autres dans l'église, d'un temple gallo-romain) attirent l'attention.

Contre les piliers de la travée sous le clocher, délimitée par des arcs doubleaux en plein cintre, deux panneaux de la fin du XIVe siècle conservent des statuettes de pierre. Dans le bas-côté gauche, la statue monolithique (XIVe siècle) d'un apôtre vient de l'abbaye de Jumièges. Dans le bas de la nef, statues en bois du XIVe siècle. Sur le mur du clocher, calvaire (XVe siècle). Nombreux vitraux, surtout du XVIe siècle, dont une Décapitation de saint Denis. La verrière au fond du chœur et le vitrail de la Pentecôte (1968) sont de Max Ingrand.

Un agréable jardin se déploie derrière l'abbatiale Saint-Georges.

Coin-coin !

Duclair est la patrie du petit canard du même nom (on le voit prendre son envol sur l'écu de la ville), issu du croisement inattendu entre des canes de basse-cour et des colverts de passage. Dans certains restaurants du coin, le fruit de cette union se déguste « au sang ». Les aiguillettes sont nappées d'une sauce secrète – dite « à la Denise » – préparée à base du sang du canard.

LA HAUTE-NORMANDIE

Le parc du château du Taillis – Le joli château du Taillis, patiemment remis en état depuis une dizaine d'années, est entouré d'un beau parc à l'anglaise de 5 ha. Arbres tricentenaires, séquoia géant, tulipier de Virginie, cèdre de l'Atlas et autres espèces remarquables y sont plantés.

Dans les dépendances, le passionnant musée Août-1944, l'Enfer sur la Seine, retrace à travers d'intéressantes reconstitutions (mannequins, armement, matériel) les ultimes épisodes de la Bataille de Normandie et la sanglante retraite des Allemands.

EN AMONT VERS LE VEXIN

Bonsecours★★ *(voir page 217)*
En contrebas de la basilique de Bonsecours, au-dessus du fleuve dont le lit s'encombre d'îles boisées, magnifique panorama sur Rouen et sa cathédrale, dans toute l'originalité de son site.

Belbeuf
La petite église, flanquée de son vieil if, est très agréablement située. Château (XVIIIe siècle) et parc reconstitué.

Roches de Saint-Adrien★
Le coteau de Saint-Adrien – Deux itinéraires de découverte, aménagés par le Conservatoire des sites naturels de Haute-Normandie mènent à l'éperon dénudé des « Roches ». Jolie vue sur le fleuve qui, plus au nord, va se perdre dans les fumées de l'agglomération rouennaise. La route offre un très beau panorama sur la Seine avec, en surplomb, les Roches de Saint-Adrien.

Chapelle Saint-Adrien
Chapelle (XIIIe siècle) en partie troglodytique et en partie recouverte de chaume, perchée à 20 m au-dessus de la route.

Les Authieux-sur-le-Port-Saint-Ouen
Beaux vitraux Renaissance dans l'église.

Le Manoir
L'église, précédée d'un clocher isolé, est une construction moderne très simple. Une grande composition de Barillet, en dalles de verre, orne la façade ajourée et donne à l'intérieur du sanctuaire sa chaude ambiance colorée.

La côte des Deux-Amants★★
Une légende pathétique, celle de Caliste et Raoul, dans le rôle des « deux amants ». Ne voulant se séparer de sa fille Caliste, le roi des Pîtrois décide de ne l'accorder en mariage qu'au prétendant assez robuste pour la monter dans ses bras, en courant sans arrêt ni repos, jusqu'au sommet de la côte abrupte qui dresse ses pentes dénudées en face de Pîtres. Raoul tente le coup, mais épuisé, il expire au terme de sa course et laisse choir la belle, qui meurt à ses côtés. Marie de France, l'une des premières femmes de lettres connues, issue de la cour d'Henri II Plantagenêt, reprit le touchant récit des deux amants dans l'un de ses nombreux poèmes (XIIe siècle).

Panorama des Deux-Amants★★ – La route aboutit à un logis rectangulaire (XVIIe siècle). Il se dresse, d'après la légende, à l'emplacement d'un prieuré érigé par le roi de Pîtres en souvenir des deux amants. La courbe majestueuse de la Seine et le cours de l'Eure (à l'arrière-plan) enlacent six plans d'eau, dont le lac des Deux-Amants et celui du Mesnil, situés sur la localité de Léry-Poses. Éléments notables du paysage, à l'avant-plan : les écluses d'Amfreville et le barrage de Poses.

La chapelle Saint-Adrien, en partie recouverte de chaume, est perchée à 20 m au-dessus de la route.

Une vue magnifique sur la vallée de la Seine se découvre depuis le panorama des Deux-Amants.

ROUEN

Écluses d'Amfreville★

Les écluses sont commandées depuis une cabine centrale équipée d'un circuit de télévision. La plus grande, longue de 220 m, large de 17 m, peut accueillir 15 bateaux de 38 m de long ; la moyenne écluse peut en recevoir 6 de cette même longueur. Le caractère net et propret du cadre de vie des mariniers transparaît encore aux abords de l'ouvrage. De la passerelle qui domine les écluses d'Amfreville, puis le barrage de Poses, vue sur des chutes spectaculaires dont on peut admirer le bouillonnement.

Sur la berge, une passe à poissons avec chambre d'observation permet d'étudier la remontée des différentes espèces. Le chemin de halage, qui longe le village marin de Poses, mène au remorqueur *Fauvette* (1928) et à la péniche *Midway*, convertis en musée de la batellerie sur la Seine.

Pont-Saint-Pierre

Le bourg, qui s'allonge au travers de la vallée de l'Andelle, tire son agrément de la proximité de son château, environné d'un parc arrosé par la rivière. Une percée permet de voir cet édifice (XIIe-XIIIe siècle) de la rue principale.

Datant des XIe et XIIe siècles, l'église est décorée de boiseries habilement complétées par des stalles datant d'Henri II et un retable du XVIIe siècle provenant de l'abbaye voisine de Fontaine-Guérard. Dans le chœur, à droite, Vierge du XIVe siècle à la robe incrustée de cabochons. Dans le porche, à droite en entrant : grand Christ en croix entre la Vierge et saint Jean (XVe siècle).

Abbaye de Fontaine-Guérard★

Les ruines délicates de cette abbaye, fondée au XIIe siècle, émeuvent par leur solitude et la menace que font peser sur elles les crues de la rivière. Quelques traces subsistent de la vie des moniales, qui adoptèrent la règle de Cîteaux au XIIIe siècle.

En suivant le chemin d'accès, on voit d'abord à gauche la chapelle Saint-Michel, élevée au XVe siècle sur des caves voûtées.

En avant se dressent les ruines de l'église abbatiale, consacrée en 1218. Le chevet plat est percé d'élégantes fenêtres et les voûtes de l'abside sont en partie intactes.

À droite s'ouvre la salle capitulaire – bel exemple d'architecture normande de la première moitié du XIIIe siècle – que longeait le cloître, aujourd'hui disparu. Ses trois nefs reposent sur une double rangée de colonnettes aux chapiteaux à crochets.

Plus loin, une deuxième salle voûtée – la salle de travail des moniales, pense-t-on – évoque la salle des chevaliers de l'abbaye du Mont-Saint-Michel. Par un escalier, on peut accéder à l'étage du dortoir dont les étroites baies éclairaient chacune une cellule.

Vandrimare

Parc et jardins du château de Vandrimare – Près de 4 518 essences sont plantées dans ce parc de 6 ha qui combine agréablement orangerie, perspective à l'anglaise, labyrinthe ou jardins de baies et de fleurs. À côté de la maison, un gigantesque magnolia porte fièrement ses 200 ans et ses 28 m.

Montmain

Jardins d'Angélique★ – Ce jardin d'un hectare et soigné avec attention rassemble plus de 2 000 plants de roses différents. À l'arrière de la maison s'étendent des carrés de buis décorés de fleurs exclusivement blanches. Devant, un jardin à l'anglaise est parcouru de petits chemins gazonnés qui sillonnent une orgie de roses délicatement associées à d'autres plants. Des fleurs tout au long de l'année et une débauche de senteurs !

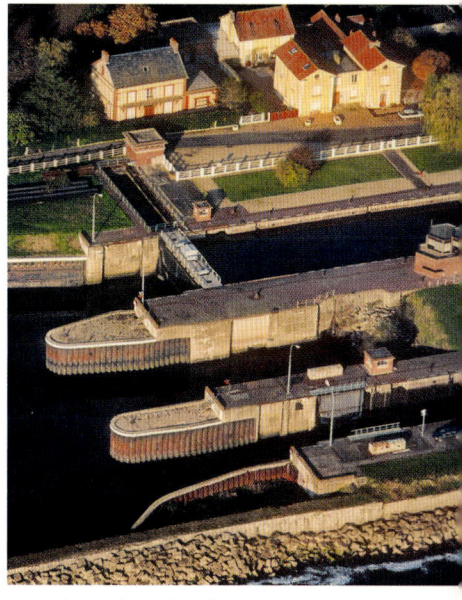

Les écluses d'Amfreville, puissant ouvrage de génie civil, constituent la pièce maîtresse de l'équipement fluvial de la basse Seine.

Maître Jacques

Jacques Anquetil (1934-1987), né à Mont-Saint-Aignan, passe une grande partie de son enfance à Quincampoix où son père est maraîcher. Il fait ses débuts à l'Auto-Cycle-Sottevillais (ACS) en 1950 et remporte dès 1952 ses premières courses régionales. En 1954, sa carrière prend une dimension nationale avec sa victoire au Grand Prix des Nations. Les succès s'enchaînent, notamment dans le Tour de France qu'il va gagner cinq fois (en 1957 et de 1961 à 1964), ou le Giro (Tour d'Italie) qu'il est le premier Français à gagner en 1960. Sa carrière prodigieuse est marquée par sa rivalité avec Raymond Poulidor, qui prend un tour mythique lors de l'ascension du Puy-de-Dôme en 1964. Ses admirateurs peuvent se recueillir sur sa tombe à Quincampoix.

ABBAYE DE SAINT-WANDRILLE

■ L'abbaye de Saint-Wandrille, « reliquaire d'art », est, avec celle du Bec-Hellouin, un témoignage précieux et émouvant de continuité bénédictine en terre normande. La règle de saint Benoît – Ora et Labora (prière et travail) – régit toujours la vie monastique, et la règle d'hospitalité la complète. On peut donc visiter ces lieux pétris de spiritualité et d'histoire, sinon même partager la vie des moines le temps d'une retraite. Les sept offices religieux de la journée, ponctués de chants grégoriens, sont tous accessibles au public, qui reste bien rarement aux offices de nuit.

On peut visiter ces lieux empreints de spiritualité et d'histoire, et même partager la vie des moines le temps d'une retraite.

comprendre

La fondation – Toute la cour d'Austrasie fête le mariage du sage et beau Wandrille, comte au palais du bon roi Dagobert, appelé aux plus brillantes destinées. D'un commun accord, les époux se consacreront à Dieu. La jeune femme entre au monastère et son mari se joint aux ermites de Verdun. Le roi n'admet pas que le palatin troque sa ceinture d'or, insigne de sa dignité, contre la bure du moine. Il exige le retour de Wandrille qui *« laisse au Ciel le soin de plaider sa cause »*. Éclairé par un miracle, le roi se résigne au départ de son serviteur. Ordonné prêtre à Rouen, Wandrille fonde un monastère en 649 dans le vallon de Fontenelle.

Fontenelle ou la « vallée des Saints » – Du VIIe au IXe siècle, de doctes abbés se succèdent au monastère du vallon de Fontenelle (il n'a pas encore pris le nom de son fondateur).
Parmi eux, Éginhard, historien de Charlemagne, et Anségise, qui établit le premier recueil des ordonnances (capitulaires) de l'Empereur. La Geste des abbés de Fontenelle, rédigée en 831, constitue la plus ancienne histoire monastique d'Occident (avec celle d'Agaume en Valais). Mais avant tout Fontenelle, où les « saints fleurissent comme rosiers en serre », est aux yeux de la population locale la « vallée des Saints ».

Renaissances et déclin – Au Xe siècle, quelques moines relèvent les ruines de l'abbaye, victime de la fureur des Normands. Celle-ci prend alors le nom de son fondateur. Le monastère devient dès lors une des plus vigoureuses pousses de la « floraison bénédictine » qui s'épanouit en Normandie au XIe siècle.
Si un déclin intervient après les guerres de Religion, son rayonnement se perpétue avec la réforme de saint Maur jusqu'à la Révolution, qui disperse les moines et ruine le monastère. Au cours du XIXe siècle, le domaine passe aux mains d'un filateur puis d'un lord anglais. Les bénédictins sont de retour en 1894, mais encore disséminés sept ans plus tard. L'écrivain Maurice Maeterlinck occupera les lieux pendant plusieurs années. En 1931, le chant grégorien, rénové par dom Pothier, résonne à nouveau sous les voûtes.

Les piliers de la nef se dressent fièrement malgré la disparition des grandes arcades qu'ils portaient.

visiter

Le portail monumental (XIXe siècle) à l'entrée a été ajouté par le marquis de Stacpoole, propriétaire éphémère des lieux.

SAINT-WANDRILLE

L'entrée de l'abbaye s'effectue par une porte du XVe siècle surmontée d'un pélican symbolique. Le pélican se perçant le flanc pour nourrir de son sang ses petits est en effet une allégorie du Sacrifice du Christ. La porterie est constituée d'un pavillon du XVIIIe siècle.

Porte de Jarente
Cet imposant portail du XVIIIe siècle donne accès à la cour d'honneur, uniquement visible lors des visites guidées. Son nom vient de son constructeur, l'abbé commendataire Louis-Sexte de Jarente, évêque d'Orléans. Au fond de la cour figurent les ateliers des moines (menuiserie, boulangerie, buanderie, etc.). Le pavillon de droite est pourvu d'un fronton évoquant la Piété.

Ruines de l'abbatiale
Les bases des piliers des grandes arcades de la nef (XIVe siècle) émergent de la verdure. Seules se dressent encore, en deux faisceaux puissants et légers, les colonnes de la croisée du bras gauche du transept (XIIIe siècle). Le chœur (six travées) s'entourait d'un déambulatoire desservant 15 chapelles.

Cloître★
Il conserve ses 4 galeries. La galerie sud (la seule visitable), du XIVe siècle, située le long de la nef de l'église, communiquait avec elle par une jolie porte dont le tympan mutilé montre le Couronnement de la Vierge. Près de cette porte, un baldaquin en pierre adossé au mur du XIIIe siècle de l'église abrite la statue vénérée de Notre-Dame de Fontenelle (XIVe siècle), dont la restauration a remis en valeur les traits gracieux.
De part et d'autre de la statue sont placées les pierres tombales de Jean, bailli de Fontenelle au XIIIe siècle, à l'entrée de la galerie est, et de l'abbé Jean de Brametot dans la galerie sud, qui présente un petit musée lapidaire. Dans la galerie nord, lavabo mi-gothique, mi-Renaissance. Son décor flamboyant d'une exquise finesse figure des scènes du Nouveau Testament. Sous un gâble orné de feuillages, une arcature à 6 compartiments correspond aux 6 robinets.

Église
Elle est aménagée en 1969 dans une ancienne grange seigneuriale (XIIIe siècle), la grange de Canteloup, transportée pièce à pièce de La Neuville-du-Bosc (Eure) à Saint-Wandrille par les moines eux-mêmes. La charpente mérite une attention particulière ; poutres et poteaux sont assemblés par des chevilles de bois ; l'ensemble éclairé par une lumière discrète est d'une réelle beauté. La chapelle du Saint-Sacrement, qui se greffe sur le vaisseau, se distingue par son appareil à colombages ; c'est l'ancien porche transformé de cette grange.

Chapelle Notre-Dame de Callouville
Entièrement construite par les moines, cette chapelle résulte d'un vœu du père abbé après un bombardement en 1944.

se promener

Chapelle Saint-Saturnin
La chapelle, bâtie en bordure du parc de l'abbaye, est un petit oratoire, de plan tréflé, reconstruit au Xe siècle sur des fondations probablement mérovingiennes. La façade a été refaite au XVIe siècle, mais l'édifice conserve toute sa distinction trapue avec ses trois absidioles dominées par une massive tour carrée. L'intérieur, visible à travers une porte grillagée, a été restauré.

Le cloître du XIVe siècle a conservé ses quatre galeries.

En ruine aujourd'hui, l'église abbatiale devait former un imposant édifice.

LE TRÉPORT

■ Ce petit port de pêche et de commerce est une station balnéaire très animée en été, dont la fréquentation tient autant à la proximité de Paris qu'à l'attrait conjugué des Côtes d'Albâtre et d'Opale. Une sinistre rangée de béton a hélas surgi au pied de la falaise, entre le vieux quartier des Cordiers et le front de mer. Sa sœur, Mers-les-Bains, plus calme, a su préserver son remarquable ensemble de résidences balnéaires de style « Belle Époque ». Elle a aussi ses fervents, comme a les siens le site d'Ault, plus au nord.

Le nom
C'est une déformation du latin *ulterior Portus*, qui désignait le port d'origine gallo-romaine de l'ancienne cité alors nommée *Augusta*, et dont le port fluvial était Eu.

séjourner

Dans une ambiance conviviale et festive, deux foires rythment l'année : la Foire aux harengs, en novembre et la Foire aux moules, en mai ou juin.

LES GENS
5 900 Tréportais. Il existait autrefois des ramasseurs de galets au Tréport. L'un des derniers, Lucien Marcassin a pendant plus de trente ans sélectionné à la main sur la grève puis transporté chez lui, avec l'aide de sa femme et de son cheval, jusqu'à 4 tonnes de galets par jour. Son débouché principal : certaines industries où interviennent des opérations de broyage, concassage, malaxage…

La station s'étire sur la rive gauche de l'estuaire de la Bresle, aux portes d'Eu et en face de Mers-les-Bains.

LE TRÉPORT

L'animation des quais tréportais en saison atteint souvent une joyeuse atmosphère de kermesse. Une bande de mouettes effrontées y sème alors la terreur, un œil rivé sur les échoppes des mareyeuses et l'autre sur les tables des nombreuses terrasses, d'où quelques frites s'échappent quelquefois de plats de moules.

Le quai François-Ier, au bout duquel se dresse une croix en fer forgé, restitue parfaitement cette ambiance. Dominée par une imposante falaise, la longue plage grouillante de vie le samedi et le dimanche n'est remarquable que par le chant de ses galets et l'ampleur de ses dégagements.

Au bout du quai François-Ier, le phare, haut de 14 m, a une portée de 20 milles (environ 37 km).

Calvaire des Terrasses★

Ce pavillon surplombant la falaise du Tréport est relié à l'ancien hôtel de ville, bâtiment en mosaïque de silex et de brique, par un escalier de 378 marches.

De la terrasse au pied de la croix, la vue s'étend, au-delà des dernières falaises cauchoises, jusqu'à la pointe du Hourdel et à l'estuaire de la Somme. Vers l'intérieur, le regard porte sur la basse vallée de la Bresle jusqu'à Eu, tandis qu'au premier plan s'étendent les toits d'ardoise de la ville basse et du quartier des Cordiers, le port et la plage. Ce belvédère est le meilleur endroit pour englober d'un coup d'œil le site des « Trois villes sœurs », c'est-à-dire « Le Tréport-Eu-Mers-les-Bains », ainsi surnommées pour leur complémentarité touristique.

Église Saint-Jacques

L'édifice, bien situé à mi-côte, date de la seconde moitié du XVIe siècle. Il a été fortement restauré au milieu du XIXe siècle. Un portail Renaissance s'ouvre sous le porche-abri moderne. À l'intérieur, au fond du sanctuaire, belle Vierge du Tréport. La voûte du chœur est plus basse que celle de la nef. Les clés de voûte pendantes du XVIe siècle méritent une attention particulière. La chapelle de Notre-Dame-de-Pitié (bas-côté gauche) abrite une Pietà (XVIe siècle). Un bas-relief de la même époque domine l'autel et montre la Vierge entourée d'emblèmes bibliques.

alentours

Mers-les-Bains★

Charmante station balnéaire picarde. Très belles villas aux élégants alignements de bow-windows. L'esplanade du Général-Leclerc qui longe l'arrière-port, la capitainerie et la gare, offre un très joli panorama sur le large. Les plages sont cachées les unes des autres derrière les hautes falaises de craie caractéristiques de la côte normande.

L'église saint-Jacques veille sur le port.

Les plages de Mers-les-Bains sont cachées les unes des autres par les hautes falaises de craie.

LA HAUTE-NORMANDIE

★★ TROUVILLE-SUR-MER

■ Séparée de Deauville par la Touques, cet ancien village de pêcheurs est devenu une grande station balnéaire bien avant sa célèbre voisine. Dès la première moitié du XIXe siècle, les bains de mer s'y développent, attirant une foule d'artistes en quête de repos et d'inspiration, à l'instar d'Alexandre Dumas, Flaubert ou des impressionnistes. Plus familial que Deauville, le bourg a conservé un certain charme et une authenticité qui ravissent encore les nombreux visiteurs.

LES GENS

5 411 Trouvillais. Raymond Savignac (1907-2002), aveyronnais d'origine mais trouvillais d'adoption, est né « dans le pis de la vache Monsavon », selon ses propres mots. Ses fameuses affiches publicitaires ont révélé à la face du monde la « nouvelle pointe Bic » (1962), les comprimés Aspro et les volutes lascives des fameuses Gitanes. Son style vif et très personnel, caricatural ou schématique, naïf et coloré rappelle la spontanéité des dessins d'enfants.
On lui doit d'ailleurs l'affiche du film La Guerre des boutons.

Le nom
Le trou viendrait du nom scandinave *Thoruflr* qui se décomposerait alors en *Thor* : dieu viking de la force et du tonnerre, fils d'Odin, et *uflr* : « loup ». Le suffixe « ville » vient sans ambiguïté de *villa*, ce qui nous donne quelque chose comme « domaine du loup de Thor ».

comprendre

Source d'inspiration – Une cohorte d'artistes, dont les plus grands peintres de paysages normands, sont à l'origine de l'essor de cette sympathique concurrente de Deauville. Le peintre Charles Mozin la « découvre » en 1825, mais Paul Huet et Eugène Isabey la fréquentaient déjà. *« Je réserve le mois d'août pour voir un petit pays appelé Trouville, qui fourmille de motifs charmants »*, écrit Corot en 1828. Dans les années 1860-1870, Boudin et Courbet plantent aussi leur chevalet sur la plage, le long des planches ou des quais. Monet, Bonnard et bien d'autres succomberont également aux sirènes de Trouville. C'est ainsi que la station « lance » la Côte Fleurie dès le début du Second Empire.
Aujourd'hui, l'activité de ses pêcheurs et le noyau de population sédentaire perpétuent l'animation de la ville en dehors de la saison touristique.

Marcel Proust à Trouville – « Enfin il y a quelques habitations tout à fait désirables, les unes assaillies par la mer et protégées contre elle, d'autres penchées sur la falaise, au milieu des bois ou s'étendant largement sur des plateaux herbeux. Je ne parle point des maisons "orientales" ou "persanes" qui plairaient mieux à Téhéran, mais surtout des maisons normandes, en réalité moitié normandes moitié anglaises, où l'abondance des épis de faîtage multiplie les points de vue et complique la silhouette, où les fenêtres tout en largeur ont tant de douceur et d'intimité, où des jardinières faites dans le mur, sous chaque fenêtre, des fleurs pleuvent inépuisablement sur les escaliers extérieurs et sur les halls vitrés. » (Marcel Proust, *Écrits de jeunesse*, 1891).

séjourner

Promenade Savignac - les « Planches »
Comme à Deauville, les « Planches », qui bordent la plage sur toute sa longueur sont un rendez-vous prisé des estivants.
Un établissement de thalassothérapie occupe l'aile droite du casino. Les quais de la Touques, autour de la poissonnerie, belle construction de style néonormand (1935), forment un autre centre d'attraction très vivant.

Les villas
Deux intéressantes promenades architecturales intitulées « Trouville

Cet ancien village de pêcheurs est devenu une grande station balnéaire bien avant sa célèbre voisine, Deauville.

VARENGEVILLE-SUR-MER

côté baigneurs » et « Trouville côté pêcheurs » permettent de découvrir toute l'originalité de la station à travers ces deux aspects complémentaires.

Les plus jolies résidences balnéaires se situent à proximité de la plage. Le long des Planches et au-delà se dressent entre autres la *Villa Sidonia* (1868, massive et éclectique, pleine de petits détails), un manoir normand (1884, appareil en damier, colombages), l'hôtel des Roches Noires (1868, néoclassique), la *Maison persane* (orientale) et la Villa *Les Flots* (1875, d'inspiration Renaissance).

La corniche★
Dans la descente, vue magnifique sur les plages de Trouville, Deauville et sur la Côte Fleurie.

visiter

Aquarium
De nombreuses espèces de poissons sont exposées dans un décor qui reproduit leur milieu naturel. Poissons d'eau de mer, d'eau douce, reptiles des forêts équatoriales permettent des rencontres colorées et parfois inattendues.

Musée Villa Montebello
Villa typique de l'architecture balnéaire de l'aristocratie du Second Empire, qui imite les manoirs de l'époque Renaissance. Ses fenêtres ouvertes sur la baie de Seine offrent un panorama unique de la plage de Trouville.

Le musée lui-même présente des collections d'art et d'histoire : peintures, dessins, estampes de peintres qui ont fait la célébrité de Trouville.

Une salle est consacrée à l'histoire des bains de mer, une autre à André Hambourg, une autre encore à l'affichiste Raymond Savignac.

Galerie d'exposition
Dirigée par le musée, son entrée est la même que celle de l'office de tourisme. Expositions temporaires.

Abrité par un bâtiment typique de l'architecture balnéaire du Second Empire, le musée Villa Montebello présente des collections d'art et d'histoire.

VARENGEVILLE-SUR-MER ★

■ Quel est le point commun entre l'illustre armateur Jean Ango et une ribambelle d'artistes parmi lesquels on compte notamment Monet, Pissarro, Braque, Miró, Cocteau, Aragon, Breton, Prévert… ? Tous sont tombés sous le charme de ce petit coin de paradis, un paradis où fleurs et plantes croissent avec apparente facilité comme en témoigne le Parc floral du bois des Moustiers.

Le nom
On ne sait pas grand-chose concernant Varenge. Peut-être est-ce un personnage lié au domaine agricole qui s'étendait ici à l'époque gallo-romaine, comme l'insinue le suffixe toponymique « ville. »

LES GENS
1 179 Varengevillais. Georges Braque (1882-1963), le grand fauve d'Argenteuil, a terminé ses recherches picturales dans son atelier de Varengeville.

LA HAUTE-NORMANDIE

visiter

La station, à la fois champêtre et balnéaire, se disperse en plusieurs hameaux éparpillés le long de chemins creux dans un cadre typiquement normand de haies et de maisons à colombages.

Église

Le site de l'église domine la mer. Un petit cimetière campagnard et marin, lieu plein de poésie, jouxte l'édifice, face au large. La tombe de Georges Braque (1882-1963) se trouve à gauche de l'entrée. Le musicien et compositeur Albert Roussel (1869-1937) est enterré non loin de lui.

L'église (XIe, XIIIe et XVe siècles), précédée d'un porche du XVIe siècle, se compose de deux nefs accolées. Le chœur de la grande nef se pare d'un vitrail abstrait d'Ubac ; dans la nef sud, le vitrail de Georges Braque représente l'Arbre de Jessé.

Sentier écologique « Les Bruyères »

Ce sentier de 500 m est balisé de panneaux explicatifs détaillant la géologie, la faune et la flore des landes du bois des Communes.

Parc floral du bois des Moustiers★

Dans un joli vallon en vue de la mer, ce jardin ornemental et botanique, parc à l'anglaise de 9 ha planté d'espèces rares, est abondamment fleuri. Des rhododendrons géants atteignent 6 à 8 m de haut (floraison d'avril à juin) et se détachent sur des massifs d'arbres aux teintes plus sombres.

Un petit cimetière campagnard, plein de poésie, jouxte l'église de Varengeville, face au large.

VARENGEVILLE-SUR-MER

Des sentiers conduisent à des « tableaux » d'arbres et de fleurs qui rivalisent de beauté. La grande maison au milieu du parc ne manque pas d'originalité. Elle a été construite en 1898 par un architecte anglais, Edwin Luytens, à qui l'on doit le palais du vice-roi à New Delhi, et par la paysagiste Gertrud Jekyll.

Chapelle Saint-Dominique
La chapelle Saint-Dominique, ancienne grange, abrite un ensemble de vitraux créés par Georges Braque et un tableau (*Procession à Notre-Dame-de-la-Clarté*) du peintre granvillais Maurice Denis.

Jardin Shamrock
Tout le monde connaît les hortensias bleus ou roses si communs dans la région. Ils font partie de la grande famille des hydrangeas, originaires d'Amérique du Nord ou d'Asie. L'importante collection aménagée sous un jeune bois de paulownias étonne par la variété des formes et des couleurs.

Valleuses
Ces petites vallées suspendues qui entaillent les falaises sont caractéristiques de la Côte d'Albâtre.
Les très belles gorges du Petit-Ailly et Vasterival comptent parmi les plus typiques.

Phare d'Ailly
Un phare moderne d'une portée de 80 km remplace les deux phares du XVIIIe et du XIXe siècle détruits en 1944.

La grande maison au milieu du parc floral, construite par un architecte anglais, ne manque pas d'originalité.

Dans le parc floral du bois des Moustiers, des « tableaux » d'arbres et de fleurs rivalisent de beauté.

Manoir d'Ango

Cette belle demeure Renaissance réalisée de 1535 à 1545 par des artistes italiens était la résidence d'été du célèbre armateur Jean Ango. Il y recevra François Ier. Beaucoup plus tard, le domaine enchantera les poètes Aragon, Breton et Prévert.

Les constructions s'ordonnent autour d'une vaste cour intérieure. Le corps de bâtiment sud s'ouvre au rez-de-chaussée par une loggia à l'italienne décorée à l'origine de fresques de l'école de Léonard de Vinci.

Percés de fenêtres à meneaux, les murs se parent d'un appareillage savant de grès et de silex. Leur décor est typiquement Renaissance : rinceaux, losanges, coquilles et médaillons sculptés.

L'imposant colombier (1 600 boulins) est revêtu d'une superbe marqueterie de pierres et de briques rouges ou noires, et chapeauté d'un toit en bulbe.

★ VERNEUIL-SUR-AVRE

■ Ce petit centre touristique et commerçant, porte du pays d'Ouche, à l'extrême sud du département de l'Eure, est une ancienne ville frontière pétrie d'histoire. Outre deux églises dignes d'intérêt, notamment pour leur statuaire, Verneuil a su préserver ses belles maisons à colombages et ses vieux hôtels brillamment restaurés. D'agréables promenades en perspective !

LES GENS

6 619 Vernoliens. Figure débonnaire et joviale du cabaret, du théâtre et du petit écran, ardent défenseur de sa région d'adoption, Jean-Marie Proslier (1928-1997) possédait ici une maison et un « restaurant-épicerie-variétés ».

Le nom

Les poètes y voient la « rivière du printemps », assemblage des termes du bas latin *verna*, « printemps », et *neuil* ou *noe*, « cours d'eau ». L'interprétation la plus plausible est « lieu planté, d'aulnes » : *vern* vient bien de *verna*, mais désigne l'« aulne » (encore nommé *vergne* ou *verne*).

comprendre

La « ligne de l'Avre » – Verneuil est née d'une cité fortifiée créée au XIIe siècle par Henri Ier Beauclerc (troisième fils de Guillaume le Conquérant), duc de Normandie. Elle surveillait alors la frontière avec la France. Or à l'époque, les eaux de l'Avre se trouvaient en territoire français. Henri Beauclerc doit, pour alimenter la ville, faire creuser un canal pour détourner au profit de Verneuil une partie des eaux de l'Iton qui coule à une dizaine de kilomètres au nord.

La cité devient française en 1204 sous Philippe Auguste, qui lui accorde une charte et fait bâtir la tour Grise et son système défensif. La ville sera le théâtre de multiples batailles dont celle, très meurtrière, qui voit la défaite de Charles VII face aux Anglais en 1424. En 1449, Verneuil passe définitivement à la France grâce à la ruse du meunier Jean Bertin, qui introduit par le bief – dont il avait détourné l'eau la veille au soir – l'avant des troupes françaises.

Une villégiature pour artistes – Au siècle dernier, le peintre Maurice de Vlaminck (1876-1958) se fixe en 1928 à Rueil-la-Gadelière, à deux pas de Verneuil.

Ce passionné d'art africain et de ciels orageux est surtout le précurseur du fauvisme, avec Derain.

Artiste d'un autre genre, Jean-Marie Proslier (1928-1997), figure débonnaire et joviale du cabaret, du théâtre et du petit écran, possédait à Verneuil une maison et un « restaurant-épicerie-variétés ».

Verneuil-sur-Avre est une ancienne ville frontière pétrie d'histoire.

VERNEUIL-SUR-AVRE

se promener

Tour Grise
Du chemin de ronde de la tour (XIIIe siècle) bâtie en grison (d'où son nom), belle vue sur la ville et la campagne.
Au sud de la tour Grise, au-delà du petit pont qui enjambe un des bras forcés de l'Iton, bonne vue de la tour et d'une charmante maisonnette à ses pieds. À proximité du pont, l'agréable parc Faugère invite à la détente.

Ancienne église Saint-Jean
Cette construction en grison du XIIe siècle, en partie ruinée, a conservé une tour du XVe siècle, quelques fragments de corniche sur corbeaux et un portail gothique.

Les « Promenades »
En suivant les « Promenades », terme par lequel les Vernoliens désignent le boulevard Casati et ses prolongements, on aperçoit quelques vestiges des fortifications extérieures, notamment les restes de la tour Gelée (boulevard Casati) et du moulin de Jean-Bertin (boulevard Jean-Bertin). Les avenues Maréchal-Joffre et Maréchal-Foch procurent des vues intéressantes sur la ville.

L'austère silhouette de la tour Grise contraste avec l'agréable architecture des maisons à colombages.

Vieilles demeures
Magnifiquement restaurées, elles donnent à Verneuil un attrait indiscutable. En voici un bel échantillon :
Angle rue de la Madeleine et rue du Canon – Maison du XVe siècle avec une façade en damier et une tourelle à encorbellement. C'est la bibliothèque municipale.
Rue de la Madeleine – Entre la rue Canon et la rue Thiers, elle rassemble de belles maisons à pans de bois ou en pierre, notamment celles des n°s 401, 466 et 532 (hôtel précédé d'une cour d'honneur). L'hôtel de Bournonville (XVIIIe siècle) se reconnaît à ses balcons en fer forgé.
Rue des Tanneries – Au n° 136, maison Renaissance : porte en bois sculpté surmontée de statues en bois.
Angle rue Notre-Dame et rue du Pont-aux-Chèvres – Hôtel (XVIe siècle) à tourelle très ouvragée et à façade en damier.
Place de Verdun, place de la Madeleine, rue de la Poissonnerie – Maisons de bois anciennes très pittoresques.

visiter

Église de la Madeleine★
L'admirable tour (fin XVe siècle-début XVIe siècle), accolée à l'église et haute de 56 m, est composée de quatre étages percés de baies, dont les différentes faces sont décorées de statues. Le troisième étage, surmonté d'une balustrade, supporte un beffroi en retrait richement ornementé : il est coiffé d'un double diadème à la décoration flamboyante formant lanterne au niveau supérieur. Des statues décorent la tour à différents niveaux.
En longeant l'église par le sud, on remarque les différents matériaux utilisés lors des remaniements successifs intervenus aux XIIIe et XVe siècles.
Le porche, de style Renaissance, est flanqué à droite et à gauche des statues (mutilées) de la Vierge et de sainte Anne du XVIe siècle. L'intérieur, qui s'éclaire de vitraux des XVe et XVIe siècles, abrite de nombreuses œuvres d'art de la même époque. Près de la porte, saint Crépin assis devant un atelier de cordonnier ; dans le transept sud, à droite, un Saint Sépulcre (XVIe siècle) ; cénotaphe au comte de Frotté

Magnifiquement restaurées, les vieilles demeures donnent à Verneuil un attrait indiscutable.

L'admirable tour de l'église de la Madeleine est coiffée d'un double diadème à la décoration flamboyante formant lanterneau.

par David d'Angers (XIXe siècle). Au-dessus du confessionnal, toile de Van Loo (*Résurrection de Lazare*) ; dans la chapelle du Saint-Sacrement, Vierge à la pomme, en pierre polychrome (XVe siècle) ; près des fonts baptismaux, saint Jean Baptiste.

Au fond du bas-côté sud, Pietà (XVIe siècle) à côté des grandes orgues (XVIIIe siècle). Dans la nef recouverte d'un berceau en bois, chaire en fer forgé.

Église Notre-Dame
Construite au XIIe siècle en grison et plusieurs fois remaniée, elle renferme de jolies boiseries Renaissance et une belle collection de statues du début du XVIe siècle, pour la plupart œuvres de sculpteurs locaux :
saint Denys (XVIe siècle), saint Jacques le Majeur, saint Christophe, sainte Christine, saint Fiacre, sainte Suzanne, sainte Barbe, saint François d'Assise, saint Benoît, Jeanne d'Arc, en paysanne lorraine, Pietà Renaissance, saint Laurent, saint Augustin, saint Denis, au crâne fendu, saint Louis (XVIIe siècle), deux prophètes (bois Renaissance), saint Sébastien (bois XVIIe siècle), bahut du XVe siècle formant un socle d'autel, cuve baptismale du XIe siècle, groupe de la Trinité (première Renaissance normande, XIVe siècle), Vierge de calvaire (XIIIe siècle), saint Jean.

alentours

Francheville
Le village, agréablement situé au bord de l'Iton, possède une jolie petite église rustique restaurée, dont l'intérieur contient d'intéressantes statues d'art populaire. Sur la place, petit musée de la Ferronnerie.

circuit

VALLÉE DE L'AVRE ET FORÊT DE SENONCHES

De Verneuil-sur-Avre à Nonancourt

La rive droite de l'Avre, qui est ombragée, est agréable à parcourir. Elle est ponctuée d'ouvrages d'accès au grand aqueduc de 102 km, qui alimente Paris en eau depuis 1892 (160 000 m³ par jour). Il démarre à la hauteur de Rueil-la-Gadelière et aboutit au réservoir de Saint-Cloud.

Tillières-sur-Avre
Tillières a été la première place forte normande construite (1013) pour garder la « ligne de l'Avre ».
L'église, dont la nef à voûte lambrissée remonte à l'époque romane, a été remaniée au XVIe siècle ; gravement endommagée par un incendie en 1969, sa restauration a remis en valeur les sculptures de la belle voûte d'ogives du chœur (XVIe siècle) dues à l'école de Jean Goujon. Du jardin appelé le « Grand Parterre », belle vue sur le village et la vallée de l'Avre.
L'église de Saint-Lubin-des-Joncherets, refaite au XVIe siècle dans le style flamboyant, est précédée d'une façade Renaissance. Sa nef, voûtée de lambris, se flanque de bas-côtés voûtés d'ogives avec clés pendantes et médaillons Renaissance. Les fonts baptismaux (XVIIe siècle) montrent une délicieuse Nativité. Dans le bas-côté droit, beau marbre de Nicolas Coustou.

L'église de Tillières est dotée d'une nef à voûte lambrissée.

VERNON

Nonancourt

Comme Verneuil et Tillières, Nonancourt était une forteresse frontière normande défendant la ligne de l'Avre, face à la France. Elle a été bâtie en 1112 par Henri Ier Beauclerc pour protéger le duché de Normandie contre les Capétiens.

Quelques maisons à pans de bois typiques de la région sont visibles place A.-Briand. À l'angle de la rue principale se dresse une jolie demeure en encorbellement.

Église Saint-Martin – Cet édifice flamboyant a été élevé en 1511. La tour du clocher date de 1204. Les beaux vitraux des fenêtres hautes de la nef (XVIe siècle) retracent la Semaine sainte, la Passion et l'Ascension du Christ. Dans le bas-côté gauche, au-dessus des fonts baptismaux, statue de sainte Anne (XVe siècle) et, dans la chapelle de la Vierge, à droite, Vierge à l'Enfant (XIVe siècle). Mais la pièce la plus intéressante du mobilier reste les orgues Renaissance.

Dampierre-sur-Blévy

Jadis réputée pour ses forges, la commune a gardé d'anciens vestiges (XVIIe siècle) de son passé sidérurgique.

Senonches

Cette petite ville fleurie était protégée par un château médiéval dont il reste une imposante tour-porche (XIIe siècle) en grison (pierre avec oxyde de fer).

Le trésor de Senonches est certainement la belle forêt de 4 300 ha qui l'entoure. Jalonnée de nombreux étangs alimentés par des « gouttiers », cours d'eau temporaires, elle conserve des arbres remarquables, notamment des chênes de plus 300 ans : le plus connu est le chêne des Trois-Frères.

Au sud-ouest, à proximité de Manou, le site de la tourbière des Froux a été aménagé pour protéger et faire découvrir les richesses de cet écosystème fragile.

La Ferté-Vidame

Difficile de ne pas tomber sous le charme de l'immense château ruiné et de son vaste parc qui ouvre sur la forêt. L'ombre du célèbre duc de Saint-Simon plane sur les lieux même si ce n'est pas son château que l'on voit, mais un autre construit à la place par le marquis de Laborde en 1770. Le pavillon Saint-Dominique accueille un musée sur l'écrivain.

Louis de Saint-Simon

Comment passer à La Ferté-Vidame sans évoquer la célébrité locale qui fut l'une des plus grandes plumes de son temps. Dix ans de travail furent nécessaires à ce fin observateur pour rédiger ses fameuses Mémoires qui, à travers des portraits sans concession, offrent un remarquable témoignage historique sur cette époque. De l'homme lui-même, on connaît moins de choses. Il fut un seigneur attentif et un amoureux passionné qui sera très marqué par la mort de sa femme. Il se fit enterrer à côté d'elle et demanda que son cercueil soit solidement attaché au sien avec des « anneaux, des crochets et liens de fer » !

VERNON ★

■ Cette accueillante ville au charme provincial, créée au IXe siècle par Rollon, premier duc de Normandie, intègre le domaine royal sous Philippe Auguste. Entre-temps, le roi Saint Louis vient souvent s'y régaler de cresson. Vernon, « toujours vert », est le point de départ idéal pour rayonner dans la région chérie des impressionnistes ou pour se glisser le long de la vallée de la Seine, jusqu'à Rouen. C'est aussi le point de départ des moteurs de la fusée Ariane, construits ici par la Société européenne de propulsion depuis trente ans.

Le nom

Il vient peut-être des mots celtiques *vern* et *non*, qui signifiaient « aulnes » et « habitations ». La construction d'habitations le long des cours d'eau bordés d'aulnes expliquerait cette origine.

LA HAUTE-NORMANDIE

› se promener

De ravissantes demeures en encorbellement et à colombages sont restées debout malgré les bombardements de la Seconde Guerre mondiale.

Site du pont
Au milieu du pont, jolie vue sur Vernon, les îles boisées encombrant le lit du fleuve et les piles ruinées de l'ancien pont (XIIe siècle) sur lesquelles s'appuie le vieux moulin de Vernonnet. Ce dernier a inspiré Claude Monet pour ses *Maisons sur le vieux pont à Vernon* (1883). Dans la verdure se profilent les tours du château des Tourelles qui faisait partie des défenses du vieux pont.
Au bord du fleuve, le pavillon Bourbon-Penthièvre, dernier duc de Vernon, est un hôtel du XVIIIe siècle. La rue Bourbon-Penthièvre mène au vieux Vernon. L'église Notre-Dame se dresse au bout de cette jolie rue où s'alignent quelques maisons à un étage en saillie et combles en encorbellement. Au n° 15, façade (XVIe siècle) décorée de sculptures gothiques.

Église Notre-Dame★
Élevée au XIIe siècle, cette collégiale est plusieurs fois remaniée jusqu'à la Renaissance. Une belle rose flamboyante orne la façade (XVe siècle) entre deux galeries. La nef (XVe siècle) est plus haute que le transept et le chœur ; son triforium et ses fenêtres hautes

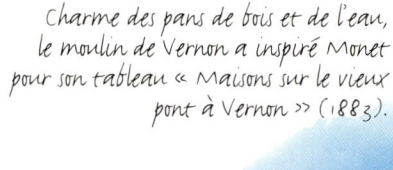

Vernon est le point de départ idéal pour rayonner dans la région chérie des impressionnistes.

Charme des pans de bois et de l'eau, le moulin de Vernon a inspiré Monet pour son tableau « Maisons sur le vieux pont à Vernon » (1883).

VERNON

composent un bel ensemble. Un étage du XVIe siècle surmonte les grandes arcades romanes du chœur. La tribune des orgues et les beaux vitraux de la 2e chapelle du bas-côté droit datent aussi du XVIe siècle ; orgues du XVIIe siècle. L'ensemble de seize verrières, réalisées par le maître verrier Hermet en 1993, est de toute beauté.

Au côté gauche de l'église, devant l'hôtel de ville, la Maison du temps jadis (XVe siècle) est une belle construction à deux étages en encorbellement surmontés d'un comble. Elle compte parmi les plus anciennes de Vernon et abrite l'office de tourisme. Le poteau d'angle montre une Annonciation.

Les chanoines de la collégiale vivaient dans la rue du Chapitre qui longe le flanc droit de l'église, où un logis à pans de bois du XVIIe siècle subsiste aux n°s 3-5. D'autres maisons anciennes sont visibles, notamment rues Carnot et Potard.

Côte Saint-Michel★
Jolies vues sur Vernon et la vallée de la Seine.

Une belle rose flamboyante orne la façade (XVe siècle) de la collégiale Notre-Dame.

visiter

Musée A.-G.-Poulain
Un portail en fer forgé, qui vient du château de Bizy, dessert la cour du musée installé dans des bâtiments restaurés d'époques diverses (du XVe au XVIIIe siècle).

LA HAUTE-NORMANDIE

Les collections sont axées sur la peinture, le dessin et la sculpture animalière. Parmi les peintres, des nabis, tels Pierre Bonnard, Rosa Bonheur et Maurice Denis. Deux œuvres de Claude Monet : *Falaises à Pourville* et *Nénuphars*, attirent particulièrement l'attention. Le cabinet de dessins humoristiques sur la société française mérite également le détour.

alentours

Château de Bizy★
Bâti à partir de 1740 par Coutant d'Ivry pour le duc de Belle-Isle, maréchal de France, petit-fils de Fouquet, il est remanié (sauf les écuries) par ses occupants successifs, le duc de Penthièvre, le général Le Suire, le roi Louis-Philippe et surtout le baron de Schickler. C'est aujourd'hui la propriété de la famille d'Albufera. Ce château d'ordonnance classique montre une belle façade à colonnade et oculi, côté parc. La façade sud, plus sévère, forme avec les communs et les écuries (collection de voitures anciennes) une harmonieuse cour d'honneur. Depuis celle-ci, très belle « perspective des fontaines ».

Intérieur – Les salons rehaussés par de belles boiseries Régence, décorées de tapisseries des Gobelins tissées pour Louis XIV, renferment des souvenirs de Bonaparte et des ancêtres des propriétaires actuels, les maréchaux Suchet, Masséna et Davout. Le mobilier date en grande partie des Premier et Second Empire. Bel escalier de chêne sculpté.

Parc – Conçu au XVIIIe siècle par Garnier d'Isle et redessiné à l'anglaise par Louis-Philippe. Il s'agrémente de statues du XVIIIe siècle (parmi lesquelles les *Chevaux marins*), de fontaines et de bassins. Une grande partie du « chemin d'eau » a été réhabilitée, depuis le bassin de Gribouille jusqu'au pédiluve de la cour d'honneur. Superbes allées de tilleuls.

Signal des Coutumes
Notre-Dame-de-la-Mer – Du belvédère aménagé sur le terre-plein de la chapelle se révèle une vue aérienne sur la rive droite de la Seine, entre Bonnières et Villez.
Signal des Coutumes – Des premières pentes de l'abrupt, en bordure du terre-plein, vue étendue et harmonieuse sur la boucle de Bonnières.

Le château de Bizy, d'ordonnance classique, montre une belle façade à colonnade et oculi.

Le mobilier du château date en grande partie des Premier et Second Empire.

VIMOUTIERS

■ Blottie dans la vallée où coule la Vie – déjà tout un programme –, cette petite ville est enserrée entre des collines où s'étagent les pommiers. Leurs fruits se pressent d'alimenter les cidreries locales pour partager la vedette avec le camembert, célèbre pâte molle à croûte fleurie mise au point par Marie Harel. Statufiées place de l'Hôtel-de-Ville, la petite fermière et la généreuse vache normande expriment l'âme des lieux !

Le nom
Une chapelle dédiée à saint Sauveur est érigée au IVe siècle sur la rive gauche de la Vie. S'y adjoignent bientôt un monastère (moutier) dépendant de l'abbaye de Jumièges et quelques maisons à colombages. Le bourg naissant est nommé *Vicus Monasterii*, qui devient définitivement Vimoutiers au XIXe siècle.

LES GENS
4 418 Vimonastériens et trois confréries gastronomiques.

VIMOUTIERS

comprendre

Une cité de gourmands passionnés – Aujourd'hui, Vimoutiers compte trois confréries gastronomiques : les Gentes Dames du Pommeau, les Chevaliers du Trou Normand et les Chevaliers du Camembert, aux rangs desquels on ne compte plus les « tyrosémiophiles », collectionneurs d'étiquettes de fromage !
Nul doute qu'ils ne connaissent quelques recettes de dégustation bien savoureuses, comme celles combinant le camembert avec les poires ou les noix sèches. Bon à savoir : le vin rouge n'est pas toujours son meilleur allié, les blancs réservent parfois d'agréables surprises.

visiter

Musée du Camembert
Pour tout savoir sur l'histoire et les différentes étapes de la fabrication du fromage, depuis l'arrivée du lait jusqu'à l'expédition. Le musée expose également une impressionnante collection d'étiquettes de boîtes à camembert.

Char Tigre
Au sud de la ville, un char allemand Tigre, le seul visible en Normandie, témoigne des combats qui ont suivi la terrible bataille de Falaise. Ce char fut certainement le plus redoutable de la Seconde Guerre mondiale.

Sur la place de l'Hôtel-de-Ville, la statue d'une petite fermière exprime l'âme des lieux !

alentours

Camembert
La maison du Camembert – Des explications sur le village, sur la technique fromagère et une exposition d'objets d'hier en rapport avec l'industrie laitière permettent de mieux connaître Camembert et le camembert.
On peut aussi visiter quelques fermes où se fabrique le fromage à l'ancienne.

Prieuré Saint-Michel de Crouttes★
Dans cette région verdoyante et paisible s'élève à mi-coteau un ensemble de bâtiments d'allure noble et rustique, admirablement restaurés. Le don d'un fief, fait au xe siècle par le seigneur de Crouttes à l'abbaye de Jumièges, est à l'origine de cette fondation monastique. Pièces d'eau, verger et jardins ajoutent au charme des lieux.
Après l'accueil situé à la place d'écuries du XVIIIe siècle, un chemin conduit au charmant bassin des nymphéas.
La belle grange aux dîmes (XIIIe siècle) s'élève sur la gauche. Ce majestueux édifice à l'imposante toiture, que soutiennent des murs gouttereaux très bas, montre une belle charpente de chêne. Il prête son cadre médiéval à des expositions, des universités d'été et des concerts.
Sur la droite se dresse le logis prioral (XVIIIe siècle). Un tour des bâtiments par le haut permet de découvrir le cellier (chambres d'hôte), le spacieux pressoir à pommes (XVe siècle) avec sa jolie charpente (salon de thé), la boulangerie, l'ancien four et la chapelle (XIIIe siècle).
Le visiteur rejoint ensuite les jardins par l'allée des tilleuls. De la roseraie au jardin des simples et jusqu'à la pièce d'eau et au verger, ils offrent des ambiances variées propices à la flânerie et à la détente.

La maison du Camembert permet de mieux connaître la ville et son célèbre fromage.

Aquarelles : Rodolphe Corbel

Iconographie : Francis Eck

Crédits photographiques :
Agence Scope : J.Guillard : pages 9, 15h, 37b, 39, 57, 62h, 63h, 65, 66h, 66b, 67, 68h, 69b, 70m, 71h, 71b, 75, 76h, 77b, 79h, 79b, 80h, 80b, 81, 82h, 82b, 83, 85, 86, 87h, 87b, 89d, 90, 92h, 93h, 93b, 94, 95h, 100b, 101b, 104h, 104b, 105, 107, 108h, 108b, 110b, 118b, 122, 124, 125h, 125b, 131b, 134h, 134b, 135h, 135b, 137, 139h, 140b, 141h, 141b, 146, 147h, 148b, 150, 152, 162h, 162b, 167, 169, 172, 173b, 177b, 178, 179h, 179b, 180h, 180b, 182h, 182b, 183h, 183b, 184b, 185h, 186, 187b, 188, 189h, 189b, 190h, 191h, 191b, 192, 196, 197b, 201h, 201b, 204, 213b, 216h, 216b, 218h, 218b, 220h, 222h, 223h, 225h, 228, 229, 231h, 231b, 232h, 232b, 236h, 236b, 237h, 237b. Noël Hautemanière : pages 26, 32, 36, 60, 62b, 68b, 70h, 106, 118h, 119b, 136, 139h, 140h, 143b, 144, 168, 190b, 197h, 208, 209b, 210, 215b, 222b, 223h. Danièle Taulin-Hommell : p.70b, 110h. R. Nourry : p.74, 143h, 145b, 219. Philippe Blondel : p. 78, 99, 114h, 132b, 200, 207, 212. A. Guerrier : p. 84b, 92b. Christian Goupi : p.117, 142. J-C. Gesquière : p. 112b. M. Gotin : p. 112h. B. Galeron : p. 100m. Bernadette Aubrier : p. 109. C. Loones : p. 131h, 132b. Balzer : p. 149, 199b, 226. Franck Lechenet : p. 161b, 221, 234. M. Guillard : p. 175h, 176. L Juvigny : p. 235. Francis Jalain : p. 206h, 215h.
Photononstop : Brigitte Merle : p. 8, 17h, 73, 96. Hervé Gyssels : 13b, 91, 230. R. Panier : p. 15b. Rosine Mazin: p. 23h. Roger Rozencwajg : p. 28b. J-C et D. Pratt : p. 31, 153b. Hélène Guermonprez : p. 34. Nicolas Thibaut : p.35h, 95b. A.J. Cassaigne : p. 37h, 193b. Hussenot/ SoFood : p. 55. Jean-Pierre Lescourret : p. 63b, 76b. Guido Alberto Rossi/Tips : p. 126. Agnès Bichet : p.154. Peache : p. 156h . Jacques Kerebel : p. 170. Yvan Travert : p. 225b.
Eyedea : Gilles Leimdorfer/ Rapho : p. 6, 156b, 157, 159h. Mary Evans : p. 12. Jarry-Tripelon/ Top: p. 14. Tordeux Pascal/ Jacana: p. 16 h. Quidou Noël: p. 21. Grive Lou/Grandeur Nature: p.33, 38. Forget Patrick/ Explorer/ Hoa-Qui: p. 35b, 58-59, 61, 77h, 111h, 165. Keystone-France : p. 53h. Fevrier Arnaud/ MPA/ Gamma : 53b. Jean-Daniel Sudres/ Top : p. 54. Buss Wojtek/ Hoa-Qui : p. 88, 194. Lanzarone Jean-François/ Hoa-Qui : p. 120b, 147b. Catherine Bibollet/ Top : p. 123h, 123b. PlanetObserver/ Hoa-Qui : p. 153h. Cuvelier N./Hoa-Qui : p. 155. Hans Silvester/ Rapho : p. 159b. Body Philippe : p. 163, 171h. Le Toquin Alain/ Explorer/Hoa-Qui : p. 171b. Machet Bertrand/Hoa-Qui : p. 175b. Jean-Leo Dugast/Hoa-Qui : p. 195h. Jean-Pierre Lescourret/Explorer : p. 202, 209h. Fred. Thomas/Hoa-Qui : p. 206b.
Roger-Viollet : p. 18, 20b, 22h, 24, 25, 27h, 27b, 28h, 29h, 30, 47h, 49, 51h, 52h, 52b, 64, 89g, 121, 127g, 184dr, 193h, 198.
Leemage: Raffael : p. 19. Photo Josse: p. 20h, 49b, 50, 69h, 158b. Selva: p. 22b, 51b, 127dr. Costa: p. 23b. North Wind Pictures: p. 29b, 161h. Fototeca/Leemage: p. 174.
AKG : Erich Lessing: p. 48h. Hervé Champollion: p. 129h. Akg-images: p. 48b, 113.
Biosphoto : Van Baelinghem Thierry: p. 10. Simon André: p. 11. Ziegler Jean-Luc et Françoise : p. 13h, 16b. Koene Ton/Lineair : p. 17b. Hervé Lenain: p. 120h.
Gilles Targat : p. 46, 47b, 84h, 97, 98, 100h, 101h, 111b, 114b, 116h, 119h, 128, 129h, 145h, 148h, 158h, 160, 166, 173h, 173milieu, 185b, 199h, 213h, 214, 217h, 217m, 217b, 220b, 227.
CCR Y : p. 102.
Y. Bertho-Mairie de Montville : p. 103.
Photo DR Ville de Dieppe 2008 : p. 116b.
Christelle Dournel 2008 : p. 184h.
OT Lisieux : p. 177h.